전자무역론

정 분 도 저

도서출판 두남

머리말

인터넷 사용의 보편화는 글로벌 사회에 많은 변화를 가져오게 되었다. 그 중 가장 큰 변화는 전통적인 무역과 대별할 수 있는 전자무역의 출현이다. 본래 무역 경쟁력은 크게 가격 및 품질의 경쟁력과 무역프로세스의 경쟁력으로 구분할 수 있다. 가격이나 품질의 경쟁력은 기업자체의 연구노력과 기술개발로 제고될 수 있으나 무역프로세스의 경쟁력은 개인 기업이나 기관차원에서 해결할 수 있는 과제가 아니다. 이러한 무역프로세스의 경쟁력을 제고시키기 위한 해결방안이 바로 전자무역이라 할 수 있고 이를 조속히 확산하기 위하여 국가적인 차원에서도 전자무역 플랫폼의 구축을 적극적으로 추진하고 있다.

전자무역 플랫폼은 물리적 재화의 수출입에 관련된 전통적인 무역처리과정에서 발생하는 막대한 무역정보를 전자문서로 교환함으로서 무역프로세스를 획기적으로 전환시키게 된다. 또한 새로운 인프라의 보급으로 새로운 전자무역 환경에서 창출 가능한 다양한 인터넷 사업모델을 개발하여 제시하고 있다. 현재 전자무역에 대한 학문적인 연구가 학계와 연구기관에서 활발하게 진행되고 있고 다양한 연구과제도 수행되고 있다. 그러나 미래의 사용자라고 할 수 있는 학생들이 전자무역을 체계적으로 알기 쉽게 이해할 수 있는 전문서적은 그리 많지 않다. 본 저서에서는 전자무역의 이해를 도모하기 위하여 전자무역 프로세스를 단계별로 제시하고 전자무역의 핵심요소라 할 수 있는 전자무역 인프라 등의 향후과제를 중점적으로 서술하였다. 새로운 개척분야 연구, 이론과 실기를 배합하여 집중적으로 실시하는 강의, 다양한 여러 분야의 학회활동 가운데 전자무역과 관련하여 저자가 계속 중요하게 인식한 것은 전자무역 이론과 실무의 조화, 차세대 무역자동화의 향후 전망이었다.

그러므로 본 저서는 전자무역의 이해와 전개방법을 이론적인 기초와 실무적인 응용분야를 결합한 체계적인 교재가 될 수 있도록 노력하였다. 물론 본 저서의 학술적인 깊이나 완결성에 대해서 비평을 받아들일 많은 개선점이 존재한다는 것을 인정한다. 그러나 본 저서가 보다 많은 학자들이나 무역실무관계자, 학생들에게 전자무역 연구와 확산에 힘 쓸 수 있도록 기여하고, 또한 전자무역의 전반적인 이론과 실무에 대한 이해를 증진시켜 무역 전문 인력으로 육성시킬 수 있다면 저자의 기쁨은 더 없이 클 것으로 생각한다. 특히 저자가 대학 및 대학원에서 여러 해 동안 전자무역실무, 전자무역시뮬레이션, 무역자동화론, 전자무역프로세스연습, 전자무역마케팅 등을 강의해 오면서 수집한 자료를 연구 검토하고 종합 분석하여, 체계적으로 정리 한 후 추후 강의에서 이론 및 실습 되어야 될 부분을 추가하여 이 책을 출간하게 됨을 밝힌다. 향후 전자무역실무를 학습하고자 하는 많은 관심 있는 분들에게 작은 도움이 되었으면 한다. 이 책이 출판되기까지 협조와 조언을 아끼지 않았던 존경하는 학계의 선후배 교수님, 무역관련 실무자 여러분, 바쁜 대학원 생활 중에도 본 저서를 위해 교정 및 편집을 열심히 도와 준 홍미선 연구조교, 윤봉주박사, 날마다 새벽을 밝히는 저자를 지켜보면서 본 저서를 완성하기까지 세심한 배려와 건강관리를 해준 사랑하는 나의 아내 아네스 등 많은 도움을 준 고마운 분들에게 심심한 감사를 표한다.

丁 芬 道 拜上

차 례

제 1 장

전자무역의 패러다임

제1절 패러다임(Paradigm)

1 전자무역의 정의

전자무역은 인터넷과 정보시스템을 이용하여 시간적, 공간적 제약을 받지 않고 24시간 365일 거래가 가능하다. 정보통신기술의 핵심인 인터넷을 통하여 웹상에서 거래가 이루어지기 때문에 네트워크를 구성하는 가상공간 그 자체가 시장이고 무역업무처리의 주요한 공간이다. 가상공간에서 수출업자는 자기 회사의 제조물품 등을 웹상 알선사이트 등에 전자목록을 게시하여 홍보하게 되고 수입업자는 구매오퍼(buying offer)를 제시하여 상호간 전자수단을 통해 거래 상담과 동시에 계약 체결이 이루어지게 된다.

전자무역은 기업의 효과적인 마케팅활동과 새로운 거래선 발굴 및 효율적 거래이행 등을 가능하도록 한다. 무역절차상의 이행비용이 저렴하고 그 이행절차를 단순화시키고 업무절차가 신속하게 진행된다. 따라서 전자무역의 포괄적 정의는 「전자적 수단을 이용하여 국가 간 이행되는 상거래」를 의미한다.

2 대외무역법상의 정의

1) 무역의 정의

「국제간의 무역을 물품과 대통령령이 정하는 용역 또는 전자적 형태의 무체물 등의 수출입을 말한다」라고 정의하고 있다(대외무역법 제2조 제1호).

따라서 물품의 수출입과 같이 새로운 수출입동력으로 디지털, 콘텐츠, 지식서비스 등을 무역의 범위에 포함시키고 있고 포탈전자서비스 수출입에 대해서도 수출입실적으로 인정하여 무역금융 및 수출입보험 등을 지원하고 있다.

전자무역은 거래절차를 간소화하고 거래비용을 절감 할 수 있기 때문에 전자무역 활성화를 위한 수출입지원제도 등은 더욱 활성화 시켜야 할 필요성이 있다. 현재 물품의 수출입과 같이 정보통신망을 통하여 거래되는 소프트웨어 등 전자적형태의 무체물의 수출입은 대외무역법에 의한 수출입의 범위에 모두 포함시키고 있다.

2) 전자적 형태의 무체물

「소프트웨어, 부호, 문자, 음성, 음향, 이미지, 영상 등을 디지털방식으로 제작하거나 처리한 자료 및 정보 등으로서 주무 부처 장관이 정하여 고시하는 것과 기타 이와 유사한 전자적 형태의 무체물로서 주무 부처 장관이 정하여 고시하는 것」이라고 규정하고 있다.[1)]

본 조항에서 부호 · 문자 · 음성 · 이미지 · 영상 등을 디지털방식으로 제작하거나 처리한 자료 또는 정보 등으로서 주무 부처 장관이 정하여 고시하는 것이라 함은 대외무역관리규정에서는 영상물(영화, 게임, 애니메이션, 만화, 캐릭터 등을 포함), 음향 · 음성, 전자서적, 데이터베이스 등이라고 규정하고 있다.

기타 이와 유사한 전자적 형태의 무체물로서 해당 부처 장관이 정하여 고시하는 것이란 대외무역관리규정에서는 컴퓨터 등 정보처리능력을 가진 장치에 저장한 상태로 반출입한 후 인도/인수하는 것이라고 규정하고 있다. 그러나 법률/교육소프트웨어 등을 이용하고 이에 대한 대가를 받는 행위 즉, 순수한 서비스공급에 해당하는 행위는 대외무역법에 의한 수출입범위에 해당되지 아니한다.

3) 수출입 개념의 차이

일반물품의 수출입은 국내(대한민국의 주권이 미치는 지역)와 외국(국내 이외의 지역)간에 물품의 이동이 일어나는 실시간 거래로서 국경의 개념을 사용하고 있다. 그러나 전자적형태의 무체물의 수출입은 국경을 초월한 정보통신시스템을 통하여 실시간 거래되므로 외국환거래법 제3조제12호 및 제13호의 규정에 의한 거주자와 비거주자 간에 소프트웨어 등을 전송 및 인도/인수하는 것을 말한다. 즉, 거래주체를 기준으로 수출입의 개념을 정의하고 있다.

국내에서 거주자와 비거주자 간에 물품을 인도/인수하는 것은 주권이 미치는 영역내에서의 물품이동이므로 대외무역법에 의한 수출입의 범위에 포함되지 않지만 국

---

1) 대외무역법 시행령 제2조 제3호, 소프트웨어산업진흥법 제2조 제1호.

내에서 서버 등의 정보통신망을 통하여 전자적형태의 무체물을 외국환거래법에 의한 거주자와 비거주자 간에 인도/인수하는 것은 대외무역법에 의한 수출입의 범위에 포함된다. 따라서 정보통신망을 통하지 않고 국내거주자가 비거주자에게 소프트웨어 프로그램 등을 인도할 목적으로 노트북컴퓨터 등에 내장한 채 휴대하여 반출하는 경우에도 동 소프트웨어는 수출의 범위에 포함된다.

대외무역법에서 전자적형태의 무체물을 수출입의 범위에 포함하는 목적은 물품의 수출입과 동일하게 무역금융 및 세제 등의 제도적인 지원을 받도록 하여 전자무역을 활성화시키는 데 의미가 있다. 이와 같은 제도적인 지원을 하기 위해서는 전자무역에 대한 실시간 거래확인이 필요하다.

4) 수출입확인 및 실적인정

대외무역법에서 전자적형태의 무체물을 수출입 범위에 포함하는 목적은 물품의 수출입과 동일하게 무역금융 및 세제 등의 제도적인 지원을 받도록 하여 전자무역을 활성화시키는 데 의의가 있다.

이와 같은 제도적인 지원을 하기 위해서는 전자무역에 대한 거래확인이 필요하다. 일반적인 물품의 수출입은 통관절차를 거치므로 수출입확인 및 실적 인정이 용이하다. 그러나 정보시스템을 통하여 거래되는 전자적형태의 무체물에 대한 수출입 확인은 저장된 파일 검색 등 전문적인 기술을 필요로 하므로 은행에서 수출입 대금을 영수/지급하는 경우 실제 수출입관련 대금여부를 확인하기가 매우 어렵다.

이와 같은 이유로 해당 주무 부처는 전자무역 수출입실적 확인업무를 수행할 수 있는 기술능력을 갖추고 있는 한국무역협회와 한국소프트웨어산업협회에서 수출입 확인을 하도록 위탁 규정하고 있다.

대외무역법시행령 제32조의 2에서는 전자적 형태의 무체물에 대한 수출입 확인을 받고자 하는 자는 수출입확인신청서와 계약서 등 거래사실을 확인할 수 있는 증빙서류들을 첨부하여 한국무역협회장 또는 한국소프트웨어협회장에게 신청하여 수출입 확인을 받도록 하고 있다.

전자적 형태의 무체물의 수출실적 인정금액은 한국무역협회장 또는 한국소프트웨어산업협회장이 발급한 수출확인서에 의해 외국환은행이 입금 확인한 금액으로 하며, 수입실적 인정금액은 외국환은행의 지급금액으로 한다.

그 인정시점은 외국환은행에 입금일자 또는 지급일자로 한다. 따라서 수출입실적을 확인 받은 거래자는 외국환은행에 제출하여 외국환은행이 입금 확인함으로써 수출 실적으로 인정되어 무역금융을 지원받을 수 있다.

5) 전자무역의 범위

기존 무역거래 프로세스에서 발생되는 방대한 자료/정보를 전자방식 즉, 전자문서로 교환함으로써 무역거래 프로세스를 획기적으로 변화시킨다. 전자무역의 인프라 보편화로 인해 도래되는 새로운 글로벌 환경에서도 창출이 가능하고 다양한 새로운 방식의 사업모델의 개발과 수행활동도 포함한다.

궁극적으로는 관련된 다수의 기업 및 공공기관의 개별 프로세스가 전자무역의 프로세스라는 일관된 프로세스로 융합되는 과정으로서 전자 트랜스포메이션의 핵심부분을 구성한다.

따라서 전자무역은 정보기술 인프라, 전자무역 관련 산업, 전자무역의 기반이 되는 법과 제도 등의 요소와 이를 토대로 하는 전자무역의 행위주체로서 여러 유형의 기업 및 이들 간의 프로세스로 파악이 가능하다.

여기에서 기업 프로세스라고 하는 것은 기업이 수출입 과정에서 수행하는 일련의 전반적인 활동을 말하는 것으로 즉, 통관, 물류/유통, 대금결제, 대금지급 등의 과정에서 관련된 기업들 예컨대 운송회사, 외국환은행, 포워더 등과 주고받는 정보의 흐름으로 정의된다.

전자무역 인프라는 이러한 업무처리를 전자방식으로 처리해 주는 기능을 제공하고, 전자무역 인프라에 포함되는 전자무역 관련법과 제도는 전자무역거래 프로세스 상의 정보 교환행위가 많은 경우에 법과 제도에 의해 규율되기 때문에 중요한 의의를 가진다.

6) 플랫폼(Platform)

플랫폼은 웹을 활용한 마켓플레이 상에서 해외시장조사 및 정보수집, 거래처 물색 및 선정, 거래제의, 거래협상 등 계약이전의 단계에서부터 청약과 승낙의 계약체결 과정과 신용장의 개설 및 통지, 통관절차, 대금결제 등의 계약이행 과정, 운송, 보험, 검사, 무역금융 등의 무역서비스에 이르기까지 모든 무역거래의 프로세스를 단절 없이 One-stop으로 처리할 수 있는 공유기반의 단일 업무공간이다.

이는 전자무역 플랫폼에 참여하는 무역거래의 여러 관계당사자가 한 곳에서 상호간에 협력적 무역업무가 가능하도록 산재되어 있는 무역관련 인프라의 통합을 의미한다.

이러한 모든 무역업무 프로세스가 단일의 플랫폼에서 처리된다는 의미는 다양한 무역거래 프로세스 상의 기능별 서비스가 어느 업자에 의해 제공되는지의 여부에 관계없이 실제로 이용자의 입장에서는 「단일의 서비스 창구」를 통해 모든 무역 업무를 처리할 수 있는 업무공간을 뜻한다.

따라서 각지에 산재해 있는 여러 기능별 서비스를 연결, 통합하고 간소화하여 이를 이용자 중심의 인터페이스를 통해 편리한 업무공간을 제공하는데 의의가 있다.

이러한 의미에서 전자무역 플랫폼은 이에 참여하는 여러 기업을 연결하여 하나의 가상기업으로 통합하는 사이버공간 상의 가상네트워크를 구성한다.

7) 기존 무역과 비교

기존무역과 비교해 보면 그 절차상에 있어서는 별다른 차이는 없지만 방법이나 수단에 있어서는 큰 차이가 있다.

해외시장조사, 거래처 발굴, 마케팅 활동 등의 방법이 크게 달라지며, 상담 및 계약체결도 기존과는 전혀 다른 양상을 보이고 있다. 대금결제에 있어서도 전자결제시스템이 이용된다.

[표 1-1] 무역계약 체결과정의 비교

기존무역거래	전자무역거래
• 거래알선기관 직접방문 등	• 무역 알선사이트 등을 통한 정보검색 등
• 카탈로그, 매체광고전시회 등	• 홈페이지, 카페, 유즈넷, 메일링 리스트 등
• 전화, 팩스, 우편출장 등	• e-mail, 인터넷폰/팩스, XML/EDI활용 등
• L/C, D/A, D/P 등	• Trade card, Escrow, SWIFT 등
• 포워더, 해운, 항공, 운송 등	• 온라인 전송, 특급운송 등

기존 무역방식은 서신, 팩스, 전화 등을 이용하였지만 전자무역은 이러한 과다한 문서작성과 수작업이 소요되는 그 이행의 전 과정을 인터넷과 웹에 기반을 둔 정보

시스템을 이용하는 무역이다.

따라서 시간적/공간적 제약 없이 사이버공간 상에서 실시간 이루어진다. 즉 기존무역은 제품의 소개 및 계약체결을 위하여 해외 상대방을 직접 방문하여야 한다. 전자무역은 정보시스템과 인터넷을 이용한 거래선 발굴, 상담, 계약체결 등의 프로세스 전 과정을 전자무역 플랫폼을 활용하고 통관, 물류, 결제 등의 모든 무역 절차를 기업내부 ERP(기업자원관리)시스템과 연동시켜 일괄적으로 자동 처리한다.

현재 외국의 주요 기업 ERP시스템들과 빠르게 상호 연계시키고 있고 동시에 무역거래 전 과정을 서류 없는 전자무역으로 실현하고 있다.

제2절 특징과 요건

1 전자무역 도입

유럽, 미국 등의 주요 선진국 등이 중심이 되어 1980년대 초반부터 「서류 없는 무역거래 실천」을 추진하기 시작하였고, 1987년에 「유엔 행정・상역 및 운송을 위한 전자 자료 교환에 관한 UN표준」[2]을 제정하면서부터 전 세계적으로 전자무역이 확산되는 계기가 되었다.

1990년에 국제해사위원회[3]의 「전자선화 증권에 관한 CMI규칙」[4]이 제정되면서 전자무역의 핵심이 되는 전자선화증권의 유통문제를 해결하려 하였으나 신뢰성과 안전성 등의 문제로 진전을 보지 못했다.

1994년 이후 인터넷과 웹의 사용이 급격히 증가하였고, 1996년 유엔국제무역법위원회[5]의 전자무역 모델법이 제정되는 등 범세계적으로 전자거래에 대한 법적 기반이 정비되는 한편, 전자메시지의 안전성을 향상시킬 수 있는 암호화의 기법과 보안 시스템도 신속하게 발전되었다.

이러한 전반적인 전자무역 환경의 개선에 따라 그 동안 전통적인 선화증권의 권리

---

2) UN/EDIFACT : UN/Electronic Data Interchange For Administration, Commerce and TRANSPORT

3) CMI : Comite Maritime International

4) 전자식 선화증권의 특징
   ① EDI에 의해 서면형식의 선화증권의 유통과정을 모방하고 있다.
   ② EDI 메세지에 의한 통지와 그것에 대한 확인시스템이다.
   ③ 전자식 선화증권의 중앙등록기관으로서 해상운송인이 설정되었다.
   ④ 개인키 시스템을 도입하여 전자식 선화증권의 유통성을 보증하고 있다.
   ⑤ CMI 규칙은 조약 또는 강행법규가 아니기 때문에 당사자의 계약자유의 원칙에 기초해서 해당 규칙에 따라 거래를 한다는 합의가 이루어진 경우 적용된다.
   ⑥ 전자식선화증권 메세지 전송에는 당사자간 행동규범으로 「전기전송에 의한 무역자료교환의 취급에 관한 통일규칙」 UNCID(Uniforn Rules of Conduct for Interchange of Trade Data by Teletransmission)채택
   ⑦ 선화증권의 표준문서로 UN/EDIFACT 표순이 석용된다.

5) UNCITRAL : United Nations Commission on International Trade Law

증권적 유통기능의 구현문제로 적극적으로 추진하지 못하였던 전통적인 무역서류의 전자화를 비롯한 자동화된 전자무역시스템으로 전환되어 졌다.

2 전자무역 발전

전자무역은 1987년 유엔에서 UN/EDIFACT가 제정되면서 전 세계적으로 빠르게 확산되는 계기가 되었으며 1990년 이후 무역자동화 서비스가 제공되면서 빠르게 변화되어 갔다. 따라서 1990년대에는 전통적인 VAN(Value Added Network) EDI를 기반으로 한 무역자동화 서비스 제공시기라고 할 수 있다.

[표 1-2] 연대별 구분과 내용

연 대	구 분	내 용
1960년대 중반–	거래의 표준화	• 신용장 통일규칙(UCP) • 정형거래조건의 해석에 관한 국제규칙(INCOTERMS)
1970년대 초반– 1980년대 초반	절차의 간소화	• 국가별 무역절차 간소화 위원회 • 국제연합 유럽경제위원회 제4작업부(WP4) • 국제 EDI 표준개발기구
1980년대 중반– 1990년대 말	업무의 자동화	• EDI국제표준(UN/EDIFACT) • 한국무역정보통신(KTNET)
2000년 이후–	eHub 추진	• 전자무역시스템자동화 • 전자무역중개기관 • 전자제시를 위한 전자신용장통일규칙 eUCP600 보칙 (2007년 7월 1일 개정)

1994년에 WWW의 상용화로 인터넷 기반의 ebXML/EDI가 개발되고 인터넷 무역포탈 서비스가 등장하였으며 웹 사이트에서 물품검색, 거래처 물색, 거래제의 등 초보적인 국제간 무역업무 등을 할 수 있게 되었다. 2000년 이후 IT기술의 급속한 발전과 더불어 무역포탈의 활용이 범 글로벌적으로 크게 확산/증가하기 시작하였고 ebXML/EDI Architecture[6], OO/EDI[7], ERP, SCM, CRM, WMS 등의 전자무역 자동

---

6) ebXML Architecture은 다음을 지원한다.
① Business Process와 그에 연관된 메시지 및 콘텐츠를 제공한다.

화시스템 등이 속속 개발/도입되면서 본격적인 전자무역 기반이 마련되어 지게 되었다.

현재 상용화 또는 실험 운영되고 있는 전자무역시스템으로는 볼레로시스템(Bolero System), 트레이드카드(Trade Card), 아이덴트러스(Identrus) 등이 있고, 동아시아 전자무역 네트워크(PAA), 한·일 전자무역 네트워크, ASEM 프로젝트 등과 같은 지역적인 네트워크 등이 계속 개발되고 추진되어 지고 있다.

[표 1-3] 연대별 서비스 내용

연 대	서 비 스	내 용
1987년대	• 전자문서교환 규칙제정	• 전자무역 확산 계기
1990년대	• 부가가치통신망(VAN) • 전자문서교환(EDI)	• 무역자동화 시도
1990년말	• 인터넷 EDI • 무역포탈서비스 등장	• 웹 사이트에서 물품검색 • 거래처 물색 및 거래제의 등
2000년대	• 전자무역시스템 개발 • 전자무역 중개기관 활동	• 무역포탈 활용증가 • 동아시아전자무역네트워크(PAA) • 한 · 일 전자무역 네트워크 • ASEM 프로젝트 • 결제시스템

3 전자무역 특징

1) 단일시장 형성

전자무역은 웹상에서 인터넷을 이용해 거래상대방과 접촉함으로써 상대방의 소재국은 문제가 되지 않기 때문에 공간적 제약을 받지 않는다.

지금까지는 국가별로 독립적으로 운영되던 시장들이 인터넷과 이를 이용하여 거래

② 관련된 메시지 교환으로 Business Process의 Sequences를 등록한다.
③ 기업 Profile을 정의한다.
④ Trading Partner 계약을 정의한다.
⑤ 일정한 메시지를 전달한다.

7) 객체 지향의 전자문서 교환방식(OO/EDI : Object Oriented/EDI)

의 전 과정을 자동화함으로써 거대한 글로벌 단일시장으로 점차 통합되어지고 있다.

웹상에서 상품홍보, 거래상대 발굴, 무역계약 체결 등을 할 수 있다. 대기업뿐만 아니라 중소기업에게도 세계적인 기업으로 성장할 수 있는 기회를 제공한다.

2) 마케팅활동

전자무역은 웹상에서 마케팅활동을 최소 비용으로 수행한다. 인터넷이라는 새로운 개방형 네트워크로 인하여 문자, 그림, 음성, 동영상 등을 보다 효과적인 방법으로 자사 제품들을 소개하고 판촉 할 수 있다.

제품이나 서비스 홍보 등은 전 세계를 대상으로 한 글로벌 광고 및 마케팅에 중점을 두어야 하며 전자무역에 적합한 신제품의 개발과 함께 효과적인 주문 처리, 고객관리 및 대금회수 등을 위한 내부 체제를 갖추는 것이 필요하다.

3) 중개인 역할

전자무역에서 무역중개인은 효율적으로 무역정보를 통합수집하고 빠르게 접속하고 신속히 처리하여야 하며 분배할 수 있는가의 능력이 중요하다.

소비자가 구매하려는 기준에 맞는 판매자와 상품을 얼마나 많이 그리고 신속하게 제공할 수 있는가의 능력을 의미한다.

장기적으로는 지능형 에이전트 소프트웨어가 수입업자와 수출업자를 연결시켜주는 역할과 물품운송 및 통관절차에서 요구되는 정보처리까지 대신하게 된다.

4) 비용절감 및 기간단축

수입업자, 수출업자, 운송인, 운송주선인 및 은행 등 모든 관계당사자가 안전하고 표준화된 전자무역시스템을 통하여 거래상담, 정보의 취득, 거래체결 및 이를 이행하기 위한 각종의 서류와 자료를 교환할 수 있게 됨에 따라 전통적인 무역에 의한 방법보다 국제무역거래의 이행기간의 단축과 이행비용을 절감시킨다.

저비용과 효율적인 프로세스 기반 구조는 국제무역을 촉진시키고 그 효과를 극대화할 수 있다. 고객관계를 구축하고 유지하는 데 요구되는 기간을 단축할 수도 있다. 효과적인 고객관계 관리와 더욱 신속한 경영정보의 전달, 혁신적이고 직접적인 부가

가치, 새로운 비즈니스 프로세스 개발을 위한 혁신적인 접근도 가능하다.

5) 제품차별화와 가격

웹은 정보검색엔진을 이용하여 특정 물품을 쉽고 신속하게 검색할 수 있다. 따라서 특정 물품을 필요로 하는 기업과 소비자들 간에는 철저한 시장원리가 적용되어 가장 경제적이고 합리적인 기준에 의한 거래가 이루어지게 된다.

웹에서는 가격구조가 평준화되어지고 제품차별화가 확고하게 진행된다. 웹이라는 거대한 시장은 유통비용의 하락과 더불어 전반적인 제품 및 서비스 가격의 하락을 유도하게 된다.

지금까지는 수입상들이 해외의 유명 브랜드를 낮은 가격에 구입하여 높은 가격으로 국내에서 판매해 왔지만 웹의 등장으로 보다 자유로운 경쟁체제가 도입되어 자연스럽게 가격이 하락될 것이다.

6) 유통 프로세스 개선

유통은 물리적 수송이 요구되며 여러 기관이 참여하는 통관과 무역절차를 거치게 된다. 그러나 무역의 전체과정을 살펴보면 물리적 물품의 이동보다는 무역거래에 관여하는 여러 기관 사이에 송수신되는 정보의 흐름과 교환의 비중이 훨씬 크고 이 과정에서 많은 시간의 지체와 비용이 발생한다.

전자무역의 큰 효과는 적절한 거래상대방을 신속하게 발굴하여 거래를 성사시킬 수 있다는 데에도 있지만 그 것 보다는 무역거래의 과정을 효율적으로 그리고 신속하게 할 수 있다는 점이다.

즉 무역거래에는 제조업자, 무역업자, 운송업자, 은행, 관세청, 항만청, 보험회사 등의 많은 기관들이 관여하며 이들이 주고받는 정보의 양이 많다.

여러 기관들이 많은 양의 정보를 주고받아야 하는 무역거래에서 인터넷 및 시스템을 이용하면 무역정보의 흐름과 교환을 원활히 할 수 있으며, 더불어 정보의 흐름이 신속해짐에 따라 기존의 유통 프로세스에서는 정보교환과 흐름의 지체 때문에 움직이지 못했던 물품의 이동도 원활히 이루어 질 수 있다.

정보흐름의 지체가 해소됨으로써 유통이 정보흐름에 귀속되지 않고 각각 분리되어서 원활히 움직일 수 있는 것이다.

7) 기업의 규모

그 동안 국제 상품정보와 거래선 확보의 어려움, 국제무역에서 국가마다 요구되는 제도와 절차의 상이에 대한 정보부족, 국제무역의 절차와 환경변화에 대한 정보부족으로 대기업에 의존하던 중소기업이 하청관계를 청산하고 인터넷을 이용하여 독자적인 무역활동을 하고 있다.

전자무역에서는 기존의 대기업만이 누릴 수 있었던 정보와 국외의 거점을 통해 얻을 수 있던 이점이 줄어들게 되었고, 따라서 과거 보다는 중소기업과 대기업 모두 동등한 위치에서 차지하는 중요성이 점차 축소된다는 전망이 인터넷 환경에서는 더 확실하다는 것이다.

오히려 여러 나라에서 자제를 조달하여 생산, 공급하는 네트워크를 구축한 중소기업이 변화하는 국제무역 환경에 기동성 있게 대처하는 장점이 있다.

8) 거래정보 획득

기존에는 거래처 발굴을 위해서 거래알선기관에 찾아가 정보를 얻거나 각국에서 발행하는 무역업체 총람, 제조업체 총람, 기업연감 등의 디렉토리를 검색하였다. 해외로 배포되는 인쇄매체나 현지의 광고매체도 이용하였다.

무역협회 등에서 주관하는 해외시장 개척단 및 국제박람회나 전시회 등에 참가하여 거래처를 발굴 해 왔다. 인터넷에서는 각국의 정부와 무역유관기관 그리고 개별 기업들이 올려놓은 무역에 관련된 수많은 정보들을 정보 검색엔진을 이용하여 손쉽게 찾아 볼 수가 있다.

4 전자무역 요건

1) 전자무역 기본요건

전자무역을 수행하기 위해서는 기업의 적극적인 수용 자세와 활용 능력이 매우 중요하다. 기업경영차원의 정보화전략과 인터넷마케팅 전략은 물론 하드웨어, 소프트웨어, 통신망, 홈페이지, 전자우편 등의 인터넷 하부구조와 무역업무 수행능력, 인터넷과 웹의 활용능력 및 언어, 무역관련 법률, 외국환, 문화적 차이, 상관습 등에 관한 기본지식을 갖춘 전문 인력이 필요하다. 정부와 관련 기관의 적극적인 지원도 필요하다.

2) 전자무역 전제조건

첫째, 네트워크상에서의 연계성을 가로막는 문제점 해결과 동시에 상이한 무역절차를 일관성 있게 재구축함이 필요하다.

둘째, 이에 수반하여 시스템의 호환성을 확보해야 한다.

셋째, 무역서류를 대신할 전자문서의 서명/인증에 필요한 규칙을 재정비해야 한다.

넷째, 네트워크의 보안문제를 해결하여 거래절차에 있어 시스템의 안정적 기반을 제공하여야 한다.

다섯째, 모든 관계당사자가 이용하기 편리한 단일의 통합된 전자무역 플랫폼을 도입하여야 한다.

3) 전자무역 고려사항

(1) 언어

세계 공용어인 영어로 인터넷상에 많은 사이트들이 구성되어 있다. 따라서 비영어권 국가에서는 상대적으로 인터넷 사용에 제한을 받을 수밖에 없다. 각국의 언어로 아무리 웹사이트를 잘 구축하였다고 하더라도 방문자들이 전혀 내용을 파악할 수 없다면 아무 소용이 없기에 세계시장을 상대로 전자무역을 행하기 위해서는 반드시 영어로 된 서브페이지를 삽입하여야 한다.

(2) 환율

일반적으로 환율은 하루에도 몇 번씩 변동하기 때문에 환율의 적용시점에 따라 수출상과 수입상의 판매금액 혹은 구매금액이 크게 달라질 수 있다. 따라서 전자무역의 경우 항상 환율의 변동을 감안하여 가격을 새로이 제시해야 한다.

(3) 조세

국가별 품목별로 다르겠지만 일반거래에 부과되는 세금 이외에도 무역거래에서 발생하는 특별세로서 통관세, 부가세, 목적세 등이 부과될 수 있다.

따라서 어떤 경우에는 수입지기 수입국의 일반 상점에서 구입하는 것보다 훨씬 비싼 가격에 구매하는 경우도 발생할 수 있다. 따라서 제품판매에 앞서 이러한 사항들을 소비자에게 명시 해주어야 한다.

(4) 문화적 차이

국가마다 다양한 문화적 차이를 보인다는 것은 누구나 다 아는 현실이다. 그렇기에 다양한 소비자의 욕구를 동시에 만족시키는 것은 쉬운 일이 아니다. 특히 전 세계를 대상으로 무역을 할 경우에는 더욱 그렇다. 따라서 전자무역의 경우 소비자를 대상으로 하는 광고나 판매방식을 채택하기에 앞서 수출 혹은 수입하는 국가의 상관습 등을 익혀 문화적 차이를 좁혀 나갈 수 있도록 노력하여야 한다.

(5) 관련법률

어느 국가를 막론하고 인터넷상으로 거래를 하는 것은 기업입장에서나 물건을 사는 소비자의 입장에서 일종의 수출입 행위가 된다. 그러므로 전자무역의 경우에는 그 나라의 해당법률에 의거하여 적절한 수출입 절차가 필요하다.

기존의 종이서류에 의한 무역에서는 무역계약의 체결 시 분쟁의 해결방안을 명시하고 있어 분쟁의 발생에 대해서 대비할 수 있지만, 전자무역의 경우에는 구체적인 분쟁해결 방안을 명시하지 못하고 있는 것이 사실이다. 따라서 현실적으로 전자무역상에서 분쟁이 발생할 경우 해결할 수 있는 법적 · 제도적 장치를 더욱더 구축하여 전자무역의 장애요인을 줄어야 한다.

(6) 거래보안 및 안전성

전자무역이 지니는 여러 가지 장점에도 불구하고 전자무역은 아직까지는 해결되어야 할 몇 가지 장벽이 남아 있다. 이 중 가장 큰 장애요인으로는 보안사고의 발생으로 인한 거래의 안전성 저해를 들 수 있다. 전자무역이 안전하게 이루어질 수 있도록 하기 위해서는 판매자와 구매자의 신원확인, 불법거래방지, 기밀유지 및 해커 침투방지시스템이 보완 · 개발되어야 할 것이다. 대개 전자무역의 보안 사고를 예방하기 위해 가장 노력하는 분야는 바로 암호화분야로서 허가받지 않는 제 3자의 정보접근을 차단함으로써 전자무역의 안전성을 높이려는 노력이 가중되고 있다.

(7) 관세부과

최근 인터넷을 통한 상품 및 서비스의 구입에 대한 관세부과 문제가 국제적인 쟁점으로 등장하고 있다. 보통 전자적으로 주문되고 전송되는 디지털 상품에 대해서는 현재까지의 기술 및 관리상의 문제로 관세를 부과할 수 없기 때문에 무관세의 원칙을 지키고 있으나, 유형의 상품에 대한 관세부과는 국가별로 입장이 첨예하게 대립되고 있다. 한편 디지털 상품의 경우에도 S/W, 전자출판물, 영상, 음악 등 인터넷을 통해 거래가 될 경우에는 관세부과가 되지 않고, 이러한 상품들이 유형의 상태로 국내외로 수출 · 입 될 경우에는 관세를 부과한다면 관세의 부과형평에도 문제가 발생할 수 있는 소지가 있다.

(8) 지적소유권

인터넷에는 각종의 통계자료, 문서, 논문, 영상 등 다양한 정보가 게재되고 교환될 수 있다. 즉 인터넷에 접속하는 모든 개인, 기업, 정부, 학자 등이 정보의 제공자이며 동시에 사용자가 될 수 있다. 이렇게 무한한 정보의 공급원이 존재하고 무수한 사용자들이 이러한 정보에 접근할 수 있다는 것이 인터넷의 가치를 높여주는 역할을 담당하고 있는 것이 사실이지만, 이러한 과정에서 발생할 수 있는 문제가 바로 저작권과 지적 소유권에 관련된 문제이다.

(9) 소비자보호

인터넷 거래에서는 사기거래의 가능성이 높고, 개인의 사생활정보가 유출될 수 있으며, 특히 국경을 넘어선 인터넷 거래의 경우, 소비자 피해구제가 어렵다는 문제가 발생할 수 있다. 최근 유명 인터넷 쇼핑몰에서도 그랬듯이 회원들의 정보를 팔거나 누출시키는 문제가 생기는 경우가 비일비재하다. 하지만 규제가 곤란하고 소비자들이 피해를 보상받기가 곤란하다는 문제점이 대두되고 있다.

(10) 물류관리

전자무역이 성공적으로 이루어지기 위해서는 주문된 상품이 전 세계 어느 곳이라도 신속하게 배달될 수 있도록 적절한 물류관리시스템을 갖추는 것이 바람직하다. 미국처럼 체계적인 물류시스템이 정비되어 있는 경우에는 배송의 문제가 크게 대두되고 있지는 않지만, 저개발국가로부터의 소량 주문이 내도하였을 경우 이를 어떻게 신속하고 체계적으로 대응할 수 있겠는가 하는 것도 문제점으로 대두되고 있다.

제 2 장

전자무역의 글로벌 동향

제1절 정책논의

1 미국

전자무역에 관한 논의들은 그동안 주단위로 실시되어 왔으나 전자무역에 관한 통일된 규범을 마련할 필요성을 느껴 미국통일주법 전국 대의원 회의가 2년간의 노력 끝에 통일전자무역법(Uniform Transaction Act)을 1999년 7월 29일 최종 승인하였다. 이 법률은 국제상거래법위원회[8]모델법과 미국통일상법전의 관련조항을 적절히 조화시켜 만든 입법으로 전자문서나 전자서명의 효력을 종이문서나 수기서명의 효력과 동일하게 인정하게 하여 현재까지 사용되고 있다.

1) 지침 형성

미국은 「세계 전자무역 기본계획」을 1997년 7월에 전격 발표하면서 본격적으로 그 지침이 형성되기 시작하였다. 당시 미국 대통령은 「인터넷은 향후 5~10년 사이 세계무역의 가장 큰 범주로 자리 잡을 것」이라고 강조하고 국민 · 기업 · 정부 모두 합심하여 총력을 기울이자고 대국민 담화문을 내어놓았다.

이에 따라 미국연방정부는 상무부(Department of Commerce), 무역대표부(USTR : United States Trade Representative), 재무부(Department of Treasury), 연방거래위원회(FTC : Federal Trade Commission) 등 주요 연방기관들을 포함하는 전자무역 작업반을 구성하게 되었고 미국의 전자무역에 관한 정책 및 규범 형성에 노력을 기울이기 시작하였다.[9] 동년 12월에는 미국 통합정보고속도로 구축에서 한 걸음 더 나아가 「세계 정보 인프라(GII : Global Information Infrastructure)」라는 광의적 목표를 설정하게 되었고 이러한 GII 환경에서 전자무역에 적용되는 5가지 주요한 원칙[10]과 9가

8) UNCITRAL(United Nations Commission on International Trade Law) : 국제간에 거래되는 무역과 거래에 관한 상법을 제정하는 국제연합(United Nations : UN) 총회의 보조기관.
9) 노양재, "주요국의 전자무역 관련 법규상 과세에 대한 우리나라의 대응전략", 박사학위논문, 인하대학교, 2003, p.6.

지 국제이슈[11])를 제시하였다.[12]) 미국 정부가 전자무역을 적극적으로 추진하고 있는 목적은 기업 간 경쟁을 촉진시켜 제품의 품질과 서비스를 향상시키고 인터넷 기술의 우위를 갖고 있는 미국의 표준을 바탕으로 범세계적으로 생산체제를 개편하여 외국과 제품의 도입 및 공급을 보다 원활하게 하려는 것이다. 미국은 「세계 전자무역 기본계획」 및 「전자무역에 관한 대통령지침」[13])을 바탕으로 전자무역에 관한 논의를 현재까지 단계적으로 전개하고 있다. 전자무역 관련 주요 과제별 이슈와 국가별 논의 동향은 다음과 같다.

[표 2-1] 국가별 논의동향

구 분	미 국	E U	일 본
• 관세와 자금	○	○	
• 전자지불시스템	○		
• 적절한 법적인 틀의 창출	○	○	○
• 지적재산권 보호	○	○	○
• 개인정보와 프라이버시	○	○	○
• 보안(암호화)	○	○	○

10) 1. 민간부문에서 전자무역을 주도한다.
2. 정부는 불필요한 규제를 금지한다.
3. 정부개입은 일관된 법적 환경을 지원하는 데에 한정한다.
4. 전자무역 환경에 맞는 법규제도를 정비한다.
5. 범세계적 차원에서 추진한다.
http://www.iitf.nist.gov/eleccomm/ecomm.htm.

11) 1. 관세 및 조세 : 무관세화 및 신규 과세 금지
2. 전자지불시스템 : 인터넷 상에서의 지불 방법 개발
3. 전자무역 통일상업코드 : 국제적으로 통일된 전자무역코드 마련
4. 지적재산권보호 : 전자무역시 지적재산권 침해방지
5. 사생활보호 : 네트워크 환경에서의 개인의 사생활 보장
6. 보안 : 정보 보안 기술개발
7. 정보통신인프라 : 정보통신 인프라 확충 및 정보기술에 대한 무역장벽 제거
8. 내용물 : 정보의 내용 규제
9. 기술표준 : 전자 지불, 보안, 고속 네트워크 기술 등과 관련된 기술 표준

12) 김병학, "인터넷 전자무역 확대에 따른 대응방안", 전자무역, 한국전자거래경영학회, 2000.4. p.20.

13) U.S.A., President Directive on Electronic Commerce, 1997.7.1.

구 분	미 국	E U	일 본
• 통신기반과 정보기술	○	○	○
• 접근통신정책			○
• 콘텐츠(내용)	○	○	○
• 기술표준	○		○
• 적절한 기업 환경 확산		○	
• 국제적인 연계		○	
• 인력자원과 교육			○

※ 자료 : 심상렬, 「글로벌 전자무역 국제규범 제정전망과 국내제도개선에 대한 시사점」, 국제 e-비즈니스학회 춘계포럼, 2001. 5. p.27.

2) 관련 보고서

미국 전자무역작업반[14)]은 1997년 세계 전자무역 기본계획 및 전자무역에 관한 대통령지침의 추진 현황을 담은 「제1차 연례보고서」[15)]를 1998년 11월에 발표하였다.[16)]

동 보고서에서는 전자무역에 관련하여 13가지 범주로 논의를 전개하였다. 주요 논제는 USTR에서 주관한 관세문제와 세계 전자무역 시장에 관한 문제, 상무부에서 추진하고 있는 전자무역 관련 특허보호문제, Domain Name 보호문제, 단일법 기본계획과 전자서명, 온라인상의 개인정보 보호, 기술표준 등의 문제 등이다.

USGWG은 「전자무역에 관한 대통령지침」[17)]에 따라 작업을 계속하여 1999년 12월에 제2차 연례보고서인 「디지털 평등을 위하여」를 발표하게 되었다.[18)]

동 보고서는 1997년 전자무역에 관한 대통령지침을 통한 작업 중 주요내용에 대한 성과를 포함하여 1998년 대통령의 두 번째 지침인 초고속 인터넷 접속, 소비자 보호, 전자무역에 대한 개도국 참여의 증진, 디지털 경제의 측정 및 전자무역에 중소기업

---

14) USGWG : U.S. Government Working Group

15) The First Annual Report

16) U.S.A., Government Working Group, First Annual Report, 1998.11.

17) U.S.A., 「Remarks by the President and the Vice President at Electronic Commerce Event」, Immediate Release, 1998.11.30.

18) U.S.A, Government Working Group on Electronic Commerce, 「Towards Digital Equality」, Second Annual Report, 1999.12.17.

참여촉진문제 등의 제반 사항이었다. 또한 USGWG에 의해 2000년 12월에 발표된 제3차 연례보고서도 「새로운 천년을 위한 리더십」[19]이라는 주제의 미국의 디지털화 목표와 현황에 대한 사항이었다.

주요 내용을 보면 미국 정부는 「디지털화의 추진 목표로 디지털화 기회 창조, 전자사회 건설, 전자정부 실현, 소비자 신뢰도 증대, 글로벌 사이버마켓 창조, 인터넷을 통한 성장촉진 등 여섯 가지 과제를 제시한다」라는 내용이다.

미국 상무부에서 1998년 4월 15일 「떠오르는 디지털경제(The Emerging Digital Economy)」[20]를 발표하였다.

이 보고서는 디지털경제에서 전자무역의 영향에 대한 이해를 위하여 미국에서 전자무역이 국가경제에 미치는 영향을 체계적으로 분석하였다.

이후 미국 상무부는 1999년 6월에 「떠오르는 디지털경제Ⅱ(The Emerging Digital EconomyⅡ)」[21]와 2000년 6월 디지털경제 2000(Digital Economy 2000)」[22]을 발표한 후, 매년 전자무역 시장에 대한 효과를 정밀 분석하고 있다.

미국은 통일주법전국위원회(NCCUSL : National Conference of Commissioners on Uniform State Laws)와 미국법협회(The American Law Institute)의 노력으로 미국통일상법전(UCC : Uniform Commercial Code) 제2장과 제2장 B의 일부규정을 개정하여 전자무역을 규율하고 있다.

통일주법전국위원회는 1997년 4월에 「계약거래에 있어서의 전자통신에 관한 통일법(Electronic Communication in Contractual Transactions Act)」 초안을 제정하였다.

1995년에 제정하여 1996년에 개정한 미국변호사협회[23]의 「디지털서명 가이드라인(Digital Signature Guidelines)」를 기초로 유타주를 비롯하여 41개 주에서 전자서

---

19) Leadership for the New Millennium

20) 총 8장의 동 보고서는 디지털 경제가 번영하기 위한 여건조성을 명시 함.
① 시장이 주도하는 환경하에서 전자무역이 성장해야 한다는 원칙을 재확인.
② 인터넷과 전자무역을 위한 규정들은 정부규제가 아니라 민간의 축적된 활동 결과.
③ 각 국 정부는 예측 가능한 법적환경의 창출을 지원하는 역할을 수행.
④ 통신과 방송 산업은 경쟁을 보장.
⑤ 인터넷 상거래에 대하여 차별적인 과세를 해서는 안 된다는 원칙을 설정.
U.S.A., Department of Commerce, The Emerging Digital Economy, 1998.4.15.

21) U.S.A., Department of Commerce, The Emerging Digital EconomyⅡ, 1999.6.22.

22) U.S.A., Department of Commerce, Digital Economy 2000, 2000.6.5.

23) ABA(American Bar Association)

명법제도를 마련하였다.[24)]

통일주법전국위원회(UCCUSL)에서는 1999년 7월에 「통일전자거래법」[25)]과 2000년 「통일컴퓨터정보거래법」[26)]을 제정하여 2000년 말 기준을 채택하고 2001년부터 시행하고 있다.

2000년 6월에는 미국 「연방전자서명법」[27)]을 제정하여 2000년 10월 1일부터 발효시켰다.

2 유럽연합(EU)

1) A European Initiative on Electronic Commerce

유럽연합은 전자서명, 소비자 보호, 프라이버시 등 전자무역에 관련되는 다양한 문제에 대응해 왔으며 이에 관한 연구 및 기술 프로그램을 후원해 왔다.

유럽연합에서의 전자무역 관련 법 규범의 형성은 1997년 4월 15일 유럽위원회가 「전자무역에 관한 유럽이니셔티브(A European Initiative on Electronic Commerce)」를 발표하면서[28)] 본격화되었고 동년 7월에 본에서 「세계 정보 네트워크」에 대한 유럽연합 각료회의를 개최 한 후 「본선언문(Bonn Declaration)」을 채택하였다.

전자무역에 관한 유럽이니셔티브는 유럽연합의 전자무역에 관한 정책을 수립하고 법적 기반을 확립하기 위한 기본적인 사항들을 담고 있으며 2000년 초까지 추진해야 할 4개 핵심과제를 선정하였다.[29)]

---

24) 법무부, 「외국의 전자서명법제」, 1997.12.
25) UETA(Uniform Electronic Transaction Act)
26) UCITA(Uniform Computer Information Transaction Act)
27) Electronic Signatures in Global and National Commerce Act
28) 유럽연합위원회는 공동체의 행동에 대해 정책 및 국제적 합의의 도출을 위하여 유럽 각국의 공동입장을 수립할 현실적인 필요성을 느껴 이 제안을 준비했다. European Commission, A European Initiative on Electronic Commerce, 1997.4.15.
29) 유럽 이니셔티브의 핵심 과제
① 전자무역 인프라 확충과 상품 및 서비스 거래 체제의 구축,
② EU 내 통일된 제도적 장치 마련.
③ 가중 기술의 개발촉진 및 인식의 제고를 통한 EU내 유리한 기업환경 조성.
④ 국제적 통일기준의 제정.

유럽연합에서의 전자무역 관련 법 규범 형성은 위에서 설명된 1997년 유럽이니셔티브에 기초하여 유럽위원회가 1998년 11월 18일 역내시장에 있어서 전자무역의 법적 측면에 관한 유럽의회와 이사회 지침제안[30]을 제시하면서부터 가속화되었다. 이후 동 제안은 논의와 발전을 거듭하여 결국 2000년 5월 4일 유럽의회에서 유럽연합 회원국들이 향후 18개월 내 국내법으로 이행해야 하는 전자무역지침을 승인하였다. 이후 2000년 전자무역지침은 2000년 7월 17일 관보(Official Journal)에 게재됨으로써 효력을 발휘하였다.[31]

유럽연합은 「전자무역지침(Directive on Electronic Commerce, 2000)」과 「전자서명지침(Directive on Electronic Signatures, 1999)」을 제정하였고 많은 유럽연합 회원 국가들이 이 지침을 수용하여 자국의 법률들을 제정하고 있다.

아일랜드는 「2000년 전자무역법(Electronic Commerce Act, 2000)」을 제정하여 시행하고 있고 영국도 「2000년 전자통신법(Electronic Communication Act, 2000)」을 제정하여 시행하고 있다.

유럽연합 국가 중 특히 독일은 1997년 8월 「디지털서명법(Digital Signature Law)」을 제정하여 시행하고 2000년에 개정하여 「전자서명법」으로 명칭을 변경하였다.[32]

유럽위원회는 2001년 5월에 유럽연합차원의 정보화 기본계획인 「eEurope 2005 : An Information Society for All」[33]을 발표하여 2005년까지 정보화 계획의 목표와 청사진을 제시하였다. 그 후 유럽연합은 2008년 10월에 유럽연합차원에서 추진된 당시의 행동계획들을 점검하는 내용의 보고서 「eEurope Benchmarking Report, 2008」을

(자료출처 : 전정기 · 채병복, "EU에서의 전자상거래와 단일전자시장의 건설", 2000 무역학자전국대회 발표논문집, 한국무역학회, 2000.6.21.).

30) Proposal for a European Parliament and Council Directive on certain legal aspects of electronic commerce in the internal market, Official Journal, 1999.2.5.

31) 동 지침은 정보사회 서비스, 서비스 공급자 및 상업적 통신 등에 관하여 정의하고, 정보사회 서비스 공급자의 설립과 정보 요구, 상업 통신, 전자적 수단에 의한 계약, 서비스 중간 공급자의 책임 및 이행의 문제 등에 대하여 규정하고 있다. Directive 2000/31/EC of the European Parliament and of the Council of 8 June 2000 on certain legal aspects of information society services, in particular electronic commerce, in the Internal Market("Directive on Electronic Commerce"), Official Journal, 2000.7.17.

32) 말레이시아(1997년), 이탈리아(1998년), 싱가포르(1998년), 오스트리아(2000년) 등 제정.

33) 동 보고서는 모든 기업, 학교, 가정 및 시민들의 컴퓨터, 이동 통신 등을 이용하여 인터넷으로 상호 연결하는 것을 기반으로 삼아 10개의 세부 영역에서 적어도 2004년까지 성취되지 않으면 안 될 구체적 목표들을 제시해 놓았다.

발표하였다.[34)]

2) 영국의 EC 규범

영국의 정보화 정책 실행은 현재 PIU(the Performance and Innovation Unit)의 권고에 따라 1999년 9월에 설립된 OeE(the Office of e-Envoy)[35)]가 주도적인 역할을 담당하고 있다. OeE의 정보화 추진 목표는 국민과 기업들이 지식 경제 사회로부터의 혜택을 최대한 누릴 수 있도록 하기 위하여 2002년까지 전 세계에서 가장 좋은 전자무역 환경 구축, 2005년까지 전 국민이 인터넷 이용, 2010년까지 모든 정부 서비스 온라인 이용이 가능하도록 하는 것이다.

OeE는 e-Minister와 함께 2000년 9월「영국 정보사회화 전략(UK Online Strategy)」을 발표하였으며 이 전략을 중심으로 영국의 정보화와 IT정책이 수행되고 있다.

[표 2-2] 온라인 정보화 분야와 주요내용

정보화 분야	주요내용
• 국민의 정보화	• 모든 국민이 인터넷 이용 가능
• 사업기반 조성	• 기업의 IT 활용도가 세계 일류화
• 전자정부	• 모든 정부 서비스가 온라인으로 이용 가능
• 정보기술 세계기지	• IT 분야 세계 최고의 생산성과 성장률 달성

※ 자료 : 지식경제부 · 한국전자거래진흥원, 2010 e-비즈니스 백서, 요약정리.

34) 동 보고서는 새로운 행동 계획(Action Plan)의 목표와 접근 방법, 실천 정책, 정책 추진을 점검하기 위한 장치, 벤치마킹, EU내 협력, 재원 조달, 결론 등을 담고 있다. 또한 EU 회원국들의 인터넷 보급률, 초고속 인터넷을 포함한 인터넷 관련 요금, 국가 연구망의 실태, 정보보안, 학교별 인터넷 보급, 컴퓨터교육 및 훈련실태, 전자무역 관련 내용들을 비교하여 정책방향을 제시하였다.

35) 영국의회의 e-Envoy 역할 및 OeE에 대한 제고 촉구; e-Envoy가 중앙정부로부터 독립성이 결여되었으며 e-Envoy 사무국(OeE)이 지나치게 비대해져 “mini empire”화되고 있다고「UK Online reviewed」를 통해 비판하며, e-Envoy의 역할 및 OeE의 규모에 대한 제고를 촉구했다. e-Envoy직은 본래 공무원이 아닌 정부로부터 독립된 국민의 대표자로서 마련되었음에도 불구하고, 현재 e-Envoy가 중앙정부에 지나치게 가까워져 있으며 결국 중앙정부의 한 관료이자 e-Minister의 보좌인으로 전락할지 모른다는 우려를 표명하였다.

영국의 특사사무국은 영국 정부의 전자무역 정책을 전담하는 기구로 공공 · 민간 · 자율단체 그리고 국제적인 협력을 바탕으로 부처 및 기관과 상호 접촉하고 전자무역 추진 실태를 점검하며 정책적 대안을 제시하고 있다.[36)]

3 일본

일본은 2010년까지 고도정보 통신사회의 실현을 위한 도약의 기간으로 삼고 이 기간 동안 각종 필요한 대응책을 집중적으로 강구해 민간과 함께 일본 정보통신을 세계 최고수준으로 고도화하고 모든 분야의 거래에서 전자무역의 본격적 실현을 목표로 하고 있다.

민간 차원에서는 전자무역 추진 협의회가 전자무역의 기술 및 제도의 각 과제를 검토하고 있으며 지금까지 공인 인증기관 운용이나 프라이버시 보호 등에 관한 지침, 전자화폐 표준이용약관 등의 제반 법규들을 정리하고 있다. 일본 사이버 비즈니스 협의회는 개인정보 보호지침을 마련하여 국제 상호 접속이나 전자화폐 등의 검토에 힘쓰고 있다.

이외에 금융 정보시스템 센터나 사회 안전 연구재단 등 각종 민간단체에서도 실증실험이나 제도적 검토가 이루어지고 있다. 일본 정보처리 개발 협회에서는 1998년 4월부터 프라이버시에 관한 마크 부여제도를 운영하고 있으며 일본 데이터 통신협회에서도 등록/마크 부여제도를 운용하고 있다. 일본 정부차원에서도 전자무역과 관련된 광범위한 영역을 감안하여 여러 각도에서 검토하고 있다. 인터넷을 통해 선정적인 내용을 보여주는 영업을 규제하는 향락영업의 규제 및 적정화에 관한 법률의 일부를 개정하는 법률이나 국세관계 장부서류의 전자적 기록에 의한 보존을 용인하는 전자계산기를 사용해 작성하는 국세관계 장부서류의 보존방법 등의 특례에 관한 법률도 제정하였다.

---

36) 전자무역 특사 사무국은 영국 정부의 전자무역 정책을 전담하는 기구로 공공, 민간, 자율단체, 그리고 국제적인 협력을 바탕으로 하여 전략 보고서에 제시된 정부의 4대 전략인 현대적 시장, 신뢰 구축, 정보화 시대 정부, 분석과 벤치마킹을 개발하는 데 주력하고 있다.

1) 고도정보통신사회 행동계획

1995년 2월 일본 수상 산하에 고도정보통신사회 추진본부[37]를 설치하여「고도정보 통신사회를 위한 기본방침」[38]을 발표하였고 관련 작업의 검토에 들어가 1998년 11월 9일 시행 안을 확정하였다.[39] 1999년 4월에는 동 기본방침의 구현을 위해 3대 행동원칙[40]과 4대 당면목표[41] 그리고 기타 과제가 포함된 행동계획(Action Plan)을 발표하였다.[42]

고도정보통신사회추진본부(IT 전략본부)는 2000년 5월 19일「고도정보 통신사회를 위한 기본방침」의 추진상황에 관한 첫 번째 보고서를 발표하였다.[43] 동 보고서의

---

37) 高度情報通信社會推進本部, http://www.kantei.go.jp/jp/it/index.html.

38) 高度情報通信社會推進本部, http://www.kantei.go.jp/jp/it/990422ho-7.html.

39) 高度情報通信社會推進本部, 高度情報通信社會に向けた基本方針, 1998.11.9. http://www.kantei.go.jp/jp/it/981110kihon.html.

40) ① 전자무역은 원칙적으로 민간 주도로 이루어져야 한다.
② 정부역할은 민간 활동을 이끌어내는 환경정비를 기본으로 하여, 불필요한 규제나 제한을 두지 말아야 한다.
③ 국제기관이나 외국과의 조정 및 국제적인 조화 확보와 세계적 표준에 관한 논의에 적극적 참여한다.
(資料 : 高度情報通信社會推進本部決定, 高度情報通信社會推進に向けた基本方針-アクション プラン, 1999.4.16.)

41) ① "전자무역 등 추진을 위한 환경 정비"로 전자무역의 발전을 위하여 전자인증, 개인정보 보호, 유해 콘텐츠 대책, 소비자 보호, 보안 및 범죄 대책, 전자거래제도의 정비, 전자결제 및 전자화폐, 지적재산권, 도메인명, 과세 및 기타 등의 문제 해결.
② "공공분야의 정보화"로 행정의 정보화, 학술의 정보화를 포함한 연구 분야의 정보화, 문화 · 스포츠 분야의 정보화, 보험 · 의료 · 복지 분야의 정보화, 도로 · 교통 · 차량 분야의 정보화, 공공 수송 분야의 정보화, 방재 · 기상분야의 정보화, 환경 분야의 정보화, 노동 · 고용분야의 정보화, 지리정보시스템(GIS)의 정비 및 상호이용의 추진 등의 문제해결.
③ 정보해독 능력의 향상 및 인재 육성과 교육의 정보화.
④ "네트워크 인프라의 정비"로 차세대 인터넷, 광섬유망, 이동통신시스템 및 방송 디지털화 문제 해결.
(資料 : 高度情報通信社會推進本部決定,『高度情報通信社會推進に向けた 基本方針-アクション プラン』, 1999.4.16.)

42) 정보 통신의 고도화를 위한 제도 정비, 기초적인 연구 개발, 하이테크 범죄 및 프라이버시 대책, 소프트웨어의 공급, 콘텐츠 부문, 상호 운용성 및 상호 접속성의 확보(표준 및 연동성) 등.
(資料 : 高度情報通信社會推進本部決定, 高度情報通信社會推進に向けた基本方針-アクション プラン, 1999.4.16.) http://www.kantei.go.jp/jp/it/index2.html.

주요내용은 국내 전자무역 촉진 문제, 전자무역 무관세 문제, 전자인증 문제[44], 개인정보 보호 문제 등이다.

[표 2-3] 일본의 고도정보화 행동계획

분 야	정 책 과 제
조세 및 관세	• 전자무역의 과세 방안 • 전자무역에 있어 관세에 대한 취급
소비자 보호	• 온라인 마크제도[45] • 전자무역 가이드라인
거래에 관련된 제도	• 거래 규범의 명확화
프라이버시보호	• 개인정보 보호의 기본 방향 검토 • 개인정보 보호의 등록 및 마크 교부 제도 • 인터넷 프라이버시 정보관리시스템 개발 • 개인정보보호법의 정비
위법 및 유해콘텐츠 대책	• 네트워크 프로바이더의 "자주적인 가이드라인" 작성을 촉진 • 고기능필터링시스템 개발 • 위법 콘텐츠에 대한 수사력 강화 • 프로바이더에 의한 자구규제 가이드라인 준수 • 등급 부여의 기본방향에 관한 조사연구
전자인증	• 전자무역의 전자인증 가이드라인 책정 • 전자인증 업무에 관한 제도 정비 • 전자공증제도 • 전자인증의 보급 촉진
지적재산권	• 저작권법의 정비 • 부정경쟁방지법의 일부 개정 • 저작권 권리정보 제공체제의 정비 • 저작권 관리사업 법안제정
도메인명	• 도메인명에 관한 제반 과제의 검토

※ 자료 : 일본내각 내정심의실, 2009년도 고도정보화 행동계획.

---

43) 內閣內政審議室, アクション プラン第一回フォローアップのポイント, 2000. 5.19. http://www.kantei.go.jp/jp/it/actionplan/2000/1followup/point.html.

44) 일본의 우정성, 통산성, 법무성이 2000년 4월 14일 의회에 제출한 "전자서명 및 인증업무에 관한 법률"이 2000년 5월 31일 의회에서 통과되어 확정되었다. 電子署名及び認證業務に關する法律(平成 12年 5月 31日 法律 第102號)

45) 온라인 신뢰인증마크, 한국전자거래진흥원에서도 분쟁과 인증 두 팀을 하나로 묶어 통합 운영.

2) IT 기본 국가전략

일본 우정성은 1995년 10월 사이버비즈니스협의회를 설립하여 전자무역의 실용화를 위한 연구를 수행하고 있는데 사이버비즈니스협의회는 우정성 관련단체인 멀티미디어실험협의회, 일본전자메일협의회 등과 제휴하여 전자무역의 실용화를 위한 각종 연구를 시행하고 있다.

법무성은 1996년 7월에 전자무역 법제에 관한 연구회를 설치하고 전자무역에 관하여 발생할 수 있는 여러 가지 법적 문제에 관하여 민법 및 상법의 검토를 통해 법적 정비의 필요성에 대한 연구를 수행하고 있다.

1997년 1월에는 컴퓨터 네트워크를 통한 거래를 보호하기 위해 전자서명을 위한 법안을 마련하였다.[46]

통산성은 세계 속의 전자무역 핵심지역의 역할 수행이라는 정책의 목표 속에 지금까지의 연구 성과를 결집하고 나아가 창의적인 연구를 지속적으로 이어가기 위해서 1996년 2월 「전자무역진흥협의회」[47]를 결성하고 전자무역 프로젝트를 추진하고 있다.[48]

기업 간 고도 전자무역 추진사업으로 우선 20개 사업에 대한 지원을 결정하는 등 전자무역과 관련한 정부의 지원을 강화하기 위해 「산업정보화추진센터」를 설립하여 전자무역을 위한 EDI 표준 개발과 보급을 추진하고 있다.

일본은 2000년에 「전자서명 및 인증업무에 관한 법률(전자서명법)」을 제정하여 2001년부터 시행하고 있다.[49] 향후 일본은 IT전략본부를 중심으로 내각을 통하여 본 계획을 추진하고 있으며 달성상황을 지속적으로 조사하고 필요에 따라 새로운 정책을 중점 계획에 첨부하고 있다.

---

46) 김태훈, "전자무역에 관한 국제적 동향과 대응방안"(경북대학교, 1999), pp.83~85.

47) ECOM(Electronic Commerce Promotion Council of Japan)

48) 신농민, 「전자무역의 추진현황 및 향후전망」, 신한리뷰, 1997. p.71.

49) 電子商取引推進協議會, http://www.ecom.or.jp/home/office.htm.

제 3 장

전자무역과 국제기구

제1절 세계무역기구

1 세계무역기구 개요

세계무역기구(WTO)에 있어서 가장 주된 쟁점은 현재의 규범이 새로이 등장한 전자무역 분야에 적용될 수 있는가의 여부이다. 전자무역에 영향을 줄 수 있는 세계무역기구 규범은 서비스, 지적재산권, 상품, 정부조달, 기술 장벽 등 광범위하다.

이에 대해서는 현재의 규범이 전자무역에서도 적용된다는 것이 회원국들 간에 전반적으로 논의되어 합의된 것이라고 할 수 있다. 이러한 논의는 1998년 2월 19일 세계무역기구 일반이사회에서 미국이 전자무역 무관세에 대한 국제 규범화를 제안하면서부터 시작되었다.

세계무역기구 차원에서 처음 공식 제기되었을 당시 대부분의 국가들은 미국의 제안에 적극적인 지지 의사가 없었으며 특히 개도국들은 이견을 제시하면서 개도국에 대한 배려가 함께 논의되어야 한다는 주장을 제기하였다.

세계무역기구 사무국은 1998년 3월에 「전자상거래와 세계무역기구의 역할(Electronic Commerce and the Role of the WTO)」이라는 보고서[50)]를 발간하여 전자무역을 향후 새로운 연구과제로서 세계무역기구 차원에서 계속 논의할 것임을 밝혔다.

2 WTO 각료회의

1999년 제3차 각료회의까지 관세부과효과가 있는 신규 조치를 하지 않도록 시한부 동결 조치를 선언하고자 수정 제의를 하였다.

이를 다른 회원국들이 수용함으로써 1998년 5월 20일 제네바 제2차 각료회의에서 「전 세계 전자거래에 관한 각료회의 선언(Declaration on Global Electronic Commerce)」

---

50) 동 보고서는 정보통신인프라, 법적문제, 보안 및 개인정보 보호 등 전자무역과 관련되는 정책문제를 분석하고 전자무역과 세계무역기구와의 관계를 다루고 있다.

을 채택하였다.[51] 이렇게 세계무역기구 산하 위원회별로 논의된 전자무역 관련 주요 쟁점 사항에 대한 논의 결과는 각 산하 기구의 보고서로 제3차 세계무역기구 각료회의에 제출되었다.

그러나 1999년 12월에 열릴 예정이었던 시애틀의 제3차 각료회의는 결렬되고 말았다.[52] 하지만 전자무역에 대해서는 두 가지 사항에 대해 극적인 합의가 이루어졌다. 그 하나는 전자적 전송 물품에 대한 현재의 무관세 조치를 차기 각료 회의까지 연장하되 추후 영구 무관세화에 대해 논의한다는 것이다.

다른 하나는 세계무역기구에서의 논의를 계속함에 있어 그 형태를 별도의 작업반을 구성하지 않고 지금까지처럼 각 위원회별로 논의를 진행해 나가기로 합의한 것이다.

3 WTO 산하 기구별 동향

서비스무역이사회에서 활발하게 전자무역에 대한 논의가 전개되고 있고 상품무역이사회는 전자적으로 전송되는 정보 물 혹은 내용을 상품의 교역이 아니면 소관 업무가 아니라는 관점 때문에 소극적으로 대처하고 있다.

무역 관련 지적재산권이사회에서는 세계지적재산권기구(World Intellectual Property Organization : WIPO)에서의 논의 결과를 지켜보자는 쪽으로 의견을 모음으로써 그 역할을 다하지 못했고 무역개발위원회는 개발도상국들의 전자거래를 전자 전송 물에 초점을 맞춰 「서비스교역에 관한 일반협정(GATS)」을 중심으로 논의하고 있다. GATS의 주요 내용은 다음과 같다.

첫째, 모든 서비스교역에 일률적 의무는 최혜국대우(MFN) 및 공개주의이다.

둘째, 시장접근과 내국민대우는 양허계획서에 기재된 조건 및 자격요건에 대해 각

---

51) 1998년 9월 25일 일반이사회는 「전자거래에 관한 작업프로그램(Work Program on Electronic Commerce)」을 실시하였고 「서비스무역이사회(Council for Trade in Services)」, 「상품무역이사회(Council for Trade in Goods)」, 「TRIPs이사회(Council for TRIPs)」, 「무역개발위원회(Committee for Trade and Development)」가 전자무역에 관한 쟁점들을 검토하게 되었다.

52) 2001년 11월 9일~14일 제4차 WTO각료회의가 카타르 수도 도하에서 개최되었다.
① 뉴라운드의 공식 출범 선언
② 최근의 통상마찰심화와 지역주의의 확산에 대한 우려감 불식
③ 다자체제의 신뢰성 회복

체약국이 자국의 유사한 서비스 및 서비스 공급자에게 부여하는 대우보다 불리하지 않는 대우를 다른 체약국에게 부여해야 한다.

셋째, 서비스교역의 점진적 자유화를 위해 각 체약국은 해당 서비스교역(예: 금융)에 대해 시장개방에 대한 약속, 내국민대우에 대한 약속, 약속이행에 대한 구체적 일정 및 약속의 발효시기 등을 포함한 양허계획서를 제출하고 이에 대해 주기적으로 협상한다.

즉, 서비스교역에 관한 일반협정(GATS)은 회원국은 다른 회원국의 서비스 및 서비스공급자에게 최혜국대우를 제공할 것을 규정하고 있다. 그러나 서비스 교역에서는 서비스협정의 발효 시 최혜국대우 의무의 면제를 인정한다. 허용된 면제는 5년 후에 재검토되어야 하며 10년을 초과해서는 아니 된다.

GATS는 서비스 공급 수단을 구분하는 내용이 없으므로 전자적으로 인도되는 모든 제품에 대하여 일부 이견은 있으나 GATS 규정이 적용되어야 한다고 의견을 집약하고 있다.

이에 비하여 상품무역위원회 다수의 회원국은 상품무역위원회에 위임된 전자무역 대부분의 측면에 대하여 전자 전송이 어떤 경우에 서비스, 상품 혹은 그 밖의 어떤 것으로 정의될 수 있는지에 대한 결정이 내려진 후에야 의미 있는 논의가 이루어 질 수 있다고 보고 있다.

지적재산권이사회의 논의는 특히 디지털 제품의 전자거래와 직결되기 때문에 매우 중요하나 지적재산권 관련 전문기관이 WIPO의 활동과 연계되어 움직이고 있어 WIPO 자체 내의 논의는 심도 있게 진행되지는 못하는 것으로 보인다. 향후 세계무역기구의 전자무역에 관한 논의는 전문가로 구성되는 특별작업반이 구성되어 산하 기구에 공통적으로 관련되는 문제를 검토하고 대안을 찾는 활동이 이루어질 전망이다.

특히 2000년 11월에 개최된 APEC 정상회담에서는 세계무역기구에서 전자무역 관련 이슈들을 전문적으로 다루기 위한 특별 대책반 설치에 대한 합의가 도출되어 현재에 이르고 있다.

[표 3-1] WTO 주요 논의 내용

위원회	주요 논의 내용
Council for TRIPs (지적재산권이사회)	• 저작권 및 저작인접권의 보호 및 집행 • 상표의 보호 및 관리의 집행 • 새로운 기술과 기술에의 접근
Council for Trade Goods (상품무역이사회)	• 전자무역과 관련된 상품의 시장 접근 • GATT 제7조의 이행에 관한 협정의 적용으로 발생하는 평가에 대한 이슈 • 수입 허가 절차에 관한 협정의 적용으로 발생하는 이슈 • GATT 제2조에서 정의된 관세 및 기타 조세 • 전자무역에 관한 표준 • 원산지 규정에 대한 이슈 • 상품분류에 관한 이슈
Council for Trade Service (서비스무역이사회)	• 서비스무역에 관한 일반협정(GATS) 제1조의 적용 범위 • 제2조 최혜국 대우(MFN) • 제3조 투명성(transparency) • 제4조 개발도상국 참여의 증진 • 제6 · 7조 국내적 규제, 표준, 인식 • 제8 · 9조 경쟁 • 제14조 프라이버시와 공중 도덕의 보호 및 사기 방지 • 제16조 서비스의 전자식 공급에 관한 시장 접근 공약 • 제17조 내국민 대우(national treatment) • 통신에 관한 부속서(Annex on Telecommunications)의 공공 통신 전송 네트워크와 서비스의 이용 및 그 접근 • 관세, 분류에 대한 이슈

※ 자료 : 박노형, 전자무역 관련 국제규범의 제정동향과 내용분석, 고려대학교 통상법연구센터, 2000. 12. p.118.

제2절 경제협력개발기구

1 경제협력개발기구 개요

경제협력개발기구(OECD)에서 전자무역에 관한 논의는 1980년대부터 이미 전자정보의 교환 등 개별 이슈에 대한 기본적인 논의가 진행되어 왔다.53)

국제기구 중 경제협력개발기구는 가장 먼저 전자무역에 관한 논의를 시작하였으며, 산하의 각 위원회 및 실무 작업반을 통하여 조세, 소비자 및 프라이버시 보호, 암호, 인증 및 거래 확인, 정보통신 기반 및 그 접속 등 전자무역 주요 이슈에 대한 포괄적인 논의를 계속하고 있다.54)

경제협력개발기구는 1980년대 「사생활보호와 개인자료의 국경 간 흐름에 관한 지침(Guideline on the Protection of Privacy and Transborder Flows of Personal Data : Privacy Guideline)」을 채택하여 개인정보의 보호를 도모하고 1985년에는 「국경 간 자료흐름에 관한 선언(Declaration on Transborder Data Flows)」을 채택하여 국가 간의 정보의 자유로운 이동을 보장하는 노력을 하였다.

최근에는 전자무역 환경 하에서의 상업적 거래가 경제에 미치는 영향을 분석하고 무역, 공공관리, 조세 등의 문제점 등을 체계적으로 연구하고 있다.

---

53) 전자무역를 논의하고 있는 국제기구는 세계무역기구(WTO), UN국제상거래법위원회(UNCITRAL), 경제협력개발기구(OECD), 아 · 태지역경제협력기구(APEC) 등이 있다. 이들 국제기구 가운데 전자무역에 대한 관심을 가장 먼저 가진 곳은 OECD이다. 왕상한, "세계무역기구규범과 전자무역", 국제거래법연구, 1999. p.476.

54) 경제협력개발기구는 현재까지 네 개의 사생활지침(Privacy Guideline, 1980), 보안지침(Security Guideline, 1992), 암호화정책지침(Cryptography Policy Guideline, 1997), 소비자보호지침(Consumer Protection Guideline, 1999)과 한 개의 선언(국경간 정보 이동에 관한 선언 : Declaration on Transborder Data Flows, 1985)을 채택한 바 있다. 1994년 이후 특히 재정위원회(CFA), 정보통신컴퓨터위원회(ICCP), 소비자정책위원회(CCP)를 중심으로 전자무역 논의를 활발하게 전개하고 있으며 다수의 전문가작업반을 구성, 이슈별 지침을 개발하여 국제적 논의 의제로 상정하고 있다.

2 각료회의

1997년 11월에 핀란드 투르크에서 핀란드 정부와 「산하 기업 및 산업자문위원회(Business and Industry Advisory Committee : BIAC)」 등과 공동으로 「전 세계 전자무역 확산을 위한 장애물 제거(Dismantling the Barriers to Global Electronic Commerce)」라는 주제로 민간단체를 참여시키는 최초의 대규모 국제회의를 개최하여 전자무역 확대에 수반되는 장애요인과 해결 방안을 모색하였다.[55]

이 회의에서는 정보통신기반 이용자 신뢰, 소비자 보호, 법률적 제도 환경 등에 대한 국제적인 규범의 필요성에 대하여 논의되었으며 민간부문을 대표하여 참석한 BIAC[56]는 전자무역 확산을 위한 원칙을 발표하였다.

초기 경제협력개발기구 논의는 개인정보의 보호와 정보 이동의 자유 특히 소비자 보호, 인터넷 오용 등에 중점을 두었는데 최근에는 전자적 환경에서의 상업적 활동의 유용성 및 전자무역가 경제 질서에 미치는 영향에 대한 인식과 함께 무역 · 경쟁 · 정부조달 · 조세 등 국제 경제 활동 측면에 대한 연구 분석과 논의가 증대되고 있다.

이는 정보 · 컴퓨터 · 통신위원회(ICCP), 소비자보호위원회 등의 각종 위원회 및 전자무역 전문가 특별 그룹 회의 등에서 활발하게 논의가 진행되고 있다. 1998년 10월 7일부터 9일까지 캐나다 오타와에서 개최된 경제협력개발기구 전자무역 각료회의에서는 「전 세계 전자거래의 가능성 실현-국경 없는 세계(A Borderless World-Realising the potential of Global Electronic Commerce)」라는 주제로 전 세계적인 전자무역 활성화를 위한 일반적 합의와 주요 지침을 채택하고 이의 실행 계획을[57] 구체화하였다.

1999년 10월에는 오타와 각료회의 이후 1년간의 추진실적을 점검하고 향후과제를 도출하기 위한 실무급 회의로서 전자무역 파리 포럼이 개최되었다. 1999년 12월 9일

---

55) OECD 29개 회원국 및 일반 비회원국, OECD 업계 자문위원회(Business and Industry Advisory Committee : BIAC) 이외에 국제전기연맹(ITU), 세계지적재산권기구(WIPO), 국제상공회의소(ICC) 등에서 400여 명이 참석하였다.

56) BIAC는 OECD 경제산업자문위원회(Business and Industry Advisory Committee to the OECD)의 약칭이다. OECD 가맹 각국의 민간경제단체로 구성되어 있으며, 자유화·원조문제 등의 국제경제협력에 관하여 토의한다. 연 2회 이상 회의를 개최하고, 필요에 따라 작업부회(作業部會)를 설치할 수도 있다. 표결은 OECD와 같이 전원일치제를 채택하고 있다. 본부는 프랑스 파리에 있다.

57) 국가정보화센터(정보자원관리부), 「경제협력개발기구 전자무역 각료회의 주요이슈와 실행계획」, 『정보화동향』 5권 19호, 1998.10.30.

한국 등 29개 경제협력개발기구 회원국들은 프랑스 파리에서 개최된 이사회에서 「경제협력개발기구 전자무역 소비자보호 가이드라인」[58]을 회원국에 대한 권고형태로 최종 합의했다.

[표 3-2] OECD 소위원회별 논의 동향

위원회	담당 업무	논의 사항
정보통신위원회	전자무역 정책의 기본 가이드라인 마련	• 정보 격차 • 통신 접속 등과 관련한 정보통신 • 인프라 구축 • 재원 조달 • 자유화 및 경쟁 정책 • 상호 접속 • 가격 구조 • 인력 양성 등.
소비자정책위원회	소비자보호지침	• 신뢰와 관련한 개인정보 보호 • 소비자 보호
재정위원회	조세행정, 가이드라인 논의	• 조세정책 잠정합의안(소득세 조세 관할권)
무역위원회	전자무역과 관련된 무역장벽 검토	• 글로벌 전자무역 관련 새로운 게임의 규칙 • 관 · 민 공동규제 • 투자자유화 • 지적재산권 보호 등.

※ 자료 : 지식경제부 · 한국전자거래협회, 전게서, p.225.

2000년 2월에는 태국 방콕에서 개최된 전자무역 개발을 주제로 한 세미나에서 「신뢰구축(Building Confidence)」이라는 정책 보고서를 발표하였다.

각료이사회에서 결의한 공동성명을 2000년 6월에 발표[59]하였고 신흥시장에 초점을 맞춘 경제포럼을 회원국 이외에 30여개의 비회원국과 다수의 시민단체 등이 참석한 가운데 아랍에미리트 연방의 두바이에서 2001년 1월에 개최하였다.[60]

---

58) 경제협력개발기구 전자무역 소비자 가이드라인은 전자무역를 하는 소비자들도 일반 거래에 참여하는 소비자와 동등한 수준의 보호를 받아야 한다는 원칙 하에 ① 공정한 영업행위, ② 온라인정보 제공, ③ 대금지급, ④ 분쟁해결 및 피해구제, ⑤ 프라이버시보호 등의 분야에서 정부, 사업자, 소비자의 권리와 책임에 관한 사항을 규정.

59) 경제협력개발기구에서 주로 논의되어 온 전자무역 관련 중요 이슈로는 전자무역 정의, 전자무역 통계 · 지표, B2B, 전자지불, 전자서명 · 인증, 소비자 보호, 개인정보 보호, 소세, 분쟁해결, 전자무역의 사회 · 경제적 파급 효과 등.

제3절 유엔국제거래법위원회

1 유엔국제거래법위원회 개요

유엔국제거래법위원회(UNCITRAL)[61]는 각 국가들이 국제기구 등을 통하여 각 국의 통상 규제를 제거하여 세계 자유 무역을 실현하고자 하는 것임에 반하여 순수한 세계 무역 거래 관련 법률을 통일함으로써 무역 거래를 활성화하고 거래 당사자들에게 법적 안정성과 예측 가능성을 주고자 하는데 그 목적이 있다.

전자문서방식에 의한 국제거래가 점차 보편화됨에 따라 UNCITRAL은 1984년 「자동 문서처리의 법적 측면(Legal Aspects of Automatic Data Processing)」이라는 보고서를 작성하여 이를 1985년에 개최된 제18차 UNCITRAL 회의에 제출하였고 여기에서 「컴퓨터 기록의 법적 가치에 대한 검토 권고안(Recommendation on the Legal Value of Computer Records)」이 채택되었다.

1987년에는 전자무역과 관련하여 「전자자금이체에 관한 법률지침(Legal Guide on Electronic Fund Transfer)」을 마련하였으며 1992년에는 전자자금 이체거래에 적용하기 위하여 「전자자금 이체에 관한 모델법(Model Law on Electronic Fund Transfer)」을 채택하였다.

---

60) 특히, 재정위원회에서 논의되고 있는 관세 및 내국세 문제는 상당히 중요한 문제로서 인터넷 전자무역로 인해 관세 당국이 직면한 국제적 공동 보조의 필요성, 조세 행정에서의 전자무역 기술 활용, 미국의 무관세 지역화 제안 검토, 과세지 결정 기준에 대한 재검토 등의 핵심 이슈 측면에서 논의되고 있다.

61) 유엔은 국제무역법의 점진적 조화와 통일을 추진하고 무역에 영향을 미치는 각국 관련 법률의 부적절한 내용이나 차이로 야기되는 국제 무역상의 불필요한 장애요인을 제거하기 위하여 유엔국제거래법위원회를 1966년에 창설하였다.
http:www.uncitral.org/english/commiss/geinfo.pdf.

2 유엔국제거래법위원회 모델법

본 모델법은 모든 국가들이 서류에 기초한 통신문 형식의 정보자료 보관에 대한 대체 수단으로서 전자문서의 사용을 규율하는 입법을 추진하는데 도움을 줄 목적으로 제정[62]되었다.

유엔국제거래법위원회 모델법의 요지는 EDI · 전자우편 등에 의하여 발생하는 전자문서(데이터 자료 포함)도 개개의 경우 일정한 조건이 충족되면 종래의 종이 문서와 동일한 법률적 효력을 부여한다는 것이다.

현재 전자무역 분야 중 전자서명과 인증기관에 대한 논의에 초점을 맞추고 있으며, 향후 작업 과제로서 공개키 암호와 방법에 대한 기술적 대안, 전자 계약, 인터넷상의 재판권 관할, 준거법 및 분쟁해결 등 문제가 제시되고 있다.

유엔국제거래법위원회는 뉴욕에서 1997년 2월에 「전자거래에 관한 작업그룹(Working Group on Electronic Commerce)」으로 명칭을 변경하여 제31차 회의를 하였는데 그 결과 「전자거래에 관한 장래의 작업계획 ; 디지털 서명, 인증기관들 기타 관련된 법률문제들(Planning of Future Work on Electronic Commerce ; Digital Signature, Certification Authorities and Legal Issues)」이 채택되었다.

제31차 회의에서 채택한 전자거래에 관한 작업계획을 바탕으로 1998년 1월 19일부터 30일까지 전자거래에 관한 작업그룹 제32차 임시회의가 이루어졌다. 동 회의에서 영국과 북아일랜드가 「연결 참조문 문서(Incorporation by Reference)」에 관한 규정을 제인하였다. 이 규정은 총 5개항으로서 규정이 적용범위, 적용요건 및 제한 등의 내용으로 구성되어 있다. 한편 유엔국제거래법위원회는 전자무역 모델 법만으로 전자무역에서 발생할 수 있는 법률적 문제를 다루기에는 부족하다는 판단에 따라 1997년 「전자서명에 관한 통일규칙초안(Draft Uniform Rule on Electronic Signature)」에 관한 논의가 시작되었다. 특히 2000년 2월 14일부터 25일까지 미국 뉴욕의 유엔본부에서 열린 제36차 실무 작업반 회의에서는 통일규칙 초안의 상당 부분을 타결하였다. 전자서명에 관한 통일규칙은 국제거래에서 사용이 증가되고 있는 전자서명을 용이하게 함을 목적으로 하며, 특히 상거래 행위의 사법적인 측면에 초점을 두고 있

---

62) 대한무역투자진흥공사, 인터넷라운드와 전자무역(논의동향 및 수요국별 현황), 1997.11. pp.11~32.

다. 2001년 3월 12일부터 23일까지 미국 뉴욕의 유엔본부에서 열린 유엔국제거래법 위원회 전자거래 작업반 제38차 회의에서 전자서명에 관한 통일법 제정 작업이 사실상 종료되었는데 이 회의는 2000년 9월 제37차 회의에서 있은 전자서명 모델법안의 완성에 이어 이 모델 법을 각 국이 국내법으로 입법할 때 도움이 되도록 할 목적으로 만드는 입법 가이드를 토의하였다. 2001년 6월 25일부터 7월 13일까지 비엔나에서 개최된 UNCITRAL 제34차 전체회의에서 「전자서명 모델법(Model Law on Electronic Signatures)」과 「입법가이드」를 채택하였다.[63)]

---

63) 전자서명법의 주요 특징은 기술 중립주의에 의한 전자서명 개념의 확대, 신뢰할 수 있는 전자서명에 대한 법적 효력의 부여, 전자서명 관련 담당자들의 의무와 책임, 외국 전자서명의 효력 인정 등이라고 할 수 있다.

제4절 세계지적재산권기구

1 세계지적재산권기구 개요

세계지적재산권기구(WIPO)[64]는 전 세계에 걸쳐 지적재산권을 보다 효율적으로 보호하기 위한 국가 간 협력을 도모하기 위해 1967년 7월 14일 스톡홀름 조약에 의해 창설된 국제기구로서 전자무역 분야와 관련하여 중요한 역할을 수행하고 있다.

또한 세계지적재산권기구는 1994년 민간 당사자들 간의 지적재산권을 포함하는 상업적 분쟁의 해결을 위해 "세계지적재산권기구 중재 및 조정센터[65]를 산하 기관으로 설립하였다.

세계지적재산권기구는 동 센터를 통하여 최근 사람이나 물품의 물리적 이동이 전혀 필요 없는 인터넷 기반의 온라인 분쟁해결 시스템을 개발하였으며 주로 도메인명과 상표권 관련 분쟁해결에 중점을 두고 있다.

이와 같이 전자무역의 발전과 더불어 타인의 상표를 도메인 명으로 사용하는 경우가 증가함에 따라 예상되는 국제적인 분쟁의 해결을 위하여 세계지적재산권기구는 법적 소송 절차 대신에 중개 및 중재 절차를 제공하고 있다. 전자무역과 관련한 세계지적재산권기구의 역할은 1998년 9월 전자무역과 지적재산권에 관한 세계지적재산권기구 국제회의에서 발표된 "세계지적재산권기구 디지털 의제"[66]에 잘 나타나 있다.

---

64) WIPO에서 주장하고 있는 지적재산권 보호는 전자무역 진흥을 위한 안정적 환경 구축에 가장 중요한 이슈 중 하나로 전자무역과 가장 밀접한 관계를 갖고 다양한 활동을 수행하고 있다.

65) World Intellectual Property Organization Arbitration and Mediation Center

66) 동 의제는 지적재산권 정보에의 접근, 세계 정책 형성에 참여, 전자무역에서 지적재산권 사용을 위한 기회 등에 있어 개도국들의 참여를 확대시키고, 전자무역을 촉진하기 위한 국제적인 법적 구조의 조정을 추진하며, 도메인명 분쟁해결에 따른 권고를 이행하는 것 등을 포함하여 WIPO가 추진해야 할 10가지 역할에 대하여 설명하고 있다.

2 저작권 조약

세계지적재산권기구 상설위원회는 1998년 6월부터 1999년 4월까지 3차례 회의를 가진 후 인터넷상에서의 기술 정보의 노출과 관련된 문제를 검토하였다. 상표/의장/지리적 표시에 관한 동 분과위원회도 수차례의 회의를 갖고 인터넷상에서 상표의 이용으로부터 발생하는 쟁점들에 대하여 논의하였다.

그밖에 세계지적재산권기구는 데이터베이스의 보호, 온라인 서비스 공급자의 책임, 방송 기관의 권리 보호, 저작권과 저작인접권 및 디지털 기술, 국경을 넘는 지적재산권의 문제 등에 대하여 논의하였다.[67)]

1999년 9월 세계지적재산권기구가 주최한"전자무역과 지적재산권에 관한 국제회의"는 지적재산권 이슈를 중심으로 전자무역에 대한 국제적 합의를 논의한 최초 회의였다.

출판, 음악, 영화, 소프트웨어의 온라인 배송, 인터넷상에서의 도메인명 및 상표권, 온라인상에서의 분쟁해결, 온라인 서비스 제공업자의 책무, 전자 도서관, 특허 및 상표권 데이터베이스, 사이버 감시(Cyber Surveillance) 및 전자적권리관리(Electronic Rights Management : ERM) 등의 이슈가 포괄적으로 다루어졌다. 세계지적재산권기구는 전자무역과 관련하여 1999년 12월 6일부터 7일까지 1996년 12월 채택된 「세계지적재산권기구 저작권조약(WIPO Copyright Treaty)」과 「세계지적재산권기구 공연 및 음반조약(WIPO Performances and Phonograms Treaty)」[68)] 등의 이행에 관한 회의를 개최하고 세계지적재산권기구 공연 및 음반 조약에 포함되지 않는 시청각공연에 관하여 공연자의 권리에 관한 새로운 국제규범의 채택을 위하여 노력하였다.

2009년 1월 전자무역의 촉진을 위한 지적재산권의 역할과 전자무역이 지적재산권에 미친 영향 등 전자무역에 관한 그 동안의 논의를 담은 보고서 「전자무역과 지적재산권 문제에 관한 안내서(Primer on Electronic Commerce and Intellectual Property Issues 2008)」를 발표하였다. 동 보고서 내용은 전 세계 전자무역의 출현과 성장, 전

---

67) WIPO, http://ecommerce.wipo.int/activities/index.html.

68) 이들 조약은 새로운 경제 · 사회 · 문화 및 기술의 발전으로 인하여 야기된 문제를 해결하기 위하여 새로운 국제적 규범을 도입하고, 기존의 일부 규범에 대한 해석을 명확히 하는 것을 내용으로 하고 있으며, 상업적인 인터넷 통신에도 적용할 수 있다.

자무역으로 인하여 제기된 법적 문제점, 저작권과 저작인접권에 대한 전자무역의 영향, 개발도상국들에 대한 현안 문제 및 지적재산권 서비스의 디지털 전송 등에 대하여 언급하였다.

이에 따른 「세계지적재산권기구 저작권조약(WCT)」과 「세계지적재산권기구 공연 및 음반조약(WPPT)」 등을 발표하였고 도메인명 시스템과의 조화와 인터넷 서비스 제공업자의 책임, 상호 운용성 등을 규정하는 원칙과 틀 마련 등에 대한 지침 을 제시하였다.

현재 추진 중인 「세계적 정보 네트워크와 지적재산권 정보서비스(Global Information Network and Intellectual Property Information Services)」는 공공 네트워크를 통해 대중에게 지적재산권 관련 정보를 제공하고 전 세계 지적재산권 사무국에 정보기술 인프라 구축을 지원함으로써 허가 및 등록 업무 관련 정보 접근을 용이하게 할 것으로 기대하고 있다.

세계지적재산권기구 상임위원회에서 「산업재산권규범(Industrial Property Norms)」에 미치는 영향에 대한 평가를 추진하고 있고, 인터넷상에서 상표 및 표시 사용 관련 상표권법, 산업디자인, 지리표시(Geographical Indications)의 이슈에 대하여 논의하고 있다.

제5절 아시아 · 태평양경제협력기구

1 기구 개요

아시아태평양경제협력기구(APEC)[69]에서 전자무역 관련 논의를 주도해 온 조직은 「전자상거래조정그룹(Electronic Commerce Steering Group : ECSG)」과 「정보통신작업반(Telecommunications Working Group : TWG)」[70]이다.

1990년에 구성된 정보통신작업반은 정보통신 분야의 자유화 및 발전을 가속화하기 위한 국제 협력을 논의해 온 바 이 같은 연구 성과에 힘입어 전자무역의 논의가 자연스럽게 확대되었다.

APEC에서 전자무역의 중요성을 인식하고 회원국 간 합의와 협력차원의 진지한 논의가 개시된 첫 회의는 1997년 11월 캐나다 벤쿠버에서 열린 정상회의였다.

벤쿠버 회의에서 회원국 정상들은 APEC 지역 내의 전자무역에 대한 일련의 작업 계획을 작성하여 차기 쿠알라룸프루 회의에서 그 결과를 보고하도록 요청하였다.

전자무역에 있어서 민간기업의 주된 역할을 인식하고 모든 회원국이 전자무역의 이익을 공유할 수 있도록 예측 가능하고 투명한 법적/제도적 장치를 촉진시킨다는 내용의 선언문을 발표하였다.[71]

1998년 2월 15일부터 17일까지 말레이시아의 페낭에서 열린 동 기구의 제1차 「고위관리회의(Senior Officials Meeting : SOM)」[72]에서는 1997년 11월 벤쿠버 정상 회

---

69) 동 기구는 아시아 · 태평양지역 국가간 경제적 유대 강화의 필요성에 따라 1989년 11월 호주 캔버라에서 출범한 이후 그 기능과 역할이 점차 강화되어 왔다.

70) APEC 회원국들은 정보통신작업반을 통해 지난 6년간 전자무역의 기본적인 기반 시설인 통신과 정보 분야를 자유화하고 확장하기 위해 노력해 왔다. APEC 지도자들은 1997년 11월 정상 선언에서 전자무역의 중요성을 강조하면서 전자무역의 혜택을 누릴 수 있도록 예측 가능하고 일관성 있는 법적 · 제도적 환경을 추진해야 한다고 강조하였다.

71) 본 선언문은 전자무역의 중요성을 확인하고 비즈니스 부문의 중추적 역할을 강조하는 한편 모든 APEC 회원국이 전자무역으로 인해 이익을 제고할 수 있게 해주는 예측 가능하고 일관성 있는 법적 규제를 조장할 것, 역내 전자무역 촉진을 위한 광범위한 원칙의 도출 등을 담고 있다.

의의 선언문에 따른 APEC 차원의 전자무역 작업계획개발을 목적으로[73] 호주가 제안한 전자거래작업반(APEC Electronic Commerce Task Force)[74]의 설치에 합의하였다. 또한 동 기구의 1998년 11월 정상회의까지 일반원칙, 기술협력방안, 다른 국제기구에 기여방안 등의 작업을 진행시킨다는 계획을 세웠다.[75]

2 전자상거래운영그룹

전자상거래운영그룹(ECSG)[76]은 전자무역에 관한 청사진의 지속적인 협력과 수행을 위해서 회원국의 경제 대표, 관련 작업반 및 산하 포럼뿐만 아니라, 민간의 참여에 관한 APEC 지침에 따라 민간 전문가까지 포함하여 1999년 2월 뉴질랜드 웰링톤에서 승인/설립되었다.

제1차 실무반 회의가 1999년 6월 뉴질랜드 오클랜드에서 개최되었으며 이후 APEC 포럼에서 전자무역에 관한 작업에 본격적인 시행 방안을 모색하고, 청사진대로의 작업 계획 이행의 추구를 검토하고 있다.

ECSG은 관련 작업반 및 산하 포럼을 모두 포함하는 개념이기 때문에 앞서 설명한

---

72) SOM은 회원국 고위 공직자간 실무적인 토론을 위하여 1년에 3-4회 회의를 가지고 있으며, 여기서 토론되고 합의된 내용을 각료 회담에 보고하면 각료 회담 차원의 토론과 합의를 거쳐 다시 정상 회담에 제시된다. 이는 대체로 정상 회담의 사전 모임 성격을 가진다.

73) 전자무역 확대가 회원국에 미치는 경제적 영향에 관한 이해를 제고하고 역내 전자무역 촉진을 위한 광범위한 원칙을 도출하는데 그 목적이 있다.

74) 주요 문제로 검토 진행하고 있는 사항은 다음과 같다.
① 정보 시스템 및 전자무역의 안전성, 신뢰성 확보 방안
② 정보통신 표준 및 하부 구조 문제.
③ 조세, 관세, 내용물, 무역 규범 등에 관한 규제 문제.
④ 정부와 민간의 협력 및 역할 분담에 의하여 전자무역을 발전시키고 장애를 제거하는 문제 등이다.

75) 이성봉 · 김 은, 전자무역 정책동향, 한국전산원, 1999, pp.5~6.

76) 동 그룹은 APEC의 전자무역 활동에 대한 계속적인 협력을 지원하고, APEC의 전자무역에 관한 행동 강령 청사진에 의해 짜여 진 작업 계획을 이행하는 역할을 한다. 또한 동 그룹은 전자무역의 법률적 기반, 온라인 계약에 대한 법적 기준, 전자무역에 대한 각 국의 개방 정도를 측정, 개선이 필요한 분야를 파악하는데 도움이 되는 전자무역 준비상태측정 등에 관한 연구를 수행한다. 현재의 목표는 2012년까지 서류가 없는 무역 실현, 가상 멀티미디어 자원 센터 설립, 소비자 보호를 확실히 하는 이니셔티브의 추진 등이다.

전자무역 작업반의 활동 역시 앞으로는 운영 그룹의 영역에 포함된다. 그런데 운영 그룹의 활동 대부분은 일반인에게 접근이 제한되어진 웹 사이트에서 전자적으로 이루어지게 되는데 필요에 따라서 별개의 개방된 웹 사이트를 통하여 일반인에게 활동 사항 공개 및 인식을 높이는 작업도 병행한다.

3 도쿄회의

2000년 5월 일본 도쿄에서 열린 「아시아 · 태평양경제협력체 전자상거래회의(APEC e-Commerce Convention)」[77]에서는 다음과 같은 사항이 논의되었다.

동 회의에서는 무역 관련 EDI의 발전 및 이를 위한 법적/기술적 인프라의 구축, 전자무역 발전에 따른 기업들의 새로운 영업 전략 개발, 전자무역 촉진을 위한 민/관 협력 강화, 소비자 신뢰 구축, 지적재산권 보호, 분쟁해결 등 국제적인 협력방안, APEC의 향후 과제로서 중소기업 참여의 확대, 아시아 · 태평양 정보인프라구축[78] 및 법적 기반 구축, 전문가 교류, 인터넷교육 확산 등이 논의되었다.

4 칸쿤선언

APEC 회원국의 통상장관들은 2000년 5월에 멕시코 칸쿤에서 개최된 아시아 · 태평양 지역 정보통신 분야의 협력을 위한 제4차 아시아 · 태평양경제협력체 정보통신 장관회의를 개최하여 APEC 정보통신 분야 발전 방향과 실천 계획을 담은 「칸쿤선언」과 지난 2년간 회원국 간에 논란이 되어온 국제 인터넷 서비스 회선 비용 분담 원칙에 대한 합의서를 동 선언의 부속서로 채택하였다.[79]

77) 동 회의의 의제 초안을 보면, 아시아 · 태평양 지역의 전자무역에 대한 경제적 영향, 사적 영역의 현재 상태와 향후 사업 형태, 전자무역 준비성에 대한 자체 평가 등을 제시하였다.

78) Asia-Pacific Information Infrastructure : APII.

79) 아시아 · 호주지역과 북미 지역 간 연결되는 국제 인터넷 회선비용은 아시아 호주 지역의 인터넷 서비스 사업자들이 불균형적으로 전액 부담하도록 되어 있었는데, 이에 대한 논란을 해소하기 위하여 비용 분담에 대한 원칙이 이때 합의되었다. 즉, 회선사용은 사용자간의 공평한 비용분담 또는 상호이익이 되는 계약에 의하며, 비용을 분담할 경우 회선 망 건설에 기여한 정도와 망사용량을 기본요소로 고려하도록 했다. 이를 위해 앞으로 2년 동

5 브루나이회의

2000년 6월 브루나이에서 「APEC 중소기업들의 전자무역 이용의 가속화를 위한 유리한 환경조성을 위하여」라는 주제로 「전자거래에 관한 아시아 · 태평양경제협력체 워크샵(APEC Workshop on Electronic Commerce)」이 열렸다.

2000년 7월에는 태국의 방콕에서 전자무역 조정그룹 회의가 열려 성과검토보고서가 제출되었다.

2000년 11월에 브루나이에서 개최된 아시아 · 태평양경제협력체 정상회의에서는 차기 세계무역기구 각료 회의까지 전자전송물(무체물)에 대한 관세부과유예를 계속한다는 약속을 재확인하고 전자무역의 이용과 발전을 제한하는 불필요한 조치를 회피하는 것이 중요함을 인정하며 세계무역기구 내에 전자무역에 관한 특별작업반을 설치하자는 제안을 승인하였다.

APEC에서는 「민간부문의 인프라 투자 촉진을 위한 기본 틀」을 채택하여 2001년부터 APEC 정보화사회달성을 목표로 전자무역 촉진을 위한 암호화, 안전장치개발 및 인적자원개발을 추진 중에 있다.

안 회원국 간 구체적인 비용정산 방안을 개발하도록 하였다.

제 4 장

전자무역의 활용모델

제1절 전자무역 활용 모델

전자무역의 전개과정과 향후 발전방향을 이해하기 위해서는 무엇보다 다양한 전자무역 활용 모델에 대한 이해가 선행되어야 한다. 따라서 이러한 활용 모델들이 출현하게 된 배경을 알기 위해서는 무역정보의 입수단계, 거래협상단계, 거래이행 단계 등 무역거래 단계별로 실제 전자무역이 어떠한 절차를 거쳐 이루어지고 있는가를 알아야 한다.

1 활용 비즈니스모델

비즈니스 모델이란「인터넷, 전자문서교환 등의 각종 정보기술을 활용하여 어떻게 수익을 창출할 수 있을 것인가와 관련된 사업모델」이라고 할 수 있다. 전자무역 비즈니스 모델들은 너무 다양할 뿐만 아니라 기존의 모델들이 조금씩 변형되고 여러 모델이 서로 결합되면서 새로운 모델들이 계속 나타나고 있어 이를 명확히 구분하기는 쉽지 않으나 참여자, 수익의 원천, 상호작용, 상품과 판매 방법 등을 기준으로 다음과 같이 몇 가지 유형으로 분류할 수 있다.

첫째,「비즈니스 참여자가 누구이냐?」에 따라 기업 간 전자거래인 B2B, 기업과 정부간의 B2G, 기업과 소비자 간의 B2C, 소비자간 상거래인 C2C 등으로 구분할 수 있다. 상대적으로 거래규모가 크고 위험이 많이 따르는 전자무역의 경우에는 주로 기업 간 전자거래인 B2B와 기업과 정부 간 전자거래인 B2G가 해당이 된다고 할 수 있다.

둘째,「수익의 원천이 무엇이냐?」에 따라 중계형, 매출형, 광고형, 수수료형, 이용료형, 회비형 등으로 구분할 수 있다. 전자무역의 경우 특정 기업이 자사의 홈페이지를 이용하여 직접 전 세계를 대상으로 판매를 수행한다고 하면 매출형에 해당되지만, 양 당사자의 중간에서 거래를 중개해 주는 무역거래알선사이트와 e-마켓플레이스처럼 중계형 등의 경우에는 회비형 내지 광고형에 가깝다고 말할 수 있다.

반면 전문 무역정보, 신용조회, 무역자동화 서비스 등을 제공하는 경우에는 수수료형 내지 이용료형이라고 할 수 있다.

셋째, 거래에 참여하는 당사자들의 상호작용 형태에 따라 1대1(1 to 1), 1대 다수(1 to N), 다수 대 다수(N to N)로 구분할 수 있다. 전자무역과 관련하여 무역거래알선 사이트와 e-마켓플레이스 등은 다수 대 다수 모델이라고 할 수 있다. 반면 전문 무역 정보, 신용조회, 무역자동화 서비스 제공 및 전자조달(e-Procurement)의 경우에는 1대 다수의 모델이라고 말할 수 있다.

넷째, 상품과 판매방식에 결합에 따라 물리적 상품 중심형, 디지털 상품 중심형, 서비스 중심형 등으로 구분할 수 있다. 자사의 홈페이지나 무역거래알선 사이트, e-마켓플레이스 등을 이용한 전자무역의 경우 물리적 상품 중심형이라고 한다면, 데이터베이스화된 자료를 바탕으로 한 전문무역정보, 신용조회 서비스 등 제공 등은 디지털 상품 중심형이라고 말할 수 있다.

반면 무역 관련 서류를 전자문서의 형태로 주고받을 수 있도록 하는 EDI/XML방식의 무역자동화 서비스와 무역대행 서비스 등은 대표적인 서비스 중심형이라고 말할 수 있다.

다섯째, 순수한 인터넷에서만 가능한 새로운 비즈니스 모델과 기존의 사업이 인터넷에 이식된 모델로 구분할 수 있다. 전자무역의 경우 무역거래알선 사이트와 e-마켓플레이스, 무역자동화 서비스 등은 순수 온라인 비즈니스 모델에 가깝다고 할 수 있다.

반면 홈페이지를 이용한 제품 판매와 전문 무역정보, 신용조회 서비스 제공 등은

[표 4-1] 비즈니스모델의 특징

	e-마켓플레이스	전자무역 솔루션 제공업체(ASP)	전자 카탈로그 (e-Catalog)	중간상 (middleman)
수평적 포탈 (Hortal)	Alibaba.com Ebay Bus Exch	Ariba Commerce One Purchasepro	Global Sources Grainger	Tradearea Meet China
수직적 포탈 (Vortal)	Paper Exchange Altra	EC Net	Chem Connect	iSteel Asia
시장 규모	대	중	소	소
성장 가능성	고	중	저	저
수익 마진	중	고	저	저
복합적 수익가치	고	중	저	저

※ 자료 : www.alibaba.com

기존의 사업이 인터넷에 이식된 모델이라고 말할 수 있다.

이와 같이 전자무역 비즈니스모델은 다양한 형태로 발전되고 있으나, 그중에서 무역업계에서 현재 가장 활성화되어 있고 치열한 경쟁이 벌어지고 있는 모델은 e-마켓플레이스, 전자무역 관련 솔루션제공, 전자카탈로그, 중간상 모델 등이라고 할 수 있다.

이러한 전자무역 비즈니스모델들의 서비스제공 특징을 보면 [표 4-1]과 같다.

2 활용 비즈니스모델 유형

비즈니스모델들의 유형을 살펴보면 기존의 모델들이 조금씩 변형되어 가고 있고 여러 모델이 서로 결합되면서 새로운 모델들로 변화하고 있음을 알 수 있다. 일반적인 전자무역 비즈니스 모델들의 유형을 살펴보면 다음과 같다.

1) Timmers의 11가지 비즈니스모델 유형

Timmers(1998)는 전자무역 비즈니스 모델의 구조를 확인하는데 있어서 가치사슬(Value Chain)의 분해와 재결합을 통해 체계적인 접근을 시도하였다. 즉, 가치사슬상의 여러 요소를 확인하고, 거래참여자의 상호활동패턴을 분석하여 가치사슬을 따라 정보를 통합하는 방법을 밝혀냄으로써 비즈니스 모델을 구분하고자 하였다.

가치사슬의 분해란 Porter(1985)가 언급했듯이 본원적 활동과 지원활동에 속하는 가치사슬상의 요소를 밝혀내는 것이며, 상호활동 패턴이란 1:1, 1:N, N:1, N:N 등 참여자의 숫자에 따른 상호작용의 유형을 의미한다.

가치사슬 재결합이란 가치사슬상의 여러 가지 단계를 따라서 이루어지는 정보처리과정을 통합하는 것으로서 이를 통해 가치사슬 요소의 조합이 이루어진다.

가능한 비즈니스 모델 아키텍쳐는 가치사슬요소 조합과 상호작용 패턴을 연계함으로써 만들어진다. 전자상점(e-shop) 모델은 1:1 마케팅과 판매모델이며, 전자쇼핑몰은 N:1 e-shop 모델이며, 공동 브랜드를 가진 전자쇼핑몰은 N:1 마케팅과 판매모델이 된다.

Timmers는 비즈니스 모델을 혁신 정도와 기능통합 정도라는 두 가지 정형적인 기준을 가지고 구분하고 있다. 기존의 판매 업무를 전자적으로 행하는 가장 기본적인 전자상점(e-shop)과 가치사슬통합 모델(value chain integration)은 기존의 형태로는 제공할 수 없는 모델로서 서로 다른 네트워크상의 원활한 정보흐름을 가능케 하는 정보기술에 크게 의존하는 가장 혁신적이고 복잡한 모델이다. 이들 중간에 위치한 비즈니스 모델들은 대부분 오랫동안 오프라인에서도 제공되어 오던 모델로서 정보기술과 인터넷을 이용하여 기존 서비스를 더욱 효율적으로 제공하면서 부가적인 서비스를 복합해서 제공할 수 있게 된 사업모델들이다.

Timmers는 비즈니스 모델에 대한 체계적인 접근법을 통해 정보기술이 다양한 비즈니스 모델을 가능하게 하다는 점을 밝히고 있다.

사업모델의 선택에 있어서 첨단기술 능력은 단순히 하나의 판단기준에 불과하며, 기술 자체가 사업적인 의미에서의 비즈니스 모델을 선택하는데 가이드라인이 될 수 없고 오히려 새로운 모델의 발견에서 신기술 개발에 대한 제안이 나올 수 있음을 강조하고 있다.

[표 4-2] Timmers의 11가지 모델 유형

모 델	B2C	B2B
전자상점(e-shop)	O	O
전자구매(e-Procurement)	O	O
전자경매(e-auction)	O	O
전자쇼핑몰(e-mall)	O	
전자 제3자 장터(3rd party marketplace)	O	O
가상 커뮤니티(virtual communities)	O	O
가치사슬 통합(value chain integrator)	O	O
가치사슬 부가서비스(value chain service provider)		O
공동작업 플랫폼(collaboration platform)		O
정보중개(information brokers)	O	O
신용(trust providers)	O	O

※ 자료 : 삼성경제연구소, "전자무역의 비즈니스 모델과 동향", 2009-2010 보도자료 인용

2) Rappa의 9가지 모델 유형

[표 4-3] Rappa의 9가지 모델 유형

일반 유형	구체적 모델 유형	비 고
Brokerage model (중개형 모델)	단순 중개형 시장 거래소형 고객 모집형 유통, 배급형 가상 몰형 메타 중개형 경매 중개형 역경매형 분류 광고형 검색 대행형	• 3rd Party e-마켓플레이스 (제3자 전자장터) • e-Auction(전자경매)
Advertising model (광고형 모델)	(광고형) 일반 포털형 개인 포털형 특화 포털형 인센티브 마케팅형 무료 모델형 바겐 할인형	• blog 및 bannar 등 이용
Infomediary model (정보중개형)	추천 시스템형 등록형	• Information Brokers(정보중개) • Value Chain Integrator(부가서비스 통합)
Merchant model (상인형)	가상 상점형 카탈로그형 클릭 앤 모타르형 비트 벤더	• e-Shop(전자상점) • e-Procurement(전자구매)
Manufacturer model (제조업형)	수눈 세삭형	• 인터넷 주문, 제작(아웃소싱)
Affiliate model(제휴형)	배너 교환형 Pay-per-click형 수입 공동분할형	• 공동운영
Community Model (커뮤니티형)	대중전달 및 연결형	• Virtual Community(가상공동체)
Subscription model (가입, 회원형)	회원제 운영 관리형	• 회원 가입 유도
Utility model(과금형)	사용량따라 사용료 지불형	• 전기세, 수도세

※ 자료 : 삼성경제연구소, "전자무역의 비즈니스 모델과 동향", 2010, 보도자료 인용.

Rappa(1999)는 9가지 비즈니스 모델 유형을 제시하면서 각 유형별로 사업운영방식에 따라 구체적인 모형들을 제시하고 있다.

이 모델들은 독립적으로 응용될 수도 있지만 사업전략상 서로 다른 여러 개의 모델을 조합해서 적용하는 경우도 많다. Rappa의 전자무역 사업 모델에는 Timmer가 제시한 대부분의 사업모델들이 포함되고 있으며 다음과 같이 요약할 수 있다.

첫째, 중개형 모델(Brokerage Model)은 시장을 창출하는 모델로서 구매인과 판매인을 한곳에 모아 거래를 촉진하는 역할을 하는 모델이다.

이 모델은 기업간(B2B) 거래는 물론 B2C, C2C에 모두 적용할 수 있다. 중개인은 성사된 거래에 수수료를 부과함으로써 수입을 확보한다. 전자무역 분야에서 최근 각광을 받고 있는 무역거래알선 및 대행 사이트, e-마켓플레이스 등을 말한다.

둘째, 광고형 모델(Advertising Model)은 전통적인 방송미디어 모델을 인터넷에 적용한 모델로서 웹 사이트에 콘텐츠를 제공하는 전자우편이나 채팅, 포럼 서비스를 제공하면서 배너 광고가 주 수입원이 되는 사업모델이다.

이 모델은 웹사이트를 보는 트래픽이 크거나 매우 특화된 고객들로 이용자가 구성되어 있을 경우에 한하여 유효하다.

따라서 광고수입을 창출해 내기 위해 필요한 이용자 기반 확보가 매우 중요하며 Naver, Yahoo, Daum 등과 같은 포털 사이트가 대표적인 예이다.

셋째, 정보 중개형 모델(Infomediary Model)은 인터넷에서 고객정보를 모아 기업에게 판매하는 모델로서 고객정보는 다양한 방법을 통해 수집, 가공되어 데이터베이스화된다.

광고모델에서와 같이 고객정보 제공자를 확보하기 위해 무료 인터넷접속이나 무료 하드웨어를 유인책으로 제공하기도 한다.

이 모델은 단순한 광고모델보다는 안정적이라고 볼 수 있으며 회원등록 및 추천사이트가 대표적인 예이다.

넷째, 상인형 모델(Merchant Model)은 인터넷을 이용한 정통적인 도소매상으로서 매출은 카탈로그에 기록된 가격이나 경매를 통해 결정된 가격에 이루어지며 때로는 전통적인 brick-and-mortar 상점에서는 불가능한 상품이나 서비스를 취급한다. 인터넷 가상서점인 아마존 사이트가 대표적인 예이다.

다섯째, 제조업체형 모델(Manufacturer Model)은 제조업체가 중간상을 거치지 않고 직접 소비자를 접촉하기 위한 사업모델로서 기존의 물리적인 유통망을 거치지 않는 모델이다. 이 모델은 기존의 유통망을 붕괴시킬 수 있다는 점 때문에 가격정책, 고객서비스 등에서 기존 유통망과의 마찰을 초래할 가능성이 있어 효과적인 유통망 관리가 핵심적인 성공요인이다. 자동차 직접 판매 사이트가 대표적인 예이다.

여섯째, 제휴형 모델(Affiliate Model)은 한 사이트로 대량 트래픽을 몰고 가려는 일반 포털과는 반대로 고객이 인터넷상에서 쇼핑하는 데에 따라 어디서든지 구매기회를 제공하는 모델로서, 제휴 파트너에게 매출의 일정액을 인센티브로 제공한다. 만일 제휴업체가 아무런 매출도 유도하지 않으면 아무 비용도 지불할 필요가 없어 매우 활발하게 적용되고 있는 모델이다.

여기서 파생된 모델로는 배너교환, 수입공동분할 프로그램 등이 있다.

일곱째, 커뮤니티형 모델(Community Model)은 소위 트래픽 위주의 모델과 달리 이용자의 충성도에 기초한 비즈니스 모델로서 이용자들은 이 사이트에 많은 시간과 노력을 투자하는 것이 보통이다. 따라서 B2C보다는 B2B 모델로서 많이 활용되고 있다. 여기서는 지속적으로 사이트를 방문하는 이용자들에게 광고, 정보중개 또는 전문적인 특화된 포털 서비스를 제공하며 때로는 가입비를 받는 경우도 가능하다.

여덟째, 가입 및 회원형 모델(Subscription Model)은 신문구독이나 잡지구독처럼 이용자가 접속에 대하여 대가를 지불하는 모델로서 월스트리트 저널처럼 고부가가치를 지닌 콘텐츠의 보유가 가장 중요한 성공요인이다.

아홉째, 과금형 모델(Utility Model)은 수도요금, 전기요금처럼 이용량에 따라 이용료를 지불하게 하는 모델로서 이용한 정보량을 시간단위 또는 정보바이트 단위로 정확하게 측정하고 과금하는 능력이 무엇보다도 중요하다. 인터넷을 이용한 XXX-on-demand 같은 사업에 활용된다.

제2절 B2B 중간상 모델(B2B Intermediary Models)

1 B2B 거래

B2B는 비용 및 유통물류비용을 대폭 줄이면서 중간상(intermediary)을 거치지 않고 직접 기업 고객에게 판매를 하는 Dell Computer처럼 이미 유명해진 기업에 관심이 집중되어 왔다.

B2B 거래는 대상고객이 일반 소비자가 아니라 기업이라는 점만 다를 뿐 소위 전자상점(e-shop)이나 제조업체의 온라인판매(e-Selling), 즉 click-and-mortar형과 같이 B2C 전자거래의 유형이라 할 수 있다.

향후 이렇게 B2C와 비슷한 직접 판매 유형보다는 개별 기업의 차원에서 벗어나 여러 기업들의 중간에서 거래를 중개해 주는 B2B 전자무역 중간상 모델이 크게 활성화될 것으로 보인다.

B2B 중간상 모델은 대부분 국경을 초월하여 인터넷이라는 가상공간에 제3의 장터를 형성한다는 의미에서 글로벌 e-마켓플레이스라고 불린다.

이러한 새로운 종류의 중간상들은 고객들을 끌어 모은다는 의미에서 소용돌이(vortexes), 나비시장(butterfly markets 또는 net market maker)라고 호칭된다.

이들은 어떠한 형태로든 전자허브(ehubs)로서의 기능을 하면서 특정 산업재, 특정 비즈니스 프로세스에 초점을 두고 소규모 전자장터(e마켓플레이스)들을 모아서 호스팅하거나 여러 기업들 간의 거래를 한곳에 모아 거래를 활성화시켜주는 제3의 장터라는 특성을 구현하고 거래비용을 감소시켜 가치를 창출해 냄으로써 향후 B2B의 지도를 바꿀 것으로 확실시되고 있다.

2 B2B Hub

Kaplan and Sawhney(2000)는 B2B Hub를 기업이 구매하고자 하는 대상과 방법의

2×2 매트릭스로 구분, 이를 토대로 네 가지 B2B Hub의 특징을 구분하여 MRO Hubs, Yield Managers, Exchanges, Catalog Hubs로 분류하였다.

B2B 허브 모델은 허브에 참여하는 고객의 수가 늘어남에 따라 부가가치가 제곱으로 증가하는 규모의 경제를 실현할 수 있고 해당 분야의 전문성과 경험이 중요하며 높은 전환비용으로 인해 진입장벽이 높고 순익 잠재력이 크며 B2C 소매점의 경우보다 경쟁이 덜 치열하다는 점에서 B2C허브 모델과는 분명 차이가 있다.

B2B 허브 모델은「모든 아이템을 모두에게」라는 식을 추구하기 보다는「특정분야, 특정 서비스에 특화」해야 한다는 점을 유념해야 한다.

즉, 대부분의 B2B 허브는 특정 산업, 특정 시장을 대상으로 수직적으로 전문화(Vertical Hubs)하거나, 아니면 특정 기능이나 비즈니스 프로세스를 중심으로 수평적으로 전문화(Horizontal Hubs)하고 있기 때문이다.

판매자와 구매자간에 중개를 통해 시장 창출을 하는 B2B허브 모델은 B2C의 경우와 거의 마찬가지로 고정가격제를 따르는 카탈로그형, 다이내믹한 가격 메커니즘을 따르는 경매형, 교환형, 바터형 등으로 구분하는 경우도 있다.

B2B 허브 모델은 B2C 허브와 마찬가지로 허브에 참여하는 고객의 수를 빨리 확보하는 것이 중요한데, B2C 경우에서의 인센티브 마케팅보다는 기본적으로 허브를 통해서 가장 큰 거래 관련 편익을 누릴 주요 고객들을 중점적으로 먼저 확보하는 것이 바람직하다.

먼저 시장에 진입한 B2B 허브는 보다 더 큰 규모의 경제 이익과 유동성 확보를 통해 최초의 승자가 모든 것을 차지하는 현상이 B2C의 포털 서비스나 온라인 소매업보다 훨씬 빠르게 나타날 것으로 전망된다.

그러나 수직적인 B2B 허브는 최초에 선택한 산업재나 업계에서 다른 분야로 다각화하기는 어려울 것으로 전망된다. 이는 이들 수직형 허브들이 특정분야에 특화되어 있어 아주 비슷한 인접분야가 아니고는 보유한 경쟁역량을 활용할 수 있는 여지가 별로 없다는 속성에 기인한다. 따라서 수직형 B2B허브는 기능적인 전문성이 없으므로 서로 보완이 되는 수평형(기능형) B2B 허브와 전략적 제휴를 통해 대고객 서비스를 제고함으로써 경쟁력을 강화하려고 할 것으로 전망된다. 이러한 B2B 허브의 수직적, 수평적 다각화는 자연스럽게 B2B 허브간의 인수/합병(M&A)으로 나타나게 된다.

기본적으로 개인 기업이 운영하던 허브들은 자취를 감추거나 전문 B2B 허브에 흡수될 것으로 전망되며 궁극적으로는 서로 다른 다수의 수직형 허브와 수평형 허브들이 합쳐진 메타허브(Meta Hub)의 등장으로 인하여 기존의 전통적인 거래소들의 입지가 좁아지게 된다.

[표 4-4] B2B-Hub의 특징

구 분	주요 특징
MRO Hubs	• 높은 거래비용을 가진 낮은 가치의 제품 • 프로세스 효율성 증가에 의해 가치를 더 많이 제공 • 소프트웨어의 라이선싱 대신 호스팅 이용 • 제품 운송에 있어서 제 3의 물류공급자를 이용
Catalog Hubs	• 거래비용 절감(가치창조), 제조투입 및 조달 자동화 • 다수의 공급업자들을 하나의 웹 사이트로 집결시킴 • 특정 산업 제품
Yield Managers	• 일반적 운용원칙에 의한 spot market 창조 • 높은 수준의 가격과 변화하기 쉬운 요구 상황 • 전력 및 전기, 가스, 수도 등의 공익사업
Exchanges	• 전통적 제품 교환의 근접한 형태 • 구매자와 판매자간의 관계가 약함 • 심지어 구매자와 판매자는 각각의 신분을 모름

※ 자료 : Kaplan and Sawhney, HBR, May-june, 2000.

[표 4-5] B2B-Hub 사례비교

	Catalog형	Auction형	Exchange형
• 사례기업	Chemdex lasticsNet SciQuest	AdAuction IMark.com	eSteel PaperExchange Ultraprise
• 작동원리	수요-공급 모집	공간적 매칭	잠정적 매칭
• 구매자 편익	낮은 탐색비용, 낮은 거래비용, 보다 넓은 공급선	카탈로그형 편익 +더 좋은 가격, 더 좋은 매칭	경매형 편익+ 시장리스크 헤징, 최고부하 수요관리 (peak load demand management)
• 매도자 편익	보다 넓은 시장 접근, 낮은 거래비용	보다 더 좋은 가격	경매형 편익 + 잉여공급 물량 처리, 불안정한 시장
• 적용환경	유지/보수/운영제품, 사전 계획된 구매, 공급선 세분화	중고 기자재 부패하기 쉬운 재료	준 · 필수 제품, 고저비용이 높은 자산, 불안정한 시장

	Catalog형	Auction형	Exchange형
• 가격결정	사전협상, 비교적 안정적	가장 좋은 가격, 가격은 일방향 지향	거래소 전체 매수 · 매도 주문, 가격 상하 움직임
• 구매자 판매 가능성	불가능	때로 가능	가능
• 핵심과제	Master Catalog, 공급선 최소 필요 수 확보	유동성, 사기/범죄 예방	자산 특성 정확히, 장외거래 방지

제 5 장

전자무역의 웹사이트

제1절 관련 웹 사이트

1 알선 사이트

웹상에서 인터넷을 이용하여 자사 홈페이지 및 상품정보를 전 세계의 Buyer와 Seller에게 홍보하여 거래선을 발굴할 수 있도록 하는 종합적인 가상무역공간이다. 전자무역 e마켓플레이스의 대표적 형태인 무역거래알선사이트의 주요 특징은 다음과 같다.

첫째, 대부분 사이트는 오퍼등록 및 검색기능을 기본서비스로 포함시키고 있으며 사이트에 따라 홈페이지 및 카탈로그 작성 등 부가기능을 제공한다.

인터넷을 통해 자사제품의 판매 및 구매오퍼를 등록하거나 거래상대방이 등록한 오퍼정보를 검색할 수 있으며, 또한 홈페이지, 상품 e카탈로그 작성 및 검색엔진 등록을 통해 자사제품을 홍보한다.

둘째, 대부분 회원제로 운영되고 있고 사이트마다 다양한 가격정책을 실시하고 있다. 오퍼등록 및 검색 등 기본서비스는 무료로 제공하고 있으며 개별 기업이 운영하는 사이트의 경우 무료와 유로정책을 병행하고 있다.

무역거래알선 사이트는 전자무역의 시발점이 되는 거래선 발굴단계를 용이하게 수행해주는 기능을 가지고 있다.

특히 자본이나 규모, 경쟁력 등에서 대기업에 비해 상대적으로 불리한 위치에 있는 중소 무역업체의 입장에서는 무역거래알선 사이트의 효용이 매우 크다고 볼 수 있다.

2 무역유관기관 웹사이트

무역유관기관들의 대표적인 거래알선사이트로 한국무역협회[80], 한국무역정보통

80) www.ec21.com

신[81], 대한무역투자진흥공사[82], 중소기업진흥공단[83] 등이 있다. 특히 KOTRA가 주도하고 있는 무역포탈 사이트인 실크로드21에서는 현재 많은 무역유관기관과 경제단체들도 동참하고 있는 가운데 전자무역 지원을 위해 무료로 무역거래알선 서비스를 제공하고 있다. 그러나 전자무역에 대해 유관기관들이 대동소이한 사이트 구성과 콘텐츠 및 지원 방안들을 내놓고 있는 것은 중복 투자라는 부정적인 의견이 압도적이다.

EC21과 ECPlaza가 각각 한국무역협회와 한국무역정보통신에서 분사하면서 독자적인 수익모델의 확보 등을 이유로 실크로드21로부터 떨어져 나감에 따라 데이터베이스 공유를 통한 통합검색의 기능을 다하지는 못하고 있는 가운데 참여 업체와의 갈등이 증폭되고 있는 실정이다.

현재, 실크로드21은 국내 거래알선정보를 바이어에게 직접 제공하던 소극적인 개념에서 탈피하여 해외 유력 사이트와의 전략적 제휴 강화, KOTRA 해외무역관의 오프라인 조직을 활용한 온라인과 오프라인 연계, 동영상 인콰이어리 유통환경을 구축함으로써 실크로드21을 세계 전자무역에서 주도적인 역할을 수행할 수 있는 글로벌 e-Infra(Global e-Infra)로 육성 발전시키고 있다. 이와 마찬가지로 주요국의 정부 및 무역유관기관, 그리고 무역관련 국제기구들도 전자무역의 이점을 최대 활용하기 위해 나름대로 무역거래 알선사이트를 운영하고 있다.

미국 상무성의 전자무역 사이트(usatrade.gov)와 무역업자 협회가 운영하는 트레이드넷(tradenet.gov)에서는 무역관련 컨설팅, 시장조사, 해외시장가이드, 제품홍보, 관련행사(미국 및 해외), 무역관련 정보 등을 제공하고 있다.

WCBN (wcbn.com.sg)은 다양한 국가의 협회, 조합, 기업을 검색할 수 있으며 사업기회 정보도 같이 제공하고 있는 싱가포르 상공회의소에서 운영하는 사이트로 화교 비즈니스맨들과 세계 각국의 비즈니스 파트너간의 네트워킹 강화를 위한 목적으로 만들어졌다.

UNTPDC의 협력사 TradeWinds Publishing(intl-trade.com)은 무역 인콰이어리의 포스팅, 검색, 맞춤 서비스, STAT-USA와 International Trade Law Library의 할인 서비스 등을 제공하고 있다. 전 세계 92개국 320개 WTC로 구성된 WTCA(World

81) www.ecplaza.com
82) www.kotra.or.kr
83) www.smipc.or.kr

Trade Centers Association)도 정보통신 전문업체인 미국의 GEIS(General Electric Information Service)사의 전자사서함을 이용하여 구축한 전 세계적 온라인 무역정보 통신망(wtca.org)을 운영하고 있으며, World Trade Markets(wtm.com)은 유엔국제무역개발회의(UNCTAD)의 지원으로 수출입 인콰이어리를 통합 검색할 수 있는 시스템을 만들어 매일 UN, Trade Point, 에이전트 등에 의하여 갱신되어 지고 있다.

[표 5-1] 국내 무역유관기관 웹사이트

운영기관	홈페이지	주요 내용
• KOTRA	• silkroad21.com	한국무역투자진흥공사가 유관기관과 공동으로 구축한 전자무역 국가기관 사이트로, 무역유관기관, 지방자치단체 등에 흩어져 있는 각종 무역 거래알선 정보의 통합검색 기능을 제공
• KOTRA (kotra.or.kr)	• kobo.net	해외시장 개척, 투자지원, 무역정보 제공, 수출입거래 알선 등을 통한 무역진흥 목적의 정부투자기관으로서 종합무역정보(KOBO), 인터넷 거래알선, 구매입찰정보, 경영공시, 무역관소개, 북한경제정보 등의 서비스 제공
• 중소기업 진흥공단	• sbc.or.kr	중소기업의 자금, 입지 및 판로 지원, 연수 컨설팅, 벤처창업투자 지원, 중소기업 홈페이지운영, 수출촉진 지원, 인터넷 중소기업관, 중소기업정보은행, 전자무역지원센터, 국제협력 등의 서비스 제공
• 중소기업 협동조합	• kbiz.or.kr	중소기업 소식, 교육안내, 분야별 · 지역별 중소기업 지원 사이트 링크 및 지원 제도 안내, 인력정보, 기업애로신고, 중고장비중계, 사이버상담실, 산재보험, 무료 홈페이지 구축 등의 서비스 제공
• 무역대리점협회	• aftak.or.kr	국내 수입전문단체의 홈페이지로 회원업체정보, 수입 관련 애로사항 상담, 구인과 구직, 무역거래선 정보, MOU 업무협정 체결현황 안내 등의 서비스 제공
• 한국수입업협회	• koima.or.kr	해외우량거래선 알선, 무역상담, 해외통상사절단 파견, 대정부건의, 수입상품전시회, 무역인재양성, 원자재가격정보, 수입상품 A/S정보 등 제공

[표 5-2] 외국 무역유관기관 웹사이트

운영기관	홈페이지	주요 내용
• 미국 상무성	• usatrade.gov	무역관련 컨설팅, 시장조사, 해외시장가이드, 제품홍보, 관련행사(미국 및 해외), 무역관련 정보제공, 여성 무역인을 위한 전용서비스 등이 제공된다.
• Tradenet	• tradenet.gov	수출입업자 등의 개인적인 협회로 회원들에게 전자메일로 상품의 판매, 구매정보를 제공한다. 특정지역에 국한되지 않고 다양한 국적을 가진 회원들의 커뮤니티이다. 등록무료이다.
• Trade Winds Publishing	• intl-trade.com	UNTPDC의 협력사로 무역 인콰이어리의 포스팅, 검색, 맞춤 서비스, STAT-USA와 International Trade Law Library의 할인 서비스를 제공한다.
• World Bank	• worldbank.org	Fund Line은 World Bank's Private Sector Development Department에서 운영하는 사이트로 잠재적인 자산 투자가와 기업들의 커뮤니케이션을 도와준다. 구소련과 동구권국가의 정보도 포함하고 있다.
• WTCA (World Trade Centers Association)	• wtca.org	전 세계 92개국 320개 WTC로 구성되어 있다. 미국 GEIS(General Electric Infor mation Service) 정보통신전문업체사의 전자사서함을 이용하여 구축한 전 세계적인 온라인 무역정보통신망이다.

[표 5-3] 주요 알선 사이트

운영기관	홈페이지	주요내용
• WTM	• wtm.com	World Trade Markets은 유엔국제무역 개발회의(UNCTAD)와 연계되어 수출입 인콰이어리를 통합 검색할 수 있는 시스템을 만들었고 매일 UN, Trade Point, 에이전트 등에 의하여 갱신된다.
• UNICC	• www.unicc.org	전 세계 무역 사이트들의 중심 사이트라고 할 수 있다. 품목별로 구분되어 있으며, 등록 시 매일 신규 인콰이어리를 전자메일로 받아볼 수 있다.
• Venture-Web Operation Center	• ventureweb.or.jp	일본어, 영어, 중국어 3개 국어로 서비스되며 전 세계 무역인 들을 만날 수 있는 장을 제공하고 있다. 상품의 수출입, 전문가 구인, 투자유치, 비즈니스 파트너를 찾는 메시지를 올릴 수 있다.
• 싱가포르 상공회의소	• wcbn.com.sg	싱가포르 상공회의소에서 운영하는 사이트로 화교 비즈니스맨들과 세계 각국의 비즈니스 파트너간의 네트워킹 강화를 위한 목적으로 만들어졌다. WCBN에서는 다양한 국가의 협회, 조합, 기업을 검색할 수 있으며, 사업기회정보도 같이 제공하고 있다.

3 종합상사

기관회원제 또는 무료로 운영되고 있는 유관기관, 지방자치단체 등의 무역거래알선사이트로 인하여 그 동안 적지 않은 비용을 들여 무역거래알선사이트를 구축하고 관리해오던 종합상사, 전자무역 전문업체들은 추가적인 수익모델의 확보 등 커다란 도전에 직면하고 있다. 기존 입지가 급격히 하락한 종합상사들은 전자무역 시대에 적합한 기능과 역할을 찾기 위해 혼신의 노력을 기울이고 있다. 대기업 중심인 종합상사는 거대 자본과 엄청난 정보력을 근간으로 운영되어지고 있다. 최근 인터넷이 경제의 핵심 키워드로 발전해 나가면서 종합상사들은 집중적으로 e-마켓플레이스 구축에 자본 투자를 집중하고 또한 중소기업들이 좋은 아이템과 기술을 발표하면 엄청난 자본으로 M&A 및 자체적 개발하는 전략을 구사하고 있다. 향후 종합상사의 글로벌 기업으로의 새로운 도약은 e-마켓플레이스 및 무역거래 알선 사이트에 적지 않은 영향을 미칠 것으로 보인다.

1) 삼성물산

전자무역을 미래전략사업으로 책정한 삼성물산[84]은 이미 1999년에 국내 유망 중소기업의 수출 마케팅을 지원하기 위한 「파인드코리아」[85] 사이트를 개설하여 운영하여 왔다. 그러나 이 사이트는 해당 업체들의 참여 부진으로 인하여 2년 후에 서비스를 중단하였다. 그 후 삼성물산은 종합상사 본연의 기능을 수행하기 위해 자사가 취급하는 모든 품목들에 대한 상세정보를 수록한 전자카탈로그시스템인 머천트시스템[86]을 구축하고 고객을 유치하고 있다. 이 시스템은 바이어로부터 인콰이어리를 접수할 수 있는 기능은 물론 규격화된 특정품목에 대해서는 온라인상에서 즉시 오퍼를 발송할 수 있는 기능을 갖고 있다. 삼성물산은 머천트시스템을 통한 전자무역 거래를 강화하는 한편, 전자무역시대에 기회 선점을 위해 오프라인상의 노하우를 바탕으로 의료건강(Care Camp), 화학(Chem Cross), 수산물(Fish Round) 등의 e-마켓플레이스 사업을 전개하고 있다.

84) www.samsungcorp.com
85) www.findkorea.com
86) merchant.samsungcorp.com

2) 현대종합상사

현대종합상사[87]는 1999년 9월, 앤더슨컨설팅의 자문을 얻어 전자무역에 대한 종합계획을 수립하고 인터넷 관련 신규 사업에 적극 뛰어 들었다. 선박(eShipRepair.com), 철강(eSteelMetal.com)등의 산업별 전문 e-마켓플레이스 사이트를 구축하여 현재 운영 중이다. 2000년 8월에는 한국통신, 한진그룹, 포항제철과 공동으로 기업의 소모성 기자재 인터넷 공동구매 사업인 MRO(Maintenance, Repair & Operation) e-마켓플레이스 사업을 추진하여 합작법인 eNtoB(entob.com)를 설립하고 2001년 4월부터 정식 서비스를 제공하고 있으며 2012년까지 지속적으로 통신, 물류, 아웃소싱 등 다양한 분야의 e-마켓플레이스 사업을 완벽하게 추진해 나갈 계획이다.

3) SK네트웍스

SK네트웍스[88]도 웹상에서 인터넷을 활용해 기존 무역의 효율성을 높이고 B2B 전자무역 사업구조를 강화하여 글로벌시대에 대처하고 있다. SK네트웍스는 현대종합상사, LG상사 등의 2개 종합상사와 LG화학, 남해화학 등 국내외 22개 화학업체와 공동출자하여 화학전문 e-마켓플레이스인 켐라운드[89]를 공동으로 설립하여 운영하고 있다. LG상사와 공동으로 "트레이드카드 코리아"[90]를 설립하였고 신용장 없는 국제간 대금결제 및 선적서류 등의 전자적 전송 서비스 제공 등 사업다각화도 추진하였다. 그렇지만, 공개형 e-마켓플레이스인 켐라운드의 경우 2002년 3월 수익성 부재로 인하여 출범 2년 만에 문을 닫게 된다. 켐라운드 사업의 부진원인으로는 ① 거래 유치의 한계성, ② 인맥에 의한 거래, ③ 거래정보의 폐쇄성 등 기존 오프라인 거래 관행, ④ 물류 · 결제 등 관련 시스템과의 통합부진, ⑤ 온라인 거래의 편의성 제공 미흡 등에 기인한 것으로 분석되고 있다.

4) LG상사

LG상사[91]는 우리나라 최초로 바터무역 인터넷사이트를 오픈한 후 그 후속으로 전

87) www.hyundaicorp.com
88) www.sknetworks.com
89) www.ChemRound.com
90) www.Tradecard Korea

자무역의 최대 난제인 결제에 따른 위험과 보안문제를 해결하기 위해서 원유와 목재, 철강 등 원자재와 석유화학과 가전제품을 현물교환이 가능한 사이트를 구축하는 등 전자무역에 적극적인 자세를 보이고 있다.

LG상사는 사업 확대를 위해 i-Logix(컴퓨터 및 주변기기) 및 FashionLG(패션)와 같은 인터넷 쇼핑몰 사이트를 운영하고 있으며 다른 기업들 합작으로 B2B 마켓플레이스인 Chem Round(석유화학제품)와 GTWeb Korea(MRO)에 공동으로 투자하는 등 B2B 분야의 사업 확대를 적극적으로 전개해 나가고 있다.

LG상사는 e-인프라를 2015년까지 지속적으로 확충해나가면서 기존 무역프로세스 및 영업활동을 e-Hurb화함으로써 전자무역 환경하의 범글로벌 거래에서 국내외 사업 주도권을 선점하기 위해 노력하고 있다.

5) 대우

대우트레이드[92]라는 기업간 전자무역를 위한 종합서비스 사이트를 마련하여 Auto Offer Posting, Marketing, Inquiry 정보 공유, 다양한 정보지원 기능 등을 제공하고 있다. 특히 대우는 기존 전자무역방식에 입찰제를 도입한 경매방식의 전자무역을 도입하였다. 이는 바이어의 주문에 맞춰 생산자로부터 가격을 포함한 입찰제안서를 받아 온라인 경매를 통해 공급업체를 선정하는 형태로서, 전 세계 200만개 기업 및 제품정보를 바탕으로 바이어와 생산업체가 최상의 가격조건으로 거래할 수 있는 혁신적인 시스템이다.

이밖에 대우는 2015년까지 원자재의 조달 및 국내 판매망 선정은 물론 현물로 지급되는 전자제품 공급업체와의 계약 등도 인터넷을 통해 해결, 디지털 종합상사로 변신하고 있다.

---

91) www.lgicorp.com

92) www.DaewooTrade.com

[표 5-4] 국내 종합상사 웹사이트

홈페이지	주요 내용
• SAMSUNG93)	종합상사의 기간 인프라를 인터넷 기반으로 전환해 전자무역 사업 기회를 선점하는 것을 목표로 개발된 머천트 시스템은 삼성물산이 취급하는 주요 아이템 1천여 개 품목 및 서비스 정보를 제공하며 다양한 검색기능, 시장정보 자동 e-mail 발송 기능을 갖추고 있다. 세계적 권위를 자랑하는 영국의 비즈니스 전문지 파이낸셜 타임지가 주최하는 「국제 비즈니스 웹 사이트 시상」에서 아시아 기업으로 유일하게 우수 추천 사이트로 선정된 바 있으며, 2010년까지 머천트 인텔리전트 시스템을 각 사업부의 특성에 맞게 개편하여 정보와 서비스의 양을 지속적으로 늘려나갈 계획이다.
• HYUNDAI94)	「B2B 사업을 중심으로 B2C 사업의 병행추진」이라는 기본전략 하에 인터넷 비즈니스, 무역, 벤처사업, 자원개발, 대북사업, 금융프로젝트, 스포츠 마케팅 등에 주력하고 있다. 주요 메뉴는 회사소개, 사업영역, 글로벌네트워크, 회사조직, 중소기업코너, 투자자 정보, 뉴스안내 등으로 구성되어 있다.
• SK95)	글로벌 마케팅, 플랜트 금융, 정보통신, 자원개발, 패션, 광학전자 등의 사업 분야에서 선도적인 위치를 점하고 있다. LG상사와 공동으로 트레이드카드 코리아를 설립하여 신용장 없는 국제간 대금결제 및 선적서류의 전송 서비스를 제공.
• LG96)	LG상사의 공식홈페이지로서 회사소개, 사업영역, 해외지사, Online 채용, 투자자 정보, 전자카탈로그, 지역연구회 등의 커뮤니티를 제공. B2B 전자무역 및 국내외 물류의 완벽한 지원을 위해 금호산업, 코오롱, 한솔CSN 등과 연계하여 글로벌 물류 네트워크 기반의 온/오프라인 물류 서비스인 「글로벌 e-로지스틱스 사업」을 추진하고 있다.

4 민간기업 웹사이트

글로벌 전자무역 시장의 운영현황을 살펴보면 정부차원의 움직임보다는 민간 기업들에 의해 전자무역이 주도되고 있다. 이는 전문적이고 세분화된 서비스와 정보로 무장한 전문 무역거래알선 사이트들이 글로벌 e마켓플레이스를 형성하고 전자무역을 주도하고 있는 것을 의미한다. 전에는 자체 능력만으로는 해외 시장 개척이 곤란

93) www.merchant.samsungcorp.com
94) www.hdcorp.co.kr
95) www.skglobal.com
96) www.lgicorp.com

하던 중소기업들도 이러한 무역거래알선 사이트를 이용하면 쉽게 해외의 바이어를 발굴할 수 있다. 따라서 우리나라 전체 산업 경쟁력 향상을 위해서는 중소기업들이 이러한 거래알선 사이트와 전자무역 지원시스템을 적극적으로 활용할 필요가 있다.

1) 우리나라 민간기업 웹사이트

[표 5-5] 국내 웹사이트 주요내용

홈페이지	주요 내용
• ec21.com	• KITA에서 별도로 분사한 후 업체등록 및 검색, 거래알선, 주문, 대금지급 등 무역의 전 과정을 온라인으로 지원. • 삼성물산, LG상사, 현대화재 등 국내업체와 중국기업연합회 등과 제휴를 맺고 있다.
• ecplaza.net	• KTNET에서 분사한 후 글로벌 B2B 마켓플레이스, 오퍼등록 검색, 전자카탈로그, 기업정보, 신용조사, 수출입대행 • 무역자동화 서비스 등을 제공
• tpage.com	• B2B 전문검색엔진으로 국내 기업디렉토리, 오퍼검색, 해외마케팅 등과 같은 비즈니스 토탈솔루션 서비스 등을 제공 • 각국 외국어 지원 사이트 구축
• tradearea.com	• 중소기업협동조합의 후원을 받는 중소기업 전문 거래알선사이트로서 오퍼등록 검색, 상품 디렉토리, 무역정보 제공. • 맞춤형 오퍼정보, 3D 업체 전자 카탈로그 제작서비스 등 제공
• surplusglobal.com	• 재고 및 유휴설비 전문 온라인 경매방식의 글로벌 e-마켓플레이스로서 고객 지향적인 서비스, 다국어 지원 • On/Off line Promotion을 통해 아시아 B2B 경매시장 제패추진

우리나라 주요 민간 사이트는 한국무역협회에서 운영해 오다 독립법인으로 분사한 EC21과 한국무역정보통신에서 운영하는 ECPlaza, Tpage, 인포트레이드, 서플러스글로벌[97] 등의 전문업체가 국내시장 선점을 위해 각축을 벌이고 있다.

카오스트레이드[98]라는 업체는 별도의 프로그램을 구입하거나 컴퓨터에 설치하지 않고도 해외 바이어를 발굴하는 것은 물론 오퍼와 e-메일을 사용자의 선택에 따라 발송할 수 있는 인공지능 전자무역 솔루션까지 제공하고 있다.

ITSS(Internet Trade Supporting Solution)라는 이름의 이 솔루션의 가장 큰 특징은

97) www.surplusglobal.com
98) www.chaostrade.com

상품홍보, 바이어 발굴, 상품검색, 오퍼 자동발송, 검색엔진 자동등록, 정보검색 등이 모두 가능하다.

2) 외국 민간기업 웹사이트

[표 5-6] 외국 민간기업 웹사이트

홈페이지	주요 내용
• Globalsources.com	• 30년간 아시아지역의 수출입경험과 정보를 바탕으로 상품, 오퍼 및 기업 디렉토리 검색을 세분화하여 검색기능을 강화하고 있다. • 재고 상품의 경매서비스 등도 제공한다.
• alibaba.com	• 인터내셔널, 중국, 중화권 등 3개의 사이트를 중심으로 한 세계적인 B2B 글로벌 업체이다. • 오퍼등록, 검색, 뉴스, 업체 현황 등에 관한 정보를 제공
• ibee.com	• 회원제로 운영되며 오퍼등록 및 검색, 제휴 거래알선사이트 오퍼등록, 맞춤형 무역정보 서비스 • Journal of Commerce 뉴스, 무료 홈페이지 등의 서비스 제공
• tradecompass.com	• 미국 워싱턴에 위치하고 있으며 오퍼등록 및 검색, 유통 및 물류관리, 해외시장조사, 전자무역 서비스 • UN무역통계에 기초한 국별, 상품별, 국제교역량 분석통계를 지원한다.

외국 민간기업 들의 경우 디렉토리 및 검색 서비스를 기본적으로 제공하고 있는 것은 물론 웹 사이트 상에서 실제 e마켓플레이스를 운영하고 있다.

현재 SWIFT 망을 이용한 대금지급 및 결제업무 등도 가능해 졌고 이에 따른 고도의 서비스도 제공되고 있다. 최근에는 세계각지에 지사 설립이나 솔루션 공급을 빠르게 진행 중에 있다.

Tradecompass, Swissinfo, I-trade, Global Sources, IEBB 등의 사이트들은 실제거래의 이행이 용이하다는 찬사와 함께 특정 서비스를 벗어나 글로벌 서비스를 제공하고 있다.

해외 전자무역 기업들의 우리나라 시장진출이 증가하고 있는 점은 무역에 절대적으로 의존하는 한국 경제의 특성상 전자무역에 대한 관심과 향후 발전 전망이 그 어느 지역보다 높기 때문이다.

제 6 장

전자무역의 수출입프로세스

제1절 수출입프로세스 특징

1 수출입프로세스 개요

수출입프로세스는 인터넷 이라는 매체를 이용하여 가상공간을 통해 상품 및 서비스를 거래하는 새로운 방식의 글로벌 무역활동으로써, 물리적 공간으로서의 시장이 필요 없다는 점에서는 전통적인 무역거래와 근본적인 큰 차이점을 가지고 있다. 기존의 오프라인 수출입프로세스 구조와 비교해 볼 때 거래방식에 있어서 진행순서에는 별다른 차이가 없으나 업무처리 방법과 수단 등 여러 가지 측면에서 종전과 많은 차이점을 보이고 있다.

수출입프로세스는 기본적으로 전자무역이기 때문에 온라인 수출입프로세스와 오프라인 수출입프로세스의 차이는 아래 표에서 보는 바와 같이 온라인 수출입프로세스와 오프라인 수출입프로세스의 차이를 상당 부분 그대로 포함한다고 볼 수 있다. 따라서 온라인 수출입프로세스의 특징인 거래 주제간 접촉방식의 변화, 거래관련 서류, 대금결제의 전자화 고객범위의 확대 및 마케팅 개념의 변화 등도 전자무역의 특징에 해당된다고 볼 수 있다.

온라인 수출입프로세스는 오프라인 수출입프로세스에 비해 거래처를 발굴하거나 광고·마케팅을 하는 방법이 크게 달라지며, 상담 및 계약체결을 위한 의사교환 방식도 기존과는 전혀 다르게 된다. 즉 기업은 웹 사이트의 정보 검색엔진을 이용하여 거래처에 대한 정보를 수집하고 전자우편, 인터넷 전화·팩스 등을 활용하여 저렴한 비용으로 상담을 전개, 수출계약을 체결할 수 있다.

아울러 상품주문이나 대금결제 등도 인터넷으로 할 수 있으며, 화물의 흐름도 즉시 파악할 수 있다. 또 기업은 인터넷상의 자사 홈페이지나 거래알선 사이트, 유즈넷, 메일링 리스트 등을 통해 자사제품과 서비스를 해외에 홍보하고 정보 검색을 통해 국내 및 해외의 신제품이나 거래선 정보 및 관심대상에 관한 최신 정보 등을 신속하게 입수할 수 있다. 온라인 수출입프로세스에서는 무역카드, 전자화폐 등을 통해 대금결제가 가능하게 되며, 상품의 운송이나 물류도 항공운송, 국제 특송 등이 활발하게 이용되고 화주는 화물운송 과정을 인터넷상에서 직접 추적 또는 확인해 볼 수 있게 된다. 특히 신용장(L/C)에 의한 대금결제는 무역카드 등 전자결제시스템의 도입으로 점차 그 사용이 감소될 것이다. 이외에도 온라인 수출입프로세스는 오퍼상 등 중간상을 배제하여 거래비용 절감, 시간과 장소의 제약 해소, 양방향 통신을 통한 고객만족의 극대화 등 여러 가지 장점이 있다. 인터넷을 무역거래에 활용하게 되면 시간과 공간의 제약이 사라져 24시간 실시간으로 전 세계 어디서나 상품교역이 가능하여 판매점이 필요 없게 된다. 오프라인 수출입프로세스는 상품전시를 위한 물리적 공간을 필요로 했으나 전자무역은 네트워크에서 국가 간 상품이나 서비스가 교환되므로 물리적인 장소가 필요하지 않다.

2 처리방법의 비교

1) 업무형태

오프라인 수출입프로세스에서는 대체로 눈으로 볼 수 있고 읽을 수 있으며 나중에 증빙자료로 보관할 수 있는 종이서류에 의존하여 업무를 처리 하였다. 또한 손으로 직접 쓰거나 타자기 등을 이용하여 비슷한 내용의 서류를 반복적으로 재작선 하거나 재입력 해왔다. 온라인 수출입프로세스에서는 컴퓨터가 인식할 수 있는 일정한 형태의 표준화 내지 구조화된 전자문서에 의해 업무가 처리된다. 또한 새로운 서류 작성 시, 컴퓨터에 의해 자동 입력됨으로써 신속·정확하게 반복 작성 내지 재입력에 따른 오류를 최소화 시킬 수 있다.

2) 전달매체

오프라인 수출입프로세스에서는 사람이 직접 서류를 전달하거나 우편·팩스 등을 이용하여 전달함으로써 분실이나 지체로 인한 문제의 소지가 있었다.

그러나 온라인 수출입프로세스에서는 무역자동화사업자가 수출입절차 전반에 걸쳐 무역업체와 무역유관기관을 유기적으로 연결하여 무역관련 각종 전자문서와 무역정보를 24 시간 non-stop 으로 중계, 전송해 줌으로서 서류의 전달 및 업무처리와 관련, 불필요한 분쟁을 예방할 수 있다.

3) 서명 및 보안대책

오프라인 수출입프로세스에서는 작성자가 직접 서명을 하거나 회사의 직인을 찍어 서류가 원본이라는 점을 입증하기 때문에 서류의 위조·변조의 문제가 있었다. 온라인 수출입프로세스는 컴퓨터에 의해 자동적으로 생성되는 전자서명(electronic signature)에 의해 서류 작성자의 식별과 전송된 데이터의 정확한 전달여부를 확인할

[표 6-1] 거래방식 비교

항 목	기존 거래방식	전자무역 거래방식
유통경로	• 기업 → 중간상(도매상 · 소매상) → 소비자	• 기업 → 인터넷 쇼핑몰 → 소비자
거래시간	• 한정된 영업시간	• 하루 24 시간
거래장소	• 한정된 물리적 시장 및 점포	• 인터넷 쇼핑몰
거래대상	• 한정된 지역의 정부 · 기업 · 소비자	• 전 세계의 정부 · 기업 · 국민
거래수단	• 물리적 장비 및 시설	• 컴퓨터
거래홍보	• 신문 · 잡지 · 방송을 통한 홍보 및 선전 • 옥내외 광고	• 인터넷 마케팅 및 텔레마케팅 • 신속 · 정확한 시장 및 기업정보
거래상담	• 직접 면담 또는 전화 · 팩스 · 우편을 통한 상담	• 전자우편(E-Mail)을 통한 상담
거래대상 확보	• 시장조사 또는 영업사원이 확보	• 온라인(On-Line)으로 확보
거래소요 비 용	• 점포 · 시장 개설에 필요한 토지 및 건물 구입 또는 임대차 비용 • 유통비용 및 물류비용이 과다	• 인터넷 홈페이지 개설, 인터넷 서버 활용 비용 • 유통비용 및 물류비용의 대폭적 절감
거래소요 노 동	• 홍보 · 판매 및 관리담당요원 필요	• 판매 등 담당요원 불필요
결제수단	• 현금 · 수표 · 신용카드 • 외상 · 연불	• 전자화폐(ElectronicCash) • 신용카드 • 전자수표 • 전자자금 이체
거래서류	• 다량필요	• 대폭 축소 • 불필요
거래상 문 제	• 과다한 거래비용 · 시간소요 • 거래상의 불편	• 개인정보 노출 및 악용 우려 • 지적재산권의 침해 • 반품처리 곤란 • 과세상의 문제

※ 자료 : 신현종, 「세계 통상론」, 법문사, 2005. 3, p.48. 자료를 보충, 재편집.

수 있다. 또한, 사용자마다 고유번호와 비밀번호를 부여하고 교환되는 각종 전자문서와 무역정보를 사서함(mail box)별로 관리할 수 있으므로, 권한이 없는 타 업체에서는 접속할 수 없도록 다단계 보안대책을 마련하여 위조나 변조의 위험성을 상당부문 해소할 수 있다.

[표 6-2] 단계별 활용매체

구 분	기존무역방식	전자무역방식
• 품목선정, 정보수집	거래알선기관, 직접방문, 해외전시회 참관	국내외 거래알선 사이트 등 인터넷 정보검색
• 제품홍보, 마케팅	제품홍보 · 마케팅 카탈로그, 매체광고, 전시회, 상담회 참가 등	홈페이지 구축, 유즈넷, 메일링리스트, 무역알선사이트 등록, 사이버 전시회
• 의견교환, 계약	국제전화, 팩스, 우편, 출장	전자우편, 인터넷 전화/팩스, 화상대화 시스템 등
• 대금결제	신용장, D/A, D/P	무역카드, 전자화폐, 전자자금이체
• 운송서류	종이서류	전자서류
• 물류운송	포워더, 해운, 항공운송	온라인 전송, 특급운송

3 절차별 비교

전자무역 수출입프로세스는 오프라인 수출입프로세스와는 매우 다른 특징을 지니고 있다. 온라인 수출입프로세스는 기본적으로 전자상거래이기 때문에 온라인 수출입프로세스와 오프라인 수출입프로세스의 차이는 전자무역과 전통적 무역의 차이를 상당부분 그대로 포함하고 있다.

따라서 전자무역 거래당사자간의 무역계약의 체결방식, 상관습, 결제방법 및 홍보마케팅 등의 무역관련 업무절차가 변화되고 있다. 이는 과거 오프라인 수출입프로세스 및 관습이 점진적으로 발전된 것과는 달리, 온라인 수출입프로세스에서의 상거래관습이 급속히 변화되고 있어 국제상거래 업무에 중대한 영향을 미치고 있는 것이 현실이다.

오프라인 수출입프로세스와 온라인 수출입프로세스와의 차이를 거래채널, 거래대상지역, 마케팅홍보, 거래협상을 위한 의사교환, 무역서류작업, 무역대금결제 및 무역물류 등 무역의 주요 절차별로 세부적으로 살펴보면 다음과 같다.

첫째, 거래채널을 보면 오프라인 수출입프로세스에서는 무역업자가 개입하는 경우가 많았지만, 온라인 수출입프로세스에서는 인터넷 및 새로운 정보통신기술(IT) 환경에 익숙한 새로운 '수출입 에이전트'가 개입하거나, 수출기업과 수입기업 또는 기업과 소비자가 바로 직접 거래를 하는 형태가 많아지게 된다.

둘째, 거래대상지역을 보면 오프라인 수출입프로세스에서는 한 기업이 상대할 수 있는 지역이 인력 및 정보의 제한 등으로 인해서 일부지역에 한정돼 있었으나, 온라인 수출입프로세스에서는 국경을 초월한 컴퓨터 통신망인 인터넷이 구성하는 가상공간 자체가 시장이고 인터넷 접속 이용자가 잠재고객이 되므로 인터넷의 활용을 통해서 전 세계지역으로 확대될 수 있게 된다.

셋째, 거래시간을 보면 온라인 수출입프로세스에서는 24시간 가능하지만 기존 방식의 경우 영업시간이 하나의 큰 제약요인이다.

넷째, 고객수요 관련정보 및 고객대응을 보면 국가 간 거래처의 발굴과 거래처의 요구사항 파악 및 대응, 거래 협의를 위한 의사교환 등의 마케팅 활동에 있어서도 전자무역은 보다 강화된 고객관계관리(CRM)를 통하여 마케팅 채널의 확보와 기존 고객의 수요창출, 표적고객에게 적합한 마케팅활동 등이 가능해져 고객의 요구변화를 보다 신속하게 반영하여 즉시 대응할 수 있다.

반면 오프라인 수출입프로세스에서는 고객의 욕구를 포착하기 어려워 요구변화에 대응하기에 오랜 시간이 소요된다.

다섯째, 마케팅 활동에서 온라인 수출입프로세스를 통해서는 쌍방향 일대일 상호마케팅(Interactive Marketing)이 가능 하지만, 오프라인 수출입프로세스의 경우 수출입자 상대방의 의사에 관계없이 일방적인 마케팅 활동이 주를 이룬다.

여섯째, 계약체결을 위한 협상 과정에서 온라인 수출입프로세스의 경우 웹 사이트 및 전자메일을 통해서 저렴한 비용으로 신속하고 정확하게 의사교환이 이루어질 수 있는 반면, 오프라인 방식의 경우 팩스·전화 및 서신 등을 통해서 의사교환이 이루어지기 때문에 상당한 비용이 소요되고 신속성도 떨어진다.

특히 최근의 인터넷을 통한 화상대화기술이발전함에 따라 직접적인 대면 없이 협상 및 거래체결이 이루어지게 되어 전자무역의 효율성을 더욱 증진시키고 있다.

일곱째, 무역관련 서류작업에서 오프라인 수출입프로세스에서는 수작업 또는 폐쇄적 EDI(VAN 방식)를 통한 작업으로 상대적으로 비효율적인 제한적 자동화가 활용되지만, 온라인 수출입프로세스의 경우 웹과 EDI 의 통합으로 개방적이고 포괄적 작업이 가능한 전자화를 통한 효율성 제고가 기대된다.

여덟째, 무역대금 결제방식에서 오프라인 수출입프로세스에서는 신용장의 개설이 반드시 필요했지만, 온라인 수출입프로세스에서는 신용장의 개설이 필요 없는 시스템들이 속속 개발되면서 다양한 결제방식을 통한 비용절감이 기대된다.

아홉째, 물류 측면에 보면 오프라인 수출입프로세스에서 적용되던 물류자동화 시스템의 효과성을 더욱 제고할 수 있는 인터넷 기반의 통합적 물류 시스템이 온라인 수출입프로세스의 개념적 틀 속에서 개발되고 있다. 지금까지 살펴본 오프라인 수출입프로세스와 온라인 수출입프로세스에는 많은 차이점을 가지고 있다.

특히 온라인 수출입프로세스를 이용할 경우 시간과 비용 측면에서 많은 절감을 가져와 기업의 경쟁력 향상을 도모하게 된다.

[표 6-3] 수출입프로세스 차이점 비교

구 분	기존무역	전자무역
• 거래채널	기업 → 무역업자 → 기업	기업 → 수출에이전트 → 기업 기업 → 기업 기업 → 소비자
• 거래대상지역	일부지역	전 세계
• 거래시간	제약된 영업시간	24 시간
• 고객수요 관련정보	영업사원이 획득한 정보로 재입력 필요	온라인으로 수시 획득으로 재입력이 필요 없는 디지털 데이터
• 마케팅 활동	구매자의 의사에 상관없는 일방적 마케팅	쌍방향 1 대 1 상호마케팅
• 고객대응	고객욕구의 포착이 어렵고 대응지연	고객욕구를 신속히 포착 즉시 대응
• 의사교환	전화, 팩스, 대면접촉을 통한 상대적이고 비효율적인 제한적 자동화	웹 사이트, e-mail, 대화방등을 통한 저렴하면서도 신속한 의사교환
• 무역서류 작업	수작업 또는 폐쇄적 EDI을 통한 상대적으로 비효율적인 제한적 자동화	웹과 EDI의 통합을 통한 포괄적 전자화 가능
• 무역대금 결제	신용장 개설 필요	신용장 개설 없이 대금결제 가능
• 무역물류	운송주체별 개별 확인 등 제한적 전자화	효과적 물류 및 화물추적 활용 등 포괄적 전자화

[표 6-4] 거래유형과 절차

거래유형	거래절차
• 시장조사	통계 및 시장정보를 제공하는 거래상대국 정보, 기업의 웹사이트를 통하여 정보수집, 무역 관련기관의 웹 사이트를 통하여 수집, 국내외 검색엔진이용
• 상품홍보	웹 사이트 방문자와 직접 실시간으로 거래하는 Interactive marketing, 홈페이지 구축, 국내외 무역거래 알선사이트 및 검색엔진에 등록, Usenet, Mailing List 등록, 사이버 무역전시회
• 거래선 발굴	지식경제부, 한국무역협회, KTNet, KOTRA 웹 사이트방문, 국내외 상품, 기업 전문 데이터베이스 웹 사이트 방문, 사이버 전시회
• 신용조사	국내외의 신요조사기관의 웹 사이트 방문, 국내외의 기업신용정보, Database 사이트 방문, yellow page 웹 사이트 방문
• 거래제의	거래제의는 인터넷, e-mail, Fax 등을 이용, 상대방을 알게 된 경위에는 상대방을 알게 한 웹 사이트 활용 e-mail을 보낼 때 자기회사의 e-mail Address와 홈페이지의 도메인네임을 기재
• 계약체결	order, offer 및 acceptance는 e-mail 및 Internet fax 활용, e-mail은 법적효력문제가 있으므로 중요한 계약서는 Internet fax로 교환
• 결제	신용카드, 전자화폐, 전자수표, 전자자금이체, 트레이드카드, 볼레로 프로제트, SWIFT에 의한 전자신용장
• 물류	각 운송회사의 웹 사이트를 방문하여 운항스케줄, 운임열람, EDI 및 Internet 등으로 운송계약체결, 보험회사 웹 사이트를 방문하여 인터넷 및 EDI로 보험계약체결
• 통관	Paperless 통관(관세청 자동화 시스템)

제2절 수출입프로세스 단계

전자무역 수출입프로세스는 마케팅, 상역, 결제, 물류·통관단계로 대별할 수 있다. 마케팅 프로세스는 해외시장조사를 통하여 특정품목을 수입하는 방어를 찾아내어 계약을 체결하는 활동을 말한다.

이러한 마케팅 프로세스는 정형화된 프로세스가 아니며, 무역업체의 규모, 대상국가 등에 따라 프로세스의 내용이 매우 다양하게 나타날 수 있는데, 일반적으로 무역업체와 직접적으로 관력이 있는 업무를 중심으로 살펴보면 시장조사, 상품홍보, 거래선 발굴, 신용조사 및 계약결제 단계로 구분할 수 있다. 상역업무는 무역업체와 무역유관기관 간 수출입요건확인업무와 원산지증면 그리고 전략물자 수출 통제를 의미한다.

결제는 수출입 신용장의 개설에서부터 수출입물품에 대한 대금지급에 이르는 업무로 무역관련 문서를 전자문서교환(EDI) 방식에 의해 전지문서로 교환함으로써 외국환은행을 중심으로 신용장 개설 및 통지, 대금결제 등의 업무를 자동화하는 것이다.

물류업무는 정부 및 민간 분야의 수출입 화물의 선적 및 하역, 운송, 보관 등 물류와 관련된 업무 전반을 의미한다. 통관은 수출입 물품에 대한 검사 및 신고수리를 받아 물품을 적재하기까지의 절차를 말한다.

1 마케팅 단계

1) 시장조사

시장조사는 전자무역 수출입프로세스에서 최초단계로 무역거래의 성과를 극대화하고 비용과 위험을 최소화하기 위해서 기업이 당면한 의사결정에 필요한 정보를 수집하고 분석하는 것이다.

즉, 개별 국가시장의 투자환경 및 상품사장의 기회를 파악하고 각 해외시장간의 유사점과 상이점을 비교분석하여 진출하고자 하는 목표시장의 수요를 포함한 전반적인 시장기회를 파악하는 것이다.

이러한 시장조사를 위한 기법으로 무역업체가 손쉽게 접근할 수 있는 것은 수출입실적의 통계분석이라고 할 수 있다. 무역협회, 무역투자진흥공사 등의 홈페이지를 통하여 특정품목의 연도별, 국가별 수출입 실적을 분석하면 그 품목이 언제, 어느 국가에 수출이 되었는지를 파악할 수 있다.

이렇게 파악된 국가를 대상으로 수출마케팅을 시작하고 해당국가의 품목별 바이어리스트를 입수하여야 한다. 그러나 입수한 바이어가 전부 신뢰성 있는 바이어는 아니기 때문에 Excel등 소프트웨어를 활용하여 거래제의 단계에서 계약이행에 이르기까지 일목요연하게 해외바이어를 철저히 관리해야 한다.

인터넷을 이용한 해외시장조사는 다양한 검색엔진과 정보제고 서비스에 의해 관련 사이트들이 결합하여 시장조사 항목을 제공하고 있고 뿐만 아니라 거래알선까지 도모하고 있음은 전자무역이 제공한 실질적인 편익이라고 할 수 있다.

또한 막대한 비용을 들이지 않고서도 전자 카탈로그 등을 통해 전 세계를 대상으로 자사의 가치를 나타낼 수도 있다.

2) 제품홍보

제품홍보의 경우는 수출입업체의 아이템을 효율적으로 알리기 위한 수단과 방법을 활용하여야 한다. 상품의 홍보계획이 수립된 이후 기업은 회사소개 및 상품의 홍보를 위하여 온라인과 오프라인에서 홍보활동을 하고 있다. 온라인상에서는 자체 홈페이지를 구축하여 홍보, 다른 홈페이지에 배너효과를 고려하여 하는 홍보, 검색엔진 인지도 및 조사 자료를 근거로 하여 홈페이지를 검색엔진에 등록하여 홍보를 하고 있다. 오프라인에서는 카탈로그를 사용하여 홍보할 수 있다. 미디어 자료를 근거로 광고할 미디어 선정, 광고계약 체결, 제작함으로써 미디어를 통한 홍보도 할 수 있다.

그 가운데 가장 일반적으로 많이 쓰이는 방법이 국제적으로 우편홍보와 인터넷 웹사이트의 오퍼게재, 메일, 광고 판촉자료, 언론매체 등이다.

3) 거래선 발굴

거래선 발굴은 해외시장조사를 통하여 자사제품의 시장성이 있는 잠재시장을 선정한 후 잠재력 있는 유능한 거래처를 발굴하게 되는데, 거래처의 발굴에는 보다 신중하고 효과적인 방법이 동원되어야 한다. 거래선 발굴의 기법은 해외홍보매체 광고, 무역유관기관의 활용과 전시회 및 박람회의 참가 등 방법이 있다. 전자거래알선은 무역업체가 인터넷을 이용하여 자사의 회사정보 및 상품정보를 전 세계 바이어에게 홍보하는 동시에 웹 사이트에 등록되어 있는 오퍼정보를 검색 또는 열람을 통하여 거래선을 발굴하는 것을 의미한다.

이러한 기능을 지원하는 웹 사이트를 거래알선 사이트 또는 무역사이트라고 칭하며 최근 무역유관기관 및 개별 업체에서 다양한 사이트가 개발 운영되고 있어 무역업체는 웹 사이트의 취사선택을 통하여 회원으로 가입 후 무료로 활용할 수 있다. 인터넷을 통한 거래선을 발굴하려면 무역업체는 우선 전자메일과 홈페이지를 보유하여야 한다.

이는 거래선을 발굴하는데 필수적인 요소이기 때문에 많은 웹 사이트에서 무료로 제공하고 있다. 이러한 요소를 구비하여 거래선을 발굴하는데 이를 구체적으로 나열하면 먼저 홈페이지 또는 웹 사이트의 구축을 통한 상품홍보를 해야 하고 전자메일을 통한 거래제의서신을 발송해야 한다. 또한 뉴스그룹 등 동호인집단에 대하여 집중적으로 홍보할 뿐만 아니라 해외 유명 검색엔진에 홈페이지 주소를 등록하여 바이어를 유인하여야 한다. 한편 전자 카탈로그의 제작을 통한 홍보와 웹 사이트의 상호링크를 통한 홍보 해외 유력 사이트와의 상호 무료광고 교환을 추진하고 세계 유력 거래알선 사이트도 검색하여야 한다.

4) 신용조회

신용조회는 무역거래 상대의 신용상태에 대한 파악과 거래에 대한 의사를 타진하는 과정을 포함하고 있다. 국제무역이 신용을 바탕으로 이루어지고 있는 현 상황에서 무역의 계약 성사에 매우 핵심적인 역할을 수행하고 있는 업무라고 볼 수 있으며 특히 전자무역과 같이 수출업자와 수입자가 격리되어 직접적인 만남으로 협상이 이루어지는 것이 아니라 정보시스템, 팩스, 전자우편과 같은 전자적 수단을 통하여 계약을 체결하게 되고 또한 상호 교환하는 서류만으로 거래가 성사되므로 거래 상대방에 대한 신뢰를 줄 수 있는 부분이다. 무역업자들은 신용조사를 위해 상업흥신소를 많이 활용하고 있다.

국내의 전문적인 신용조사 기관으로 수출보험공사, 신용보증기금 및 대한무역투자진흥공사 등이 이는데 이들 기관에서는 무역업체의 위탁내용에 따라 유료 또는 무료로 온/오프라인 신용조사 서비스를 제공하고 있다.

전 세계적으로 유명한 Thomas Register, Kompass, Company Lookup, Companies On-line, Hoover's Company Directory, Asia Business Connection 등에서 미국 및 전 세계 기업의 일반현황에 대한 정보를 인터넷상에서 유료 또는 무료로 제공하고 있다.

Edgar Database, Dun & Bradstreet, StockSmart 등도 미국 상장기업의 재무정보를 유료로 제공하고 있다.

최근에는 인터넷상에서 미국의 비상장기업에 대한 재무정보를 검색할 수 있는 사이트가 빠르게 늘고 있다.

CorpTech, CompanyLink, Companies On-line 등이 대표적이다.

이상의 신용조회 업무들은 계약이전단계로 분류되며 다음과 같은 운영기관들이 프로세스를 담당하고 있다.

[표 6-5] 국내외 운영기관명과 홈페이지

구분	운영기관명	홈페이지
국내	• 한국신용정보	www.nice.co.kr
	• 대한무역투자진흥공사	www.kotra.or.kr
	• 수출보험공사	www.keic.or.kr
	• 신용보증기금	www.shinbo.co.kr
	• 한국증권전산	www.korea-stock.com
해외	• Thomas Register	www.thonasregister.com
	• Kompass	www.kompass.com
	• Company Lookup	www.companylookup.com
	• Companies On-line	www.companiesonline.com
	• Hoover's Company Directory	www.hoovers.com
	• Asia Business Connection	www.asiabiz.com
	• CorpTech	www.corptech.com
	• CompanyLink	www.companylink.com

[표 6-6] 전자무역상사의 구분과 분류

구 분	분 류
주요업체	EC21, ECplaza, Tpage
중견업체	Koreasme, KOBO.net, BuyKorea.org, Tradearea, Tradeatoz, Dreammart, Hyundaicorp
중소업체	Chaostrade, tTradepost-chat, MPOST.org, Cytra, Nettrade21, Ecrobot, gto.kofa.org, Tradeleague

2 수출입 단계

1) 계약체결업무

전자무역에서 계약체결 이전단계인 비정형화된 무역업무와 계약체결이후의 정형화된 무역 업무를 구분 짓는 기준이 되는 중요한 업무이다. 전자무역에서의 계약체결업무는 전통적인 계약과 다른 다음과 같은 특수성을 지니고 있다.

첫째, 통신망에 연결된 컴퓨터를 통해 이루어지는 전자무역계약은 의사표시의 확인이 불가능하므로 전자기록의 생성, 수정, 전달, 확인이 용이하다.

둘째, 전자무역 계약은 의사표시 중의 행위자와 명의인의 동일성, 의사표시 등의 내용의 확정성, 분쟁해결을 위한 보존의 필요성 등을 전통적 무역계약에 비해 절실히 요구한다.

셋째, 전자무역계약은 전통적 무역계약에 비해 거래대상이 다양하다. 이는 컴퓨터를 기반으로 한 계약서가 다룰 수 있는 목적물이 유형재를 비롯하여 소프트웨어나 데이터프로그램 같은 정보 및 금융거래까지 그 거래대상에 포함하고 있다.

전자무역계약의 주요내용은 의사표시에 관한 약정, 주요 거래조건에 관한 약정, 분쟁해결 및 법적 구제사항에 관한 약정의 세 가지로 나누어진다.

첫째, 의사표시에 관한 약정으로 당사자 간에 온라인계약 체결과 관련한 전자문서 및 전자서명의 진정성의 문제는 국가에 따라 그 법적 효력을 달리하고 있기 때문에 사전에 합의하는 것이 필요하다.

둘째, 주요 거래조건에 관한 약정으로 매매물품에 관한 기본적인 조건으로 품질, 수량, 가격, 선적, 대금결제, 보험, 포장 등에 대한 양정과 소유권, 위험의 이전 권리 등 전자무역거래의 형태에 따라 수행되는 조건에 관한 규정이 필요하다. 그러나 전자무역거래의 대상이 순수하게 온라인상에서 거래되는 경우에는 이러한 주용 거래조건이 필요하지 아니한 경우도 있으나 오프라인 절차를 필요로 하는 거래대상인 경우에는 이에 대한 명시적인 약정이 필요하다.

셋째, 분쟁해결 및 법적 구제사항에 관한 약정으로 기존의 무역계약에서와 마찬가지로 전자무역계약시 발생할 수 있는 분쟁에 대비하여 불가항력조항, 클레임, 중재조항, 준거법조항, 준거규정 등을 설정해 두도록 한다.

2) 수출입요건확인

수출입요건확인의 목적은 국민보건, 환경보호, 사회 안전 등과 직결되는 수출입물품으로 통관단계에서 확인하지 않을 경우 원상회복이 불가능하거나 또는 사회적 비용이 큰 경우 수출입관련 법령에서 규정한 의무사항의 이행여부를 세관장이 확인함으로써 그 피해를 최소화하거나 없애려는 것이다. 즉, 수출입업자가 농 · 수 · 축산물 등에서 유래된 식품류, 의약품에 대한 승인, 추천, 검사 · 검역 등의 요건확인서를 발부 받아 수출입통관단계에서 확인받도록 하는 것이다.

이러한 확인은 수출입업체가 업무를 함에 있어 통관을 위한 가장 중요한 요소임을 감안할 때, 요건확인업무의 전자화는 무역자동화시스템에서 구축한 전자무역 인프라의 이용을 제고 한 전자무역 프로세스 구현의 핵심요소 이다.

3) 전자원산지증명

전자원산지증명(e-Certificate of Origin: e-C/O)제도는 최종 소비자를 보호하기 위하여 수입물품에 국제적으로 인정되는 전자원산지 적용기준을 마련하여 수출 또는 수입하는 물품에 원산지 표시를 명확히 함으로써 불공정수출입 행위를 근절하기 위하여 시행한다. 전자원산지 증명을 발급받기 위해서 무역업체는 대한상공회의소 전자문서소정양식에 신청서를 작성한 후, 관련 증빙서류를 첨부하여 신청해야 한다.

지식경제부는 서울 상공회의소 회원사에 한하여 서비스하던 전자원산지증명 발급서비스를 2003년 10월 1일부터 비회원사와 지방 상공회의소까지 확대 시행하고 있다. e-C/O의 문제점은 홍보부족, 수수료 수납 절차, 기타 업무와의 연계문제 등이 향후 해결해야 할 과제로 파악되고 있다.

4) 전략물자 수출통제

1994년에 對공산권 수출통제체제인 COCOM이 폐지된 이후 핵비확산(NPT), 생물무기금지(BWC), 화학무기금지(CWC) 등 3개 국제협약과 핵비확산을 금지하는 핵공급그룹(NSG) 등이 국제간에 상호 협약된 별도 위원회 등을 두고 수출입단계에서 철저히 통제해 오고 있다.

3 결제단계

1) 전자신용장(e-L/C)

신용장이란 국제적 무역거래에 있어서 대금결제와 관련하여 계약물품의 인도시기에 따른 격지간의 수출상과 수입상간의 일차적 이해상반의 관계를 중립적 제3자인 신용장 발행은행이 개입하여 쌍방 간의 국제적 거래의 안전성과 수출상품의 대금결제의 원활을 기하기 위하여, 신용장에서 요구하는 서류를 조건과 일치되게 준비하여 제시하면 수입업자를 대신하여 발행은행이 지급의 이행 혹은 신용장에 의하여 발행된 어음의 지급, 인수를 수출업자 또는 어음 매입은행 및 선의의 어음소지인에게 확약 보증하는 증서이다. 전자신용장은 인터넷과 정보기술을 이용하여 무역거래에 대한 모든 업무 프로세스를 자동화시스템에 의해 활용되고 있는 것을 의미한다.

전자신용장 거래조건의 전자매매계약을 한 경우 수입업자는 거래은행에 EDI를 통한 전자신용장 개설을 의뢰한다. 개설은행은 수출업자에게 전자신용장을 발행한다. 수출업자는 수입업자로부터 받은 전자신용장을 검토한 후 전자매도계약서의 계약조건과 다른 경우 수입업자에게 수정을 요구한다.

전자신용장의 내용이 전자매도계약서의 조건과 완전히 일치하면 수출품을 확보하기 위한 방안을 강구한다. 현재, 한국무역정보통신(KTNET)에서 전자신용장 통지업무를 SWIFT.net을 이용하여 XML/EDI방식으로 서비스하고 있다.

2) 전자결제

전자결제시스템은 국제간 가치이전을 신속하고 효율적으로 행하여 거래당사자들의 추가비용 및 위험을 최소화시키고자 하는데 그 목적이 있다.

전자결제시스템의 완성을 위해서는 무엇보다 안정적이고 신뢰할 수 있는 글로벌 자동화시스템의 호환성과 신뢰성을 겸용한 개발과 정착이 필요하다.

전자무역에서 전자결제시스템의 결제금액은 매우 크다는 점 때문에 안전하게 인수하고 인도하기 위하여 은행이 관련되어져 있고, 은행에게 담보권을 행사할 수 있는 권한을 제공하고 있다. 따라서 전자무역은 국내거래와는 다르게 전자매매계약에 의해 전자결제가 대규모로 이루어질 때에는 수출업자와 수입업자가 전자대금 결제 조건을 설정할 때의 요구조건, 이와 관련된 전자대금결제의 안정성, 은행 입장에서의 전자결제 요구조건이 충족되어야 한다.

각 종 서비스와 전자결제서비스를 제공해주는 제3자의 신뢰할 만한 인증기관의 역할도 필요하다.

국제간에 심층적 연구 및 상용화가 진행되고 있는 것으로는 SWIFT.net 개방형 모델인 “epaymentPlus”와 선하증권의 온라인화를 시작으로 구축된 SWIFT의 자회사인 볼레로의 “볼레로시스템”, 기업신용카드 모델을 활용해서 신용장의 전자화 등 국제무역을 지원하는 Trade Card, Identrus 등이 있다.

4 전자 물류 · 통관 단계

1) 전자물류

국제간에 e-logistics라는 첨단 IT를 활용하여 글로벌 B2B에 적합한 물류서비스 등을 상호 제공하고 있다. 정보통신기술, 시스템통합기술, e-logistics 등은 제4자 물류로 정착되어 지고 있다. 제4자 물류는 물류 각 분야의 최적화를 도모하여 전체적인 물류공급망 관리상에서 다양한 전자물류서비스를 통합할 수 있어야 한다.

e-logistics는 인터넷을 기반으로 운송, 보관, 포장, 하역, 재고관리, 관련 솔루션 제공 등 다양한 부가가치 전자물류서비스를 온라인상에서 구현하여 온라인과 오프라인의 시간적 차이를 최소화하고 이용자 만족을 극대화하며 효율성을 극대화 시켜야 한다. 최근의 전자물류환경은 글로벌 소비자 수요의 다양화, 시장세분화, 수요주기 단축 등으로 소량 다 빈도 배송이 급속히 늘어나고 있다.

현재, 공급자 중심의 물류, 기능별 물류, 실물 기반의 물류, 인력 중심의 물류, 소품종 대량 물류, 보관 중심의 물류에서 고객 중심의 맞춤물류, 통합형물류, 인터넷 기반 물류, 기술 중심의 물류, 다품종 소량물류, 무재고 물류로 바뀌어 비용 경쟁적인 측면에서 서비스 경쟁의 양상으로 빠르게 발전되어 가고 있다,

이러한 전자물류 패러다임의 변화는 물류시장의 서비스 구조인 고가격 개별서비스를 육로운송, 해상운송, 항공운송, 창고보관, 하역, 포장을 저가격으로 통합하는 물류서비스 형태로 변모시키고 있으며, 경쟁양상도 B2B가 아니라 공급망 對 공급망의 형태로 바뀌어가고 있다.

따라서 상품, 정보, 지식의 효율적 흐름을 가능하게 하는 국제적인 전자물류시스템 구축이 국가 및 기업 경쟁력의 관건이 될 것으로 보인다.

이에 따라 세계 각국은 물류 인프라 확충을 위한 지속적인 투자 확대와 더불어 전자물류표준화와 정보화 등 소프트 물류 인프라 혁신을 위한 시책을 공동으로 강구하여야 한다.

2) 전자통관

(1) 전자수출신고 및 통관 업무

수출이란 내국물품을 외국으로 반출함을 말하는 것으로서 수출하고자 하는 모든 물품은 세관의 수출통관절차를 거쳐야 한다. 수출하고자 하는 자는 당해 물품을 선(기)적 하기 위해 당해 물품의 소재지 관할세관장에게 수출 신고를 하고 수리를 받아야 한다.

수출신고는 수출물품의 소유자나 수출입통관을 전문으로 하는 관세사, 통관취급법인 또는 관세사법인 등이 관세청에서 정한 수출신고서 작성요령에 따라 수출신고서를 작성한 후 EDI방식으로 KTNET을 경유하여 관세청 수출통관시스템으로 전송하게 된다.

수출 신고시 수출신고서를 세관에 제출하여야 하는 물품(서류제출대상물품)은 법 제145조(허가, 승인 등의 증명 및 확인)의 규정에 의한 세관장 확인물품, 전략물자 수출허가 대상물품, 위약으로 인한 재수출물품 및 수입 시 재수출조건 이행물품, 화주 또는 완제품공급자가 직접 신고하는 경우로 수출신고필증을 발급 받아야 한다. 관세청에서는 전자문서교환방식의 수출신고와 병행하여 인터넷으로도 수출신고를

할 수 있는 제도를 시행하고 있다.

(2) 전자수입신고 및 통관 업무

수입신고는 화주, 관세사, 관세사법인, 통관취급법인의 명의로 할 수 있는데, 화주가 직접 신고하는 경우에는 수입신고 사항을 세관에 전송하기 위한 전산설비 등을 갖춘 후 세관에서 ID를 부여받아 신고하여야 한다.

수입신고 시에는 신고자가 관세 등 세금의 부과기준이 되는 과세가격, 관세율 및 품목분류번호, 과세환율 등을 확인하여 신고하여야 하므로 이를 잘 모르는 경우에는 전문가인 관세사에게 통관대행을 의뢰할 수 있다.

수입신고는 관세청에서 정한 수입신고서 작성요령에 따라 수입신고서 등을 KTNET을 경유하여 관세청 수입통관시스템으로 전송하고, 관세청시스템은 수입신고내용에 대하여 전산으로 오류사항을 통보하거나 접수내역을 신고인에게 통보해준다.

수입물품에 대한 관세는 신고납부가 원칙이므로 납세의무자가 관세와 수입물품에 부과되는 내국세를 계산하여 세관에 신고하게 된다.

실무적으로는 관세사에게 수입통관을 의뢰하면 관세사가 세액을 계산하여 세관에 EDI방식으로 전송한다. 관세는 국내도착가격(CIF US$)에 수입신고일의 과세환율을 적용한 금액에 해당 물품의 관세율을 곱하여 산출하며, 이때 수입물품에 대하여 부과되는 부가가치세 등 내국세에 대하여도 관세와 함께 신고 납부한다.

또한 여행자, 승무원 등의 휴대품 및 별송품 또는 우편물 등 과세대상자가 세액결정하기에 정확을 기할 수 없는 경우에 대해서는 세관장이 결정하여 납세자에게 고지하는 부과 고지방식 등을 활용한다.

관세 등 납부서는 세관에 출두할 필요 없이 관세사 사무실에서 출력하여 수입자가 편리한 국고수납 대리점 인 금융기관에 세액을 납부할 수 있고 이때 해당 수납기관은 관세청에 영수필 통지 전자문서를 전송하여 수납사실을 알리고, 관세청은 수납여부를 확인한 후 수입신고수리를 하게 된다.

현재 사용되고 있는 통관업무 정보화 성과를 살펴보면 다음과 같다.

첫째, 전자통관업무를 효율화시키고 올바르고 빠른 전자통관체제를 확립시키기 위한 토대를 마련하였다.

둘째, 수출입 업계에게 향상된 전자시스템 관세서비스를 제공하였으며 물류비용을 절감함으로써 대외 경쟁력을 높였다.

셋째, 세관 방문이 필요 없는 선진국 수준의 P/L(paperless) 심사체제를 정착시켰다.

넷째, 전자시스템 연계와 정보시스템 구축으로 부정 불공정 무역에 대한 효과적인 대응체제를 마련하였다.

다섯째, 기존 EDI 방식에 인터넷 방식을 추가함으로써 전자상거래 활성화, 인터넷 기술의 발전 및 보편화에 부응하였다.

제 7 장

전자무역의 수출입 문제점과 개선방안

제1절 전자마케팅 단계의 문제점

1 정보인프라

정보 또는 사용자의 소재지에 관계없는 음성, 화상, 문서 및 그래픽정보 등 모든 정보를 처리할 수 있는 강력한 컴퓨터와 통신기술의 발전된 환경을 정보인프라라고 의미한다. 이러한 정보인프라의 구축은 새로운 정보기술의 발전에 따른 유지관리비용이 막대하기 때문에 용이하지 않다. 따라서 현재의 무역업계가 필요로 하는 고급정보가 절대적으로 부족한 실정이다.

해외마케팅에 필요한 상품별 마케팅정보, 통상관련 적시정보, 신용정보 등이 가치있는 정보의 부재로 인하여 정보의 효율성이 저하되고 있다.

무역협회, KOTRA 등 무역 유관기관에서 제공하는 시장정보는 상대적으로 접근이 용이하나 품목별 세분화 및 전문화 부족으로 수출입 관련 의사결정 과정에서 실질적인 정보가 되지 못하고 있으며 수출입통계자료의 경우 과거의 품목, 국가별 연간·월별 수출입실적 위주로 되어 있어 향후 시장전망 등 미래지향적인 정보가 요구되는 업체에게는 큰 도움이 되지 못한다.

온라인·오프라인 정보가 적절하게 업데이트가 되지 않아 최신정보 획득에 어려움도 많다. e-Marketplace 및 디렉터리 서비스에서 제공하는 기업정보, 오퍼정보는 거래 상대방에 대한 확인 기능 부재, 기업 정보의 업데이트 부족 등 정보의 신뢰성 부족으로 인하여 거래선 발굴 효과가 떨어진다. 아울러 해외업종별협회 및 기관에서 제공하는 관련업체정보는 그 질이 상대적으로 높으나 온라인화 미비로 국내업체가 쉽게 접근하기에는 어려움이 있다.

현재 활용되고 있는 무역유관기관과 개별기업에서 운영되는 무역거래알선 사이트는 제공되는 정보의 내용이나 형식이 달라 무역업체가 원하는 정보를 검색하는데 많은 어려움이 있다. 그러므로 하나의 사이트에서 오퍼정보 등을 통합검색 할 수 있도록 하는 것이 필요하다.

KOTRA가 운영하고 있는 실크로드21이 이러한 기능을 수행하고 있으나, 제휴 사이트가 한정되어 있어 관련 기관 및 기업과의 제휴확대를 통해 통합검색의 범위를 넓히고 중복검색 등의 기술적 문제점을 해결해야 한다. 또한 모든 상품에 대한 통합검색이 어렵다면 적어도 특정한 카테고리의 상품에 대해서는 국내는 물론 전 세계의 오퍼정보를 한꺼번에 검색할 수 있도록 하는 것이 필요하다.

2 전자통신기술

효율적인 초고속 인터넷 전용선의 설치가 필요하다. 인터넷 접속방식으로는 전화모뎀, LAN, ISDN, cable 등을 들 수 있다. 현재 한국 PC통신 및 인터넷 사용요금의 고가는 전자무역 확산에 장애요인으로 등장하고 있다.

특히 PC방이 아닌 가정에서 인터넷을 이용할 경우 대부분이 시간제약과 비용의 개인부담으로 인해 인터넷을 통한 쇼핑물의 접속과 사용자의 요구와 욕구에 관해서는 무관심해 왔으며 정보통신망에 있어서 아날로그 설비와 고속의 디지털 설비가 공존하는 형태를 가지고 있어 운용비용이 고가 이므로 서비스 이용자들은 극구 부담스러워 할 수 밖에 없는 실정이다.

3 전자계약상의 문제점

1) 전자성립 시기문제

(1) 전자청약의 효력시기

전자무역에서 청약의 유인으로 본다면, 이미 행하여진 바이어의 주문 및 바이어의 개인정보 제공에 대하여 홈페이지 개설자에게 자신의 사정에 따라 계약의 성사여부에 대한 판단을 맡기는 것이 되어 수입업자에게 해를 끼칠 우려가 있어 수입업자의 자위가 불안정하게 될 수 있다. 또 이처럼 청약의 유인으로 보는 경우 신속성을 요하는 전자무역계약에서는 합당하지 않다. 이와 수입업자를 보호하는 측면에서 계약에 청약과 승낙을 정할 수 있으나, 모든 전자무역계약에서 적용되는 것은 아니며 이러한 기준들은 상황을 고려하여 청약인지 승낙인지를 결정하여야 한다.

(2) 전자청약의 효력 발생시기

국제물품매매계약에 관한 UN협약은 청약의 효력은 청약자의 청약이 피청약자에게 도달한 시점에서 발생한다는 이른바 도달주의를 채택하고 있다.

전자무역도 같은 도달주의를 적용시키는 것이 바람직할 것이다. 하지만, 전자무역의 청약시 청약자에 의하여 의사표시가 송신된 후 수신할 컴퓨터에 의사표사가 도달하기 전에 청약의 의사표시가 도달되지 않거나, 내용이 변경되었다면 이러한 위험은 청약자가 부담하는 것이 바람직하다.

(3) 전자청약의 철회

전자무역계약은 의사전달과정의 획일성 및 신속성과 즉각적인 결정을 요하는 거래의 특성상 청약자가 계약에 대한 판단에 있어서 경솔하기가 쉽다.

컴퓨터의 마우스나 키보드 조작 실수로 인하여 예기치 않은 계약이 체결될 가능성도 높다. 이러한 경우에 고객은 자신의 의사표시 부존재를 주장하거나 의사와 표시가 일치하지 않은 점을 들어 의사표시의 취소를 주장할 수 있다.

전자청약의 철회는 청약자 자신이 의사표시의 하자가 중요 부분에 발생했다는 점과 청약자 자신에게 중대한 과실이 없다는 것을 입증해야 한다.

(4) 전자승낙의 효력시기

전자무역계약에서는 통신기술 때문에 전자승낙 의사표시의 효력발생시기를 결정함에 있어서 발신주의를 채택해야 하는지 아니면 도달주의를 채택해야 하는지가 문제가 된다.

2) 전자무역계약의 성립장소문제

글로벌 상역에서는 준거법 및 재판 관할권에 관한 약정이 없는 경우에 준거법 등을 정하기 위하여 계약의 성립장소가 문제가 될 수 있다. 계약의 성립장소가 문제가 되는 것은 주로 계약의 성립요소인 의사표시가 다른 법률이나 관습이 행하여지고 있는 지역에 걸쳐 행하여지는 경우 그 계약은 어떤 법률의 적용을 받아야 한다. 그러므로 전자무역에 관한 계약 당사자가 그 준거법규를 사전에 선택하여 놓는 것이 최선의 방책이다. 해당 준거법규를 선택하지 않은 경우에는 전자승낙의 효력발생 시기에 관한 도달주이이 원칙에 따라 전자계약 성립지역이 법규에 이해 규율된다고 볼 수 있다.

제2절 전자결제 단계의 문제점

1 정보보안

전자결제시스템에는 언제나 정보보안에 대한 위험이 존재한다. 현재 정보보안 방식으로는 방화벽(Firewall), SSL(Secure Socket Layer), SET(Secure Electronic Transaction), PEM(Privacy Enhanced Mail)과 PGP(Pretty Good Privacy) 등의 기술이 사용되고 있다.[99]

기본적으로 권한 없이 전자적 정보를 획득하는 방법은 3가지가 있다.

첫째, 정보가 전송되는 중에 전자적 정보를 불법으로 복사 하는 것,

둘째, 정보저장 중 권한 없이 그 정보에 접근하는 것,

셋째, 권한이 없는 당사자로부터 정보를 획득하는 것 등이 있다.

기업 및 개인은 전자무역에서 자신들의 비밀정보가 제3자에게 누설되는 것을 꺼려하며 또한 이러한 요소들은 전자무역 활성화에 커다란 장애가 되고 있다.

즉 전자무역에서는 위험이란 기밀자료의 손실이나 훼손의 가능성으로 간주될 수 있는데 이러한 위험은 합법적 권한자의 영업수익 감소와도 직결된다.

이러한 상황에서 정보보안은 eMP나 금융기관의 정보시스템을 안전하게 보호하는 도구 외에도 거래 대금의 지급서비스와 관련된 네트워크상의 상거래 구성요소인 사용자, eMP, 금융기관의 인증, 지급수단의유효성과 한도액 확인, 개인 정보의 보호를 위한 전송 데이터의 암호화 등 금융업계의 장점을 수용하여 개발되는 것이 특징이다.

사실 보안기술은 모든 사람이 정직하고, 아무도 속이지 않는다면 필요하지 않게 된다. 그러나 현실은 그렇지 않아 규칙의 위반이 있기 때문에 보안기술이 필요하다.

---

99) 최근의 해킹기술들은 관리자의 실수나 운영시스템의 실수를 악용하던 초보적인 수준에서 벗어나 Packet Sniffing, IP Spoofing등 고난도 해킹방법들을 사용하고 있다.

2 인증체계

1) 국제간 상호인증

(1) 글로벌 법체계

글로벌 전자무역과 관련해서는 영미법(common law)체계와 대륙법(civil law)체계를 가진 당사국간 인증문제나 하부의 인증기관간의 상호인증 문제가 고려되어야 한다. 국가 간 상호인증을 위한 국가 간 조약을 체결함에 있어서 그 명칭을 무엇으로 할 것인가 하는 점도 부수적으로 고려하여야 한다.

국제간에 조약과 관련된 제반 명칭은 본질적으로 국제법상 그 효과는 동일하지만, 관례적으로 주는 의미가 상이하기 때문에 이에 대한 용어의 사용을 적절하게 고려해 보아야 한다. 이와 관련하여 현재 UNCITRAL에서 제시하고 있는 Model Law Form은 규범성은 미약하나 다수국의 참여를 유도할 수 있다는 특징이 있다. 그렇지만 상호 협정(agreement) 또는 협약(convention)의 형태가 된다면 글로벌 규범으로서 강제성을 가지게 된다.

(2) 인증관리체계

인증관리체계와 관련하여 유형별 상호인정방안에 대한 고려가 필요한데 Root CA가 있는 인증관리체계와의 상호인정과 Root CA가 존재하지 않는 인증관리체계와의 상호인정방안에 대한 고려가 있어야 한다.

Root CA가 존재한다는 것은 현재의 인증체계 즉, 수평형(네트워크형) 인증체계와 수직형(계층구조형) 인증체계, 그리고 혼합형의 인증체계 가운데 수직적 인증체계 또는 혼합형의 인증체계에서만 존재가 가능하다.

2) 국제인증기구

글로벌 전자무역을 위한 인증관련기구에 대한 예측은 다음과 같다.

첫째, 단기적으로 상호인증을 통해 인증 관련 업무를 해결하고, 이것이 보편화될 경우 공통적인 의견수렴을 거쳐 특정한 국제기구의 역할을 담보한다.

둘째, 새로운 국제기구의 신설 없이 단일화된 상호인증 관련 국제규칙을 생성하는 방안이다.

셋째, 인증 관련 국제기구를 신설하고 이 기구를 통하여 제반 활동을 수행하는 방안이다.

넷째, WTO, OECD, ICC 등 전자무역 관련 국제기구에서 이들 인증업무를 전담하는 방안이다.

위의 방법 중에 가능성이 크게 고려되는 기구는 WTO라고 할 수 있다.

WTO의 경우에는 설립 목적상 국제통상에 직접적인 영향력을 행사할 수 있으며, 현 단계에서 EU를 중심으로 한 다수의 국가들이 WTO 내에서 논의가 되는 것을 지지하고 있고, 미국도 논리를 수용하고 있는 현실을 감안한다면, 현 단계로서는 WTO가 전자인증과 관련된 논의의 중심기구가 될 가능성이 가장 높다.

현재도 UCP600, 인코텀즈2000, ICC 등의 국제무역규칙들은 시대의 상황에 따라 그 형태를 달리해 오고 있으며 지속적으로 변화를 거듭하고 있다.

역사적으로 평가해 볼 때 제정된 국제무역 규칙들은 강대국의 주도하에 관련된 국제기구 및 단체들에 의해서 제정되어 활용되고 있음을 감안한다면 어떤 기구가 주체가 되던 간에 이와 관련된 논의는 선진국 주도가 될 가능성이 매우 크다고 할 수 있다.

제3절 전자물류 · 통관단계의 문제점

1 조직상

1) 제도적 장치의 미비

국제관세기구(WCO)를 비롯한 국제기구와 국가들이 통관 업무 활성화를 위해 각종 프로그램과 제도를 실시하고 있다. 하지만 우리나라는 이들 제도 도입에 따른 국내 대책이 아직 부족한 편이다.

관세청 내부에서는 세관공무원의 의식과 절차의 개선보다는 컴퓨터에 의해 모든 일을 처리하려는 사고방식, 신고서류 중심의 건별 통관 절차 등이 통관업무가 안고 있는 실질적인 문제점으로 주목되고 있다.

현재의 관세청 조직체계 중 본부세관은 본청으로부터 감사 · 인사 등의 일부 기능을 위임 받아 외형적으로 산하세관을 관리하고 있으나 실제로는 일선세관의 업무와 중복이 되고 있으며 일선세관과 동일한 수준의 정책 집행을 하고 있다.

실질적으로 통관업무가 정보화 되었음에도 불구하고 타 법령 또는 주무부처에서 관세청에 위탁하고 있는 합법적 국제통상의 확인업무를 적절히 수행하지 못하고 있다는 지적들이 나오고 있다.

2) 활용화의 부족

관세청은 최근 통관 단일창구 역할을 수행하기 위한 인프라를 구축함으로써 정부기관을 비롯하여 연구기관 및 수출입업체에서 그 축적된 정보에 대한 수요가 늘어나고 있지만 지금까지는 이러한 정보를 그대로 전달하여 주는 수준의 서비스에 머무르고 있다.

내부적으로는 각 정보시스템이 그 개발 시기가 다르고 추진 부서가 각각 다름으로 인하여 사용 환경을 통합 시켰음에도 불구하고 효율적인 활용을 통한 시너지 효과가 제대로 발휘되지 못하고 있다.[100]

또한 실제 정보 분석이 관세행정 전반에 걸친 전략 정보가 아니고 업무 관련된 운영 정보가 대부분이며 장기간 정보 분석업무를 체계적으로 수행하는 전문 인력이 부족한 편이다. 아울러 위험관리 전담부서가 업무 분담 상 규정되어 있기는 하지만 구체적인 업무 계획이나 종합적인 관리는 부재 상태이기 때문에 정보 분석에 기초한 위험관리체계도 미흡한 편이며 최근 유비쿼터스 환경하의 보안 시스템 적용 경험도 부족하다.

2 운영상

1) 비용의 지불

통관업무의 정보화가 외형적으로 괄목할만한 성장을 이루고 있지만 수입통관에 있어 무서류 통관비율은 95% 수준에 머물러 있는 실정이다.

중소 수출입업자와 관세사들은 통관업무 정보화에 발맞추어 수시로 컴퓨터 구입, 전산 및 EDI 도입으로 인한 직원교육에 많은 비용을 지불하고 있다.

한편 관세행정 서비스를 EDI 시스템에서 인터넷 포털시스템으로 전환할 경우 기존 EDI 시스템 도입을 위하여 설립된 부가가치통신망사업체인 한국무역정보통신의 투자비 회수문제가 발생하게 된다.

2) 외부 위탁운영의 문제

정보시스템을 외부 위탁운영 체제로 전환하는 과정에서 내부 정보인력의 축소에 따른 기반 약화가 지적되며 관세청 내 위탁관리 직원은 아웃소싱 전 분야에서 절대적으로 부족하며 위탁관리업체 직원 보다 신기술의 습득이 낮아 관세청 직원의 역량이 약화될 수 있다.

또한 현행 외부위탁업체와의 1년 단위의 계약방법이 안정적인 고급 서비스 수준을 저해할 수 있으며 수출입통관 자료의 보안관리 업무가 외부위탁업체로 흘러들어 갈 소지도 있다. 나아가 관세청 직원과 위탁업체간 의사소통의 문제가 발생할 수 있으며 이에 따라 위탁관리업체에 대한 기본적 정보 공유 및 교육이 잘 되지 않아 아웃소

100) 김영춘, "세계 최고 품질 관세행정 서비스의 요구", 관세무역정책자료집, 한국관세무역개발원, 제2호, 2006, pp.182~183.

싱 성과를 내는데 치명적일 수 있다.

3 방식상

1) 상호인증 기능의 미비

지식경제부 중심으로 u-Trade 플랫폼(platform)의 구축이 진행 중이며 관세청 중심으로 e-Customs 시스템이 운영되고 있는 상황하에서 가까운 장래에 두 개의 단일창구(single window)가 존재하게 되며 이 때문에 이미 부처 간의 미묘한 입장차가 생겨나고 있다.[101)]

실제로 우리나라 정부가 외국 정부와의 전자서명 상호인정 협정을 체결한 예는 전무하다. 이는 정부의 의지가 부족하다기 보다는 전자거래의 선진국인 미국과 유럽이 정부주도형이 아닌 민간주도형으로 전자거래를 발전시켜 나가고 있으며 인증기관 역시 민간기업인 것에 기인한다고 본다. 이에 대한 부작용의 예로 해외 민간 인증기관으로부터 발급받은 전자서명이 첨부된 전자문서를 수신하게 되면 이를 국내에서 법률적 효력이 있는 전자문서로 볼 수 있는지 하는 문제가 발생할 수 있다.

2) 협조체제의 부족

과거 세관행정은 개별 건 처리중심의 성과와 부서별. 업무처리 풍토로 인하여 부서 간 협업이 약할 뿐만 아니라 세관 외부 전문가의 협력을 구하는 문화도 부족하였다. 시스템에 있어서도 개별 신고건의 단순한 계산은 이제 전산, 정보 및 지식시스템으로 해결할 수 있으나 종합적으로 평가하고 예측하여 위험을 예방할 수 있는 지능시스템은 아직 초보 단계에 있다.[102)]

또한 단위업무별 시스템 개발과 시스템 간 원활한 연계가 부족하고 통관업무 정보화는 관련업계의 협조체제가 아직도 미흡하며 관련기관의 서류들은 복잡하고 중복되는 일이 많아 입출항 절차의 일원화와 간소화를 저해한다.

---

101) 안병수 · 한민정, “한국 전자무역 Single Window의 요건에 관한 연구”, e-비즈니스연구, e-비즈니스학회, 제7권, 제5호, 2006, pp.320~321.

102) 김영춘 “연구기관이 2007년 관세 행정에 대한 제언”, 관세와 무역, 한국관세무역개발원, 제9권 제435호, 2007. 1, p.27.

제4절 전자마케팅 단계의 개선방안

1 정보인프라

인터넷상에서 전자거래를 할 때는 먼저 자사가 무엇을 하고 있으며, 어떤 제품을 취급하고 있는지를 바이어들에게 알려주어야 한다. 홈페이지 홍보에는 검색엔진 등록, 해외 거래알선사이트 등록 등의 간단한 방법에 이르기까지 매우 다양하다.

전자마케팅의 활성화 및 인프라 지원을 위하여 서비스 제공자가 고품질의 차별화 서비스 개발에 전력할 수 있는 시장 환경을 조성해야 한다. 이에 따른 신뢰성 높은 해외시장정보, 바이어정보지원 및 국가의 정보수집 네트워크를 구축하여야 한다.

무역업체에 활용가능성이 높은 해외마케팅 의사결정 정보를 제공함으로써 무역업체의 거래기회 확대 및 효율의 거래관행 정착 그리고 시장 내 서비스 제공자의 품질경쟁을 통한 서비스 질도 개선하여야 한다.

해외 전자마케팅의 체계화를 위하여 전자수출지원 사업을 일원화하고 해외 거래선의 참여를 유도하기 위한 방안을 수립하여 일대일 전자수출지원 서비스를 제공함으로써 수출지원정책의 일관성 확보와 지원제도 효과를 증대 한다.

규모가 큰 프로젝트는 중 · 장기적으로 계획하여 추진하되 급변하는 정보관련 산업의 특성을 고려하여 탄력적으로 시행하는 것이 좋다.

이러한 통합정보망의 구축이 완성되면 정보화시대에 무역업체가 필요한 최신 무역정보를 실시간으로 검색하여 활용 가능함으로서 전자무역의 기틀을 마련할 수 있고 무역유관기관 들이 상호 유기적이고 체계적인 마케팅서비스를 제공함으로서 무역정보의 대표성을 확보할 수 있게 된다.

그렇지만, 현재 전자무역 환경은 무역정보를 공급하는 유관기관별 상호간 연계부족으로 무역업계의 검색비용이 증가하고 있고 정시성, 희소성 등 업계가 실제 무역에 적용할 수 있는 살아있는 정보의 서비스가 매우 부족한 편이다.

문자정보중심의 일방향 정보공급체계가 주류를 이루고 있어 무역인간 커뮤니티 형성을 통한 쌍방향 정보공유체계의 구축이 다양하게 요구된다.

따라서 무역과 관련된 모든 인프라 정보를 데이터베이스화하고 글로벌시대에 적합한 인터넷 웹 방식으로 플랫폼 서비스를 구축하는 통합무역정보망을 구축하여야 한다.

통합정보망의 구축이 완료되면 무역업체가 필요한 최신 무역정보를 실시간으로 검색하여 활용 가능함으로서 전자무역의 기틀을 마련할 수 있고 무역유관기관이 상호 유기적이고 체계적인 정보서비스를 제공함으로서 무역정보의 대표성을 확보할 수 있게 된다.

또한 분산시스템을 기반으로 무역정보 데이터베이스의 통합서비스를 제공함으로써 기관별 독자적 위상의 확립과 동시에 무역업계의 편리를 도모하고, 데이터베이스의 부분적인 구축수준에서 그치지 않고 기관별로 지속적이면서 안전한 업데이트의 책임을 부여함으로써 정보의 품질을 제고할 수 있다.

2 통신기술

전자거래의 활성화를 위하여 자유로운 정보이용 통신요금 지원을 확대하여 저소득층 및 장애인의 유·무선 음성전화와 데이터 통신의 요금감면 폭을 확대하고 초고속 인터넷 서비스에 대한 이용 요금 감면제도를 도입하여야 한다.

또한 소비자들이 다양한 정보를 이용할 수 있는 콘텐츠 및 기술개발도 지원해 나가야 한다. 초고속 통신망의 보편화를 위한 소규모 지역 등 전국 모든 지역에 초고속 정보 통신망을 확대 구축하고 초고속 인터넷 보편적 서비스 제도를 활성화하여 보편적 업무대상에 인터넷 서비스를 포함하여야 한다. 품질 좋은 초고속 인터넷 망 구축은 인터넷 이용자들에 대한 속도 불만을 해소시킴과 동시에 폭넓은 콘텐츠를 빠르고 안전하게 사용하게 됨으로써 신뢰감을 형성 시킬 수 있다.

방송통신위원회는 2009년부터 Giga인터넷[103]을 도입하여 세부계획을 수립한 후 활성화 및 상용화 작업에 박차를 가하고 있고, 2013년에 IPv4 주소가 고갈될 것으로 예상됨에 따라 IPv6로의 전환을 통해 안정적인 인터넷 서비스 제공환경을 조성하게 된다. 이를 위해 주요 ISP 백본망별로 전환계획을 수립하여 추진할 방침이다.[104]

103) 고품질, 대용량화 되어가는 정보를 효율적으로 수용할 수 있는 최소 100Mbps 이상되고 최대 1Gbps급의 인터넷 서비스를 의미한다.

3 전자계약

1) 전자계약의 성립시기

청약과 승낙이 합치함으로서 계약이 성립된다. 시간적으로 볼 때 승낙이 청약보다 나중에 이루어지는 것이 통상의 예이므로 승낙의 효력발생시기가 계약의 성립시기가 되게 된다. 우리나라 개별 법규들은 전자문서의 도달 시기는 그 발신인이 보낸 메시지가 수신인의 컴퓨터 파일에 기록된 때에 그 상대방에게 도달한 것으로 본다고 규정하고 있다.

승낙의 의사표시의 경우도 도달주의를 취한 것으로 볼 수 있다. 국제물품매매계약에 관한 비엔나협약(CISG)에서도 승낙은 도달 시에 계약이 성립한다고 규정하고 있다.[105)]

즉, 물품계약은 일방의 의사표시인 청약에 대하여 상대방의 승낙이 있으면 성립되는 낙성계약이지만 의사표시의 법적효력에 대한 체약국들의 다양한 법제를 참작하여 도달주의를 채택하고 계약의 성립시점을 승낙의 의사표시가 청약자에게 도달한 때로 규정하고 있다. 이 협약에서 도달이라 함은 의사표시가 상대방에게 직접 전달되었거나 상대방의 영업소나 우편용 주소에 전달되었을 때 또는 상대방의 IP주소에 전달되었을 때를 의미한다. 이때의 전달은 반드시 본인의 수령을 의미하는 것은 아니며 의사전달이 있었음을 인정하는 관습에 합당하면 된다.

그러나 이러한 도달주의는 계약의 성립과정에서 발생하는 의사표시에 적용되고 계약의 이행과정 중 발생하는 의사표시는 원칙적으로 발신주의를 적용하고 있다. 또한 UNCITRAL의 모델법에서도 도달주의가 당연함을 전제로 별도로 규정하지 않게 되었다고 한다.

전자계약에 있어 발신주의를 택할 합리성은 적어지게 되므로 법리적인 이론으로는 일반적으로 도달주의에 따르도록 규정함이 타당할 것이다.

---

104) 방송통신위원회, "방송통신위원회 2008년 연차 보고서", 2008, pp.150~151.

105) 제23조 계약은 청약에 대한 승낙이 본 협약의 규정에 따라 효력을 발생하는 순간 성립하며 제18조 2항에서는 청약에 대한 승낙은 그 동의의 의사표사가 청약자에게 도달하는 순간에 그 효력이 발생한다고 규정하고 있다.

2) 전자계약의 성립장소

국제물품매매계약에서는 무역거래 당사자들이 명시적으로 준거법으로 정하는 것이 아님을 밝히지 않는 한 특정국의 법을 준거법으로 선택할 경우 그 나라가 체약국이라면 원칙적으로 이 협약이 준거법의 지위를 갖게 된다. 따라서 체약국은 일반적인 물품매매에 적용되는 국내 계약법과 특별히 국제계약에 적용되는 이 협약 등 두 개의 물품 매매법을 보유한 것이 된다. 이 협약이 적용될 수 있는 국제적 거래는 다음의 요건을 갖추어야 국제성이 인정된다.

첫째, 국제간 물품매매계약이어야 한다.

둘째, 매매당사자의 영업소가 서로 다른 나라의 영역에 있어야 한다.

이에 따른 부속요건은 다음과 같다.

첫째, 매매 해당 나라들이 모두 체약국이어야 한다.

둘째, 국제사업법의 준거법 적용이 어느 한 체약국의 법을 선택하여야 한다.

전자계약에서는 이에 대해서는 통상 승낙의 효력발생지인 승낙의 의사표시의 도달 장소를 계약 성립지로 본다. 전자상거래에 관한 UNCITRAL모델법 제3장 제15조에서는 “당사자 간에 다른 약정이 없으면 작성자의 영업소 소재지에서 송신된 것으로 추정되고 수신인의 영업소 소재지에서 수신된 것”으로 추정하고 있다.

제5절 결제단계의 개선방안

1 정보보안

웹상의 거래정보는 간단하게 도청 또는 해커에게 악용될 위험이 있으므로 인터넷으로 전자거래를 행하는 경우 제3자에게 정보가 누출되지 않도록 각별히 주의하여야 한다. 개인 정보가 누출되어 악용되면 어떠한 손해를 입을지 알 수 없으므로 전자거래는 기밀유지에 가능한 안전한 대책을 강구하여야 한다.

웹에서는 타인인 것처럼 행세하기가 쉽다. 따라서 인터넷으로 전자거래를 행하는 경우는 거래상대방을 확실히 확인할 필요가 있다. 이와 같이 인터넷 전자거래를 행하는 경우에는 안전면에서 대책이 필요하며 안심하고 전자거래가 가능하도록 보안을 확보하여야 한다.

보안을 지키기 위해 행해지는 방법들은 다음과 같다.

첫째, 암호화 방법이다.

정보를 암호화하여 보내면 제3자는 그것을 손에 넣어도 무엇이 쓰여 있는지 알 수 없다. 암호화 제품은 법을 지키는 시민들은 그들의 거래비밀과 개인기록을 보호하기 위해 강력한 암호를 사용할 수 있다. 그러나 그들의 거래비밀이나 개인기록들은 만일 복호키를 분실하면 영원히 잃어버릴 수도 있다. 정보의 가치에 따라 그 손실은 치명적이 될 수 있다. 암호화는 범죄와 테러에 이용되어 그들의 통신을 해독하는 법적 구속력을 약화시킬 수 있다. 키 복구에 근거한 암호화는 이러한 쟁점들을 타파하는데 도움이 된다.

둘째, 인증 방법이다.

인터넷에서는 거래 상대방의 얼굴을 볼 수 없고 전화와 같이 목소리를 들을 수 없다. 유명 기업인양 행세하면서 인터넷 가상공간인 마켓플레이스 상에서 주문을 받아 대금을 가로챌 수 있다. 따라서 거래를 하는 상대가 상호 진위여부를 입증 할 필요가 있는데 이것이 바로 인증이다.

셋째, 기밀성을 들 수 있다.

기밀성이란 거래내용이 제3자에게 노출되지 않도록 하는 것으로 전자적 기록 내용의 노출방지 및 그 제어에 관한 문제이다.

넷째, 무결성이다.

송수신 메시지가 전송도중 변조되지 않았다는 것을 증명하는 기능으로 거래내용의 변조나 승인되지 않은 전자거래의 생성을 방지하기 위한 것이다. 이 무결성은 한 블록의 메시지나 자료에 대하여 암호적으로 생성되는 점검수치 즉 메시지 인증코드를 제공하기 위한 관점에서 메시지의 내용의 완전성을 보증하기 위한 기술적인 구조가 확보 되어야 한다.

다섯째, 부인방지 기능이다.

부인방지 기능은 논리적으로 인증과 무결성이 확보되는 결과 나타나게 되는데 전자거래에 있어서 표의자가 전자적 의사표시를 일단 행했으면 그로 하여금 그 의사표시로 인해 발생하는 각종 법률적 효과를 견지하도록 강제하는 것이다.

결국 표의자는 그가 의사표시를 발하였다는 점과 그 의사표시의 내용이 상대방에 도달한 내용과 다르다는 점을 사후에 임의로 부정할 수 없어야 하는 것을 말한다. 실제로 자료가 송부되었음에도 불구하고 당사자가 그것을 부인하는 사태를 방지하기 위해서는 메시지가 실제로 송수신 된 것을 증명하고 이것을 부인하는 것을 방지하기 위한 기술적인 구조를 확보해야 한다.

2 인증체계

전자거래에서 인증제도의 도입은 필수적이다. 실제로 신용카드 번호를 습득한 사람이 그 신용카드 번호를 가지고 인터넷 쇼핑몰에서 아무런 의심 없이 물건을 구매한 사건이 발생했다면 거래에서 필수적인 상대방의 확인절차가 없기 때문인데 인증제도는 이러한 거래의 사기거래 가능성을 줄여줄 것이다.[106]

이를 위해서는 신뢰 할 수 있는 인증기관의 설립이 필수적이다.

인증기관의 신뢰성을 위한 대안은 다음과 같다.

첫째, 인증기관의 신뢰성에 보다 구체적이고 객관적인 규정이 필요하다.

106) 오현석, "전자무역에서 전자인증제도의 문제점과 개선방안", 한국통상정보학회, 통상정보연구, 제6권 제2호, 2004, p.123.

둘째, 정보누설, 위장, 데이터의 변조 등의 위험에 대응하기 위한 다양한 인증업무와 관련된 보험상품의 개발 등이 대안이다.

인증기관은 인증관리체계를 운영해야 하며 개인정보에 대한 보호도 해야 하기 때문에 이러한 기술력을 갖추고 공신력이 있는 기관을 선정하여야 한다.

따라서 전자서명 및 전자문서에 법적 효력을 부여하고 인증서의 내용, 발급, 효력기간 등 인증서의 세부사항에 대한 표준화작업도 뒤따라야 한다.

전자거래에서는 불특정 다수가 서로 알지 못하는 상황에서 거래를 하게 되므로 어떤 사람이 실제로 존재하는 사람이 아니거나 타인의 명의를 도용하는 사람일 가능성은 현실의 대면관계에 기반을 둔 거래에서 보다 훨씬 높다고 할 수 있다. 전자거래의 특성상 해외의 인터넷 쇼핑몰과의 거래가 빈번할 것이므로 이러한 인증서가 국내뿐만 아니라 해외에서도 인정 될 수 있도록 외국의 인증기관과의 상호인정체계를 확립해야 한다.

기술적인 인증제도 외에도 쇼핑몰 자체의 신뢰도에 대한 인증도 필요하다.

인터넷 쇼핑몰에 대한 평가기준을 제시하고 신뢰성이 높은 업체를 대상으로 하여 인증마크를 붙임으로서 소비자가 안전하게 쇼핑할 수 있는 환경을 조성해야 한다. 해외에서 인증서나 인증마크가 없으면 그만큼 인터넷상에서의 거래는 분명히 줄어든다. 무역카드나 볼레로, SWIFT시스템도 이와 비슷한 인증할 수 있는 제도가 마련되었기 때문에 사기의 위험성을 줄일 수 있는 것이다.

제6절 전자물류 · 통관단계의 개선방안

1 구조의 개선

신속하고 정확한 실시간 의사결정으로 전자통관정보와 전자수출입화물의 일치화가 이루어지기 위해서는 전자통관업무 정보화의 유통기반을 조성하여야 한다.

관세청 정보화전략계획의 하나인 통관업무 전반에서 유비쿼터스 서비스가 가능하도록 통신, 방송, 인터넷 등을 융합하여 송수신할 수 있는 광대역통합망(BcN)을 구축하고 다양한 정보서비스를 위해 유무선 통합통관정보서비스와 수출입화물과 차량관리에 전자인식태그(RFID) 도입을 조속히 추진하여야 한다.

이와 함께 성공적인 통관업무를 위하여 사용자의 업무처리능력을 높이도록 지원하고 개별적인 유비쿼터스 행정을 경험하기 위하여 관세청 조직차원의 지원과 교육이 필요하다.

향후 관세청은 통관단일창구에서 축적된 자료를 가치 있는 정보와 지식으로 가공하여 제공하기 위하여 전문 민간 기업에 위탁 및 적극적인 지원이 필요하다. 이와 더불어 현행 정보시스템에 대한 종합적인 분석평가를 위한 내부 전산감사나 외부 정보시스템 감리를 통하여 개선책을 마련하여야 할 것이다.

나아가 관세행정 정보시스템에 최신정보를 공개하여 오류를 미연에 방지하고 각종 위원회나 협의체에 외부전문가를 참여시켜 공정성을 확보하여야 한다.

일각에서는 수출입통관 정보의 보호 강화를 위해 EDI 통관자동화시스템운영을 공공성이 확보된 기관에 위탁하는 방안도 지적하고 있다. 아울러 통관업무의 혁신을 위해 관세청 전담팀이 외부 전문가와 정보기술을 적극 활용하여야 할 것이다.

2 호환성의 보증

국내적으로 추진 중인 전자정부 과제인 단일창구(single window)와의 중복 투자 및 혼선을 방지하기 위하여 u-Trade 플랫폼이 구축될 경우 관세청통관 시스템과의 상호 연계 운영에 대한 적절한 대비와 합의가 이루어져야 한다.

또한 통관업무의 일원화와 간소화를 위해 관련 서류의 표준화 및 정보화가 필수적이며 무역업계, 관계기관과의 통관정보에 대한 공동화가 요구된다.

국가 간의 여건 차이를 고려하여 통관업무의 개선을 위한 능력배양은 물론 정확한 진단 및 국가별 특성에 맞는 대응책의 개발이 이루어져야 하며 이들의 원활한 추진을 위해서 각국의 정치적 의지와 지속적인 지도력이 필요하다.

특히 동아시아의 통관업무 개선과 협력의 강화를 위해서는 다자간 국제기구에서의 논의결과 얻어진 핵심원칙 들을 적극 수용 및 이행하고 이를 바탕으로 동아시아 국가들에 특정한 관심사항들이 반영된 목표와 우선순위를 설정하여 추진할 필요가 있다.

현실적으로 정부 對 정부의 국제협약에 의한 상호인정을 추진할 것이 아니라 인증기관 대 인증기관으로 이루어진 상호인정을 법률적으로 인정할 수 있도록 법률을 개정하고 이를 통하여 유연하고 신속한 대응이 이루어지는 것이 바람직하다.

통관업무 처리절차의 표준 매뉴얼을 전분야로 확대하여 완결함으로써 국제표준의 품질을 인정받아야 하며 유엔에서 선정하는 우수행정 평가도 받아야 한다. 이를 위하여 업무수행 품질 보증제를 운영함으로써 단위업무의 품질을 향상시키도록 해야 한다.

3 운영효과와 제도의 촉진

신속한 통관 업무 절차를 이행하기 위한 기본적인 기반구조와 함께 건실한 법률 및 집행체계가 마련되어야 한다. 불필요한 절차상의 장벽을 없애기 위해서는 어떤 경우가 합법적인 통제(legitimate controls)에 해당하며 어떤 수준이 최소 필요한(minimum necessary) 정도인가에 대한 보다 명확한 법적 근거가 마련될 필요가 있다.

한편 무역업체가 단일시스템에 정보를 전송하고 관세청과 정부기관들이 신속히 승인 및 전송할 수 있도록 하는 우리나라 실정에 맞는 제도적 장치의 구축도 필요하다. 이를 위해 지원센터와 교육 훈련 서비스를 실행단계 이전에 설정하여 시스템의 애로 사항에 대한 반응조치 수단으로 활용되어야 한다.

효과적인(effective) 운영을 증진시키기 위하여 고객별 특성에 따른 맞춤 서비스 체제를 갖출 있도록 시스템의 장애 발생을 모니터링하고 원격 진단 및 유지 보수할 수 있는 체제를 구축하여야 한다. 이와 함께 효율적인(efficient) 정보조직의 운영을 위해서는 업무국 단위의 정보관리 보다는 국별 정보 공유와 종합적인 관리가 가능한 조직적 연계가 필요하다.

관세청의 지식관리시스템이 단순히 지식창고로서 머물지 않도록 하며 각 업무시스템에서 의사결정이 적정하게 이루어질 수 있도록 각 단위업무시스템과 실시간으로 연계된 데이터베이스 솔루션으로 성숙되어야 한다. 이를 위해 지식관리 전문부서 또는 전문외부기관에 위탁관리가 요구된다.

4 협력체제의 강화

대내적으로는 세관 직원들의 적극적인 참여와 의식이 중요하며 이를 위해 적절한 보상체계 및 업무 환경의 개선, 변화를 수용할 수 있는 폭 넓은 우호적인 환경이 요구된다. 향후 통관 업무를 포함한 세관행정은 고객에 대한 서비스 개선과 관련하여 비즈니스 사업과 같은 성격으로 변화 될 것이므로 효율성 증대를 위한 직무교육이 필요하다. 이와 함께 향후 세관 내부인력이 기술적이고 전문적인 측면에서 부족하기 쉬운 점 은 내부적 협력 체제를 통하여 강화하고 종합적이며 반복적인 측면은 외부 전문가를 활용하는 방안으로 강구되어야 한다.

대외적으로는 수출입업자를 포함한 이해 당사자 간에 협력을 강화하며 실시간 고객맞춤 서비스를 제공하기 위한 협업행정체제를 갖추어야 한다.

관세행정의 선진화 구현을 위해 세계관세기구(WCO)에서 추진 중인 세관신고서식 표준(CDM : Customs Data Model)과 같은 개정교토협약에 의해 제시된 통관제도의 절차 표준화 및 간소화 사업들을 단계적으로 추진하여 도입함으로써 타국과의 협력 체제를 구축하여야 한다. 세계무역기구(WTO), 도하개발어젠더(DDA) 무역원활화 협상의 재개에 대비하여 주요 내용들을 면밀히 재점검하고 제안 내용이 국제규범에 반영되도록 외교통상부, 산업자원부 등 유관기관과의 연대를 강화해 나가야 한다.

제 8 장

전자무역의 결제시스템

제1절 전자결제시스템의 배경

1 일반적인 배경

1) 무역거래 환경의 변화

글로벌 웹 활용의 보편화와 정보화 기술의 급속한 발달로 인해 디지털과 네트워크에 의한 정보공유를 통해 모든 부분들이 빠른 속도로 전자변이가 이루어지고 있는 상황 하에서 무역거래의 환경도 커다란 영향을 미치게 되었으며, 무역의 거래당사자, 거래대상물품, 활동경로, 업무처리방식, 거래당사자 등에도 급격한 변화를 가져오고 있다.

이에 따른 전통적인 개념의 무역거래 방법의 변화를 수반하는 결과물로 진보되어 활용되고 있는 것이 전자무역이라고 할 수 있다. 급속한 변화에 대응하기 위한 국내의 전자무역도 지속적인 발전을 거듭하고 있다.

즉, 기업들이 무역대금결제에서 발생하는 부대비용으로 결제방식과 관련하여 발행은행 또는 추심은행 이외에 수많은 은행이 관련되어 있고, 이 은행들에게 지급할 대가를 의미하는 것으로 일반적으로 수수료를 분담하고 있다.

우리나라는 비교적 빠른 1990년대 초부터 무역부분 자동화에 착수하여 KTNET를 중심으로 하는 무역자동화시스템을 통하여 통관 물류, 상역 및 외환부분의 업무를 자동화해 놓은 상태이며, 무역과 관련된 모든 기관이 네트워크로 연결되어 있다. 현재 전자문서교환(EDI : Electronic Date Interchange) 방식은 널리 활용되고 있고, 국제적인 전자자금이체(EFT : Electronic Fund Transfer)를 위한 SWIFT망의 이용이 이미 국내은행들에게 상용화되어 구축되어 있다.

인터넷(Web)사용이 확산됨에 따라 수출입업체들의 업무가 지역, 공간, 시간적 제약요인이 없어지면서 국제무역거래에 있어서도 더 편리하고 다양한 서비스제공 및 업무적 통합에 따른 단순 EDI문서 중계차원이 아닌 무역, 통관, 물류, 대금결제 등 모든 무역 업무를 지원하는 One-Stop 서비스에 의한 일괄처리를 실행하고 있다.

국제무역거래가 웹으로 옮겨감에 따라 B2B Portal과 이를 이용하는 회원들은 전 거래과정을 On-line상에서 해결하는 방법을 찾는 등 웹에 의해 무역의 범위를 무한대로 확대시키고 있다. 한편 Off-line 업무에 절대적 비중을 차지하고 있는 신용장(L/C), 선화증권(B/L), 상업송장(C/I) 등이 전자화 되고 통관, 물류, 대금결제, 보험 등의 모든 업무가 통합되고 일괄적으로 빠르고 저렴하게 처리되고 있다. 무역거래에서 전자적인 수단에 의한 서류교환과 전자무역의 확대 추진에 따라 기존의 무역거래에서 이용되던 종이서류에 근간을 두는 화환신용장에 의한 거래비중이 자동적으로 줄어들 것으로 예상되며 종이서류 없는(paperless) 거래를 목적으로 하는 전자무역에서의 결제문제를 해결하기 위해서도 새로운 대금결제방식의 도입이 필요하다.

2) e-Marketplace의 글로벌화

e-Marketplace는 수요자와 공급자가 인터넷 기반의 가상공간에 모여 필요한 제품이나 서비스를 사고팔며, 정보도 교환하면서 거래 커뮤니티를 형성할 수 있는 가상시장을 의미한다.

e-Marketplaces로 분류되는 업체나 사이트들을 최초에 무역거래알선을 주 업무로 하였다는 기능적인 면이 강조되어 무역거래알선사이트라고 부르기도 한다.

전자무역 e-마켓플레이스의 대표적 형태인 무역거래알선사이트의 주요 특징은 다음과 같다.

첫째, 대부분 사이트는 오퍼등록 및 검색기능을 기본서비스로 포함시키고 있으며 사이트에 따라 홈페이지 및 카탈로그 작성 등 부가기능을 제공한다. 인터넷을 통해 자사제품의 판매 및 구매오퍼를 등록하거나 거래상대방이 등록한 오퍼정보를 검색할 수 있으며, 또한 홈페이지, 상품 e-카탈로그 작성 및 검색엔진 등록을 통해 자사제품을 홍보한다.

둘째, 대부분 회원제로 운영되고 있고 사이트마다 다양한 가격정책을 실시하고 있다. 오퍼등록 및 검색 등 기본서비스는 무료로 제공하고 있으며 개별 기업이 운영하는 사이트의 경우 무료와 유로정책을 병행하고 있다.

무역거래알선 사이트는 전자무역의 시발점이 되는 거래선 발굴단계를 용이하게 수행해주는 기능을 가지고 있다. 특히 자본이나 규모, 경쟁력 등에서 대기업에 비해 상대적으로 불리한 위치에 있는 중소 무역업체의 입장에서는 무역거래알선 사이트의 효용이 매우 크다고 볼 수 있다.

e-Marketplace에서 물건을 사고 판 후 Internet으로 바로 결제할 수 있는 B2B 결제 시스템이 구축 운영되는 등 계약체결 이후 단계에 해당하는 L/C, 운송서류 업무, 대금결제 등을 On-line상에서 처리할 수 있어 그 동안에 전자결제시스템의 미비로 거래의 어려움을 겪었던 B2B e-Marketplace도 활기를 띌 것으로 보인다. 현재 국내 B2B e-Marketplace들은 국내거래만을 취급하는 경우도 있으나 다수의 e-Marketplace들은 무역관련 시스템과 연개를 통해 국제무역거래까지 함께 수행하는 형태로 발전해 나가면서 물류, 통관, 대금결제, 보험 등 전자무역 인프라 업무를 지원하는 마켓과 마켓(M2M)의 결합하는 다양한 형태가 가능하다.

먼저 국내 마켓들의 경우에는 수직적 e-Marketplace와 수평적 e-Marketplace가 전략적으로 M2M을 추진하고 있다. 또한 B2B와 B2C 등과 같이 서로 이질적인 시장간의 결합도 가능하며, 해외의 e-Marketplace와 국내의 e-Marketplace의 결합도 가능하고, 상호간의 시너지효과를 최대한으로 창출할 수 있는 형태의 M2M을 전개하는 개념의 수평적 e-Marketplace로 확대되고 있다.

한편, 국제적으로도 e-Marketplace간 국제적· 수평적 연개를 통한 시장 확대 및 거래장벽의 제게, 비용의 효율성 확보와 경쟁력 제고를 적극 추진하고 있다. M2M 모텔로 불리는 e-Marketplace간 연계는 수평적· 협력적 연개를 통해 고객에게 On-stop으로 다양한 제품에 대한 거래를 수행할 수 있는 경로를 제공하며, 시장의 수평적 확대를 통해서 각 e-Marketplace는 거래기반 시장의 Critical Mass를 조기에 확보하는 효과를 가져 올 수 있다.

무역거래이 모든 단계는 종이서류가 없는 프로세스에 의해 On-line상에시 이행될 것이며, 대금결제 역시 기존의 신용장방식 등과 같이 Off-line에서 이루어지는 것이 아니라 전자결제를 통해 On-line상에서 처리가 될 것이다.

현재 전자무역거래의 개별적인 프로세스는 대부분 전자화도고 있으나, 전자결제 등 일부 프로세스에서는 단절로 인해서 활성화가 미흡한 상태이다. 따라서 전자무역 활성화를 위해서는 무역거래대금의 전자결제가 가능한 빨리 이루어져야 할 문제라고 할 수 있다.

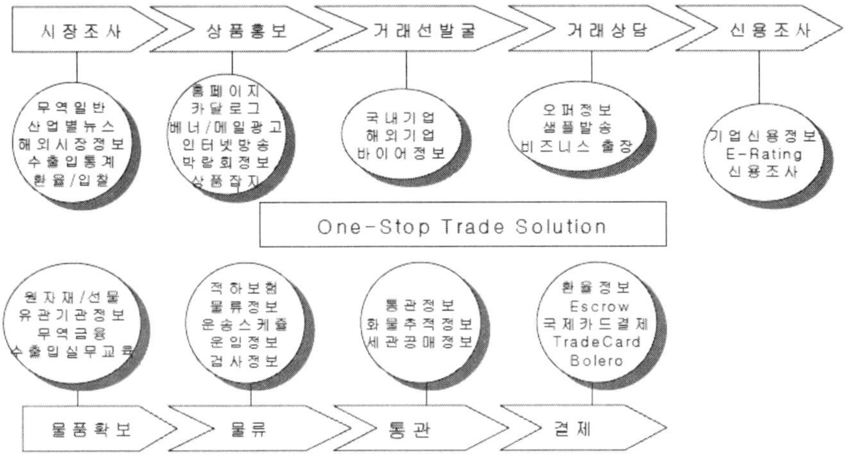

※ 자료 : 심재희, "u-Trade System 환경하에서 전자무역 네트워크 접근에 관한 연구", 국제 e-비즈니스학회, 「e-비즈니스연구」, 제9권 제5호, 2008, p.113.

[그림 8-1] 전자무역포털 사이트의 주요내용

2 대금결제방식의 한계

1) 대금결제방식의 활용 현황

국제무역거래에 있어서 매도인인 수출업자는 대금회수 불능위험을 고려하여 대금지급을 확신이 있기 전에는 운송서류를 인도하지 않을 것이며, 매수인인 수입업자는 계약물품의 인수불능을 고려해서 물품인수 이전 혹은 물품에 대한 권리를 확보하기 전에는 대금지급을 미루려 할 것이다.

즉, 신속한 대금회수를 원하는 매도인과 가능한 물품인수 후에 대금결제를 하려는 매수인간의 이해관계가 대립되어 있다고 할 수 있다.[107)]

만일 거래당사자들의 높은 수준의 거래 안전성을 추구할 경우 대금결제에 따른 비용이 상대적으로 높게 되며, 낮은 수준의 거래 안전성을 추구하면 결제관련 비용이 낮아지고, 더욱 간단한 대금결제방식이 사용된다. 즉, 무역거래대금의 결제형태는 고정되어 있는 것이 아니라 국내외의 무역환경과 정책의 변화에 따라 탄력적으로 변하

---

107) Clive M. Schmitthoff, 「Schmitthoff's Export Trade : The Law and Practice of International Trade」, 10th ed., SEEET & MAXWELL, 2000. p.145.

는 특성을 가지고 있다.

우리나라의 경우 단기간에 수출시장 확대전략을 추진한 결과 선진국과 달리 거래의 안전성 측면에서 가장 확실한 결제수단인 신용장방식을 더 선호해 왔다. 최근에는 다국적 기업의 증가와 국제금융의 활성화로 은행의 기능도 변화됨에 따라 전자무역에 중점을 두고 전자결제방식의 개선이 매우 빠른 속도로 이루어지고 있다.

국제무역거래에서 사용되는 대금결제방식을 살펴보면 [표 8-1]과 같이 신용장결제방식과 전신송금환(T/T), 우편송금(M/T), 사전송금(Advance Payment), 상품인도결제방식(COD) 등과 같은 송금결제방식, 어음인수서류인도조건(D/A)과 어음지급서류인도조건(D/P)과 같이 추심결제방식 등이 주류를 이루어 왔다.

[표 8-1] 전통적 무역대금결제방식

주요 방식	세부 결제방식
신용장결제방식	At Sight(일람불출금식)
	Usance(기한부)
송금결제방식	사전송금(Advance Payment)
	전신환(T/T : Telegraphic Payment)
	우편환(M/T : Mail Transfer)
	상품인도결제방식(COD : Cash on Delivery)
	Open Account
추심결제방식	어음인수서류인도조건(D/A : Documents against Acceptance)
	어음지급서류인도조건(D/P : Documents against Payment)
	수표(Check)
국제팩토링	신용조건부(Open Account Credit Terms) 외상거래(D/A, D/P, O/A방식)만 가능, L/C 등 현금결제방식은 대상안됨

한편 화환신용장은 상대적으로 높은 은행수수료 및 복잡한 서류절차를 수반하고 있으며, 비용 및 절차가 언제나 적정하게 적용되는 것은 아니다.

오랜 기간 동안 거래관계를 유지해 왔거나 또는 일정한 지역에 있는 당사자들은 위험이 존재한다고 하더라도 조금이라도 비용이 저렴하고 거래절차가 쉬운 청산결제(Open Account)나 송금방식을 사용하고 있다.

2000년 이후 우리나라 무역거래결제방법을 분석해보면 아래의 표에서 보는 것과 같이 신용장 방식의 비중은 낮아지고 무신용장방식의 비중이 급격히 높아지는 추세를 알 수 있다. 특히 단순 송금방식의 결제비중이 급격히 상승하고 있다는 것을 알 수 있다.

[표 8-2] 결제형태별 추이

(단위 : US$ 백만, 비중 : %)

결제형태	2000	2006	2007	2008	2009
일람출금L/C	39,600(22.9)	47,378(14.6)	52,789(14.2)	57,890(13.7)	9,540(12.8)
기한부L/C	7,908(4.6)	14,221(4.4)	16,029(4.3)	21,720(5.1)	2,939(3.9)
D/P	5,278(3.1)	4,892(1.5)	4,841(1.5)	4,633(1.1)	611(0.8)
D/A	33,731(19.6)	26,970(8.3)	25,760(6.9)	24,648(5.8)	4,399(5.9)
단순송금(T/T, M/T)	48,330(28.1)	131,201(40.3)	156,804(42.2)	187,982(44.5)	35,140(47.0)
사후 또는 동시송금 (COD, CAD)	25,605(14.9)	51,140(15.7)	56,259(15.1)	58,819(13.9)	9,760(13.0)
분할영수(지급)방식	41(0.0)	1,002(0.3)	1,505(0.4)	1,629(0.0)	494(0.7)
계좌이체(상호계산방식)	2,154(1.3)	121(0.0)	275(0.1)	482(0.0)	103(0.1)
기타 유상 및 무상	4,166(2.4)	31,856(9.9)	34,450(9.3)	36,358(8.6)	6,560(8.8)
위탁(수탁)가공무역	5,455(3.2)	16,685(5.1)	22,782(6.1)	27,847(6.6)	5,143(6.9)
총 계	172,268 (100.0)	325,465 (100.0)	371,489 (100.0)	422,007 (100.0)	74,692 (100.0)

※ 주: ( )내는 총수출에 대한 구성비, 2009년 3월

※ 자료: 한국무역협회 종합무역정보.

수출대금 결제는 2000년 현황을 살펴보면 신용장에 의존도가 50%이상으로 높게 나타나고 있으며, 송금방식과 추심방식은 각각 43%, 22.7%이다. Internet의 급속한 발전으로 무역결제방식에 커다란 변화로 전통적인 신용장 방식은 급속도로 줄어들고 있는 반면 송금방식은 폭발적으로 증가하고 있는 추세이다. 특히 단순 송금방식에 의한 점유율이 2006년을 기준으로 40%이상을 차지하고 있는 것으로 나타나고 있으며, 2010년 이후에는 50%이상 차지할 것으로 예측된다.

[표 8-3] 결제방식별 수입비중 추이

(단위 : US$ 백만, 비중 : %)

결제형태	2000	2006	2007	2008	2009
일람출금L/C	38,526(24.0)	39,216(12.7)	44,213(12.4)	51,567(11.8)	8,196(11.5)
기한부L/C	48,573(30.3)	53,480(17.3)	56,456(15.8)	66,549(15.3)	9,465(13.3)
D/P	5,171(3.2)	4,391(1.4)	4,568(1.3)	5,942(1.4)	1,102(1.5)
D/A	11,126(6.9)	8,736(2.8)	9,074(2.5)	9,050(2.1)	1,593(2.2)
단순송금(T/T, M/T)	38,224(23.8)	143,195(46.3)	175,969(49.3)	225,516(51.8)	39,248(55.1)
사후 또는 동시송금 (COD, CAD)	7,543(4.7)	38,383(12.4)	41,883(11.7)	50,273(11.5)	6,969(9.8)
분할영수(지급)방식	34(0.0)	128(0.0)	133(0.0)	110(0.0)	48(0.1)
계좌이체(상호계산방식)	386(0.2)	299(0.1)	271(0.1)	200(0.0)	35(0.1)
기타 유상 및 무상	7,775(4.8)	15,660(5.1)	16,746(4.7)	17,265(4.0)	2,930(4.1)
위탁(수탁)가공무역	3,117(1.9)	5,891(1.9)	7,532(2.1)	8,802(2.0)	1,571(2.2)
총 계	160,481 (100.0)	309,383 (100.0)	356,846 (100.0)	435,275 (100.0)	71,157 (100.0)

※ 주: ( )내는 총수출에 대한 구성비, 2009년 3월

※ 자료: 한국무역협회 종합무역정보.

신용장 결제방식은 기한부를 포함하여 2000년 총수출의 27.5%를 차지하였던 것이 2006년 19%로 하락하였으며, 2009년 3월 현재 16.7%를 기록하고 있다.

송금방식의 이용 비중은 2000년에 43%를 점유하던 것이 2006년에는 56%로 높아졌고, 2009년 3월 현재 전체 수출대금결제방식에서 60%를 기록하고 있다. 반면 추심방식은 2000년 22.7%를 나타낸 후 지속적으로 감소하여 2009년 3월 현재 6.7%를 나타내고 있는 것이 현실이다.

따라서 Internet의 발달로 수출에 따른 결제방식의 변화가 2000년 이후 전반적으로 신용장 및 추심방식의 의존도가 지속적으로 감소하고 있고, 송금방식이 급격히 증가하고 있다는 것을 알 수 있다.

수입대금결제는 표에서 나타난 것처럼 수출대금결제 대비 전통적인 신용장 결제의 비율이 높게 나타나고 있는 데, 이러한 현상은 우리나라 수출상품 구조적인 측면에서 살펴보면 전자, 반도체, 자동자, 철강 등의 완제품 중심의 선진국 수출이 상대적으로 많은 점유율을 차지하고 있는 반면에 수입은 원유, 철광석 등의 원자재나 중간

재 위주로 구성되어 있고, 교역상대국도 개도국의 비중이 상당히 큰 부분을 차지하고 있기 때문이라고 볼 수 있다.

수입대금결제 방법의 변화도 수출대금결제와 마찬가지로 신용장방식에서 송금방식으로 크게 변화하고 있는 추이라고 볼 수 있다.

즉 신용장방식의 결제비중이 2000년 중 54.3%에서 2006년에는 30%로 상당한 크기로 하락하였으며, 2009년 3월 현재는 24.8%를 차지하고 있다. 한편 송금방식은 200년 중에 28.7%에서 2006년에는 58.7%로 2배 이상의 증가하였고, 2009년 3월 현재64.9%를 나타내고 있어 수입대금결제의 60%가 넘게 송금방식을 활용하고 있다는 것을 알 수 있으며, 과거에 결제대금이 신용장에서 차지하는 비율만큼이나 향후 지속적으로 증가할 것으로 예상된다. 또한 추심방식은 2000년 중에 10.7%를 치지한 이후 이용률이 지속적으로 하락하여 2006년에는 4.2%를 차지하고 2009년 3월 현재 수입물품에 대한 대금결제 비율이 3.7%만이 추심을 활용하고 있는 것으로 조사되었다. 따라서 수입대금결제는 전반적으로 보았을 때 신용장을 활용하고 있다고 볼 수 있으나 수출의 경우와 마찬가지로 신용장방식 및 추심방식의 비중은 급격히 하락하고 송금방식의 결제비중은 큰 폭으로 증가하고 있는 추세라고 할 수 있다.

전체적으로 무역거래대금의 결제방식별 사용현황을 통해 살펴보면, 2009년 3월 자료에 의하면 신용장방식과 추심방식 등 화환결제 시 수출이 23.4%, 수입이 28.5%를 차지하고 있고, 송금방식은 수출이 60%, 수입이 64,9%를 차지하고 있어 송금방식의 증가세가 더욱더 커지고 있다.

따라서 송금방식 및 계좌이체와 같은 대금결제 방식을 전자무역결제로 적용시킬 경우 무역거래대금의 전자결제에서보다 쉽게 활성화 될 수 있을 것이다.

그러나 SWIFT 등을 통해 신용장정보를 전자문서로 송수신하고 무역거래대금을 결제한다고 하더라도 전자결제와 관련된 법 · 제도적인 권리이전, 공인인증, 신뢰성 및 결제시스템에 대한 인식의 부족, 문화· 환경의 차이 등으로 인해 무역거래대금의 전자결제의 활성화가 쉽게 이루어지지 못하고 있는 것이 현실이다.

2) 대금결제방식의 활용상 문제점

전반적으로 대금결제방식의 사용비중에 있어서 신용장결제방식의 중요도는 떨어지고 송금결제방식의 중요도는 급격히 상승하고 있는 이유를 살펴보면, 글로벌화 및 신용사회로의 전진이 무역거래 당사자 간 매매계약체결 시 대금결제방식을 복잡한 신용장 방식보다는 간편한 송금방식을 좋아하고 있기 때문이다.

[표 8-4] 유형별 국제 지급결제시스템 유형

구분	시스템명	개요
거액결제	CLS	국제외환 동시 결제시스템
	TARGET	범유럽 유로화 총액결제시스템
	EURO1	범유럽 유로화 차액결제시스템
소액결제	지급결제카드	신용카드, 직불카드 등
	STEPS	범유럽 유로화 소액결제시스템
	유로지로	유럽 체신은행 제공 소액결제시스템
	FedACH International Service	미국 연방준비은행 제공 소액결제시스템
	WATCH프로젝트	미국 NACHA 구상 소액결제시스템
	웨스턴유니언	국제 송금시스템
	Paypal	이메일 송금 등
관련시스템	SWIFT	국제은행간 메시지 정보통신망
	글로벌 인증시스템	Identrus/VeriSign 등

즉, 송금방식에 의한 상호간에 무역거래대금결제 시 수입업자는 물론 수출업자도 은행을 통한 거래비용과 복잡한 서류처리에 따른 거래시간을 절감할 수 있다.

신용장 사용이 감소하고 있는 이유를 살펴보면, 신용장 서류메입수수료 부담, 서류준비 및 각종 절차의 복잡성 등으로 인해 회피하고 있는 것도 부분적인 요인으로 작용하고 있지만 근본적으로 기업의 본・지사간의 거래나 고정 거래처간에는 주로 D/A, D/P 및 송금방식을 사용하고 있고, 대기업들은 해외 기업과 장부결제(Open Account) 거래방식 등 다양한 거래방식을 활용하고 있기 때문이라고 할 수 있다.

이러한 추세에는 전자무역이 본격화되고 전자자금이체나 지급카드결제방식 및 전자화폐 등의 전자결제 시스템이 개발되면서 더욱 발전될 것으로 예상된다.

제2절 전자결제시스템의 의의

1 전자결제시스템의 개념

무역거래대금 결제의 전자화는 물품이나 서비스의 대가를 전자적 수단을 통해서 지불 및 결제를 하는 것으로 일반적으로 지불은 경제행위에 따른 경제 주체간 채권 및 채무관계에서 지불(Payment)을 하기 위한 행위를 의미하고, 결제(Settlement)는 대금지급의 과정을 의미한다고 할 수 있다.

전자적 방식에 의 무역대금결제는 이러한 행위를 전자적 수단인 전자식 무역결제 시스템 또는 메커니즘을 통하여 결제하는 것을 의미한다.

최근 지불수단 및 결제가 전자화됨으로서 지불과 결제를 엄밀하게 구분하기가 어렵기 때문에 이를 전체적으로 결제시스템이라는 용어를 사용하고 있다.[108)]

전자결제시스템(Electronic Payment System)은 운영네트워크, 전자결제수단 그리고 이와 관련된 전체적인 제도적 장치를 총칭하는 개념이라 할 수 있으며, 보편적인 결제과정에는 참여기관, 지급수단 그리고 은행의 상호간에 결제시스템이 관련되게 된다. 또한 당사자 서로간의 비대면 거래를 특징으로 하는 전자결제시스템에서는 정보의 보안문제가 중요하가 때문에 보안과 암호 등 전자인증과과 관련된 기관의 협력을 통한 안전하고 효율적인 결제시스템의 개발과 정착이 중요한 과제가 된다.

무역거래대금 결제의 전자화는 1990년 국제해사위원회(CMI: Committee Maritime International) 가 규정한 전자식 선화증권에 관한 CMI규칙(CMI Rules for Electronic Bills of Lading)을 통해서 구체화되었으나, 화환신용장 거래상의 문제점으로 인하여 UCP 500에서는 전자식 선화증권을 수용하지 않았다.

1996년 UNCITRAL(United Nations Commission on International Trade Law)의 전자상거래 모델법(UNCITRAL Model Law on Electronic commerce)이 제정되는 등 전 세계적으로 전자무역에 대한 법적 환경이 정비되고 암호와 기법도 발전함에 따라 운송서류 체계를 전자화하여는 움직임이 태동하였으며, 이러한 환경 하에서 나타난

108) 한국은행, "우리나라의 지급결제제도", (http://www.bok.or.kr), 2005.

것이 BOLERO, TradeCard, SWIFT 등의 전자결제 방식이 나오게 되었다. 이러한 무역결제시스템의 전자화 유형은 다음과 같이 몇 가지로 구분하여 볼 수 있다.

[표 8-5] 전자무역 관련 용어의 비교

구분	거래단계	사용정보기술	시장	거래 주체
Internet Trade	국제간무역거래단계 (시장조사 → 수출계약이행)	Internet(web, E-mail, Usenet 등)	가상공간	국내외 기업 개인
Cyber Trade	상동	Internet, EDI, VAN 등 모든 정보기술	상동	상동
e-Trade	무역거래 및 국내외 마케팅 전반	정보처리 장치와 정보통신망	상동	경제주체
전자상거래	상동	Internet, EDI,VAN, CALS등 정보기술	가상공간 (홈페이지)	상동

첫째, 신용장을 기본으로 한 EDI를 이용한 무역거래대금의 전자결제시스템을 들 수 있다. 선화증권을 포함한 무역서류 전체를 전자화한 BOLERO는 신용장을 기반으로 하여 신용장 거래를 발전시킨 형태의 새로운 시스템이라고 할 수 있다.

둘째, 전통적 결제수단인 신용장 방식을 배제한 거래대금의 전자결제시스템을 들 수 있다. TraderCard는 가장 안전하고 효율적인 수단이 되어야 할 신용장제도 의외로 적지 않은 결함을 지니고 있음에 주목하여 결함을 제거할 새로운 결제 방식이 필요하다는 내용과 함께 저렴한 지급결제솔루션[109] 개발에 목표를 두고 수출입업자 및 무역관련 서비스업체 등을 통합하여 서류 없는 자동화된 무역거래를 할 수 있도록 하고 있다.

셋째, SWIFT의 e-paymentPlus, KTNET과 외환은행이 제휴하여 무역, 통관, 물류업체의 거래 단계별로 발생되는 여러 가지 수수료와 관세 및 대금의 지급결제를 위하여 만든 국내 Internet 결제시스템인 e-TardBank 등은 최근에 주목 받고 있는 시스템이다.[110]

109) 솔루션(Solution)이란 용어는 Computer 분야에 사용될 때에는 요구에 적합하면서 특정한 형태의 Computer Software package나 응용프로그램과 연계된 문제들을 처리해 주는 Hardware 또는 Software를 의미한다.

110) 안재진,"무역거래대금의 전자결제 활성화 요인에 관한 실증연구", 건국대학교대학원 박

우리나라 대외무역법에서는 e-Trade을 전부 또는 일부가 Computer 등 정보처리 능력을 가진 장치와 정보통신망을 이용하여 이루어지는 거래를 말한다고 정의하고 있다.[111] 따라서 Internet을 통해서 거래가 완료되는 모든 Digital 제품도 포함된다고 볼 수 있다. 그러므로 전자무역은 국내외거래와 밀접한 관계를 가지고 있으므로 원자재, 부품, 유통, 반제품, 완제품 조달, 생산관련 정보가 수출로 이어지는 전 과정을 원활하게 연계되어 관련 자료가 공유되고 상호간에 연결성을 유기적으로 제공하는 것이 필요하다.

2 전자결제시스템의 요건

1) 선행연구

전자무역 결제시스템의 요건은 국제간에 일어나는 무역거래에 대한 결제가 전자적 환경에서 이루어지므로 국내거래와는 다른 양상을 보이는 있는데, 특히 결제금액이 매우 크기 때문에 안전하게 물품대금을 지급하고 받기위한 중재자로 은행이 관련되기도 한다.

전자무역이 활성화되기 위한 선결요건으로서 가장 중요한 것이 바로 안전하게 거래대금을 결제할 수 있는 전자결제 메커니즘이다. 매도인과 매수인간에는 매매계약을 체결할 때 물품과 대금에 관한 합의를 하게 되며, 이러한 결과의 산물이 바로 대금결제방식이라고 할 수 있다.

종이서류 기반하의 대금결제방식은 신용장방식과 무신용장방식인 송금 또는 추심결제방식 등을 중심으로 결제가 이루어졌으나, 최근에는 종이서류 없는 거래환경 및 시간과 공간의 제약이 없는 전자무역의 활성화로 전자결제방식의 도입과 활용이 전자무역을 원활하게 할 수 있는 중요한 부분으로 인식되고 있다. 선행연구를 살펴보면, Sokol(1989), Hwang(1991), McGowon(1994), 이재원(2001)의 연구에서는 전자무역성과에 대하여 인건비절감, 문서 및 비용거래의 절감, 재고관리비용의 절감, 정보취득 비용의 절감, 결재기간 단축 등과 같은 직접이익과 업무생산성향상, 시장변화

사학위논문, 2005, p.22.

111) 대외무역법 제2조 6호.

에 대한 신속한 대응, 거래 당사자간 관계증진, 대 고객서비스 향상, 진입장벽 구축 등과 같은 간접이익을 제시하다.

Dearing(1990)의 연구에서는 전자무역성과에 대하여 영업 및 상품의 흐름 추적, 청구지불주기의 단축, 주문처리 시간의 단축, 데이터오류의 감소, 자금관리 개선, 서류비용의 감소, 기업간 데이터베이스 공유와 같은 단기적인 이익과 소비자와 공급자 요구의 정확한 파악, 대고객 서비스 개선을 통한 기업의 경쟁력 강화, 업무의 효율적 개선 등의 장기적 이익을 제시하였다.

안병수(2000)의 연구에서는 Bolero란 선하증권의 전자적 등록기구로 무역거래 전반에 사용되는 종이서류를 전자화하여 안전하게 교환하도록 표준전자문서를 사용하고 있다. 선화증권(B/L) 거래 처리를 지원하는 시스템으로 인터넷을 통해 수출업자와 수입업자 간의 전자무역 서류의 교환을 자동화시켜 관리하는 시스템이다.

Trade Card란 신용카드 개념의 인터넷 무역거래 서비스로서 신용장 중심의 무역거래방식을 사용하지 않았다. 글로벌 전자상거래 시 무역대금결제를 인터넷에서 서류의 일치성 여부를 자동점검한 후 대금지급을 한다. 이 시스템은 수출업자뿐만 아니라 금융기관, 보험회사, 화물운송업체 등 다양한 무역 서비스 관련자들을 통합하여 포괄하는 시스템이라고 제시하였다.

오원석, 안병석(2003)의 연구에서는 Identrus는 은행이 중심이 되어 국제공인 인증기관과 유사한 전자인증서비스를 한다. 인증서 발급 및 확인 서비스와 인증서 발급 은행이 인증서 보유회사를 보증하는 서비스도 수행한다. Eleanor는 전자무역에서 불특정 당사자의 거래 가능성이 많아 신원과 신요에 대한 신뢰 문제가 더욱 많이 발생하는데 이를 보완하는 대금결제시스템이다. Elcanor 결제시스템은 협상 주문에서 대금결제에 이르는 일련에 업무가 단절 없이 연속 처리된다고 제시하였다.

김학민(2005)의 연구에서는 무역정보화의 도입의 필요성, 무역정보화 전략계획 수립, 무역업무 프로세스 개선 계획수립, 최고경영진의 정보화 추진/지원, 시장조사, 무역계약, 무역상역, 외환, 물류, 통관, 무역결제/인증에서의 정보기술 활용도와 같은 프로세스별 무역정보화를 제시하였다.

김용재(2008)의 연구에서는 전자무역플랫폼(u-Trade Platform)이란 무역절차 전반을 인터넷에서 일괄 처리할 수 있는 무역단일창구(Single Window)와 체계로서 물리적인 단일 시스템이 구축이 아니라 각 기관들이 보유한 개별 플랫폼 또는 시스템들을 기능적· 기술적으로 연동하는 연계 플랫폼을 의미한다. 전자무역플랫폼(u-Trade

Platform)은 무역단일창구(Single Window)와 동등한 개념으로 우리나라의 무역절차를 위한 무역단일창구로서 인터넷상에서 구현된다고 제시하였다. 선행연구를 바탕으로 전자무역 결제시스템에 대한 내용을 다각적으로 살펴보고, 더욱더 발전된 무역결제시스템의 연구 모델을 제시할 수 있는 방법을 모색해 보고자 한다.

2) 전자결제시스템의 요건

전자결제는 기본적으로 전자무역 환경에 부합되는 정보보안 등 신뢰성과 기술적인 요건이 선결되어야 하며, 특히 무역거래에서 국제전자결제시스템은 전자문서의 활용 및 유동성 문제와 밀접한 관련성을 갖기 때문에 이러한 문제가 선결되지 않고서는 국제전자무역은 활성화 될 수 없다.

전자문서의 보안문제는 기밀성, 무결성, 인증 및 부인방지 등의 사항이 필요하며, 이는 암호화 방법만으로 해결할 수 없으므로 전자서명과 본인여부를 재확인하는 전자인증이 수반되어야 한다.

전자서명은 서명한 메시지의 송신자 인증 및 서명된 문서의 무결성을 입증할 수 있기 때문에 익명성에 대응하는 효과적인 기술수준이라고 할 수 있다.

비록 전자서명을 통해 문서의 형식요건을 갖추었어도 신뢰성을 부여하기 위해서는 전자인증이 필요하다. 전자무역에서의 거래당사자는 비대면 거래에 의해 계약을 체결하므로 전자서명 사용자의 신원을 확인하는 것이 중요하기 때문에 이에 대한 인증이 필요하다.

오늘날 전자무역거래의 확산에 따른 국가간 상호인증의 문제가 크게 부각되고 있고 웹 등을 이용한 국제거래에 있어서 외국의 인증기관이 발급한 인증서를 국내에서도 인증할 수 있는지 또는 국내 인증절차를 다시 획득하여야 하는지가 문제가 되므로 무역거래를 원활하게 이루어지기 위해서는 전자결제에 따른 다음과 같은 요건을 갖추어야 한다.

(1) 진정성(Authenticity)

정보보안 기술상의 의사표시의 진정성이 있어야 한다. 즉 의사표시 당사자의 신분을 확인하는 절차인 동시에 전자상거래에서 의사능력과 행위능력이 있는 합법적인 당사자인지를 확정하는 것으로 진정성은 매우 중요하다. 즉, 전자무역거래에 있어서 진정서 문제가 자주 일어나고 있는 것이 현실이다.

전자무역거래에서 결제는 원거리간의 거래일뿐만 아니라 또한 인적교류가 전혀 없는 것이 대부분이고, 제3자가 타인의 서명을 도용하여 전자적 기록상의 의사표시자로 행동하여도 이를 확인하기 어렵기 때문에 그 의사표시의 외형상 표의자로 명시된 사람에 의해서 실지로 그 의사표시에 의한 진위의 여부를 확인절차가 꼭 필요하다고 볼 수 있다.

이러한 진정성 문제는 전자무역거래의 결제에 있어서 의사능력 혹은 행위능력이 있는 책임자에 의해서 진정한 의사표시가 이루어졌는지 확인하기 위한 중요한 측면도 가지고 있다.

(2) 무결성(Integrity)

무결성은 의사표시의 내용이 하자 없이 상대방에게 도착하였는지를 확인하는 것이다. 서로 간에 이루어진 송수신메시지가 전송도중에 변경되지 않았음을 입증해 주는 기능이다.

위의 진전성의 의사표시를 담고 있는 전자적 기록의 위조나 도용의 문제라고 한다면 무결성은 전자적 기록의 변조문제라고 생각할 수 있다.

전자거래에 있어서는 누구라도 손쉽게 타인이 작성한 전자적 기록에 접근하여 수정할 가능성이 항상 존재하고 있어서 일반적으로 종이문서와 달리 수정여부를 객관적으로 확인할 방법이 사실상 없으므로 전자적 의사표시에 있어서 무결성의 보장이 매우 중요한 문제 중에 하나로 인식하고 있다.

(3) 부인방지(Non-repudiation)

전자식 의사표시 자가 상대방에게 그러한 의사표시를 하지 않았다고 거짓을 할 수 없도록 기록을 보존하는 기능이 있어야 한다.

거짓방지의 효과는 논리적으로 진정성과 무결성의 문제가 행위자의 입장에서 보았다면, 거짓방지는 의사표시의 상대방의 입장에서 바라본 것으로 이들은 서로 다른 관계에 있다고 할 수 있다

(4) 기밀성(Confidentiality)

전자식 의사표시에서 그 내용이 외부에 노출되지 않도록 거래당사자의 상거래 비밀이 보장될 수 있어야 한다.

이와 같은 환경에서의 선결요건들은 정보보안과 전자인증 및 국제표준에 의해서

해결되어야 할 문제이다. 즉, 국제무역결제에 사용되는 대금지급 수단으로 작용하는 매우 중요한 정보의 취급 등에 있어서 기밀성 보장은 매우 중대한 문제라고 할 수 있다.

이외에도 취급상의 신속성 및 서류의 전달, 종이서류 방식을 대처하기 위한 시스템구축비용과 거래처리비용의 경제성, 기존결제시스템 및 거래관행과의 호환성 그리고 사용자 등이 있다.

무역거래대금의 전자결제 활성화를 위한 선결요건을 정리하면 [표 8-6]에서 보는 바와 같다.

[표 8-6] 무역거래대금 결제의 전자화 선결요건

요 건	내 용
법적 안전성	• 시스템 보안, 거래의 내용 및 프라이버시 노출방지 • 전자심사에 의한 신용장과 서류의 일치성 판단 • 송수신 메시지의 위조 및 변조 방지
유동성 확보	• 무역서류의 전자화 및 표준화 • 선화증권 등 유가증권의 물권적 효력 및 국제적인 유동성 확보
신뢰 및 상호인증	• 수출업자와 수입업자 등 관계당사자의 신뢰도, 거래상대방의 신분 확인기능, 송신자와 수신자가 합법적인 사용자임을 증명 • 신뢰할 수 있는 대금지급 보증기능 • 전자무역거래의 국제적인 상호연동 및 상호인증
거래관행유지	• 현행 결제방식의 프로세스 및 거래관습과의 조화 • 국가, 대상품목, 거래규모에 상관없는 이용 가능성
비용 및 편의성	• 서류전달 및 취급상 비용 및 지연문제 해결 • 관련 당사자들의 이해관계에 따른 상업성확보 • 전자결제시스템을 이용하는 사용자의 취급 편의성
명확한 책임소재	• 전자화폐 및 전자문서의 분실, 위조, 변조, 부정사용 등으로 인한 사용자 및 서비스 제공자의 책임소재, 피해보상 등 구제책 마련

※ 자료 : 강원진, "전자무역거래 활성화를 위한 전자결제시스템의 요건과 과제", 한국국제상학회, 「국제상학」제17권 제3호, 2002, pp.113-121. 한국전자거래진흥원, "B2B무역결제 워킹그룹", 2002, p.19.

제 9 장

전자결제의 문제점과 활용방안

제1절 전자결제의 특징

전자결제는 국제간의 가치이전을 신속하고, 효율적으로 이행하는데 있어서 거래관계자들의 추가비용 및 위험을 최소화시킴으로써 전자무역을 활성화 시키는데 있다. 국제상관습의 특수성과 무역거래 관행의 한계를 뛰어넘기 위해 가장 중요한 것은 시스템의 안전성과 신뢰성이다.

전자결제가 신속하고 효율적이고 또한 저념한 비용으로 운영하는 것도 중요하지만 우선적으로 안전성과 신뢰성이 있어야 한다. 만일 전자결제시스템의 프로그램 장애나 기술적 결함 등으로 결제 미 이행이나 오류가 발생할 경우 금융거래를 위축시키고 금융시장의 총체적인 유동성과 신뢰성을 손상 시킬 수 있기 때문에 전자결제시스템은 이러한 기본적인 조건을 만족시키기 위한 지속적인 노력이 있어야 한다.

1 SWIFT System

1) 의의

SWIFT(Society for Worldwide Interbank Financial Telecommunication)는 주로 신용장 발행 및 통지방법으로 주로 사용되고 있다.

국제산의 대금결제 등에 관한 세계은행늘이 컴퓨터와 전용회선을 연결하는 국제금융 및 외환거래를 신속, 안전, 정확하게 처리하기 위한 목적으로 1973년 벨기에법(Beleigum Law)에 의하여 설립된 비영리 단체로서 전 세계적인 은행들의 지분으로 조직되었으며 189개국 6700여개의 금융기관과 결제메시지 서비스(Core Messaging Platform 제공과 운영, Title Registry의 운영)를 제공하는 글로벌 Network 연합체이다.

SWIFT System은 은행간에 통신상의 효율성을 제고시킬 수 있으며 기존의 우편, FAX, 텔렉스보다 편리하고 신뢰성이 높고 비용이 저렴하기 때문에 이용률이 증가하고 있으며, SWIFT System을 보다 쉽게 활용할 수 있도록 메시지 형태에 기초를 두고 있기 때문이다.

SWIFT 통신망의 구조는 중앙통제소(SCP: System Control Processor)와 부 통제소(SP: Slice Processor), 지역통제소(RP: Regional Processor) 그리고 SWIFT 접속점 또는 중계소(SAP: SWIFT Access Point)로 나누어 운영되고 있다. SWIFT는 네덜란드와 미국에 중앙통제소 4곳을 설치 운영되어 있다.

중앙통제소는 SWIFT System에의 접속 및 사용, 시스템 활동상황에 대한 감시와 조정 역할을 하고, 부 통제소는 중앙통제소와 연결되어 있으며, 전송된 메시지의 흐름을 원활하게 업무를 수행할 수 있도록 조정하고 있다.

메시지 내용과 일정을 지역처리센터에 통지하여 메시지를 작성한 후 이용자측이 정정을 요구할 경우 이에 응대할 수 있는 기능을 가지고 있다.

주요국에 설치된 지역통제소는 이용자와 부 통제소간의 메시지 전달을 제어하고 조정하며 표준메시지 양식의 사용여부 등을 점검하고 메시지 확인을 행하며 이용자가 전송한 메시지를 단기간 저장하고 있다.

SWIFT 접속점 또는 중계소는 개별 이용자가 SWIFT와 최초로 연결되는 접속점으로 송수신 되는 메시지를 집중시켜 중계하는 역할을 담당하고 있다. 우리나라는 1986년 금융결제원에 SWIFT 사무국이 설치되어 중계소로 운영되고 있으며 지역통제소와의 연결은 데이콤의 전용회선을 이용하고 있다.

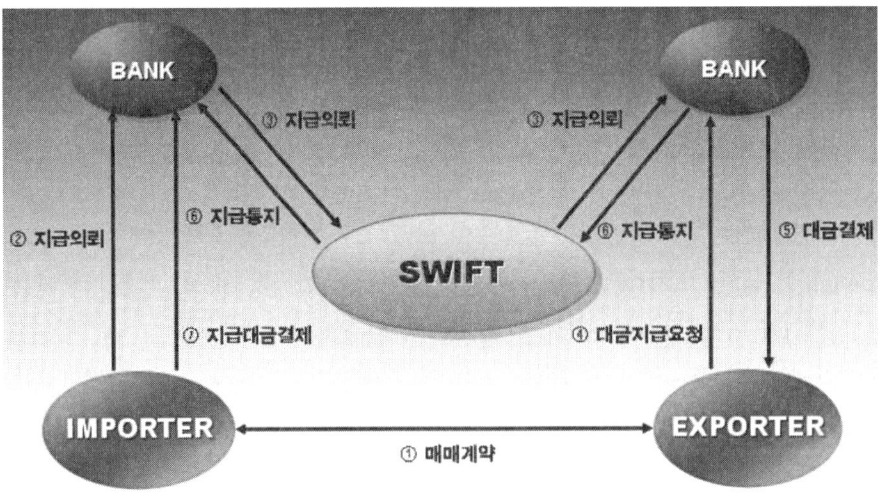

※ 자료 : http://www.swift.com

[그림 9-1] SWIFT의 결제시스템 구조

한편 자동화 처리를 목적으로 금융기관을 코드화하여 SWIFT가 국제표준화기구에서 명시한 은행인식코드(BIC: Bank Identification Code)를 바탕으로 회원 및 참가자들에게 고유번호를 부여하고 있다.

현재 대부분의 신용장은 SWIFT 방식에 의한 전송신용장을 출력하여 사용하고 있다. SWIFT의 Network를 이용하게 되면 외국환은행간 외화자금매매 해외거래은행의 계정잔액 및 대차내력을 쉽게 확인할 수 있으며 우편, 전신, 수표송금 등의 송금 및 추심업무와 신용장발행, 환어음통지 등 은행간 국제무역결제가 가능하다.

2) 특징

국제은행간 전산망으로서 SWIFT는 결제, 재무, 담보 및 무역에서 시장기반뿐만 아니라 은행의 중계인 및 경영자에게 메시지 서비스를 제공하고 있다. 특히 무역거래에서 신용장 등에 활용되고 있는 SWIFT는 일정한 메시지 형태에 근거하여 통지하고 있으나 발행 시기에 관한 명확한 규정은 없다. 전자적 통신의 일반적 관점에서 전송 신용장의 발행시점은 다양한 시점으로 추정할 수 있다.

첫째는 SWIFT 메시지가 SWIFT 접근지점으로 보낼 때,

둘째는 메시지가 수신은행에 의하여 인식될 때,

셋째는 수신은행이 요구되거나 지시된 행동을 수령할 때로 볼 수 있다.

또한 메시지가 실제로 수령인의 Computer에 도착할 때. 수령인이 메시지의 존재를 인정할 때, 또는 수익자가 메시지를 수령할 때 등의 다른 발행시점들도 생각해 볼 수 있다.

그러나 은행간 금융데이터 통신시스템으로 신용장 거래에 참여하는 발행의뢰인이나 수익자 또는 운송인이나 보험자, 제3자간에 연결시스템이 구축되어 잇지 않다.

SWIFT System에 에 의한 신용장거래는 On-line상태에서 수익자 등 이해관계당사자 간에 전자적 제시와 지급이행을 할 수 있는 완전한 전자결제시스템으로 역할을 수행하는 데는 한계가 있다.

SWIFT에서 대금결제는 SWIFT Net이 제공하는 글로벌 B2B 대금결제 솔루션으로서 e-payment Plus가 맡고 있으며, e-payment Plus는 전자무역의 대금결제와 관련된 업무처리를 은행과 연동하여 자동 처리되고 있는 점을 특징으로 하고 있으며, 글로벌 B2B 전자상거래에서 On-line 결제를 담보하기 위한 글로벌 솔루션이다.

SWIFT의 개방형모델인 SWIFT Net 결제시스템인 e-payment Plus와 국제 전자인증업체인 Identrus의 결제기반 메시지 시스템인 Eleanor가 각국의 은행간에 구축하여 활용하고 있다.

SWIFT는 자금이체(Fund Transfer)와는 달리 금융메시지 전송을 위한 유일한 수단으로 SWIFT System은 어음교환(Clearing house)와 같은 역할은 수행하지 아니하지만 현재 은행간 신용장의 발행 및 통지, 전송 등의 신용장거래상의 중심적인 기능을 수행하고 있다. 국제간 신용장 발행 및 통지는 SWIFT System을 이용하는 것이 보편화되었다.

우리나라는 1992년부터 SWIFT System을 이용하여 대부분의 외국환은행들은 전송방식에 의한 신용장 통지업무를 수행하고 있다. 2007년 11월 SWIFT가 한국무역협회와 외환은행이 양해각서(MOU)를 체결하고 전자무역서비스의 확산에 대비하여 글로벌 전자무역결제 통합모델을 개발하기로 합의된 것도 이러한 이유에서된 것이다.

SWIFT의 이러한 변화는 사용자그룹(user group)인 은행뿐만 아니라 여타 금융기관과 일반기업까지 확대함으로써 국제결제 Network로서의 주도권을 확보함으로써 전자무역 거래와 관련된 다양한 사업을 벌이기 위한 전략으로 풀이된다. 따라서 국내 은행들도 SWIFT의 이러한 전략적인 변화가 국내 시장에 미치는 영향을 분석하고 적절한 대응책을 마련해야 할 것이다. 또한 전자신용장의 발행과 통지, 전자문서와 전자기록의 제시하고 대금은 전자자금이체 형식을 원용하여 On-line결제가 가능한 명실상부한 전자신용장으로 발전시켜나가야 할 문제를 안고 있다.

2 BOLERO System

1) 의의

볼레로(Bolero: Bill of Landing Electronic Registry Organization)는 선하증권과 화환신용장 등의 사용을 전제로 하여 무역관계 당사자들이 모든 무역서류를 전자화하고자 하는 시스템이다.

볼레로 시스템은 전자적인 수단을 통하여 무역거래를 활성화하기 위한 기술적이고 법적인 기반으로 메시지를 이전하고 정보를 안전하게 저장하는 전자정보기술을 의미한다. 즉, 메시지 및 서류의 통신과 비즈니스 거래를 활성화하기 위하여 볼레로 인터내셔널에 의하여 제공되는 디지털 정보시스템과 비즈니스의 과정 및 방법이다. 볼레로 프로젝트는 유럽에서 무역거래에 관계된 절차의 전자화를 추진할 것을 목적으로 1994년에서 1995년에 걸쳐 실시된 실험프로젝트가 그 효시로 본 실험 프로젝트는 1995년 9월 성공리에 종료되고 프로젝트의 유효성이 확인되었다는 내용의 최종보고서가 작성되었다.

무역서류 전자화가 가능하고 의의를 갖게 되었다는 상기 실험결과에 근거하여 국제적인 금융 네트워크인 SWIFT 및 국제적인 선박회사나 운송회사, 항만당국이 구성한 상호보험단체인 TT Club(Through Transport Club)의 두 기관이 추진단체가 되어 1997년 3월 양 기관의 이사회에서 사업화를 위한 검토 작업을 하는 것이 정식으로 결정되었다.

동년 5월 이후 실용화를 위한 검토 작업이 개시되었다. 검토 작업은 당초 양 기관의 스텝으로 구성되는 사무국(Project Team)에 의해 추진되었지만 1998년 6월에 SWIFT와 TT Club 양 기관이 출자하는 조인트 벤처로서 볼레로운영회사가 설립되

[그림 9-2] Bolero System의 등록과정

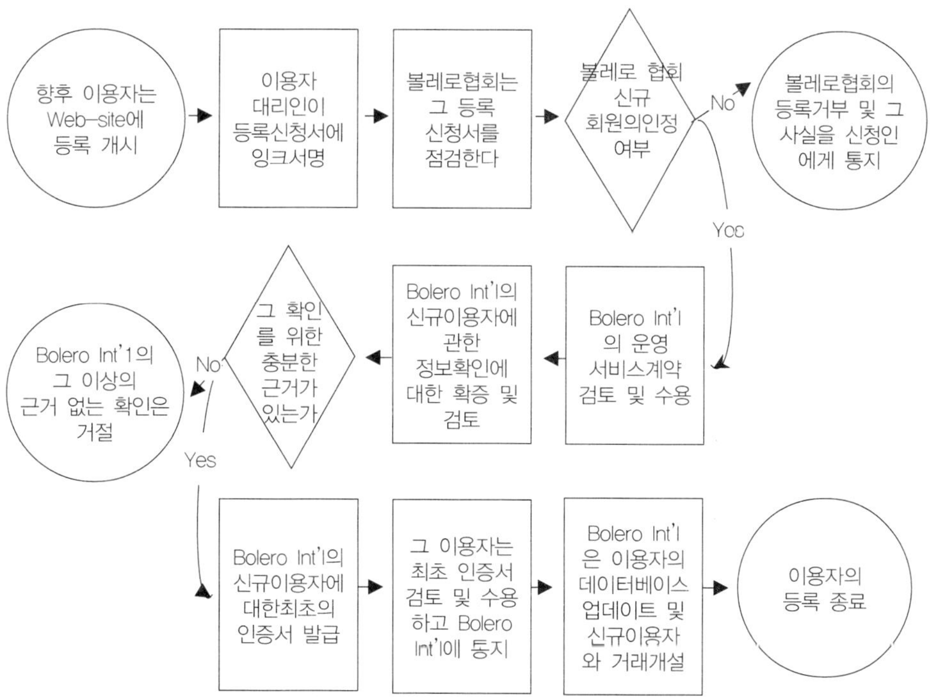

어 사업화를 위한 활동이 본격적으로 전개되었다. 1998년 12월에 볼레로국제회사로 개칭되어 현재에 이르고 있다.

Bolero는 SURF(Settlement Utility for managing Risk and Finance)라는 새로운 결제솔루션을 개발한 후 글로벌적 상용화에 노력을 하고 있다.

국내의 경우 삼성전자의 43개지사와 31개 해운사와의 메시징 서비스가 Bolero에 의해 인증된 Software에 의해 이루어지고 있으며, Japan Tobacco, Toyo Ink, Peugeot, Diageo 등의 국제적인 대기업들이 Bolero 서비스를 채택하고 있다. Bolero는 전자메시지의 안전한 송수신을 할 수 있는 이른바 "메시지 플랫폼"으로서의 기능을 수행하는 것으로 스스로의 역할을 하고 있다.

국내에서는 한국무역정보통신(KTNET: Korea Trade Network)과의 제휴를 통해 본격적인 국내 진출을 추진하고 있다.

2) 특징

볼레로시스템은 2개의 분리된 조직을 갖고 있다. 즉, Bolero International Ltd(BIL)과 Bolero Association Ltd(BAL)이다. BIL은 볼레로시스템의 운영을 맡고 있으며, CMI규칙에서 운송인이 수행하던 개인키의 발행과 취소 및 권리자의 확인업무를 중앙등록시스템을 통하여 수행하며, BAL은 볼레로시스템의 모든 사용자들로 구성된 조직으로 이 조직에 속한 각자는 BIL과 "운영서비스계약(Operational Service Contract)"을 체결한다.

볼레로시스템 서비스의 특징은 글로벌한 무역문서의 전달과 전자무역 서류처리에 있어서 공동의 접근방식을 창출하기 위해 그 서비스 제공과 운영방식에서 여러 독특한 면이 있는데 이를 살펴보면 다음과 같다.

첫째, 중립적 특성으로 SWIFT와 TT Club이 중심이 되어 출자한 Bolero International사는 중앙등록기관으로서 볼레로 사용자, 볼레로협회, 볼레로 등록기관에게 자기 자신 혹은 외부자원을 통해 상업적· 기술적 운영서비스를 제공하고 있다. 이 중앙등록기관은 중립적인 특성을 지니고 기능별로 조직을 분리함으로써 정보흐름의 독점에 따른 폐해를 예방하고 있다.

둘째, RSA방식의 디지털 서명, IC CARD 활용을 들 수 있는데 이는 메시지의 안전성 보장에 있어서는 현재까지 가장 안전한 방법으로 알려져 있는 RSA방식의 디지털 서명을 메시지 전송에 채택하고 있으며 사용자 시스템의 접속에도 IC CARD를 활용하여 그 안전성을 더욱 높이고 있다.

셋째, Rule Book에 의한 구속력으로 볼레로시스템은 법적 공백에 대비하기 위해서 전자적 방법에 의한 거래 당사자간의 교환약정을 체결함으로써 권리의무관계를 명확히 하고 있다. 이러한 교환약정을 일대일의 관계가 아니라 다자간 관계로 전환한 Rule Book을 도입함으로써 실용화 가능성을 높였으며 법률적 구속력의 적용범위는 참가자의 무역행위 전반이 아닌 볼레로가 제공하는 서비스에 국한하고 있다.

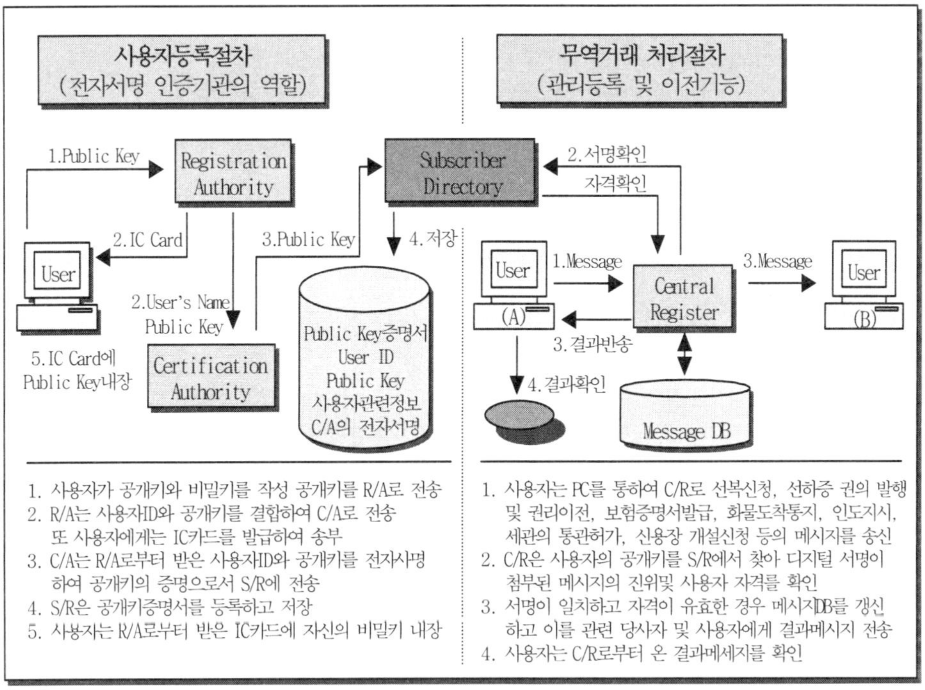

[그림 9-3] Bolero의 역할 및 기능

넷째, 현존하는 SWIFT 금융망과 EDI와의 차별성을 들 수 있는데 이는 볼레로 서비스가 SWIFT 금융망과는 달리 플랫폼만 제공될 뿐 인터페이스 및 접속경로는 시장에서 제3자가 제공하는 다양한 제품과 서비스 중 이용기관이 선택할 수 있도록 하고 있다. 또한 기존 EDI와는 달리 법적으로 구속력 있는 계약서를 통신상에서 전송한다.

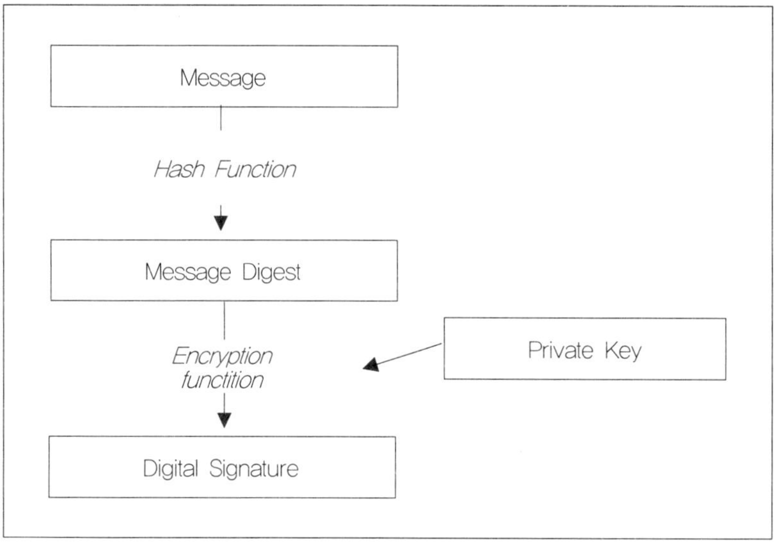

※ 자료 : http://www. bolero.net/downloads/digisigs.pdf.

[그림 9-4] 암호기술을 이용한 디지털서명의 생성과정

3) Bolero Surf

Bolero Surf(Settlement Utility for managing Risk and Finance)는 무역서류의 결제과정을 자동화한 부가차치 서비스로서 위험과 금융을 관리하기 위한 결제시스템을 의미한다. 즉, 전자적인 환경에서 무역결제업무를 수행하는 표준화된 공유기반의 관리시스템이다. SURF는 bolero.net의 코어 메시지 플랫폼(CMP: Core Messaging Platform)에서 제공되는 서비스를 이용하여, 그 약정서상의 약정내용과 제시된 서류내용을 점검하는 시스템으로 기능적인 면에서는 기존의 종이서류로 이루어지던 무역거래과정을 변화시키지 않고, 단지 전자메시지로 대체함에 역점을 두었다.

이 과정에서 종이서류가 전자메시지로 대체됨에 따라 은행원의 육안에 의존하던 선적서류의 신용장조건과의 일치 판정가능을 Computer에 의해 대신할 수 있도록 한 것이다. SURF가 지원하는 26가지의 결제방식에는 Open Account, Advance Payment, Documentary Collections, Documentary Credits, Standby L/C 등을 포함하여 대부분의 무역결제 방식을 수행하고 있다.

Surf의 특징으로는 약정서상 대금결제방법으로 결제가 이행되면, 그 결제방법에

따라 각 관계당사자간의 위험도정도가 결정되고 대금결제의 이행여부에 대한 조사보고서를 작성하고 제공한다.

서류일치여부를 점검하고 이상이 없으면 보증은행 또는 수입상에게 결제를 요구하고 결제가 이행되면 선하증권을 포함한 무역서류가 Surf를 통해 수입상에게 전송되며, 은행과 B2B 또는 은행간 자금이체는 기존의 방식대로 이루어진다. Surf회원들간 결제를 이행하는데 따른 B2B 거래지원, 기업의 투명성을 제공하며 전송메시지의 안전성, 사용자와 전자서류의 신뢰성, 하자사항의 처리를 자동화 시킨다. Bolero Rulebook 다음의 3가지 선행조건이 충족되어야 한다.

첫째, 화환신용장상에 Bolero System에 의한 제시가 수리가능하다는 명시적인 기제가 있어야 한다.

둘째, 전송문상에 포함된 자료의 명세가 신용장조건에 의하여 제시되도록 요구된 서류의 명세와 일치하는 서류 상태로 제시되어야한다.

셋째, 화환신용장상에 특정의 서류가 특정인에 의하여 발행, 인증 또는 서명되어야 한다는 요구가 있는 경우에는 사용자에 의한 서명이 있어야함을 전제조건으로 하고 있다.

Bolero SURF의 운영과정은 다음과 같다.

① 수입상과 수출상간의 SURF 약정서 체결

② 은행의 지급/이행 보증서제공

③ 수출상의 무역서류 제시(요구된 대로 선하증권의 소유자를 SURF로 지정)

④ 서류의 일치성 여부 점검 및 불일치 보고서 발급(서류상 불일치가 있는 경우)

⑤ 제시서류가 일치하는 경우 대금결제조건의 이행요청

⑥ 대금지급결제조건이 이행되면 선하증권을 포함한 서류를 수입상에게 인도하는 과정을 거친다.

이러한 과정은 관계당사자가 SURF의 중앙 데이터베이스에 저장한 SURF 약정서에 의하여 관리되고, 약정서상에 약정된 대금결제방법으로 대금결제가 이행되며, 그 결제방법에 따라 각 관계당사자간에 위험의 정도가 결정된다.

3 TradeCard System

1) 의의

무역대금결재를 인터넷상에서 서류의 일치성을 자동으로 점검하고 대금지급을 이행할 수 있는 기반으로 세계무역센터협회(WTCA; World Trade Center Association)가 개발한 무역결재카드시스템이다. 전자무역거래 시 수출입 당사자가 직면하는 대표적인 위험으로 수출업자는 물품선적 후 대금을 회수하지 못하는 신용위험(Credit Risk)에 직면할 수 있으며 수입업자는 대금결재를 하였음에도 불구하고 물품을 납품받지 못하는 상업위험(Mercantile Risk)에 처할 수 있다. 이러한 위험을 해결하기 위하여 무역결재에 신용장이 일반적으로 사용되어 왔으나 신용장조차도 적지 않은 결함을 지니고 있고 담보력이 없거나 신용도가 낮은 중소기업의 경우 신용장 이용방식의 무역거래에 많은 어려움이 있었다.

트레이드카드는 전자무역 결재방법으로 가장 안전하고 효율적인 수단이 되어야 할 신용장제도 조차도 의외로 적지 않은 결함을 지니고 있음에 주목하여 이러한 결함을 제거할 새로운 결재방식이 필요하다는 주장과 함께 특히 정보통신 분야의 발전된 기술을 무역거래에 수용하여 종이서류 없는 무역거래를 실현하겠다는 배경에서 출발하였다. 이 시스템에는 Bank of America, GE Information Services, American Management Services, Sedgwick/March & Mclennan 등이 전략적 파트너로 참가하고 있다.

처음에는 무역계약의 체결과정과 이행과정을 트레이드카드의 컴퓨터시스템을 통해 모니터링 하여 대금지급을 결정하고 자금공여은행을 통하여 지급한다는 것이 업무내용의 핵심이었으며 이러한 과정을 수행하기 위한 주변상황 특히 법률적 부분이나 지급을 받지 못한 자금공여은행에 대한 대안 등은 전혀 제시되지 못한 상태였다. 현재 이러한 문제점은 가장 민감한 부분이라고도 할 수 있는 대금지급의 확약에 있어서는 프랑스를 근거로 하는 신용보증보험회사인 COFACE와 제휴하여 수입상이 대금지급하지 못할 경우를 대비하였다.

또한, 대금결재흐름에 있어서는 Thomas Cook을 통하여 자금공여은행에서 실제 지급은행으로 송금이 되도록 함으로써 효율성을 높일 수 있게 하였다.

트레이드카드는 수입업체와 수출업체, 금융기관, 보험회사 및 화물운송업체를 연결, 수출입계약에서 무역금융, 선적 및 대금결재의 전 과정을 전자적으로 처리할 수 있게 하는 전자무역거래 및 전자금융서비스를 제공한다.

트레이드카드시스템은 4단계의 전자가치체인(e-value chain)을 형성하며 그 구체적인 프로세스는 다음과 같다.

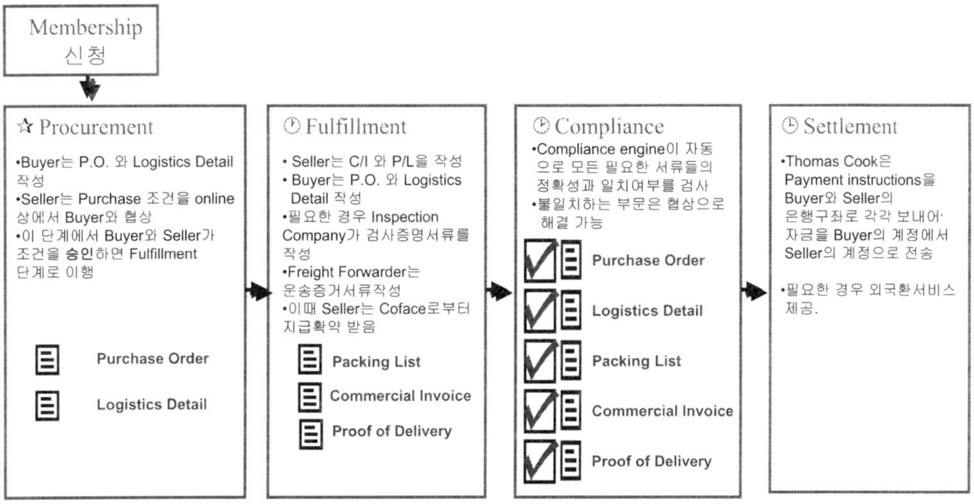

[그림 9-5] TradeCard 시스템 프로세스

한국에서 맨 처음 TradeCard를 소개한 주체는 "HRD그룹코리아"라는 우량 기업으로 세계무역센터협회에서 국내 마케팅활동에 대한 일정한 권한을 받았었다.

그 이후 TradeCard의 경영 주체였던 세계무역센터협회가 경영권을 자본참가자들에게 넘기게 됨으로써 기존의 국내활동 주체들 역시 변화를 가져오게 되었다.

LG상사, 세계무역상사 인포텍과 트레이드카드사가 지분을 공유하는 형태로 트레이드카드사의 국내 법인이 설립된 상태이며 자금공여은행으로서 신한은행과 제휴하는 등 마케팅 활동을 펼치고 있다.

[표 9-1] TradeCard System의 장단점 비교

장 점		단 점	
제휴를 통한 기능 강화	대금결제, 보험 등과 관련하여 외부기관의 적절한 재휴를 통한 다양한 기능수행	법규상의 수용문제	전자메시지의 법적효력, 계약조건과 일치성 판정문제(법의 공백 및 불확실성)
거래비용 절감	서류의 작성과 처리와 관련되는 비용절감	피해보상 책임의 문제	TradeCard 자체의 오류로 인한 피해발생시 손해보상문제
거래시간 단축	기존 신용장거래방식과 비교하면, 서류준비 시간 및 심사시간의 단축	사업성 확보문제	조기에 다양한 사용자 확보 문제
새로운 무역 거래기회 제공	거액 및 소액거래 모두 사용가능, 거래절차의 명확성으로 인한 초보자의 접근용이	전자서명의 효력문제	전자서명의 국제적 이용 도입문제
부가가치 서비스 활용가능	TradeCard Network를 통한 필요한 모든 무역서비스 수집 가능	결제 및 보증문제	특정 보증회사에 의한 대금결제 보증문제

2) 특징

TradeCard를 통한 전자무역거래가 기존 무역거래와의 차이점은 은행의 역할이다. 즉, 기존의 무역관습에서는 신용장 방식이든 추심 방식이든 은행이 자금결재과정의 처음에서 끝까지 개입되어 있는데 반해 TradeCard의 경우에는 그러한 역할의 상당부분을 TradeCard가 수행하게 된 것이다. TradeCard System의 주요 특징은 다음과 같다.

첫째, 화환신용장 배제를 들 수 있다.

이는 신용장 개설은행의 서류점검에 해당하는 기능을 TradeCard System이 수행하며 은행은 단지 자금의 공여만을 담당하는 역할에 국한된다는 것을 말하며, 또한 선하증권은 언급되지 않고 있어 운송 중 전매를 하지 않는 소규모 제품거래를 주된 대상으로 하고 있다.

둘째, 법률적 구속력의 부재이다.

잠재적 경쟁상대인 볼레로가 18개 무역권에 대한 법률조사를 토대로「Rule Book」을 제정하여 법적 불안정성을 보완한 반면에 TradeCard는 전자적 방법에 의한 거래당사자 간의 권리의무에 대한 별도의 규정을 두고 있지 않다.

셋째, 트레이드카드사는 제 관련기관과의 제휴활동을 통해 당초 TradeCard 서비스

시행과정상 드러났던 취약점들을 해결해 가고 있는데 프랑스 신용보증보험회사인 COFACE, 영국 금융회사인 Thomas Cook, 그 외에 정보기술회사인 ITPII 등과의 제휴를 통해 대금결재흐름에 관한 문제, 대금지급의 확약에 관한 문제 등 업무적용지역에서의 거래 성사나 마케팅활동을 지원하는 서비스를 하고 있다.

넷째, 국제적인 무역거래의 이행과정이 모두 전자적으로 이행된다.

국제적인 상거래를 행하는 수출상의 선적과 관련된 업무와 수입상의 선적이행여부의 확인과 최종적인 대금지급 승인을 결정하는데 필요한 모든 자료들이 전자적으로 수집되고 평가되어 최종적인 승낙이 이루어진다.

다섯째, 무역거래 단계별 필요한 자료를 알 수 있도록 한다.

무역카드는 매도인과 매수인이 행하는 거래단계별 모든 내용을 On-line상태로 보여주기 때문에 매 거래에서 필요한 서류들이 무엇인지 상대방에게 인식시킬 수 있고 또한 당해 거래가 언제 종결되는지 정확한 시기를 알 수 있다.

여섯째, 무역거래의 비용을 절감시킬 수 있다.

무역카드는 모든 거래절차를 자동화하여 무역거래에 필요한 서류를 준비하고 작성하는데 소요되는 시간과 비용을 매우 저렴한 비용으로 서비스를 제공할 수 있다.

일곱째, 새로운 무역거래의 기회를 제공할 수 있다.

사용자에게 친숙하도록 만들어진 무역카드시스템은 거액의 거래이거나 소액의 거래에 관계없이 사용할 수 있으며 거래절차가 명확하게 나타나 보이기 때문에 처음 시작하는 자도 쉽게 접근이 가능하다.

여덟째, 새로운 국제적 전략을 수립할 수 있다.

무역카드가 국제 당사자들 간의 대금결재를 보장하기 때문에 기존의 국내지향 고객들을 국제시장으로 방향을 전환시킬 수 있다.

아홉째, 부가가치 서비스를 이용할 수 있다.

무역카드 네트워크를 통하여 필요한 모든 무역서비스를 수집하기 때문에 무역카드 이용자들은 그들이 필요한 서비스를 쉽게 이용할 수 있다. 예를 들면 매수인들은 물품검사 서비스를 요구할 수 있고 매도인이나 매수인은 구매물품에 대한 보험 서비스를 받을 수 있으며 사전 또는 사후에 수출금융을 받을 수도 있다.

3) 상업성 확보 문제

TradeCard는 이윤을 목적으로 하는 사업이기 때문에 상업성을 의식하지 않을 수 없다. 이는 참가 당사자들이 비용과 효율성 면에서 이점이 없다면 궁극적으로 참가를 거부하게 된다. 그러므로 TradeCard의 거래 당사자들의 입장을 중심으로 하여 상업성의 유무를 검토해야 한다.

(1) 수출업자의 입장

수출업자가 Trade Card를 통해 얻을 수 있는 이점은 시간의 절감 즉, 수입상의 요구에 대한 신속한 대응을 들 수 있으며, 신용장방식에 비해 미흡하지만 대금지급에 대한 어느 정도의 확약을 얻을 수 있다는 점을 들 수 있다.

또한 신용장 방식과 같이 대금을 사전에 지급받을 수도 있고 수출상의 거래은행이 Trade Card의 제휴사인 프랑스 신용보증회사인 COFACE의 지급확약을 신뢰하고 수출상에게 이자를 공제한 대금을 선 지급할 수 있다.

그러나 수출업자의 거래은행이 대금을 선 지급하지 않는다고 하더라도 Trade Card의 수권을 받아 대금을 지급받기까지의 시차가 신용장의 경우보다 적기 때문에 선지급에 버금가는 효과를 거둘 수도 있다.

따라서 자금사정이 나쁘지 않은 수출업자의 경우에는 추심을 하는 것보다는 Trade Card를 활용하는 것이 신용장과 유사한 지급확약을 받으면서 추심 전 매입관련 비용도 부담하지 않고 결제를 받을 수 있는 방법이 될 수 있다.

(2) 수입업자의 입장

TradeCard를 이용함으로써 수입업자가 기대할 수 있는 가장 큰 장점은 신용장 거래와 비교하여 비용이 적게 든다는 점과 운송화물의 인도가 신속히 이루어질 수 있다는 점도 들 수 있으나 TradeCard에서는 운송서류로 양도 가능한 유통 선화증권을 전제하고 있지 않기 때문에 비록 TradeCard를 이용하지 않는다고 하더라도 인도의 속도에 있어서는 별다른 차이가 없다.

항공운송이나 해상화물운송장이 활용되는 경우 인도의 속도에 있어서는 별다른 이점이 없으며 기존에 선화증권을 활용하던 경우에 한하여 이점으로 작용할 수 있다는 한계가 있다. 물론 꼭 TradeCard를 이용하지 않더라도 동일한 목적을 달성할 수 있기 때문에 이 요인 하나만으로는 수입상에게 요구할 수 없다.

(3) 운송인의 입장

운송인은 TradeCard의 회원으로 거래에 참가함에 따라 운송서류의 발급을 전자화하는 것에 의해 종이 운송서류를 관리하던 번거로움에서 벗어나고, 수입화물선취보증장(L/G)에 의한 운송물품 인도에 따른 클레임으로부터 자유로워진다. 그 밖에도 선박에 실린 화물에 대한 정보가 전자적으로 관리되어짐에 따라 정확하고 효율적인 업무처리가 이루어진다.

운송인은 과거에는 발생치 않았던 TradeCard의 연회비 등 추가의 비용을 부담하게 되며, 이를 운임에 포함시켜 수출입업자에게 전가시킬 우려도 있다.

또한 전자식 운송서류를 선호하지 않는 화주를 위해서는 기존과 동일하게 종이 운송서류를 발급해주고 이를 관리해야 하는 불편함을 벗어날 수 없다.

결국 TradeCard의 전자식 운송서류를 실용하기 위해서 필요한 설비와 수수료 비용을 부담하면서도 기존에 발생하던 비용을 완전히 없앨 수 없다는 모순이 존재하게 된다.

이러한 경제적 불이익 및 업무상의 비효율성은 장기적으로는 감소되겠지만 당분간은 별다른 해소 방법이 없다. 따라서 TradeCard가 널리 실용화되기까지는 참가를 유보할 가능성이 있다.

(4) 은행의 입장

은행이 TradeCard에 참가하는 방법은 두 가지이다. 첫째 방법은 자금공여기관으로서 참가하는 것이다. 둘째 방법은 TradeCard를 통하여 이루어지는 대금결제에서 송금기관 등으로 참가하는 것이다.

이미 「Thomas Cook」이 독점적 계약을 통해 기득권을 확보한 상태이므로 다른 은행들은 「Thomas Cook」과의 제휴를 통하지 않고서는 참가 자체가 막혀있는 형편이다. 이처럼 다양한 거래 당사자의 입장에서 볼 때, TradeCard는 무엇보다도 조기에 다양한 다수의 사용자(회원)를 확보하는 것이 가장 중요한 과제이다.

(5) 서비스 체계

TradeCard 서비스는 자동승인지급(AAP)방식, 매수승인지급(BAP)방식, 송장제시(IP)방식의 3가지로 구분한다. 첫째, 자동승인지급방식은 TradeCard사의 제휴기관인 Coface로부터 매스인의 신용평가를 받아서 매수인에게 대금지급의 보증을 제공하는 방법으로 TradeCard사가 제공하는 전형적인 결제방식이다. 둘째, 매수인승인지급 방식은 자동승인지급방식과 거의 유사하지만, 지급할 때 최종결정은 매수인이 하도록 설계되어 있는 방식이다. 셋째, 송장제시방식은 국내외에서 선적된 물품 또는 부여된 서비스에 대하여 송장을 보내기 위하여 사용하는 방식으로 지급보증이나 데이터 일치성을 필요로 하지 않기 때문에 다른 방식보다 신속하고 용이한 거래 절차를 제공한다.

[표 9-2] TradeCard와 Bolero의 비교

항 목	TradeCard 시스템	Bolero Project
메시지 표준	UN/EDIFACT	좌동
메시지 보안	RSA방식의 디지털 서명	좌동
상업화 목표	신용장 등 기존결제방식을 대체하는 새로운 결제방식 제공	전자식 선하증권의 구현 및 무역서류의 전자화 유통
주요 서비스 대상	중소 무역업자	선하증권 거래 관련자
주요기능	계약체결 및 이행확인, 대금지급 및 보증	전자서명의 인증 무역서류의 관리
무역매매에서의 역할	전자적 계약의 확인계약이행 여부의 확인대금지급의 결정	전자서명의 인증무역서류의 관리통신방법의 제공
주요 추진 과제	WTCA, Warburg, GE Information	SWIFT, TT Club
신용장과의 일치성 확인(서류점검) 방법	Trade Card SA의 컴퓨터에 의해 자동수행	종이로 출력하여 점검, 전산 개발은 선택임
비용 절감	신용장 관련 비용의 절감	선하증권지연과 관련된 비용절감
서비스의 특징	신용장 없이 무역거래 수행	선하증권의 전자화

※ 자료 : 송선옥, "전자무역 대금결제 시스템에 관한 비교연구", 한국통상정보학회, 「통상정보연구」 제3권 제1호, 2001, p.134. 보완 재구성함.

4) 거래의 흐름

Trade Card를 통한 무역거래가 기존의 무역거래와 가장 다른 점은 은행의 역할이다. 즉, 기존의 무역관습에서는 신용장 방식이든 추심 방식이든 은행이 자금결제과정 모두 개입되어 있는데 반해 TradeCard의 경우에는 그러한 역할의 상당부분을 TradeCard가 수행하게 된 것이다. TradeCard를 통한 무역거래의 흐름은 구체적으로

다음과 같다.

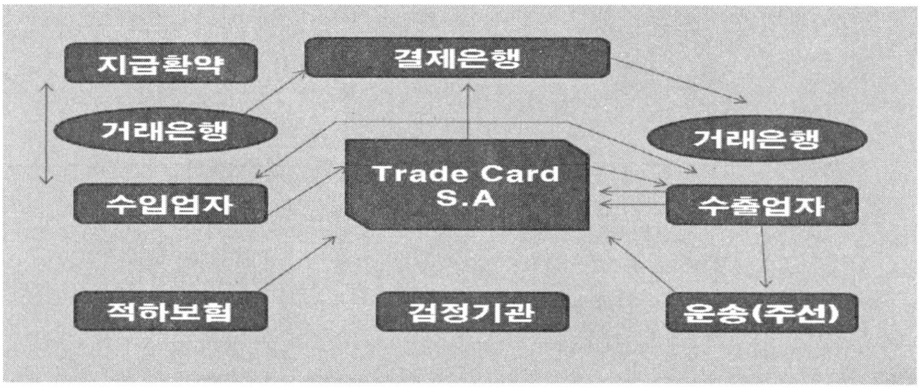

[그림 9-6] 무역거래 처리절차

① 수입업자는 지급확약기관[112]에 신용평가를 신청 후, 신용한도를 배정한다.

② 수입업자와 수출업자는 무역거래조건을 협상 및 합의한다.

③ 수입업자는 구매주문서(P/O)를 작성 후, 전자서명을 첨부하여 Trade Card의 중앙처리장치(System Administrator : SA)로 전송한다.

④ TradeCard SA는 P/O의 기재내용과 수입업자의 신용한도를 검토 후 수출업자에게 전송한다.

⑤ 수출업자는 확인하고 전자서명 후 TradeCard SA로 전송함으로써 무역계약을 체결한다.[113]

⑥ 수출업자는 운송(주선)인에게 화물을 인도하고 선적지시 한다.

⑦ 수출업자는 상업송장 및 포장명세서 등의 서류를 TradeCard로 전송한다.

⑧ 화물을 선적한 후 선적관련정보를 TradeCard SA에 전송한다.

⑨ 검정회사는 화물을 검정한 내용을 TradeCard SA에 전송한다.

⑩ 적하보험 부보 내용을 TradeCard SA에 전송한다.

⑪ TradeCard SA는 운송서류를 비롯한 다른 전자식 서류들과 전자계약서를 대조

112) 현재 지급확약기관으로는 프랑스의 신용보증보험회사인 COFACE가 참여하고 있다.
113) 이렇게 TradeCard를 경유하는 메시지는 BOLERO에서와 마찬가지로 UN/EDIFACT표준을 적용하고 있으며, 디지털 서명 역시 RSA방식의 공개키 방식을 활용하는 것으로 되어 있어 양 방식의 기술적 기반은 별다른 차이가 없다.

점검한다.

⑫ TradeCard SA는 서류가 일치 시, 결제금융기관[114)]에게 대금지급을 할 것을 수권하고 만일 기한부지급인 경우에는 해당 기간 동안 지급지시를 보류한다.

⑬ 결제금융기관은 수입업자의 거래은행에서 수입업자가 사전에 입금한 자금을 차기(Debit)하여 수출업자의 거래은행에 대기(Credit)한다.

⑭ 수출업자는 자신의 거래은행으로부터 대금을 지급받으며, 수입업자는 운송인으로부터 물품을 인도받고, 만일 수입상의 거래은행에 자금이 입금되지 않는 경우 지급보증 기관은 수입업자를 대신하여 대금을 입금한다.

4 BeXcom

1) 의의

금융, 물류, 인증기관을 통합한 GTI(Global Transaction Infrastructure)를 기반으로 거래의 알선에서부터 대금결재에 이르기까지 안전성과 보안을 유지하면서 완전한 구매 프로세스를 지원하는 솔루션을 제공하기 위해 1996년 11월 싱가포르에서 설립되었다.[115)]

세계 주요 Trading Zone을 네트워크화 하여 B2B기반의 전자무역이 가능토록 한 솔루션이다. 이 서비스는 모든 지불 수단이 가능한 세계 최초의 B2B 전자무역 서비스 사이트란 점에서 큰 의의가 있다.

금융, 물류와 같은 전자무역 인프라 내에서 제공하는 모든 서비스에 대한 권리의 보장 등 모든 거래가 안전하게 이루어 질 수 있도록 통합된 서비스를 제공하고, B2B 전자무역 관련 솔루션개발을 목적으로 싱가포르와 미국 산디에고에 R&D 센터를 보

114) 현재 결제금융기관으로는 Thomas Cook이 참여하고 있다.

115) BeXcom사는 Business Process를 GTP(Global Transaction Platform)에서 구현할 수 있도록 하는 세계적인 선진 e-CSPs(Commerce Service Providers) 기업으로의 발전과 세계에서 가장 큰 B2B 시장 Network를 형성하는 데 목적을 두고 있으며, 그들의 사업방향은 e-Commerce Service & Business Provider(e-CPS), e-commerce software developer, e-commerce consulting and solution provider로 역할을 다하는 데 있다. 주요 투자자들은 Intel Pacific, ABM/AMRO Bank, DBS Credit, Raffles Holding, ST Vertex, Temas Holdings, Koos Group of Taiwan, Aurora, Sakura Bank, Mitui, Toshiba 등 이다

유하고 있으며 전 세계 주요 무역지대(Major Trading Zones)에 Super-hub[116]를 운영하고 있다.

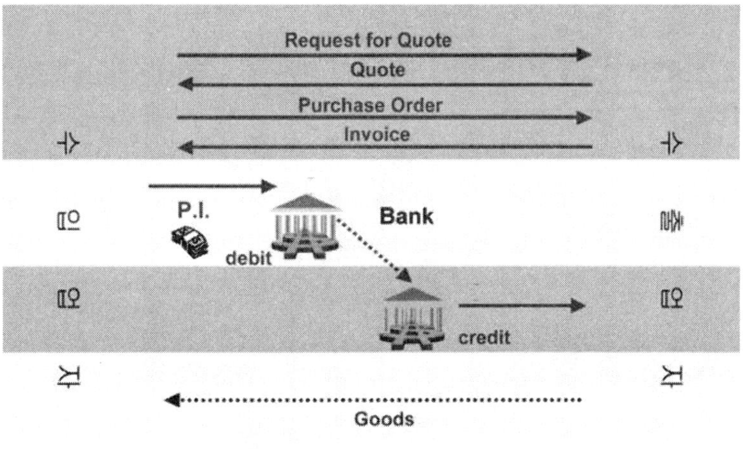

※ 자료 : http://www.bexcom.com

[그림 9-7] BeXcom의 거래절차

2) 특징

핵심인 인터넷 트레이딩 센터(ITC)는 전 세계 비즈니스 네트워크인 GTI를 작동시키는 서버엔진으로 자동화된 수요와 공급망 관리를 통해 전자무역거래의 효율성과 비용절감 메커니즘을 가능케 한다.

무역거래의 알선, 무역정보의 제공, 무역서류의 전송 및 인증, 무역거래대금의 결제에 이르기까지 전자무역거래를 통합한 완벽한 end-to end 프로세스로서 거래환경 측면에 있어서 안전성과 보안성을 강조하고 있다.

결제방식은 계좌 대 계좌로의 이전(Account-to-Account Transfer), 은행 간 지로지

---

116) Super-hub에서는 전문요원들이 관련 고객들을 상대로 주문서비스와 통합서비스를 제공하고 잇으며, 또한 고객들을 대상으로 교육 및 업무지원을 담당하고 있다. 이러한 서비스는 영어 혹은 특정지역의 현지어로 제공되어 진다. 주요 5대 HUB :① 미국, 케나다, 멕시코를 중심으로 한 ABEX, ② 사우디아라비아를 중심으로 유럽과 남아프리카를 연결하는 EBEX, ③ 중국, 대만, 태국, 인디아, 베트남을 연결하는 UBEX, ④ 필리핀을 중심으로 일본, 한국을 연결하는 NBEX, ⑤ 싱기포르와 오스드리아, 뉴질랜드를 연결하는 IBEX 등이 있다.

불가능(Inter-bank Giro Payment), 계좌이체 가능(Electronic Funds Transfer), Physical Cheque Payment, Bankers Cheque, DDA(Direct Debit Authorization) on Demand, 전신환 이체, 신용카드 및 구매카드(Purchasing Card)사용, 외환/환전 등이 있다.[117)]

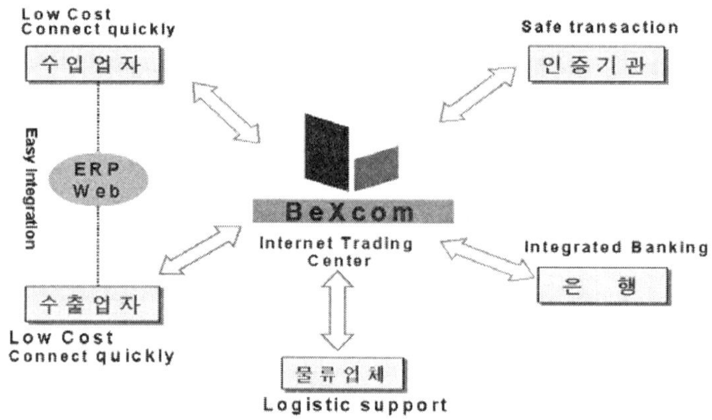

※ 자료 : http://www.bexcom.net

[그림 9-8] BeXcom 업무처리 흐름도

BeXcom의 주문처리(Order management)는 그 프로세싱, 승인, 선적, 지불 등 거래의 모든 과정을 수입업자나 수출업자가 On-line으로 주문내용을 감시할 수 있도록 되어 있고, 전자결제시스템(Payment system)은 세계적인 통화조건에 맞춰 지불이 가능하도록 하였고 온라인으로 지불현황을 파악할 수 있도록 하고 있다. 지불방법은 송장 없이도 정기적 지불을 지원하고, 송장에 대해 할부를 지원, 온라인 지불 서비스를 지원, 복수의 지불체계를 지원(체납, 미리 계획된 지불 등)하는 등 다양하다.

BeXcom의 승인/작업처리(Approval/Work flow)의 경우, 승인은 업무흐름에 있어 각 단계별로 위임된 임원 혹은 대리 승인자만으로 제한할 수 있다.

117) BeXcom에서는 이러한 지원 결제방식을 위하여 B2B Solutions으로 Direct Transactions에는 Cataloguing, RFQ, Quotation, Negotiation, Inventory Availability, PO, Sales Order, Ship Order, Shipment Schedule, Invoice, Payment Instruction, Payment File, Collection File, Credit Limit 등이 이용되고 있다.

3) 서비스 내용

첫째, 원 스톱으로 집중화된 End-to-End 서비스를 들 수 있다.

거래의 알선에서부터 최종 거래대금의 결제에 이르기까지 글로벌 B2B 전자무역 시 수반되는 온라인 주문관리, 전자결제, 승인 및 작업처리 전 과정을 원스톱으로 지원하고 있다. Trade Card나 BOLERO가 그 기능적 특성으로 인해 지원서비스의 제약을 가지는 반면에, BeXcom은 End-to-End 프로세스를 통해 글로벌 B2B 전자무역 서비스를 제공하고 있다.[118)]

둘째, 소규모 투자에 따른 유지 및 보수비용을 들 수 있다.

BeXcom은 별도의 소프트웨어나 인력에 대한 과도한 투자 없이 초기의 낮은 셋업 비용으로 구매/판매 종합인프라(buy/sell total infrastructure) 구현이 가능하다. 전 세계 5개 슈퍼허브 담당자들이 고객(구매자/공급자)들 대상으로 시스템에 대한 교육 및 유지 · 보수에 관한 지원서비스를 제공하고 있어서 다른 전자결제시스템과 비교하여 비용투자가 적다.

셋째, 파트너쉽(Partnership)를 통해 Critical Mass문제해결을 들 수 있다. BeXcom은 Banking Partner[119)]와 인증기관(certificate authorities)[120)] · SI사업자[121)] · 물류업체[122)]와 파트너십을 형성하고 있으며 RosettaNet, 볼레로 등과 제휴파트너관계(Association Partnership)를 형성하는 등 트레이드카드나 볼레로에 비해 취약한 Critical Mass문제를 해결 및 보완해 나가고 있다.

---

118) 실제로 BeXcom이 추구하는 상업화 목표도 세계 제1의 B2B 전자상거래 서비스가 제공자(e-CPS)이다. (http://www.bexcom.com) BeXcom이 글로벌 B2B 전자상거래에 관하여 최초로 원스톱 서비스를 제공하는 업체로 주목받고 있기는 하나, 진정한 e-CPS로 자리 잡기위해서는 기본 무역거래관행과의 조화여부의 문제, 법적인 문제, 인증에 관련된 신뢰성의 문제 등의 과제가 있다.

119) BeXcom의 뱅킹파트너로는 ABN-AMRO Bank, Development Bank of Singapore, Skura Bank, Chinatrust Commercial Bank, Frist Commercial Bank 등이 있다.

120) BeXcom의 인증기관으로는 동남아시아지역의 대표적 인증기관으로 Netrust, 타이완의 TAIWAN-CA. com Inc, 미국의 Alpha Trust 등이 있다.

121) SI는 System Integrator의 약자로 BeXcom의 ITC S/W 엔진이 잘 가동될 수 있도록 고객들에게 기술적 자문 내지 사후적문제에 대한 고충서비스를 제공하며, 제휴업체로는 KPMG와 Semtor 등이 있다.

122) 세계 여러 물류업체와의 제휴를 통해 선적지시정보 및 선적화물의 위치 추적상황을 확인할 수 있도록 서비스하고 있다. 주요 제휴업체로는 FedEx, Hsinchu Transport사, Chiao Tai Logistic사, Shuttle Service사, Ta Jung Transportation사 등이 있다

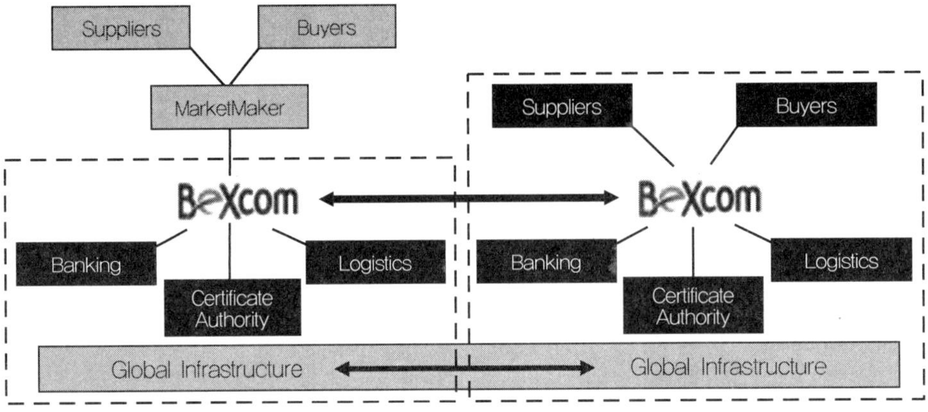

※ 자료 : http://www.bexcom.com

[그림 9-9] BeXcom의 글로벌 비즈니스 네트워크

5 Identrus

1) 의의

Identrus는 국제전자상거래 및 전자무역에 관한 상호연동성 확보를 위한 공개키(PKI : Public Key) 기반으로 거래내용 및 거래당사자의 신원에 대한 인증과 신뢰를 책임지고 있는 최상의 인증기관(CA: Certification Authority)이다.

실시간 신원확인 서비스와 계약체결 후 대금결제 및 거래이행을 보증하는 새로운 유형의 전자적 무역결제시스템이라고 할 수 있다.

Identrus는 1997년 11월에 Identrus프로젝트로 시작하여 1999년 4월에 Identrus LLC(Limited Liability Company)를 설립하였다.

1999년 ABN암로, BOA(Bank of America), 체이스 맨해튼, CITI그룹, 도이치뱅크, 바클레이, 뱅커스트러스트 등 세계적인 8개 금융기관을 주축으로 설립된 국제 금융거래 인증서비스 연합체로 현재 세계 100여개 이상의 은행이 참여하고 있다.

이 기구는 전자무역, B2B 전자상거래 등 인터넷을 이용한 국제거래 환경에서 공개적 기반구조 상의 최상위 인증기관 역할을 하게 되며 기업 등 거래당사자들의 신원·거래내용을 인증하는 국제표준으로 떠오르고 있다.

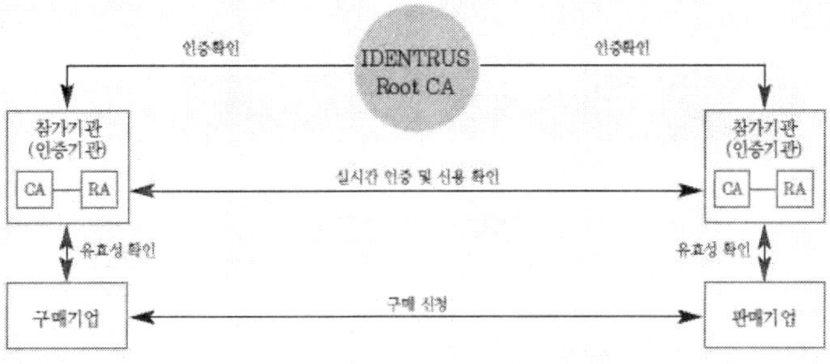

[그림 9-10] Identrus 인증체계

Identrus는 PKI 제품에 대해 국제적으로 공식 인증을 해주는 유일한 기관으로 국제 전자상거래를 할 때 암호화 시스템을 갖춘 인증서를 발급, 본인 확인과 비밀 유지를 가능하게 해주며 메시지 변조를 막는 최종책임을 진다.

Identrus는 최초의 global 인증서비스 기구이다. Identrus의 Global ID는 고도의 보안기술을 바탕으로 신뢰성 있는 E-business를 가능하게 한다.

은행 주축의 PKI 구조로 global policy와 legal framework을 Identrus의 운영 규칙과 기술적인 요구사항을 통해 구축한다.

Business는 Identrus 가입 은행에서 발급 받는 전자 인증서를 통하여 세계다수의 구매자, 판매자와 신뢰의 바탕에서 이루어진다. Identrus는 PKI 기반의 전자 인증서를 사용함으로 부인방지와 지불 초기화 서비스 등 부가 서비스를 제공한다.

세계의 상위 100여개 금융기관이 Identrus 멤버이고 현재 133개국의 금융 기관이 Identrus 관련 기관이다.

2) 특징

전 세계 주요 Leader Bank들에 의해 만들어진 Identrus 는 은행이 중심이 되는 국제B2B의 PKI자격을 제시하고 있다.

Identrus의 기본개념은 국내 공인인증기관과 마찬가지로 PKI방식의 전자인증서비스이나 은행이 인증기관으로 역할을 담당한다는 점이 다르다고 볼 수 있다. Identrus 체계에서는 은행이 거래의 중심이기 때문에 은행 측으로 돌아가는 이익이 상당하다고 볼 수 있으며, 까다로운 심사를 통하여 Level1[123]의 공인인증기관으로 지정된 은

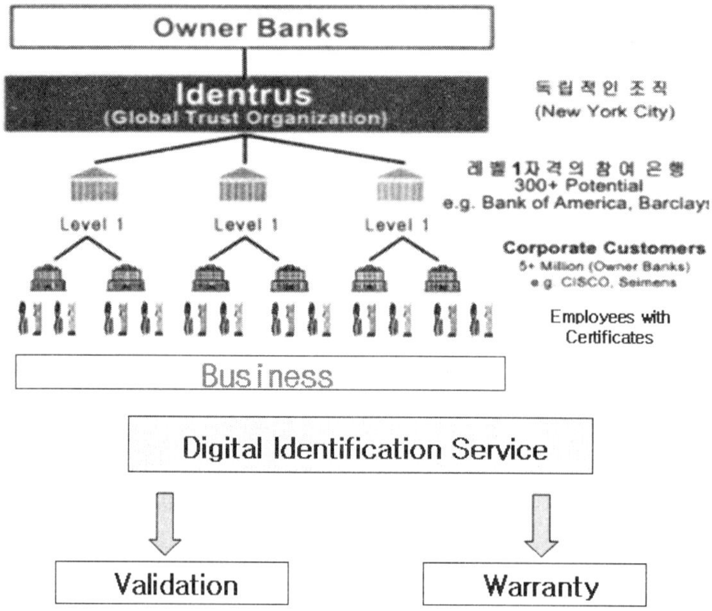

※ 자료: 심국보, "전자결제시스템의 특성비교 및 활성화 방안에 관한 연구", 원광대학교 대학원 박사학위 논문, 2003, p.71.

[그림 9-11] Identrus를 통한 은행의 역할

행의 경우 하위기관(Level2)이 등록기관으로 가입하는 모든 은행들의 무역 프로세스를 매개하게 되므로 부가적인 수익을 창출할 수 있는 기반이 된다.

전자인증 발급 수수료 등 기초수입 외에 회원은행간의 제휴를 통해 새로운 금융상품과 부가서비스를 창출할 수 있다. 또 Identrus가입 후 글로벌 기업이 모두 고객이 될 수 있기 때문에 수익증대를 기대할 수 있고 은행의 브랜드를 세계적으로 인지시킬 수 있어 보다 효율적이고 고객중심의 서비스를 중점적으로 수행할 수 있다.

고객의 입장에서는 거래비용 및 시간을 절약할 수 있으며, 글로벌 e-Trade로 인한 위험도 줄일 수 있고, 영업망 확대로 수익률이 높아진다는 이점이 있다.

---

123) Level1 자격을 부여받기 위해서는 해당 국가의 신용등급에서부터 해당기관의 신요 및 시스템 운영능력 등 종합적인 사항에 대한 1년 이상의 심사과정을 거치며, Identrus는 PKI기술과 암호시스템을 갖춘 첨단 date center(IDC)를 갖출 것을 회원은행들에게 요구하고 있다.

6 Eleanor

1) 의의

Identrus가 2001년 개발한 전자결제시스템인 Eleanor는 은행이 기업고객들에게 전자상거래에 필요한 B2B 금융서비스를 효과적으로 제공할 수 있도록 수표에서부터 신용장 방식에 이르기까지의 결제수단들의 범위를 정한다.

Eleanor는 글로벌 거래약정을 기반으로 국제간 대금결제에 적합한 B2B 전자상거래를 위한 전자결제 솔루션으로 기존 결제시스템을 이용하여 국제간 전자무역을 위한 적합한 시스템이다.

Eleanor의 XML 기반과 Bank to Bank Model인 Eleanor Payment System으로 실현되고, SWIFT와 같이 B2B결제 시 사용되던 표준전문을 사용하지 않고 B2B On-line 구매 또는 무역거래에 의한 On-line결제가 가능해진다. 이 경우 결제여부는 은행이 아닌 기업이 검토하며, 은행은 결제인프라를 제공하는 역할을 하게 된다.

한편으로 Eleanor Payment는 기존 은행의 결제시스템으로 연계, 확장시킬 수 있는 기반을 제시하고 있다.[124] Eleanor의 전자결제는 기본적인 4가지에서 변형된 6가지가 있다.

[표 9-3] Eleanor의 선택 가능한 지급방법

지급형태	개 요	전통적 결제방식	취소가능 여부	권리의 양도 가능성
Payment Order	매수인으로부터 매수인의 은행에 지급지시	지로, 전신송금 등	Y	N
Payment Obligation	지정된 날짜에 권리자에 대하여 매수인의 대금상환의무 수락	약속어음, 환어음	N	Y
Certified Payment Obligation	매수인의 은행이 보증하는 대금상환의무 수락	은행 인수어음, 배서된 약속어음, 지급보증	N	Y
Conditional Payment Obligation	최초 생성시 합의된 조항을 준수하는 것을 조건으로 하는 대금상환의무 수락	에스크로, 화환추심	N	Y

※ 자료: 오원석 · 안병수, "Identrus를 통한 전자식 무역결제의 활성화에 관한 연구", 「무역상무학회」 제19권, 한국무역상무학회, 2003. 정리 후 재구성함.

124) http://www.jidentrus.com

2) 특징

Eleanor는 무역업자가 Internet을 통하여 결제정보를 언제든지 실시간 추적과 대조가 가능하고 필요한 자료를 On-line으로 제출하고 교환할 수 있는 시스템으로 결제 특징을 살펴보면 다음과 같다.125)

첫째, 은행이 인증기관의 중심역할을 수행한다고 볼 수 있다.

은행은 인증서발급, 갱신, 검증 및 폐기를 행하며 그 결과를 자신의 고객인 무역업자에게 회신한다. 따라서 Trade Card보다 은행이 거래의 중심으로 개입범위가 넓고, 수익기회가 많이 은행 측에 돌아가는 장점이 상당히 있다고 볼 수 있다.

둘째, 수출업자, 수입업자 그리고 거래은행으로 구성되는 흐름이 작동한다고 볼 수 있다.

국제적 거래에 있어서 전자결제를 위하여 무역업자의 거래은행에서 각각의 신용을 제공해주며, 은행들에 대한 신용은 다시 Identrus에서 보장해 주는 방식이다.

셋째, 개방적 표준 네트워크를 토대로 하고 있다고 볼 수 있다.

기존 시스템과 통합이 쉽고, 설치 및 운용이 용이하며, 다른 시스템과의 연계가 쉽다.

넷째, 각 은행의 업무처리나 기술적으로 상호 연동이 가능하다고 볼 수 있다. 은행 고유의 상표를 부착하여 전자상거래 제품과 서비스를 독자적으로 제공할 수 있다.

다섯째, 매도인이 소지하는 Eleanor의 지급의무 채권은 양도가 가능하고 은행이 그 지급을 보증함으로써 기업과 거래은행은 여러 편익을 갖게 된다.

---

125) 이충렬, "엘리뇨 전자무역결제시스템의 문제점과 개선방안", 한국국제상무학회, 「국제상무학회지」, 제9권 제3호, 2004, pp.281~285.

제2절 전자결제의 필요성

1 전통적 결제시스템의 한계

계약자유의 원칙에 따라 무역대금결제는 매매 당사들 서로의 합의에 따른다. 즉, 물품의 매매계약을 체결할 때 대금결제수단으로 대금결제의 시기, 방식, 장소, 통화 등 거래 특성의 전반적인 상황을 생각해야 한다. 그런데 무역거래 방식이 전자무역거래로 변화하면서 무역대금 결제에 관한 약정 방식도 크게 변화되고 있다. 신용장에 대한 가장 큰 장애요인으로 수출업자의 물품대금 회수의 의문이고, 수입업자의 상품 인수 시 불안을 제거하는 효과적인 결재방법이다. 따라서 무역거래 시 오랫동안 전 세계적으로 사용되었던 화환신용장은 몇 가지 문제점을 가지고 있다.

1) 거래의 복잡성 및 비용과다

신용장거래의 경우 거래절차가 복잡하며, 신용장 개설수수료 등 관련비용의 과다를 지적 할 수 있다. 화환신용장의 경우 수익자가 개설은행에 지급을 청구하기 위해서는 신용장에 지정되어 있는 일정한 서류를 구비해야 한다.

먼저 필수적인 서류라고 한다면 상업송장(Commercial Invoice), 선화증권(Bill of Lading), 보험증권(Insurance Policy, CIF or CIP 계약) 등을 말한다. 그리고 부과서류로 포장명세서(Packing List),영사송장(Consular Invoice), 세관송장(Customs Invoice) 등이 있다.

그런데 화환신용장하에서 요구되는 위의 서류를 준비해야 하고 또한 신용장에서 요구하는 조건과 일치시키는 것은 상당히 복잡하여, 신용장 거래 수단으로 제시된 서류들 중 70% 가량이 불일치한 것이 일반적이다.

이것은 매도인이 지급을 받지 못하거나 일치하지 않은 것을 해결하기위한 추가적인 지연과 비용을 수반하고 있다.

신용장방식의 대금결제 시 서류의 불일치에 따른 비용증기와 인력의 소모가 많을

뿐만 아니라, 신용장 발행과 매입에 따른 부대비용이 과다하게 발생함으로 신용장거래에 비효율성을 지적하고 있다.

비용은 결제방식의 유형과 금융기관별로 차등 적용되기 때문에 수출기업으로서는 비용적인 측면을 고려하지 않을 수 없으며, 비용절감의 문제는 전자결제의 필요성을 증가시키는 중요한 요인으로 작용한 것이다.

또한 신용장을 활용한 수출대금결제는 은행을 매개체로 하는 것이 필수적인 만큼 각종 수수료와 이자 등이 거래비용에 포함된다고 볼 수 있다.

2) 서류작업에 의한 업무의 비효율성

신용장 개설 수수료는 금액의 크기에 따라 부담이 많아진다. 또한 신용장은 독립적이고, 추상적인 성질에 의해 본질적으로 종이 집약적(Paper Intensive)으로 신용장이 전자적 환경에 쉽게 적응하지 못하게 한다.

따라서 무역서류 처리에 따른 상당한 비용과 서류 불일치에 따른 비용 및 인력소모가 많고, 신용장 개설과 매입에 따른 소요비용도 적지 않아 신용장거래의 비효율적인 측면이라고 볼 수 있다.

화환신용장 하에서 은행의 엄격일치성의 원칙에 따라 신용장 수익자로부터 제시된 복잡한 서류를 신용장 조건과 일치하는지의 여부를 심사해야 한다.

[표 9-4] 기존 결제방식의 한계

구 분	결제방식별 한계
L/C방식	• 전자무역시대 적응 부적절 • 절차상의 복잡성 • 운송서류 도착의 지연 • 서류취급 등 고비용 문제
추심방식	• 수출업자의 비용부담 증가 • 수출업자의 대금회수 지연 • 대금지급 완료 후 수입업자의 일방적 위험부담 급증 • 분쟁발생시 법적용 충돌 가능성
송금방식	• 개인 및 은행수표: 소지 및 우송시 분실, 환위험 등의 신용문제 • 전신환: 전신요금 부담 • 절차상 신용취급 문제, 소액결제 중심

이러한 심사 작업이 Computer에 의한 자동화가 이루어지지 않아 수작업에 따른 화물수령의 지연이 발생하게 되는 소위 선화증권의 위기가 빈번이 발생하고 있다. 또한 선박의 고속화에 따른 은행이 화환서류 처리가 지연되기 때문에 일어나는 현상으로 화환신용장의 위기라고 말 할 수 있다.

즉, L/C조건과 서류내용의 일치 및 서류 상호간의 일치여부를 심사하는데 동일정보를 별개의 수작업으로 기재하기 때문에 서류간에 불일치한 용어가 사용되고 있고, 심사하는 은행 측에서는 지식과 경험을 가진 담당자가 서류를 심사하는데 상당한 시간을 소비하고 있다.

이러한 서류심사는 무역업자와 결제에 관련된 은행에서 중복되어 이루어지고 있으며, 이로 인해 발생한 서류의 불일치는 서류가 수리거절 되어 화물의 인도와 대금결제가 제대로 이행되지 않은 결과를 초래하고 있는 실정이다.

3) 대금결제 불확실성

추심결방식과 송금방식의 경우, 추심결제는 오직 수입업자의 신용에 의존하기 때문에 수입업자의 신용상태가 불량하거나 지급불능상태에 빠지게 되면 수출업자는 대금을 회수할 수 없게 되며, 수출업자가 추심의뢰은행과 추심은행을 통하여 대금이 결제된 후에야 지급을 받기 때문에 신용장결제방식 보다 대금지급기일이 오래 걸린다.

또한 추심의뢰은행이나 추심은행은 서류의 일치성을 심사하거나 대금지급 의무를 부담하는 것이 아니므로 계약과 다른 물품의 수령이나 대금지급지연 등에 대하여 은행에 항변할 수 없다.

궁극적으로 기존의 종이서류 기반하의 무역 및 대금결제 상에서 발생하는 비효율성은 전자무역 및 전자결제시스템 도입의 가장 핵심적인 요인이라고 볼 수 있다. 즉, 종이서류를 중심으로 거래가 성사되는 신용장방식의 복잡한 절차 및 고비용의 문제, 송금 및 추심결제 방식의 대금지급 보증 미미 등이 가장 중요한 문제점이라고 볼 수 있다.

현행 종이서류 체계의 무역대금결제 방식의 문제점 및 무역거래 환경의 변화에 능동적으로 대처하고 효율적인 무역거래를 수행하기 위한 가장 중요한 무역거래대금의 전자화가 매우 중요한 문제라고 볼 수 있다.

[표 9-5] 결제방법별 수출입 부대비용

구 분	수출입부대비용(외환)	
	수 출	수 입
신용장방식	L/C통지 수수료, 우편료, 환가료(Usance), 대체료(Renego)	L/C개설 수수료, 전신료, 환가료, 인수수수료(Shipper Usance)
추심방식	우편료, 추심 수수료, 환가료(D/A경우), 대체료	인가 수수료(D/A 경우) 환가료(D/A 경우), 전신료
송금방식	~	전신료

2 전자 메세지 실행

신용장 관행은 국제무역에 있어서 최근의 상업적, 기술적 발전이라는 새로운 욕구에 만족 될수록 새워져야 할 필요가 있다. 따라서 전자메시지에 의한 종이가 필요없는 (Paperless) 신용장 개발이다. 신용장을 전자적 발행의 목적이 아니라 신용장 조건과일치하여 지급함에 있어 요구되는 전자메시지의 본질과 내용이다.

전자적으로 신용장을 발행하는 방법은 벌써 실무적으로 SWIFT Network를 통하여 은행이 전자적으로 발행하고 있다. 그러나 현재 개발된 특정의 SWIFT 나 UN/EDIFACT는 신용장 거래의 중요한 부분들을 담당하고 있지만, 무서류 거래라는 전자무역시대에 적합한 완전한 형태의 전자거래는 아니기 때문에 전자결제시스템의 등장이 필요하게 되었다.

[표 9-6] 국제간 결제방식

주요방식	세부내용	결제방법
신용장 방식(L/C)	At Sight(일람 출금식)	은행의 조건부 지급의무 • 대금 일시불로 결제
	Usance(기한부 지급) • Banker's U/S, Shipper's U/S	• 대금 약정된 기간 동안 외상결제
송금결제 방식	사전송금(Advanced Payment) • CWO(Cash with Order) • 물품 인수전 송금하는 방식	전신환(T/T: Telegrapic Transfer) 우편환(M/T: Mail transfer) 송금수표(Demand Draft)
	사후송금(Deferred Payment)	
	• COD(Cash on Delivery) • CAD(Cash again Documents)	• 은행 불개입 • 당사자간 서류송부 및 대금결제

주요방식	세부내용	결제방법
추심결제 방식	어음인수서류 인도조건 (D/A: Documents against Acceptance)	은행을 통한 서류송부 및 대금결제
	어음지급서류 인도조건 (D/P: Documents against Payment)	은행은 지급의무 없음
기타방식	팩토링 방식 포피팅 방식	팩토링회사 또는 포피팅회사를 통한 대금결제
	오픈 어카운트(Open Account)	은행을 통한 서류인수/대금결제

3 B2B 결제시스템 구축

무역결제대금이 금융기관을 통해서 이루어지고 있는 현실에서 결제대금의 규모에 따라 소액결제와 거액결제로 구분된다. 소액결제는 금융결제원에서 거액결제는 중앙은행을 통해서 일반금융기관에서 대금결제가 이루어진다.

B2C(Business to Customer) 전자거래에서는 소액결제가 주로 이루어지고 있으며, B2B(Business to Business) 거래 형태에서는 국제간 거래금액이 매우 크므로 결제방식도 고객보호 차원에서 복잡한 절차를 요구하는 인증, 보안 등이 최대의 과제이다.

[표 9-7] 대금결제 형태

구 분	B2C	국내(B2B)	국제(B2B)
거래주체	기업 ↔ 소비자	기업 ↔ 기업	국제기업간
거래규모	소액	중, 거액 혼합	거액
결제수단	전자지갑, 전자화폐(전자현금), e-Coin	구매전용 카드, 기업구매 대출, On-line 송금, 전자외상 매출채권	전자 신용장, 전자 수표, 전자 환어음, 무역카드, 볼레로
거래상품	규격화된 상품/서비스	비규격화된 상품/서비스	비규격화된 상품/서비스

전자무역 결제처리의 요건은 신뢰성, 안전성, 편의성 등과 같이 일반거래의 결제요건과 비슷하다. 글로벌 무역에서 B2B 전자거래의 급격한 증가, 수요자 요구의 다양성 등이 새로운 전자결제시스템의 추가적으로 고려해야 할 내용으로 볼 수 있다.

결국 국제무역의 상관행이 근본적으로 변화하고 있다는 것을 의미한다.

결제시스템 과정은,

1단계, 수치인이 지급인에게 송장에 의한 지급을 요구된다.

2단계, 지급인이 거래은행(A)에 계좌 잔액의 출금지시와 수치인의 거래은행(B)에의 지급 지시하게 된다.

3단계, 거래은행(A)은 지급인이 자금을 출금하여 수취인 거래은행에 송금 및 수취인 계정에 입금을 지시하게 된다.

4단계, 거래 은행(B)은 수취인에게 입금을 통보하고 수취인이 지급인에게 지급사실을 통보하게 된다.

제3절 전자결제 국내현황

1 수입거래대금

수입대금결제 업무의 전자화는 신용장 개설에서 수입대금결제에 이르는 수입과정을 전자문서교환 및 인터넷방식으로 서비스하는 것으로 수입업무에는 신용장 개설, 수입화물선취보증서, 수입대금결제, 송금방식 지급확인, 해상보험 등이 있다.

1) 수입신용장 개설업무

수입신용장의 개설은 개설의뢰인(수입자)의 요청과 지시에 따라 개설은행에 신용장을 개설하는 조건으로 지급보증 행위의 일종으로 개설은행은 수입업자의 신용상태 및 담보능력을 고려하여 개설을 승인한다.

신용장 개설은행은 수입업자를 대신하여 수출업자, 매입은행 등에게 수입대금지급을 확약하므로 수입업자로 하여금 신용장금액에 상응하는 담보를 제공하도록 하며 수입업자의 담보제공에 따라 수입업체별로 신용장 개설한도액이 설정된다. 기존 방식으로 신용장개설시 신용장 개설신청서, 계약서, 보험증서 등의 구비서류를 제출해야 하지만, EDI를 활용할 경우 구비서류가 면제된다.

먼저 수입싱이 개설신청서 전자문서를 개설은행에 발송하면 개설은행은 국내 수입업자에게 전자문서로, 해외통지은행에게는 SWIFT 전문으로 신용장을 전송한다.

수입업자는 개설은행을 방문하지 않고도 L/C를 개설할 수 있고, 이에 필요한 첨부서류를 따로 제출할 필요도 없기 때문에 시간 및 비용이 절감된다.

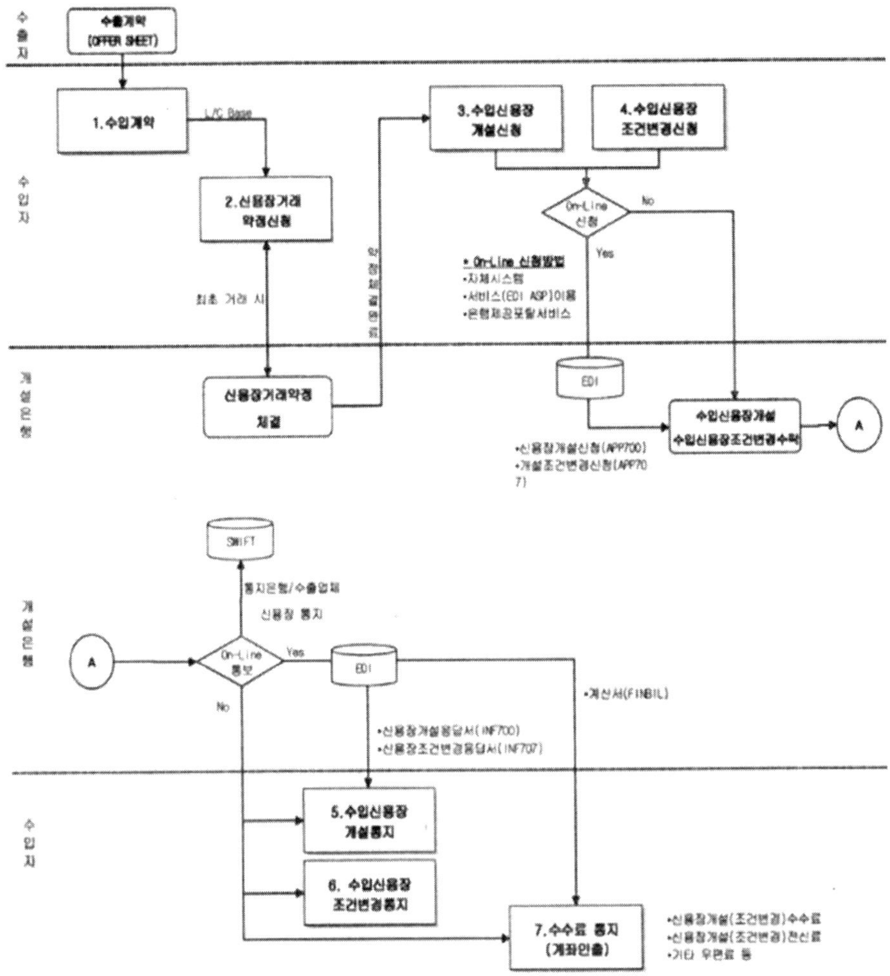

[그림 9-12] 수입신용장 개설업무

2) 운송서류 내도 통지

개설은행은 신용장 조건과 일치하는 운송서류인가를 확인 후 수입업자에게 운송서류 도착을 통지하고 결제를 요청한다.

업무절차는 수출업자가 거래은행에 추심 또는 매입의뢰를 하면 매입은행은 운송서류(D/P, D/A, Local L/C, 수입L/C 등)를 개설은행에게 송부하며, 개설은행은 수입업자 앞으로 운송서류 도착을 통지한다.

통지대상 업무는 L/C방식의 수입서류, D/A · D/P 수입서류, 내국 신용장에 의한 서류 등이다. 운송서류 내도사실의 신속한 접수로 정확한 지급관리가 가능하며, 지급지시서와 연계하여 수입 L/C, Local L/C, D/A · D/P 등의 서류를 신속하게 결제할 수 있다.

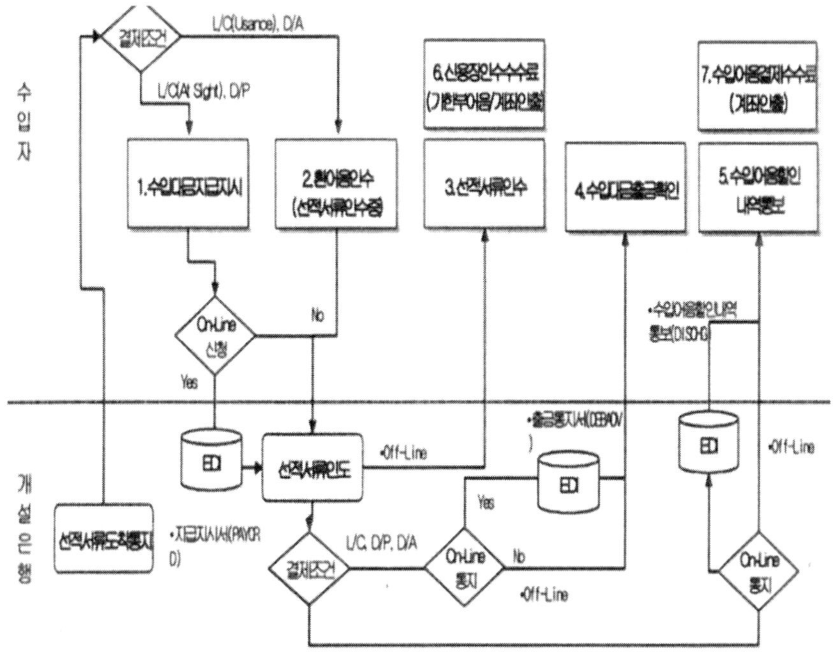

[그림 9-13] 수입대금지급 업무

3) 수입대금 결제업무

수입업자 개설은행을 통해 개설한 수입신용장에 대한 환어음이 해외의 매입은행으로부터 내도하면 이를 검토하여 결제한다. 수입업자는 전자적인 방식의 지급지시를 통하여 해당건의 결제를 개설은행에 지시하고, 개설은행은 수입업자의 지시에 의해 수입대금을 수입업자의 계좌로부터 결제하고 그 결과를 전자적인 방식의 출금 통지서를 통해 수입업자에게 통보한다.

결제업무는 Sight L/C(자기자금, 무역금융, 일반대출), D/P(자기자금, 무역금융, 일반대출), USANCE L/C, D/A(자기자금), Local L/C(자기자금, 무역금융), 내국수입 USANCE, 외국환 수수료 등이다. 따라서 수입대금을 결제하기 위해 은행을 방문하지 않아도 되므로 시간 및 교통비 등이 절감된다.

4) 수입화물 선취보증서(L/G)

L/G(Letter of Guarantee)발급 업무는 수입화물이 수입지에 도착하였으나 운송서류 원본이 도착하지 않아 수입업자가 수입화물인수가 불가능할 경우 수입업체는 수입 선취보증신청서를 은행에 제출하고, 은행이 보증한 수입화물 선취보증서를 운송인 앞에 제출하여 수입서류 결제 전에 수입화물이 수입업자에게 인도되도록 하는 업무를 말한다.

수입업체는 수입화물 선취보증신청서를 개설은행에 EDI로 전송하고, EDI로 처리 불가능한 B/L 사본 등은 FAX로 송부한다. 관련 수수료 및 수입보증금 등은 외국환 수수료 납부를 위한 지급지시서 전자문서를 사용한다,

또한 L/G 신청시 선박회사(또는 항공사)의 EDI 수발신 식별자를 명시하여 신청하면 개설은행은 수입화물선취보증서를 신청인 및 운송인에게 EDI로 전송한다. 이러한 과정을 통해 개설은행을 방문하지 않고도 L/G 발급이 가능하고, 수입업체는 L/G를 운송인에게 직접 제출하는 절차가 생략된다.

수입업자가 Off-line상에서 수입화물 선취보증의 신청을 위해서는 선화증권 사본, 상업송장 사본, 화물도착통지서 등의 구비서류를 제출하여야 한다.

수입업자가 EDI를 통해 수입화물 선취보증서를 발급받은 경우에는 개설은행에 구비서류제출이 면제된다.

2 수출거래대금 전자결제시스템

수출업무에서 전자화된 외환·결제업무는 신용장 통지에서 물품의 대금회수에 이르는 수출과정을 EDI 및 Internet으로 서비스하는 것을 의미하며, 신용장, 내국신용장, 세금계산서, 구매승인서, 선적요청서, 수출환어음매입, 수출대금결제, 해상보험 등이 이에 해당한다.

1) 내국신용장 개설업무

국내 수출업자가 수출용 원자재 또는 완제품을 조달하는 과정에서 외국환은행이 그 물품대금의 지급을 보장하는 지급보증서인 내국신용장(Local L/C)은 물품공급자

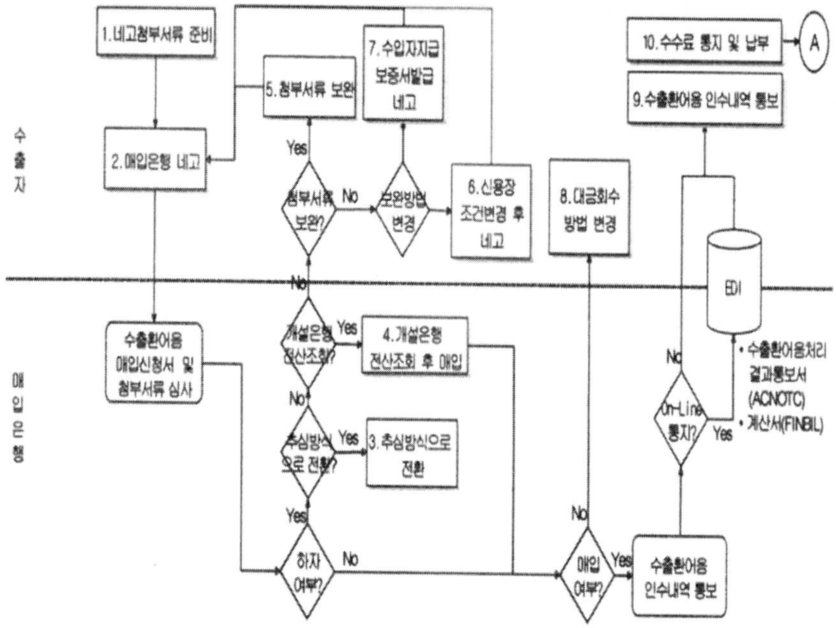

[그림 9-14] 내국신용장 개설 업무

를 수혜자로 공급받은 자를 개설의뢰인으로 하여 발행한다.

내국신용장 수혜업자가 공급하고자 하는 물품의 오퍼를 내국신용장 개설업체에게 전송하면 내국신용장 개설의뢰인은 내국신용장 개설신청서를 전자문서로 개설은행에 송신한다. 이를 수신한 은행은 개설의뢰인과 수혜업체에게 내국신용장 개설내력을 전자문서로 송신한다.

개설시 첨부서류 중 물품매도확인서는 제출이 생략되고 입력 항목 중에 공급물품을 개설하고자 하는 물품의 대표적인 상품만을 입력하면 된다. 내국신용장 수혜업자가 물품을 공급한 후 세금계산서 전자문서를 개설업체에게 전송하면 개설업체는 인수증 전자문서를 수혜업체에게 전송한다. 수혜업체가 내국신용장 환어음매입(추심)신청을 하면 매입은행은 매입· 추심에 대한 매입계산서를 전송한다. 개설업체는 개설은행으로부터 어음 및 서류의 도착 통보를 받으면 지급지시서 등을 이용하여 결제한다. 전자적인 방식에 의한 내국신용장 개설업무는 기존업무와 달리 첨부서류를 따로 제출할 필요가 없고 개설신청 시 자료 입력에 대한 업무량의 감소와 더불어 신속한 업무처리가 가능하며 개설은행의 중복입력이 거의 없으므로 은행은 업무량 감소에 따른 비용절감 및 내부시스템을 최대한 효율화 할 수 있다. 내국신용장, 인수증 등의 서류전달을 위한 개설업체의 은행방문횟수 감소와 함께, 업무처리시간 단축과 더불어 자금회전율을 극대화하고, 효율성을 최대화 할 수 있다.

2) 신용장 통지 및 수령업무

수출신용장은 현재, 국제은행간 통신망인 SWIFT가 일반적으로 활용되고 있으며 우리나라에서는 KTNET SWIFT에 의한 신용장 통지업무를 EDI 방식으로 서비스하고 있다.

SWIFT에 의한 신용장 통지업무를 통해서 무역업체는 통지은행을 방문하지 않고도 신용장 접수가 가능하며 무역업체가 출력한 신용장을 원본으로 사용하는 것이 가능하다.

기존의 서류나 FAX와는 달리 정형화된 신용장을 수신함에 따라 내부 무역관리 시스템이나 경영정보시스템(MIS) 등에 활용 가능하다는 장점이 있다.

수출신용장 양도는 수출신용장 원본, 양수자 및 양도자의 인감필적 명판신고서, 양도신청서 서류를 가지고 은행을 방문해야만 양도업무처리 할 수 있다.

3) 구매확인서 개설업무

국내에서 외화획득용 원료 등을 구입에 따른 무역금융 한도의 부족 또는 단순송금방식 수출의 경우로 내국신용장 개설이 불가능할 경우에는 물품공급자에게 구매확인서를 발급하여 원자재 등을 구매한다.

구매확인서 방식에 의해 외화획득용 원료 등을 공급하는 공급자는 공급하고자 하는 물품의 오퍼를 구매자에게 전송하고, 구매자는 외화획득용 원료(물품) 구매확인신청서를 전자문서로 은행에 송신하고, 이을 수신한 은행은 공급자와 구매자에게 외화획득용 원료 혹은 물품 구매확인서를 전자문서로 한다.

공급자는 물품을 공급하고 세금계산서를 전자문서로 구매자에게 전송하고, 구매자는 공급자에게 대금지급에 따른 내용을 전자문서로 은행에 지급을 할 수 있도록 통지하여 은행은 구매자에게는 출금을 통지하고, 공급자에게 입금통지서를 전송한다.

구매확인서 발급 신청에 따른 부대서류를 따로 제출할 필요가 없이 신속한 업무처리, 비용절감 등이 가능하고, 외화획득용 물품공급계약서, 외화매입증명서, 소요량증명서, 수출신용장, 수출계약서 등 발급 근거서류의 제출이 생략되고 관련업무 서류전달을 위한 방문횟수가 감소하는 효과를 기대할 수 있다.

기존방식에서는 국내신용장을 개설할 때 개설신청서 및 물품매도확약서와 수출증빙서류 등을 첨부하여 개설하며, 구매확인서를 개설할 때는 구매확인 신청서 3부와 공급계약서나 물품매도확인서, 수출증빙서류와 공급자 및 공급받는 자의 인감증명서 등을 첨부하여 개설하기 때문에 첨부서류를 준비해야하는 시간적 부담이 있다.

4) 수출물품 대금회수 업무

현재, 수출신용장 서류매입의뢰와 추심방식의 서류매입의뢰 업무는 모두 전자 네고를 통하여 이루어지고 있고, 전자서류 매입의뢰에 따른 전자구비서류가 간편하게 전자문서화 및 표준화 되어 있다.

은행측면에서 매입의뢰 서류의 무결성을 확보하는 시스템도 이미 구축이 되어있고 전자서류 네고 매입의뢰 한도조회 및 네고 확인업무에도 빠르게 진행되어 해결하고 있다.

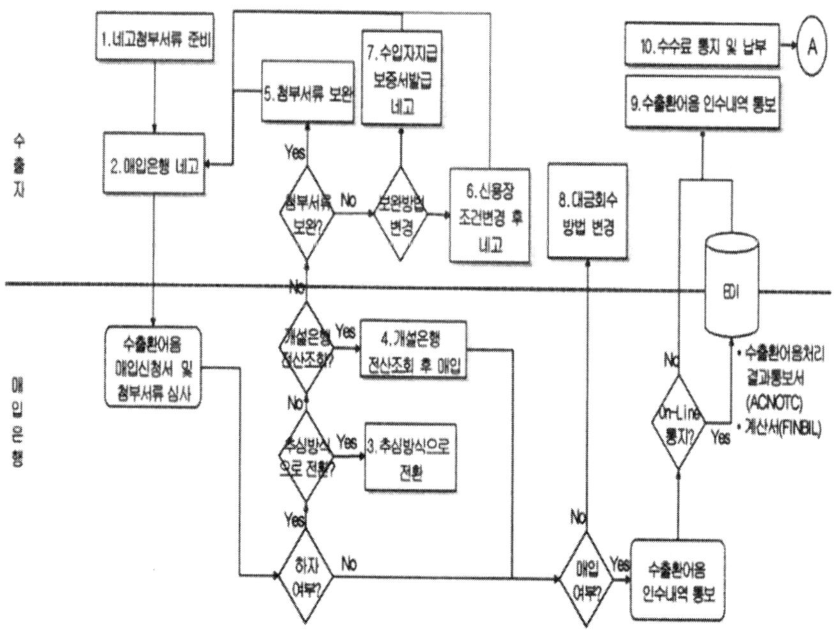

[그림 9-15] 수출물품 대금회수

(1) 수출입 유관기관에서 발급하는 전자서류 활용

첫째, 전자선화증권 및 항공화물운송장은 전자서류 매입의뢰에 따른 가장 중요한 서류이고 전자문서 형태로 이용되고 있다.

둘째, 전자보험증권의 경우, 화주와 보험사간에 거래되는 보험청약 및 발행 프로세스는 전자화가 모두 되어 있다.

셋째, 전자수출신고필증의 경우, 자기통관 업체는 세관과 EDI 발급을 하고 있다.

넷째, 원산지증명의 경우, 상공회의소와 화주간 증명서 발급을 EDI로 한다.

(2) 수출업자와 은행이 발급하는 전자서류 활용

첫째, 전자수출환어음 매입신청서는 신청서가 전자화가 되어 있다.

둘째, 전자수출신용장 원본의 경우, 통지은행으로 전자서류매입 의뢰에 따른 서류매입 은행에서 전자수출신용장 원본확인에 대한 처리시간이 짧으나 우리나라의 경우에는 비통지은행에서도 전자서류매입이 가능하여 원본확인에 대한 문제가 없다.

셋째, 전자수출신용장 서류매입에 따른 은행의 수출신용장 한도 초과 등과 같은 확인업무에 처리시간이 많이 소요되고 있다.

전자송금방식에 의한 수출물품의 대금회수에 따른 외화계좌에 물품대금이 입금되었음을 통지 받고 내력을 확인하여 증빙서류를 준비해야 하며 사전송금으로 입금된 수출 선수금을 회수하기 위해 외국환은행에 회수신청을 해야 하며 입금된 물품대금을 수출건별로 확인하여 회수해야 하므로 수출 선수금 대금회수에 제약요인이 발생하고 있다.

5) 전자입출금통지서

수출대금이 해외은행으로부터 매입 또는 추심은행에 입금되면 매입은행은 수출대금의 입금사실을 무역업체에게 통지한다. 외국환 수수료, 대금결제 등의 이체결과를 해당업체로 통지하는 업무를 말한다.

추심은행은 입금일자, 입금금액 등을 전자문서로 통지하고, 외국환 수수료, 대금결제 금액 등 지정계좌로부터의 출금내력을 무역업체에 통보한다, 따라서 서류매입 금액이 입금되었는지 확인할 필요가 없으며, 관리인력 절감, 수출 종결여부를 자동으로 확인하는 것이 가능하다. 미결제건의 조기 확인으로 인한 입금지연이자 등의 절감기능, 이체결과 등도 자동으로 확인 가능하다.

제10장

전자무역의 허브 구축

제1절 전자무역 허브 개요

1 전자무역 허브 절차

전자무역 허브는 제품과 서비스의 수출입에 관련된 전자무역프로세스에서 발생하는 방대한 정보를 전자문서로 교환함으로써 전자무역 프로세스를 획기적으로 전환함과 동시에 마케팅 활동과 무역업무 대행역할을 수행한다.

전자무역 허브 인프라의 보편화로 새로운 전자무역환경에서 창출 가능하고 다양하며 궁극적으로는 다수의 관련 기업 및 공공기관의 개별 프로세스가 전자무역 허브 프로세스라는 일관된 프로세스로 융합되는 과정으로서 전자전이(Transformation)의 핵심부분을 구성 새로운 방식의 사업모델의 개발과 수행활동을 포함한다. 전자무역 허브가 경로기관간의 전자적 연결성을 지니는 이유는 다음과 같다.

첫째, 전자무역 허브는 무역관련 다양한 경제주체들이 전자적으로 연결되어 시장탐색에서 통관/절차에 이르는 모든 전자무역 수출입 관련 업무를 가장 효과적이고 경제적인 방법으로 수행된다는 측면에서 둘 이상의 경로기관이 컴퓨터 네트워크를 통해 정보를 고유하거나 처리한다.

둘째, 전자무역 허브는 24시간, 365일 무역업무 처리가 가능하며 어디서든 인터넷상의 단일창구(Single Window)를 통하여 무역 업무를 처리한다는 측면에서 상시 또는 수시로 접속하여 사용하는 상태의 전자적 연결성을 지닌다고 할 수 있다. 일반적인 전자무역프로세스는 정보수집활동, 마케팅활동, 상담 및 계약활동, 대금결제, 물류운송 등으로 이루어진다. 정보수집활동은 시장이나 제품, 바이어에 대한 정보를 수집하는 작업을 수행하고, 인터넷 마케팅활동은 자사 기업과 제품을 인터넷 알선사이트에 게재하여 판촉활동을 진행한다. 상담 및 계약활동은 조사 발굴된 바이어와 거래조건 협의와 각종 절차를 밟기 위한 상호간의 의견을 교환하고 전자계약을 체결한다.

전자대금결제는 SWIFT.net을 통해 이루어지며 물류운송은 전자거래가 성사된 제품을 수입업자에게 보내는 과정을 거치게 된다.

2 전자무역 허브 특성

전자무역 허브도 전자무역 거래과정에서 디지털 경제에 적합한 IT를 도입, 각 경제주체를 전자적으로 연결하기에 기존의 무역거래에선 볼 수 없는 혁신성, 조직간 정보시스템 특성, 전자적 연결성, 네트워크 외부성 특성, 공공성 특성 등으로 나누어 볼 수 있다.

1) 혁신성

일반적으로 이를 채택하거나 활용하는 개인이나 조직이 새로운 것을 인지하는 아이디어, 실천방안 또는 물체라고 할 수 있다.

전자무역 허브도 전통무역에 비해 단순한 거래방식의 변화가 아니라 전통무역산업을 포함한 국민경제 구조와 프로세스의 혁신을 포함하고 있다.

기업은 물론 은행, 보험회사, 운송업자, 물류업자 등 수출입 관련기관과 세관 등 무역과 관련된 모든 기관을 연결하는 프로세스의 기본적인 개선이 필요하다. 뿐만 아니라 전통무역과 관련된 관행, 제도, 법령 등을 온라인 프로세스에 적합하도록 근본적인 개선이 필요하며 이 과정에서 관련회사 및 기관의 인적, 물적 구조조정을 필요로 한다. 또한 무역의 글로벌 속성상 전자무역 역시 2개 이상의 국가가 관여된 글로벌 과제로서, 전자무역 허브의 추진은 글로벌 관계의 혁신을 전제로 한다.

2) 조직간 정보시스템

조직간 정보시스템이란 「둘 혹은 그 이상의 조직간 들의 자원공유에 관계하는 시스템을 지칭하는 일반적인 용어」로 정의하고 있다. 전자무역 허브는 재화 또는 서비스의 국가 간 거래인 무역행위의 본질적인 업무를 인터넷을 포함한 IT수단을 활용하여 전자책, 정보 집약적 방법으로 수행하는 전자무역 활동을 정의할 수 있다. 즉, 전자무역 허브는 제품과 서비스의 수출입에 관련함으로써 전자무역 프로세스를 획기적으로 전환하는 것이다.

전자무역 허브는 인터넷을 비롯한 정보시스템의 구현이 필수적인 요소라고 할 수 있으며 전자무역의 특성상 법적, 경제적, 조직적으로 서로 독립된 조직 간에 구축되

어 운영되어지는 조직간 정보 시스템의 성격을 지니고 있다

3) 전자적 연결성

(1) 연결의 대상

전자적 연결대상은 무역기업 뿐만 아니라 관련된 무든 무역유관단체를 들 수 있다. 즉, 무역업체, 은행, 보험, 운송, 하역, 창고 무역관련 인허가기관 등 무역과 관련된 모든 기업이 전자적 연결대상인 경로기관이 될 수 있다.

(2) 연결범위의 관점

둘 이상의 기업 또는 기관과 연결된다는 점이다. 이것이 분석의 단위가 적어도 상대 수준이나 그 이상의 수준이라는 것을 의미한다. 기업 간 또는 네트워크 수준에서의 정보화는 독립적인 실체들 상호간의 조직간 또는 네트워크 수준에서의 정보화는 독립적인 실체들 상호간의 조직 간의 정보화라는 점에서 단일 기업수준에서의 사내 정보화와는 다른 맥락을 갖는다. 전자무역은 궁극적으로 전자무역 플랫폼을 통해서 개별 기업이 무역 업무를 기업 내부업무와 동일하게 처리할 수 있는 시스템을 지향하는 것으로 단일화된 사내정보화 수준과는 근본적인 차이가 존재한다.

(3) 연결의 목적

전자적 연결의 목적을 정보 통계 또는 프로토콜의 공유로 제시하고 있다.

정보의 공유라는 관점에서 볼 때 전자무역은 무역관련 정보, 주로 전자문서 등을 무역주체 뿐만 아니라 각 무역관련 유관단체가 상호 동시적으로 공유하거나 처리함으로써 정보의 이동을 효율화 시킬 수 있다.

이러한 효율적인 정보의 처리와 동시에 무역계약이라는 거래를 가능하게 해준다.

(4) 연결의 수단

네트워크에 의한 연결은 B2B조정비용과 검색비용을 줄여준다. 전자무역은 무역행위의 본질적 업무를 인터넷을 포함한 IT수단을 활용하며 무역프로세스에서 발생하는 방대한 정보를 전자적 방식으로 교환함으로써 B2B의 무역비용을 절감할 수 있다.

(5) 연결의 성격

상시/수시로 접속하여 사용하는 상태라 함은 단지 물리적인 연결에서 그치는 것이 아니라 실제로 접속이 가능하고 사용되고 있어야 한다.

전자거래와 관련하여 인터넷과 같은 개방적인 네트워크가 확대됨에 따라 어떤 기업도 네트워크상의 임의의 기업과 물리적인 연결가능성은 가지고 있다.

그러나 이러한 물리적 연결가능성에도 불구하고 현재는 기업 간, 기관 간, 국가 간 전자문서양식의 비호환성, 무역거래의 대금결제 보안성 등의 문제로 인하여 진정한 전자적 연결을 실현하지 못하고 있다.

궁극적으로 전자무역이 각종 문서의 전자화, 물류 자동화, 전자결제시스템 등 제반 무역프로세스를 전자화하는데 필요한 기본적인 하부구조를 완비하고 주요 무역대상국간 글로벌 전자무역 네트워크를 구축하여야만 실질적인 전자무역 실현이 가능하다.

4) 네트워크 외부성

인터넷이라는 물리적인 네트워크는 물론 컴퓨터 등을 이용한 가상적인 네트워크를 통해 각 경제주체들이 연결됨으로써 형성되고 발전되어 간다.

이러한 과정은 각 경제주체들이 특정 재화를 사용함으로써 취득하는 효용이 특정 재화와 호환적인 재화를 사용하는 소비자가 많고 재화들이 서로 연결되어 사용될 경우 그 재화로부터 얻을 수 있는 효용이 변화할 수 있는 네트워크 외부성이 나타난다. 경제학에서 외부효과는 한 경제주체의 경제 행위가 시장 기구를 통하지 않고 다른 경제주체에게 의도하지 않게 미치는 혜택이나 손해를 의미한다. 이러한 외부효과가 네트워크 규모가 증가함에 따라 내부에 소속되어 있는 각 경제주체에게만 한정해서 나타나는 현상을 가리켜 네트워크 효과라 한다.

외부효과는 소비측면과 생산측면에서 정의할 수 있으나, 특히 네트워크 외부효과는 소비측면에서 강하게 작용한다. 소비측면에서 네트워크 외부효과란 특정재화나 서비스의 사용으로부터 개별소비자가 얻는 효용의 크기는 그 재화를 사용하는 고객이 많을수록 더 커지는 것을 의미한다. 전자무역 허브의 경우, 각 개별 무역업자 및 무역프로세스에 관련 되어 있는 각각의 무역업무 관련주체들이 전자무역이라는 하나의 네트워크에 많이 가입하여 서비스를 이용할수록 각 개별 참여주체들이 얻을 수 있는 효용은 더욱 높아 질 수 있다.

네트워크 재화는 일반재화처럼 배타적으로 자신만이 서비스를 이용하는 경우에는 아무런 효용을 주지 못하지만 가입자가 많을수록 소비자의 효용은 더욱 커지게 되므로 각 관련 주체가 많이 가입하여야만 하는 독특한 특성이 있다.

5) 공공성

투자차원에서의 특성으로 매몰비용 성격을 들 수 있다. 매몰비용은 일단 지출된 다음에는 회수할 수 없는 비용으로 경제학에서는 이 매몰비용은 의사결정에 영향을 미치지 않아야 되며 회수 할 수 없다는 것은 다른 용도로 이용할 수 없다는 것을 의미하는 것이라고 보고 있다. 공공재적 성격으로 공공재는 공공소비성의 원칙을 갖는 특성 때문에 이들 재화가 시장 기구에 의해서는 충분한 공급을 기대하기 어렵기 때문에 일반적으로 공공부분에 의해서 공급하게 된다. 전자무역이 성공적으로 정착되기 위해서는 기업과 산업의 e-business화, 정부의 IT화 등이 복합적으로 고려되어야만 전자무역을 통한 가치창출이 가능하다.

이것은 전자무역이 단순히 기업의 개별차원이나 산업의 개별적 차원에서 이루어지는 B2B성격뿐만 아니라 G2B G2C 등 전자정부와 기업과 산업의 e-business를 포함하는 측면에서 접근해야 하기 때문에 전자무역 허브는 공공적인 특성을 지닌다.

제2절 수출입 허브 활용

1 수출입 허브 프로세스

1) 전자수출입 요건확인

목적은 국민보건, 환경보호, 사회 안전 등과 직결되는 수입물품으로 통관단계에서 확인하지 않을 경우 원상회복이 불가능하거나 또는 사회적 비용이 큰 경우 수출입관련 법령에서 규정한 의무사항의 이행여부를 세관장이 확인함으로써 그 피해를 최소화하거나 없애려는 것이다. 즉, 수출입업자가 각종 농, 수, 축 산물 등에서 유래된 식품류, 의약품에 대한 승인, 추천, 검사, 검역 등의 요건확인서를 발부 받아 수출입 통관단계에서 확인받도록 하는 것이다. 이러한 확인은 수출입업체가 업무를 함에 있어 통관을 위한 가장 중요한 요소임을 감안할 때, 요건확인업무의 전자화는 무역자동화 사업에서 구축한 전자무역 인프라의 이용을 제고하여 서류 없는 전자무역 프로세스 구현의 핵심요소 이다.

2) 전자원산지증명서

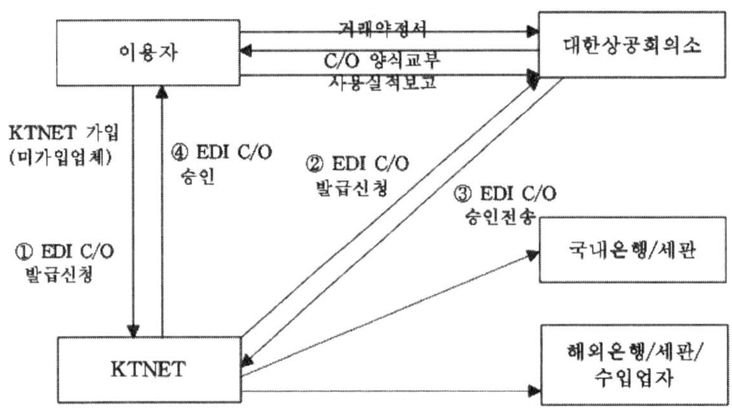

[그림 10-1] 전자원산지증명서 발급

최종 소비자를 보호하기 위하여 수입물품에 국제적으로 인정되는 전자원산지 적용기준을 마련하여 수출 또는 수입하는 물품에 전자원산지 표시를 명확히 함으로써 불공정수출입 행위를 근절하기 위하여 시행하는 것으로 우리나라는 상공회의소/한국무역협회에서 발급업무를 맡고 있다.

3) 전자외환, 결제 프로세스

각종 행정 및 서식을 전자문서로 바꾸어 네트워크를 통해 궁극적으로 서류 없는 무역을 실현한다.

외국환은행, 금융결제원, 은행연합회, 수출입조합을 중심으로 전자수출입승인, 전자신용장개설 및 통지, 전자대금결제 등의 업무를 자동화 한다.

자동화 업무종류에는 전자신용장 통지, 전자내국신용장, 전자세금계산서, 전자구매승인서, 전자선적요청서, 전자수출환어음매입, 전자수출대금결제보험, 전자적하보험 등이 있다.

4) 전자수출 외환

(1) 전자수출신용장 통지 업무

수입지의 신용장 발행은행이 송부한 신용장을 수출자에게 내도사실을 통보하고 신용장을 교부하는 것으로, 수출자가 선적을 완료하고 신용장조건과 일치하는 선적서류를 제시하면 수입자 거래은행이 대금결제를 보증하는 비 유통증권 으로서 수출계약이 성립된 후 수입자, 개설은행, 통지은행, 수출자순으로 되는 문서를 말한다.

(2) 전자수출환어음 전자매입 업무

전자수출대금이 수입자에 의해 정상적으로 결제되어 해외은행으로부터 국내 수출환어음 매입은행에 전달되어지면 국내 전자수출환어음매입은행이 수출대금의 입금사실을 무역업체에 통지하여 주는 업무, 이는 전자수출환 어음매입신청을 미리 검토할 수 있도록 은행에 사전통지 함으로써 전자수출환어음 매입을 통한 신속한 전자대금결제를 가능하게 한다.

(3) 전자수출대금 결제보험 업무

화물사고에 대비하는 적하보험과 수출자의 수출 후 전지대금결제시고에 대비하는 수출보험으로 구분할 수 있다. 수출보험에 대한 지급보증은 한국수출보험공사에서 서비스 하고 있다.

수출업체는 한국수출보험공사에 수입업체에 대한 신용조사 의뢰서 또는 전자수출화물선적통지서를 전자문서로 송신 한다. KTNET을 통해 수출보험에 대한 보험 부보를 전자문서교환방식으로 사용할 수 있으므로 수출보험공사에 직접방문하지 않아도 신청부보가 가능하다.

(4) 전자내국신용장 개설 및 조건변경

신용장을 수취한 수출업체가 완제품 구매나 해당 제품의 제조에 필요한 원자재 공급을 받기 위해 해외로부터 받은 원신용장 등을 담보로 자신의 거래은행을 개설은행으로 하여 국내 제조업체를 수혜자로 발행하는 신용장을 말한다.

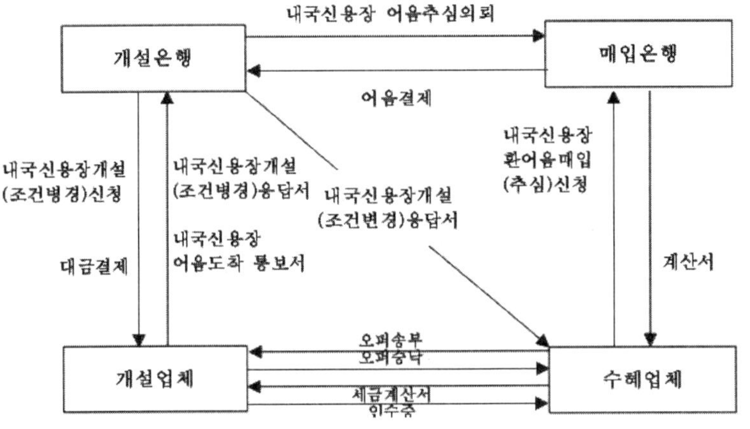

[그림 10-2] 전자내국신용장 허브

(5) 구매확인서 업무

국내에서 외화 획득용 원료 등을 구매 시 무역금융 한도의 부족 또는 단순 송금방식 수출로 내국신용장 개설이 불가능할 경우 물품공급업자에게 구매확인서를 발급하여 수출실적을 인정받도록 하는 업무이다.

전자내국신용장과는 달리 전자구매확인서는 은행이 대금지급을 하지 않으며, 거래당사자들이 대금지급문제를 해결한다. 그러나 전자구매확인서에 의한 실적은 공급자의 수출실적으로 인정되고 관세 환급이나 부가가치 영세율이 적용되어 수출증대에 기여하고 있다.

물품인수에 따른 전자구매대금결제시기에 대한 부담이 없고 신용장 개설 수수료를 절약할 수 있어 신뢰관계에 있는 그룹 계열사간/대기업간에 많이 활용되고 있다.

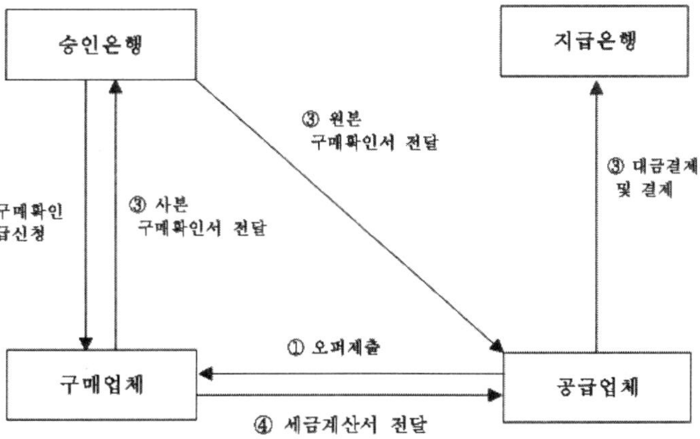

[그림 10-3] 구매확인서 허브

5) 전자수입 외환

(1) 전자수입신용장개설업무

현재 외국환은행들은 SWIFT을 통하여 대부분 처리가 되고 있고, 수입신용장 개설도 이 시스템을 통하여 이루어지고 있다. 전자문서교환방식에 의한 수입신용장 개설은 먼저 개설의뢰인이 신용장을 전자문서로 개설은행에 보내면 개설은행은 국내 개설의뢰인에게 신용장을 전자문서로, 해외통지은행에게는 SWIFT 전문으로 전송한다. 개설의뢰인이 개설은행을 방문하지 않고도 전자신용장을 개설할 수 있고 이에 첨부서류를 따로 제출할 필요가 없기 때문에 시간 및 비용이 절감된다.

(2) 수입화물선취보증업무(L/G)

수입업체는 수입화물 선취보증 신청서를 개설은행에 EDI로 전송하고, EDI로 처리가 불가능한 B/L 사본 등은 팩스로 송부한다. 관련 수수료 및 수입보증금 등은 외국환 수수료 납부를 위한 지급지시서 전자문서를 사용한다. 또한 L/G 신청 시 선박회사의 전자문서 수발시 식별자를 명시하여 신청한다. 이러한 절차를 통해 개설은행을 방문하지 않아도 L/G발급이 가능하고, 수입업체는 L/G를 운송인에게 직접 제출하는 절차가 생략된다.

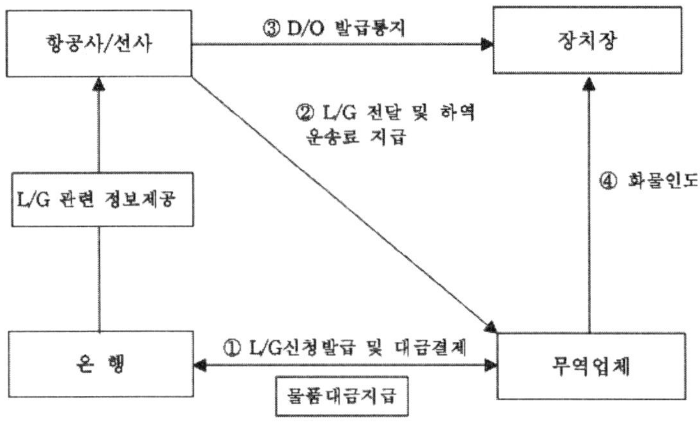

[그림 10-4] 수입화물 선취보증 허브

2 수출입 대금결제 허브

수출업자와 수입업자간의 계약에 준하여 신용장 또는 무신용장방식 등에 의한 거래에 의하여 거래은행과 대금결제가 이루어진다. 수출과 수입 업무를 구분해보면 다음과 같다.

1) 수출 허브의 경우

수출업자가 신용장 조건에 따라 선적을 완료하고 발행한 수출환어음 및 신용장에서 요구한 선적서류 일체를 거래은행에 매입신청을 하면 매입은행은 제시된 신용장의 조건 및 제시된 선전서류를 심사한 후 환가료, 수출환어음추심수수료, 대체료, 우편료 등을 공제한 후 수출업자에게 결제가 이루어진다.

2) 수입 허브의 경우

수출과 마찬가지로 신용장 방식과 무신용장 방식 및 송금결제 방식으로 대금결제가 이루어지며 이러한 방식은 수입자의 경우 자금부서에서 경비를 인출하여 개설과 동시에 발행은행에 지급해야 되므로 개설 시 업무처리가 상당히 불편하다.

3 전자물류/통관 허브

전자물류/통관 업무는 수출신고/통관 업무에서부터 검역, 관세, 보세운송, 선(기)적, 화물인도, 수입신고, 통관에 이르는 업무를 주요 대상으로 하고 있다.

1) 전자수출 물류/통관 허브

(1) 전자수출신고 및 통관업무

관세청은 전자수출통관 절차를 도입하여 시행함으로써 수출입품을 간단하고 신속하게 통관하고 있다. 전체 수출건수를 모두 P/L로 처리하고 있으며 최근에는 자동수리통관제가 확대됨으로 인해 더욱 빠른 수출통관체제를 확립하고 있다.

부정이나 표시위반, 지적재산권 위반 등이 적발되면 관세법 등 관계법규에 의거 처벌하고 있다. 수출신고는 수출물품의 소유자나 수출통관을 전문으로 하는 관세사, 통관취급법인 또는 관세사법인 등이 관세청에서 정한 전자수출신고서 작성요령에 따라 전자수출신고서를 작성한 후 KTNET을 경유하여 관세청 전자수출통관시스템으로 전송한다. 관세청은 인터넷으로 수출신고를 할 수 있는 제도를 2004년부터 시행하고 있다.

(2) 해상운송수출

수출업자는 수출물품에 대한 정보를 선사에게 제공하고, 선사는 선적화물에 대한 정보를 B/L의 형태로 제공한다. 수출업자는 수출면허 내역을 송부하며, 선사는 화물반출 및 선적여부의 수신, 선적요청을 근서로 한 B/L Data를 생성하여 수출업자에게 통보, 아울러 운임 송장과 세금계산서도 전송 한다.

수출업자는 선적운임을 거래은행을 통해 자동이체 시키고, 이를 통해 수출업자는 선적정보와 컨테이너 반출/입을 신속, 정확히 입수하여 효율적인 화물관리를 한다.

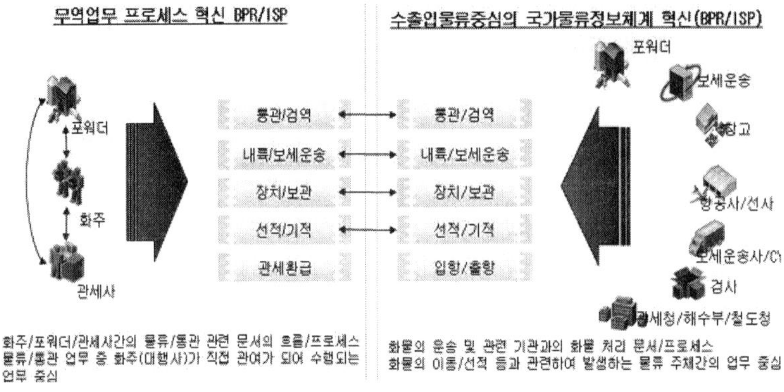

[그림 10-5] 전자물류/통관 허브 혁신

(3) 전자선적요청

수출업자가 선사 및 포워더에게 화물의 선적을 의뢰하고 선적에 대한 결과를 통지받는 업무를 말한다. 수출업자가 선적을 의뢰하는 전자수출화물 선적의뢰서의 전송 내용에는 선적일자, 시간, 장소, 위치. 주소, 요금 지불 등이 포함된다.

선사에서 선적완료를 전송하는 선적완료통지서에는 운송비용, 비율, 단가, 금액, 일자 등이 포함된다.

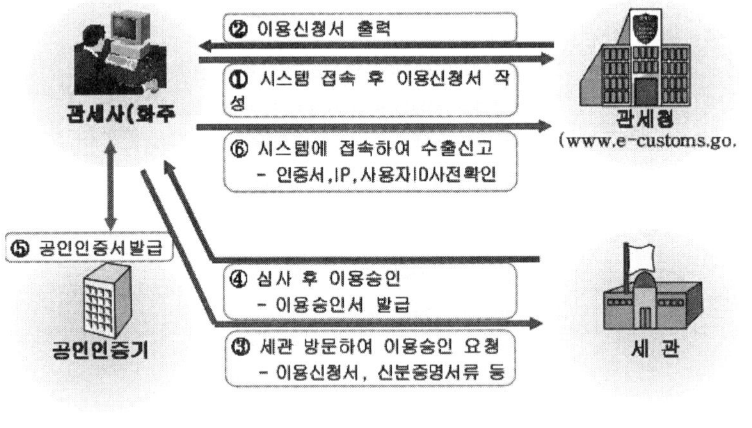

[그림 10-6] 전자수출신고

(4) 전자관세환급

무역업체 또는 관세사는 환급신청서 등의 전자문서를 관세청에 전송 하고 신청서를 수신한 관세청은 내용을 심사한 후 환급업체에 접수를 통보한다.

환급업체는 접수통보 수신 후 3일 이내 신청서류를 세관 심사담당자에게 제출하고, 세관 담당자는 결제를 거쳐 환급금 지급결정통지 또는 제증명 신청의 완료통보, 전자문서를 신청업자에게 전송 한다. 관세청은 지급은행에게 지급의뢰 통지를 전송하고, 한국은행에게 자금이체방식으로 환급금 이체의뢰 내역을 전송한다. 지급 은행은 환급업체 통장에 환급금을 지급한 후 관세청에 환급금 지급필 통지를 전송하고, 한국은행은 자금이체 후 이 내역을 관세청에 전송한다.

2) 수출 물류/통관 프로세스 업무

수입되는 화물은 보세화물 관리단계와 통관단계로 대별되고, 보세화물은 다시 화물의 흐름에 따라 다섯 단계로 구분된다.

첫째, 입항단계로서 외국무역선이 입항하면 선장이나 선박회사 대리점이 세관장에게 입항보고와 함께 그 선박에 적재된 화물목록인 적하목록을 제출한다.

둘째, 선박이 부두에 접안하게 되면 선박회사는 세관에 하선신고를 하고 하역작업을 실시한다.

셋째, 하역이 완료된 물품은 부두 내 또는 부두 밖에 있는 지정된 컨테이너 야적장(CY : Container Yard)으로 화물을 반입하여 각 화물의 목적지로 이동한 후 대기 한다.

넷째, 컨테이너 야적장에서 각 화물의 목적지인 내륙지의 보세구역까지 보세운송절차에 의하여 운송한다.

다섯째, 운송이 완료되면 내륙지의 보세구역에 반입하여 수입통관 절차가 완료될 때까지 보관하게 된다.

4 적하목록취합서비스

전자무역 허브는 정보기술 인프라, 관연산업, 전자무역을 뒷받침 할 수 있는 법/제도 등 기반요소들과 이를 토대로 하는 기업, 그리고 무역 관계기관간의 프로세서로 구분되어 파악이 가능하다.

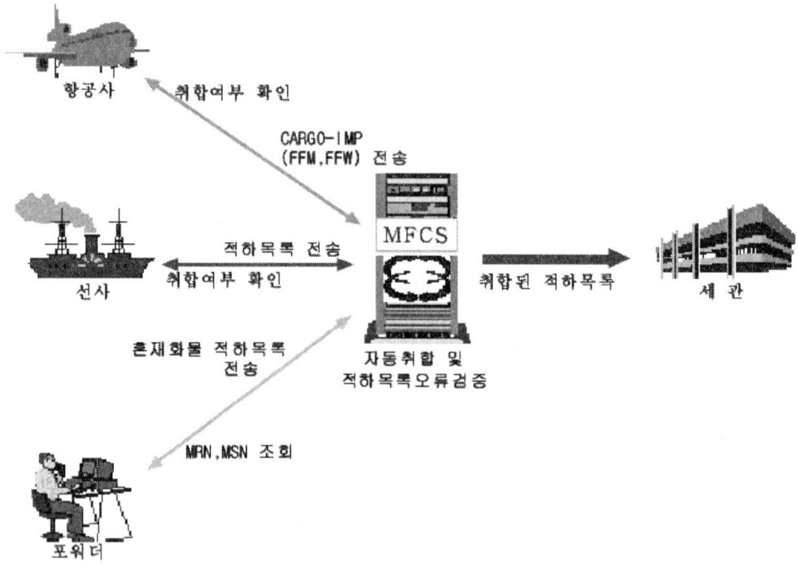

※ 자료 : www.customs.go.kr

[그림 10-7] 적하목록취합서비스 업무

허브 프로세스는 기업이 수출 또는 수입과정에서 수행하는 일련의 활동(통관, 물류, 결제 등)과 수출입 관련 기업들(선사, 외국환은행, 포워더 등)과 주고받는 정보(문서)의 흐름으로 정의된다. 허브 인프라는 이러한 정보(문서)의 교환행위를 전자적 방식으로 처리하는 기능을 제공하는 것이며 허브의 관련 산업은 전자무역 허브 인프라와 연계되는 무역프로세스상의 다양한 기업들과의 금융, 물류, 보험, e-MP 등을 포괄하여 상호 연결하여 이루어진다.

적하목록은 운송수단에 적재된 화물의 총괄목록으로 하선, 운송, 보관, 통관의 각 단계별로 화물의 총량관리를 위하여 최초로 생성된 화물정보를 의미한다.

적하목록이란 국내에 입출항하는 모든 선박이나 항공기에 적재된 화물의 총량관리를 위하여 생성된 화물정보이며, 적하목록 취합시스템은 적하목록을 세관에 제출해야하는 운항선사, 항공사를 대신하여 용선사 및 포워더들의 화물목록을 취합하여 제출하도록 지원해주는 데이터베이스시스템이다.

1) 보세운송 신고 수리업무

보세운송이란 외국물품을 보세상태로 국내에서 운송하는 것을 말하며, 보세운송신고/수리는 보세운송업자가 보세운송신고 및 보세운송 승인을 받기 위해 출발지 또는 도착지 세관이 전자문서교환 방식으로 전송하고, 세관시스템은 보세운송신고를 자동수리하며, 보세운송 승인에 대해서는 첨부서류를 제출 받아 별도로 심사한 후 승인하는 업무이다. 보세운송업자는 보세운송신고를 수리하기 위해 세관에 전자문서 교환방식으로 보세운송을 신고한다. 보세운송업자가 보세운송 승인을 받기위해 승인 신청 자료를 세관으로 전송한다. 세관에 전송된 전자문서에 대해 세관이 심사한 후 심사결과를 신고인에게 통지한다.

2) 보세구역 화물관리 업무

보세장치 장에서 화물의 반출/입 신고에 대한 내용을 세관에 전자문서교환방식으로 전송하여 처리하는 업무이다. 보세장치장은 적하목록 취합시스템(MFCS : Manifest Consolidated System)에서 화물정보를 다운받아 반출/반입 신고 및 화물장치 계획의 기초자료로 활용하고, 보세장치에서 반출/반입된 화물과 반출통과목록 및 반송물품 반입보고에 대하여 화물내역을 세관에 전자문서로 전송한다.

세관은 화물을 보관하고 있는 보세장치 장에 해당 화물이 수입신고수리, 보세운송 신고 등의 사유로 반출 승인이 되었음을 신고인에게 통지하거나, 세관에 전송된 전자문서에 대해 접수 완료에 대한 통보와 오류가 체크되었을 시에 신고인에게 오류사실을 통지한다.

3) 화물도착 통지 및 배정업무

화물도착통지 업무는 MFCS가 보유한 수입화물의 입항정보를 팩스나 E-mail로 화주에게 통지함으로써, 신속한 장치, 운송, 통관계획의 사전수립을 가능케 하는 업무이다. 선사/포워더는 입항 24시간 전까지 Master/House B/L정보를 MFCS로 전송하고, 세관으로부터 모선/편명별로 관리대상 화물선별이 완료되면 MFCS는 B/L건별로 화물정보를 팩스/이메일 서버로 송신한다. 팩스/이메일 서버는 화주별로 팩스 또는 이메일로 수입화물 도착정보를 통지한다.

4) 화물인도 업무

화물인도승낙은 수입화물이 수입지에 도착하였으나, 선적서류 원본이 도착되지 않아 수입업자의 수입화물인수가 불가능할 경우 수입업체는 「수입화물 선취보증서(LG : Letter of Guarantee)」를 은행에 신청하고, 은행이 보증한 수입화물선취보증서를 운송인 앞으로 제출하여 수입서류 결제 전에 수입화물이 수입업자에게 인도하도록 하는 업무이다.

5) 수입신고 및 통관업무

세관의 수입통관 업무는 각종 수입관련 법령상의 수입요건 이행여부 및 할당, 양허세율 적용률, 수입물량 추천여부 등을 확인하고, 관세, 부가가치세 등의 각종 세법에서 정한 세금의 납부를 다시 확인하여 외국물품이 국내로 반입되는 것을 허용하는 업무이다.

이러한 경우 수입자는 관련서류를 기초로 수입신고서를 작성하여 세관에 제출하여야하며 수입신고를 받은 세관에서는 심사 및 물품검사 등을 실시하여 이상이 없는 경우 국내 반입을 허용하게 되는일련의 수입통관절차를 거치게 된다.

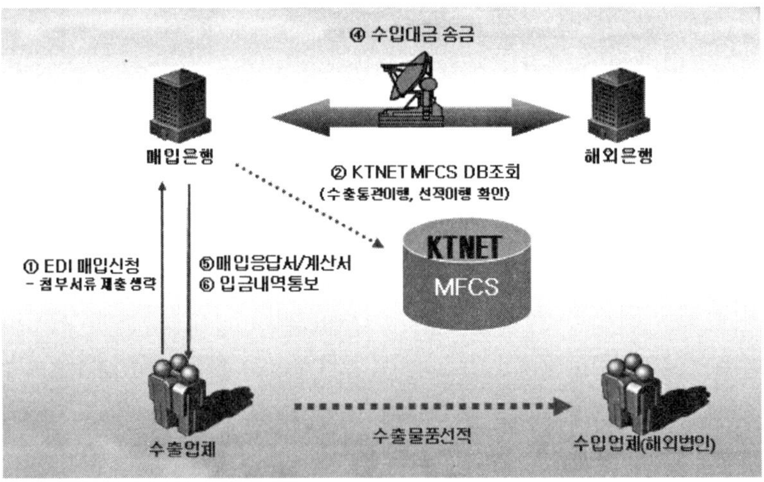

※ 자료: KTNET.

[그림 10-8] 수출업체 송금 허브

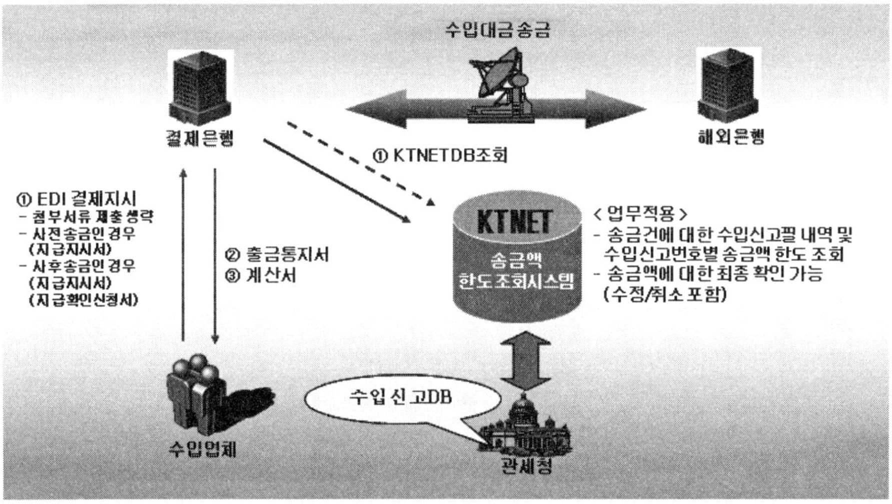

※ 자료: KTNET.

[그림 10-9] 수입업체 송금 허브

제11장

전자무역의 해상보험서류

제1절 전자해상보험

1 개요

최근 국제무역관습 중에 전자해상보험(e-Marine Insurance) 패턴 등이 크게 변화하고 있다. 특히 컴퓨터와 통신 네트워크기술의 비약적인 발전으로 시간적, 공간적 제약을 초월하고 정보의 전달 및 그 보험절차를 간소화할 수 있는 새로운 정보전달수단인 XML/EDI 방식에서 OO/EDI 방식으로 전환되어 점차 실현되어 가고 있다.

전자해상보험은 단순한 XML/EDI 또는 인터넷의 활용뿐만 아니라 모든 업무 프로세스에 자동화된 수단을 활용함으로서 디지털 통신망을 통해 자동처리 하는 총체적인 자원의 개념임이 확실시 된다.

첫째, 전자해상보험은 대표적 유형인 B2B, B2G거래의 국제적 영역에 속한다.

둘째, 국제간 당사자들 사이에 전자무역절차를 수행함에 있어서 전자해상보험 계약의 효율성과 국제 경쟁력을 높여간다는 절차적 과정을 중시하는 개념이다.

셋째, 전자무역거래가 갖고 있는 특성으로 인해 전자해상보험 계약과 관련된 다수의 업체 및 기관(국내외 경쟁업체, 해운회사, 운송주선업체, 세관, 은행, 보험 등)들 사이에 업무상의 유기적 네트워크 관계가 중요하다.[126)]

넷째, 국제무역수지의 안정과 국제경쟁력 제고를 위해 국가적인 경쟁우위를 확보할 수 있는 전자해상보험의 글로벌 모델을 구축함으로서 기업의 경영혁신 의지와 정부의 정책지원 융합이 강조되는 개념이다.

이러한 현상은 전자해상보험분야에도 예외는 아니어서 보험계약자와의 거래에 있어서 다양한 형태의 XML/EDI화가 실행되고 있다.

즉, 보험계약자와 보험회사간의 XML/EDI는 상호 호스트 컴퓨터(Host Computer)를 회선으로 접속하여 부보대상화물의 명세데이터와 보험료명세데이터를 상호 교환

126) 해상의존성, 기업의 리스크 상존(해상운송, 물품의 인도 및 대금결제 등), 세계자원과 시장의 활용을 기반으로 하는 사업과 상호의존적 관련성, 그리고 특수한 국제관습성이 있다. 장이수 · 구자윤 「국제통상론」, 삼영사, 1999, p.43.

하는 방식을 중심으로 하여 1980년대 중반부터 업무처리의 효율화와 신속화를 위하여 채용되어 왔다.[127)]

그러나 이러한 업무도 어느 한 부분의 전자화가 아닌 궁극적으로는 통합 전자해상보험 플랫폼(platform)과 같은 해상보험 EDI전체의 형성 즉, "해상보험관련 업종 횡단의 XML/EDI"에서 「해상보험 업무의 완전 Paperless화 실현」이라는 한 측면으로 이행되어야 한다.[128)]

최근에 TEDI[129)] 및 Bolero 등의 전자해상보험 서류결제방식에 대한 많은 논의들이 있는 가운데 전자해상보험증권(e-marine insurance policy)도 전자화가 조속히 이루어져야 하는 대상 서류중의 하나임이 틀림없음을 입증하고 있다.

전자해상보험증권의 전자화는 대표적인 선적서류의 하나인 중요서류의 전자화라는 점 이외에도, 보험업무면에서의 대폭적인 절차 간소화와 연결되기 때문에 그 동향과 결과에 대해 크게 기대되고 있으나 정말로 전자화가 잘 진행될 것인가 라고 하는 불안한 마음도 큰 상황이다.

본 장에서는 전자무역에서 사용되고 있는 전자해상보험 서류의 전자화를 국제적 동향과 선적서류 전자화를 중심으로 고찰하고 국제해상보험에서 전자화 서류요청이 늘어나고 있는 배경과 전자해상보험 업무수행에 있어 보험증권서류 전자화의 구체적인 향후과제가 무엇인가 등을 연구한다.

2 규범화 적용

1) 도입 배경

해상보험(marine insurance)이란 선박의 운항 또는 선박에 의한 화물의 운송 중 일어나는 사고에 대하여 보험자가 보험금의 지급을 통해 피보험이익의 전부 또는 일부가 멸실/손실되는 손해를 보상하여 줄 것을 약속하고 피보험자는 그 대가로서 보험

127) 茶谷曉雄, EDI, 電子商去來上の貨物海上保險, 日本海運集會所, 海運, 2001.8, p.42.
128) 기존연구에서 Documentless trade란 용어와 Paperless trade란 용어가 병행해서 사용되어 왔으나 사실상 전자서류(e-Document)라는 것을 서류개념으로 해석할 것인지가 문제시 되었다. 본 장에서는 하나의 서류로 해석하고자 한다.
129) 三井康通, 貿易完全電子化へのシナリオ, 日本海運集會所, 海運, No.893, 2002.2, pp.33~36. 三島照, 貿易金融EDI-TEDI Clubの活動-, 日本荷主協會, 荷主と輸送, 2001.3, pp.13~21.

료를 지불함으로써 경제상의 불안을 제거 또는 경감을 목적으로 하는 손해보험의 일종이다.[130]이러한 해상보험은 보험의 목적에 따라 선박보험과 적하보험으로 구분되며, 보험자(보험회사)가 위험을 인수하고 이에 대한 손해가 발생하는 경우 피보험자(화주나 선주)에게 그 손해를 보상해 줄 것을 약속하는 계약으로 성립된다.

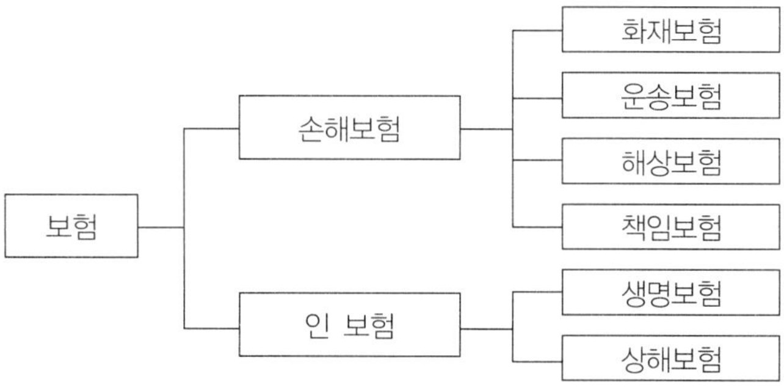

[그림 11-1] 보험의 분류

보험계약 절차에 의거 권리와 의무관계를 수행하는데 있어서 모든 서류는 전자화가 추진되고 있는데, 해상보험업무를 처리하는 분야에서도 변화가 빠르게 수반되고 있다. 최근 선박의 건조기술 발달로 인해 선박의 속력이 가속화되어 고속선이 등장하게 되었지만 이에 따른 서류작업은 우편물을 통해서 발송하는 예전의 방식을 벗어나지 못하고 있다.

특히, 은행에서의 서류심사에 대한 관행이 그대로 지속됨으로서 서류가 이러한 선박의 가속화에 보조를 맞추지 못하고 있다. 서류보다 선박이 먼저 도착한 경우에 선주는 서류가 입수될 때까지 대기하거나 서류 없이 물품을 인도해야만 하는 위기를 감수하는 선택의 기로에 서게 된다.[131]

정기선의 경우, 선박이 화물을 양륙하고 출항한 후 선적중계업자에 의한 화물처리가 이루어지는 경우 화물인도에 시간이 걸릴 수 있기 때문에 그 문제가 더 심각할 수 있다. 이러한 문제는 특히 북대서양에서 운항하고 있는 고속컨테이너선의 경우에 더욱 심각하다. 북대서양거래에서와 같은 근거리무역에서는 서류보다 선박이 양륙지에 먼저 도착하는 것이 발생하고 있는데 이 경우 선주가 서류를 입수하기까지 대기

130) Frederick G.Crane, 「Insurance Principles and Practices」, 2nd ed., New York : John Wiley & Sons, 1984, p.4.

131) Paul Todd, 「Cases and materials on Bills of Lading」, BSP Professional Books, 1987, p.334.

한다면 상당한 손실을 보게 된다.[132]원거리 해상운송의 경우에도 선박의 고속화 지향은 선박기술의 향상으로 해상운송이 크게 단기화 될 전망인 관계로 기존의 서류처리 관행이 지속되는 경우 동일한 현상이 발생할 수도 있다. 이러한 문제는 현재 원유거래의 경우에 특히 발생할 수 있는데 이 경우 서류가 도착되지 않은 경우 선박이외에 원유를 보관할 수 없기 때문에 그 문제는 심각성을 내포하고 있다. 원유거래의 경우에 물품운송 중, 전매가 수십 회 이루어지는 것이 일반적이기 때문에[133] 서류를 신속하게 처리한다는 것은 실제로 불가능하다. 최근 전자무역이 활성화되고 있는 가운데 현행의 무역거래는 점차 가상공간으로 옮겨지고 있다. 따라서 해상운송에 따른 대부분의 국제간 거래는 전자적 매체를 이용한 계약으로 이루어질 가능성이 높아지게 된다. 이러한 변화에 능동적으로 대처하기 위한 해상운송에 따른 전자화의 핵심이 규범화이다. 가상공간을 통해 계약이 전자적으로 체결되면 전자신용장이 통보되고 네트워크시스템을 통한 해상운송 계약체결과 전자식 해상운송서류의 확보가 이루어지는 절차로 수출입업무가 진행된다. 이렇듯 전자무역이 현실화되고 있는 상황에서는 글로벌적인 전자식 해상운송서류가 반드시 필요하게 된다.

2) 전자해상보험의 조건

(1) 기본조건

전자해상적하보험의 기본조건으로는 구협회적하약관상 전위험담보조건(A/R), 분손담보조건(W.A.), 단독해손부담보조건(F.P.A.)과 신협회적하약관상 구약관의 A/R과 담보범위가 같은 ICC(A), W.A.와 유사한 ICC(B), F.P.A.와 유사한 ICC(C)의 3가지 조건이 있다.

[표 11-1] 신/구 협회적하약관의 비교

구 협회적하약관	신 협회적하약관
전위험담보조건 : ICC A/R 분손담보조건 : ICC W.A. 단독해손부담보조건 : ICC F.P.A.	Institute Cargo Clause(A)[ICC(A)] : A Clause Institute Cargo Clause(B)[ICC(B)] : B Clause Institute Cargo Clause(C)[ICC(C)] : C Clause

132) Paul Todd, 「Modern Bills of Lading」, BSP Professional Books, 1990. p.244.
133) Mary C. Green, 「Letter of Credit and the Computerization of Maritime Trade」, Florida International Law Journal, Vol.3, p.222.
R,M. Wiseman, 「Transaction Chains in North Sea Oil Cargos」, Journal of Energy and Natural Resources Law, Vol.3, 1984, p.135.

① ICC(A)조건

전위험담보조건(A/R)과 유사한 것으로 보험자는 일반면책 위험, 불내항 및 부적합, 전쟁 위험 및 동맹파업을 제외한 피보험목적물에 발생한 멸실 · 손상 또는 비용일체를 담보하는 조건이다.

② ICC(B)조건

ICC(A)의 면책위험을 제외한 멸실과 손상을 담보하는 조건이다.

③ ICC(C)조건

보험조건 중 가장 제한된 것으로 ICC(A), ICC(B)를 제외한 멸실과 손상을 담보하는 조건이다.

(2) 부가위험담보조건

운송화물에 대한 보험은 전 위험담보조건으로 부보하는 경우 부가조건을 부보 할 필요가 없으나 보험료가 고율이다. 따라서 제한적인 조건인 ICC(B)나 ICC(C)로 부보하는 경우 화물이 통상적인 운송과정 중 입을 수 있는 모든 손실 및 손상을 담보하기에는 불충분하므로 화물의 종류, 포장방법 및 운송방법 등을 고려하여 부가조건을 추가함으로써 위험에 대한 대비와 저렴한 보험료로써 동일한 효과를 기대할 수 있다.

[표 11-2] 신 협회적하약관 보험조건

ICC(A)
- ICC(B)
  - ICC(C)
    1. 화재 또는 폭발로 인하여 발생한 손해
    2. 본선 또는 부선의 좌초, 침몰, 전복으로 인하여 발생한 손해
    3. 육상운송용구의 전복 또는 탈선으로 인하여 발생한 손해
    4. 피난항에서 화물의 하역 중 발생한 손해
    5. 공동해손으로 인한 손해
    6. 투하로 인한 손해
  7. 시신, 분화, 낙뢰로 인한 손해
  8. 갑판상 유실로 인한 손해
  9. 본선, 부선, 선창, 운송용구, 컨테이너, 지게차 또는 보관장소에 해수, 호수, 강물의 침입으로 인한 손해
  10. 본선, 부선으로의 선적 또는 하역작업중 바다에 떨어지거나 갑판에 추락하여 발생한 포장당 전손
11. 다음을 제외한 모든 손해
    가. 일반면책위험
        ① 피보험자의 고의적 비행에 의한 손해
        ② 보험목적물의 통상적 손해
        ③ 포장부적합으로 인한 손해
        ④ 보험목적물 고유의 하자 또는 성질에 의한 손해
        ⑤ 지연으로 인한 손해
    나. 선박 및 운송용구의 불내항 및 부적합
    다. 전쟁위험(War Risk)
    라. 동맹파업위험(Strikes Risk)

[표 11-3] 부가위험담보조건

01. TPND(theft, pilferage & non-delivery) : 도난, 발하 및 불착
02. RFWD(rain and/or fresh water damage) : 빗물 및 또는 청수에 의한 손해
03. COOC(contact with oil & other cargo) : 유류 및 또는 다른 화물과의 접촉
04. JWOB(jettison & washing over-board) : 투하 및 갑판 유실
05. Leakage and/or shortage : 누손, 중량부족
06. Hook and hole : 갈고리에 의한 손해
07. Breakage : 파손
08. Denting and bending : 패이거나 구부러지는 것
09. Sweat and heating : 습기와 발열
10. Rats and vermin : 쥐와 벌레
11. Mould and midew : 곰팡이
12. Rust, Oxidation, Discolouration : 녹, 산화, 변색
13. Contamination : 오염손
14. Spontaneous Combustion : 자연발화

3) 해상보험증권과 보험약관

(1) 해상보험증권의 개정

해상보험증권이란 보험계약을 증명하는 문서로 1779년 영국의 로이드보험증권 양식(Lloyd's S.G.Policy Form)[134]이 채택된 이래 200년간 사용되어 왔다.

담보위험과 약관의 내용은 해상무역 등의 시대적 흐름에 부적합하여 런던의 보험업자와 로이드보험업자 및 해손정산인 등으로 구성된 ILU(Institute of London Underwriters)의 기술 및 약관위원회(Technical & Clause Committee)에서 1912년 적하보험특별약관을 제정, 사용하였다. 특별약관을 일반화/특별화하여 S.G.Policy[135]에 첨부하여 사용한 것이 구협회약관이라 불리고 있는 협회적하약관(institute cargo clause : ICC)[136]이다.

---

134) Lloyd's S.G.Policy는 1779년 1월 로이드 총회에서 과거의 양식을 통일하여 선박보험/적하보험/운임보험 등 모든 해상보험에 공통적으로 사용되어 온 양식으로 약관의 내용 및 표현이 어렵고 현실성이 없다는 것이 단점으로 지적되어왔다.

135) SG의 유래에 대해서는 많은 의견이 있는 데, 부보된 금액(sum insured)의 라틴어인 「Somme Grande」, 보증된 담보물(security guaranteed) 또는 영국 화폐의 단위인 「Sterling Gold」의 첫 글자로 추측하는 학자들도 있다. 그리고 신의 영광아래(by the grace of God)의 라틴어에 해당되는 「Salutis Gratia」의 약어로 보기도 한다. 그러나 편의상 보험목적물인 선박(Ship)과 화물(Goods)의 약어로 보고 있다.

136) 런던 보험자협회가 제정한 화물보험관계 제약관의 총칭으로 종래의 Lloyd's S.G. Policy의 특별약관을 표준화하여 분손부담보약관(F.P.A.), 분손담보약관(W.A.), 전위험약관

이 약관은 수차에 걸쳐 개정되었으며 현재 사용되고 있는 것은 1963년 개정된 것으로 이 역시 내용이 어렵고 현실에 맞지 않아 1982년 국제연합무역개발회의(United Nations Conference for Trade and Development : UNCTAD)에서 보험증권양식과 특별약관을 대폭 수정하여 간단하고 이해하기 쉽게 개정하게 된 것이 신협회약관이다.

(2) 전자해상보험 약관 해석의 원칙

① 당사자 존중의 원칙

계약 당사자의 의사가 우선적으로 적용되어야 한다는 원칙으로 전자약관의 해석은 계약에 따른 당사자의 의사를 최대한 반영하여야 한다.

② 문언 위주의 원칙

전자보험증권의 어구는 계약 당사자가 그 의사를 표명하기 위하여 선택한 것이기 때문에 전자보험증권이 해석의 기준이 되며 증권의 문언이외에 증거인용은 인정되지 않는다.

③ 수기문언 우선의 원칙

동일한 내용의 각 약관 내용과 기타 문언이 서로 상충될 경우 수기문언이 우선적으로 적용된다. 이는 수기문언이 당사자의 특별한 의사표시이기 때문이다.

구협회약관의 경우에는 본문약관 → 이태리서체약관 → 난외약관 → ICC약관 → 기타 특별약관 → 스탬프 약관 → 타자약관 → 수기약관 순으로 해석하며, 신협회약관의 경우에는 본문약관 → ICC약관 → 특별약관 → 스탬프 약관 → 인쇄약관 → 타자약관 → 수기약관 순으로 해석된다.

④ 작성자 불이익의 원칙

전자해상보험 약관은 어구를 보험자가 선택하여 제정한 것이므로 그 말의 의미를 명백히 하는 것은 보험자의 의무이므로 문언의 해석상 여러 해석이 가능할 경우에는 작성책임자, 즉 보험자에게 불리하게 해석하여야 한다.

⑤ 통상해석의 원칙

전자보험증권의 어구는 피보험자가 전자보험증권의 어구를 보통 평이한 의미로 이해하고 평이한 의미가 피보험자의 참된 의사를 표명한 것으로 보기 때문에 평이(plain)하게, 통례(ordinary)에 의한 통속(popular)한 일상(everyday)의 의미로 해석되어야 한다.[137]

(A/R)으로 구분하고 있다.

137) P.O.P. 원칙

⑥ 숫자 우선의 원칙

전자증권의 금액 또는 번호가 문자와 숫자로 기술되어 있으나 그 문자와 숫자가 일치하지 않을 경우에는 숫자를 풀어 쓴 문자가 우선한다.

⑦ 합리적 해석의 원칙

계약당사자의 일방에 불리하게 해석되어서는 안 되며 특정용어나 그 용어의 기술적 해석에 국한되어서는 안 된다.

(3) 신협회약관의 구성

신협회약관은 구협회약관의 S.G.Policy와 협회약관에서 채택된 약관 및 신설약관으로 구성되어 있으며 여기에 우리나라에서 제정한 본문약관과 난외약관을 추가하여 하나의 전자보험증권을 이루고 있다.

① 본문약관

준거법약관, 타 보험약관, 약인약관, 선언약관

② 난외약관

중요사항약관, 손해사정지침약관, 보상청구서류에 관한 약관, 협회적하약관 등.

신협회적하약관은 8개로 구분하여 19개 약관으로 구성되어 있으며, 담보위험은 구협회 적하약관과는 달리 A, B, C 조건으로 구분하고 있다.

4) 고려사항

전자해상보험은 화물의 운송 중 위험을 보장하는 원래의 기능 뿐 아니라, 화물의 대금결제와 통관을 위한 부속서류로서의 부수기능을 수행한다. 현재 국내에서 전자해상적화보험의 전자서류화는 EDI를 통해 구현되고 있다.[138]

전자해상보험에 EDI를 이용하는 경우, 보험계약자가 EDI로 청약서를 송신하면 KT-net과 보험개발원 전산망을 경유하여 해당 손해보험사가 이를 수신/접수한다.

손해보험회사는 청약내용을 확인 등 청약서를 심사하고 보험요율을 적용한 후 전자해상보험 증권을 발급하여 전자서명 한 다음 EDI로 전자증권 발급통지서를 보험계약자 즉, 무역업체에게 송부한다.

보험계약자가 EDI로 전자증권발급통지서를 수신하여 전자해상보험증권을 자체

---

138) 국내에서는 무역자동화의 일환으로 KT-Net이 주관하여 보험개발원의 전산망을 통해 사업을 시행.

출력하여 공증사무소에서 공증을 받은 후 사용한다.[139]

최근에 기존 VAN방식의 전자해상보험 EDI 뿐만 아니라 인터넷 방식을 활용한 EDI 또는 보험회사 자체의 전산망을 수출입 업체 또는 금융기관과 연계하여 해상보험증권의 전자화 수단이 다양화되고 있어 전통적인 VAN방식의 EDI를 활용하는 비율이 점차 줄어들고 있는 추세이다.

이러한 전자해상보험증권의 전자화는 국내 보험회사에서 은행 등 금융기관 또는 수출입업체에 연결되어 사용될 뿐이다. 즉, 국제간 교역에서 무역서류로서 전송되는 데는 글로벌 EDI 네트워크의 부제와 전자증권의 양도성 및 보험증권 양식의 범용성 등 국제규범상의 문제점들로 인해 이용이 제한된다. 구체적으로는 전자해상보험증권은 선하증권의 기능과 유사하다.

① 보험계약의 성립 증거
② 선적서류의 구성요소
③ 보험금 청구시 제출서류의 기능
④ 지시식 또는 무기명식 해상보험증권의 경우 유통 가능한 유가증권으로서의 기능 등 아직도 해결해야할 과제들이 있다.

5) 법적 고려사항

전자문서를 이용하여 해상보험 계약이 체결된 경우[140] 종이서류[141]를 전제로 정립되어 있는 일반적인 계약법의 법리 문제로서 특히, 전자해상보험의 경우 준거법인 영국의 법과 관습에 전자문서를 이용한 전자해상보험을 어떻게 적용하는가의 문제가 제기될 수 있다. 영국의 해상보험법(Marine Insurance Act 1906 : MIA)에는 전자메시지에 대해서는 명문화된 규정이 없다. 전자문서와 관련하여 노출 될 수 있는 주요한 법적 증거문제(evidential issues)로서 전자문서의 허용성(admissibility), 인증(authentication), 형식요건(formal) 등을 들 수 있다.[142]

---

139) 보험계약자가 자체 출력을 거부한 경우 손해보험회사가 실물 보험증권을 발행하여 공증을 받아 우편이나 Fax 또는 영업 직원을 통해 무역업체에 직접 전달하게 된다.
140) 국내의 경우 주로 EDI 또는 인터넷을 통한 보험계약을 말한다.
141) 보험계약에서 종이서류라 함은 청약서, 약관, 보험증권, 공증서, 보험증서 등이 있으나, 여기서는 보험증권(insurance policy)을 의미한다.
142) Rob Bradgate, 「Legal issues of EDI」. EDI and the Law, Land : Blenheim Online. 1989, p.9-42.

(1) 허용성 문제

영상법 해상보험 계약의 유일한 증거로서 허용되는 것은 해상보험증권이다. 해상보험 계약의 준거법인 영국의 MIA 제22조에 따르면 다른 성문법에 별도 규정이 있는 경우를 제외하고, 해상보험계약은 본 법에 따라 해상보험 증권에 구현되지 않은 한 증거로서 인정되지 않는다.

보험 증권은 계약이 성립된 때 또는 그 후에 작성되고 발행될 수 있다고 규정하고 있다. 영국법이 종이문서를 전제로 한 것이었겠지만 특별히 문서의 형식에 대해 한정하거나 배제한다는 명시규정이 없다.

성문법상 이와 같은 명시적인 정의가 규정되어 있지 않은 경우에는 법원의 해석에 맡길 수밖에 없다. 전자문서를 이용한 해상보험증권에 관한 직접 판례는 없지만 영국과 대부분의 국가의 법원에서는 적절한 절차가 이행되는 경우 컴퓨터기록이 증거로서 인정되고 있으며 전자문서에 의한 거래에서 컴퓨터 기록의 증거로서 이용하는데 어려운 장애요인은 없는 것으로 나타나고 있다.[143)]

(2) 인증 문제

전자해상보험증권의 인증문제, 즉 원본성의 문제로서, 전자 서명된 해상보험증권을 원본서류로서 인정하느냐의 여부이다. MIA 제24조는 「보험자의 서명」에 대하여 「해상보험증권은 반드시 보험자에 의해 서명되거나 또는 보험자를 대리하여 서명되어야 한다. 단, 법인의 경우 법인의 인장(seal)으로 충분하다」고 규정하고 있다.

이 점에 대하여 MIA에서는 서명의 양식에 대하여는 아무런 제한이 없을 뿐 아니라 현재도 자필서명 모양의 고무인을 사용하고 있기 때문에, 등록(인가)된 전자서명의 경우 진정성이 인정되는 것으로 해석하는 것이 타당할 것이다.

서명이 반드시 서명자의 성명으로 구성되거나, 수기로 작성되어야 할 필요가 없으며[144)] 따라서 여러 가지 형태의 전자인증(암호, 디지털서명 등)이 법원에 의해 긍정적인 관점으로 고려될 것으로 보인다.[145)]

---

143) Bradgate. ibid. p.41.
144) Bradgate. ibid. p.33.
145) Walden I, 「EDI : Eatablishing Legal Security」, EDI국제세미나, 정보통신진흥협회. 1991.11, p.45.

(3) 형식 문제

전자문서에 의한 해상보험증권의 형식 문제는 서명된 종이서류의 대체성에 대한 인정 여부이다. 계약당사자들은 전자 서명된 전자메시지에 대해 서명된 종이서류와 동일한 지위를 부여하는데 합의할 수 있으며, 그러한 합의가 여러 상황에서 효력이 있어야 한다고 제안하고 있다.

거래에 있어서 일부 특정 형태의 서명된 서류에는 특별한 지위가 부여되고 있다. 예를 들면, 선하증권은 표시된 화물의 권리증서로서 취급되고 있으며 선하증권의 이전이 표시된 화물의 권리이전으로 작용한다는 점에서 상징적 기능(symbolic function)을 가지고 있다.

전자문서에 의한 해상보험증권이 증거로서 인정되고 전자서명이 된 보험증권이 원본서류로서 인정되는 경우 전자보험증권의 양도는 당연히 가능하고 종이증권과 동일한 법적 지위를 갖는 것으로 해석될 수 있다.[146)]

다만 「전자선하증권에 관한 CMI 규칙」에서 소지인에게 개인 키(key : 암호번호)의 양도를 금지하고 운송인이 원래의 키를 취소하고 화주의 지시에 따라 새로운 키를 발행하는 것과 같이 양도방법에 있어서는 전자보험증권의기술상 다른 방법이 사용될 수밖에 없다. 즉, 전자보험증권의 경우 컴퓨터에 의해 이미 출력된 해상보험증권 상에 배서가 사실상 불가능하기 때문이다. 원래의 보험 계약자가 보험 증권을 제3자에게 양도하기 위해서는 보험자에게 새로운 피보험자(양수인)의 성명과 내역이 입력된 배서 승인신청서를 보험자에게 전송하면, 이를 수신한 보험자는 그 내용을 확인한 후 새로운 피보험자에게 배서승인서를 전송하게 된다. 이와 같은 과정을 거쳐 전통적인 종이서류의 보험 증권과 동일한 효력으로 양도할 수 있을 것이다.

해상보험계약에 전자문서를 이용하는 경우 제기될 수 있는 여러 가지 법률문제의 정확한 해석 문제는 앞으로 전자문서에 의한 해상보험 계약상 제기되는 문제에 대해 영국의 법원이 어떻게 해석하고 어떠한 입장을 견지하느냐에 달려있다고 할 수 있지만, 종이문서와 동일한 방식으로 전자문서를 인정하는 긍정적인 해석의 방향으로 전개될 것으로 예상된다.

반면에 전자해상보험 계약과 관련된 법적측면의 문제 이외에 EDI 운용상의 문제점이 전자해상보험 실무에서 중요한 이슈로 제기된다. 즉, 무엇보다도 인터넷, 기업

146) MIA 제50조「보험증권의 양도 및 시기와 방법」 참조.

간 통신활용 등 타 전자문서 활용수단이 다양해짐에 따라 전체적으로 볼 때 해상보험 계약의 전자화는 매우 큰 폭으로 증가하고 있으나 EDI 자체만 볼 때는 매우 부진한 실정이다.

국내 실무에서 EDI의 부진 이유로는 무엇보다도 국제적인 범용성이 매우 낮기 때문이다. 즉, 전자보험증권을 실무에서 활용되기 위해서는 무역관련 주체들 간 글로벌 EDI 네트워크가 개발되어야 하며 이를 위해서는 전자해상보험서류의 통일 및 표준화 작업이 선행되어야 한다.

국내의 경우 전자보험증권 양식이 국내보험회사 간에도 상이한 실정임을 감안하면 국제적인 양식의 통일을 기하는 것은 매우 중요한 일이다.

따라서 전자보험증권의 국제적 규범화의 논의가 전자선하증권의 전자화와 함께 이루어져야 할 것이고 이를 위해서는 사용자의 과다한 비용부담요인을 제거하고 아울러 운용시스템은 계약자 중심으로 이루어져야 한다.

전자보험증권은 전자신용장, 전자선하증권 등과 연계되어 선적서류로서의 중요한 역할을 수행한다. 이 경우 EDI 혹은 웹기반 EDI를 통한 전자보험의 사용이 불가피할 것으로 예상되는 바, 무역당국의 전자보험 증권에 대한 제도적 지원 노력이 동시에 필요하다. 원스톱 플랫폼을 구축시켜 전자무역을 구현하기 위해서는 현재 개별 보험회사가 자체적으로 자사의 거래처와 연계되어 활용하고 있는 전자해상보험 계약 및 전자증권발급을 타 선적서류와 연계하여 이용할 수 있도록 유인하는 노력도 추진되어야 한다.

[표 11-4] 신 협회적하약관의 구성

<table>
<tr><th rowspan="2">구 분</th><th rowspan="2">약관
번호</th><th>ICC(A) 신약관</th><th colspan="3">ICC(A/R) 구약관</th></tr>
<tr><th>약 관 내 용</th><th>동일
표현</th><th>표현
변경</th><th>신설</th></tr>
<tr><td rowspan="3">담보위험</td><td>1</td><td>위험약관(risks clause)</td><td></td><td></td><td>○</td></tr>
<tr><td>2</td><td>공동해손약관(general average clause)</td><td></td><td>○</td><td>○</td></tr>
<tr><td>3</td><td>쌍방과실충돌약관(both to blame clause)</td><td>○</td><td></td><td></td></tr>
<tr><td rowspan="4">면책위험</td><td>4</td><td>일반면책약관(general exclusion clause)</td><td></td><td>○</td><td>○</td></tr>
<tr><td>5</td><td>불내항성 및 부적합성면책약관
(unseaworthiness and unfitness exclusion clause)</td><td></td><td>○</td><td>○</td></tr>
<tr><td>6</td><td>전쟁면책약관(war exclusion clause)</td><td></td><td>○</td><td>○</td></tr>
<tr><td>7</td><td>동맹파업면책약관(strikes exclusion clause)</td><td></td><td>○</td><td>○</td></tr>
<tr><td rowspan="3">보험기간</td><td>8</td><td>운송약관(transit clause)</td><td>○</td><td></td><td></td></tr>
<tr><td>9</td><td>운송계약종료약관
(termination of contract of carriage clause)</td><td></td><td>○</td><td>○</td></tr>
<tr><td>10</td><td>항해변경약관(change of voyage clause)</td><td></td><td>○</td><td>○</td></tr>
<tr><td rowspan="4">보험금액
청구</td><td>11</td><td>피보험이익약관(insurable interest clause)</td><td>○</td><td></td><td></td></tr>
<tr><td>12</td><td>제반비용약관(forwarding charge clause)</td><td>○</td><td></td><td></td></tr>
<tr><td>13</td><td>추정전손약관(constructive total loss clause)</td><td>○</td><td></td><td></td></tr>
<tr><td>14</td><td>증액약관(increased value clause)</td><td></td><td>○</td><td>○</td></tr>
<tr><td>보험이익</td><td>15</td><td>보험이익 불공여약관(not to insure clause)</td><td>○</td><td></td><td></td></tr>
<tr><td rowspan="2">손해경감</td><td>16</td><td>피보험자의무약관(duty of assured clause)</td><td></td><td>○</td><td>○</td></tr>
<tr><td>17</td><td>포기약관(waiver clause)</td><td></td><td>○</td><td>○</td></tr>
<tr><td>지연방지</td><td>18</td><td>신속조치약관(reasonable despatch clause)</td><td></td><td>○</td><td>○</td></tr>
<tr><td>법률관습</td><td>19</td><td>준거법약관(english law and practice clause)</td><td></td><td>○</td><td>○</td></tr>
</table>

제2절 전자화 추진

1 전자화 배경

1) 약관설정

전자해상보험과 관련된 전자적 서류들이 종이로 된 보험증권과 동일한 가치를 가지고 있다는 것은 영국법이나 기타의 법들에서도 인정되고 있다. 따라서 그 서류의 법적 문제의 효력에 대해서는 논란의 여지가 없어 보인다.

전자보험증권에서는 화물에 손해가 발생한 경우에 클레임의 청구에 필요한 서류로서 「선적관계 서류의 제공」을 약관상에 정하고 있다. EDI를 전제로 할 경우는 INVOICE, B/L 등 손해입증을 위해 제출하는 서류를 「전자적 서류」로 대체한다는 취지를 별도 약관으로 둘 필요가 있다.

2) 데이터 표준화

Bolero에서는 표준 XML(Extensible Markup Language) Format 작성이 완료되어 있고 TEDI도 이미 40개 가까운 무역문서의 표준 Format을 작성해 놓고 있다. 그렇지만, 무역거래의 3대 필수 서류중의 하나인 상업송장(Commercial Invoice) 하나를 예를 들어 보아도 Bolero와 TEDI의 Format사이에서 호환성이 있다고 말하기는 곤란한 것이 사실이다. 현재의 상황에서 같은 전자보험증권 데이터를 작성하는 경우 Bolero에 참가하고 있는 보험계약자는 Bolero Format으로, TEDI에 참가하고 있는 보험계약자로서는 TEDI Format이라는 방식으로 데이터를 나누어서 만들어야 하는 결과가 된다.

전자해상보험의 경우 보험사고를 처리할 때 보험서류의 유/무 및 지급보험금의 금액결정 등에 여러 무역서류가 필요하게 되지만, 보험계약자가 참가 하고 있는 시스템마다 Format형식이 상이하다면 과거보다 처리에 수고가 들게 되는 결과로도 연결될 수 있다. 물론 상이한 시스템 사이에서 완전히 동일한 Format을 이용하는 것은 곤란한 것이라고는 판단되지만 최소한 XML의 Tag를 공통으로 하는 등의 검토는 이루어져야 할 것이다.

3) 보험금 청구 서류

보험업무 분야에서 검토가 이루어지고 있는 것은 전자보험계약의 청약 및 보험증권과 관련된 데이터의 Format 및 데이터의 수수방식과 관계된 것들이다. 전자무역에서 선하증권, 상업송장과 마찬가지로 분명히 전자해상보험증권도 매입서류의 하나이기 때문에(특히 CIF 및 CIP조건의 경우) 해상보험의 EDI에서 검토의 최고중심으로 되어 있는 것은 어쩔 수 없는 현실적 문제의 반영이라고 판단된다.

전자해상보험의 본래 목적은 보험사고가 발생하였을 경우 어떻게 신속하게 사고 및 구상을 처리할 것인가 라는 점에 있기 때문에 향후 전자해상보험에서 EDI가 완전히 보급되었을 경우, 어떻게 사고처리를 행할 것인가를 보험회사 측에서 충분히 검토할 필요가 있다. 특히 수출의 경우, 사고처리를 행하는 것은 해외가 되고, 클레임처리도 보험회사가 직접 하는 것이 아니고 보험회사로부터 위탁을 받은 클레임 에이전트가 행하게 된다. 이 경우 전자화 된 보험청구상에 필요한 서류들을 어떻게 수수할 것인가 라는 문제가 발생한다.

전자해상보험의 EDI에 Trade Chain에 참가하는 기업수가 적을 때에는 전자데이터의 출력을 입수하는 등의 처리도 가능하다고 판단되나 향후 전자해상보험 EDI가 전면적으로 보급되어 있을 경우에 상당한 검토가 필요하다.

4) 전자증권상의 약관설정

현행의 전자해상보험 증권은 증권의 뒷면 및 표면의 아래쪽 3분의 1 정도에 매우 작은 글씨로 적혀져 있는 약관이 점하고 있다. 보험증권 데이터를 작성함에 있어서 이들 약관들을 전부 데이터화하게 되면 전자문서 자체가 매우 커다란 것으로 되어 버린다. 따라서 대응방법으로서 이들 약관에 관해서는 전자문서에는 약관번호와 참고선에 Web(홈페이지)의 주소만 기재하고, 참고선 Web에 약관 본문을 게재해두는 것이 고려될 필요가 있다. 다만 참고선 Web이 보험회사 자체의 Web으로는 문제가 있기 때문에 이와 같은 약관의 관리/게재를 행하는 기관의 검토가 요망된다.

5) 전자보험증권

수출화물 등에서 수출업자가 보험을 수입지의 최종창고까지 수배하고, 화물자체는 항만부두창고에서 제3자에게 전매되는 경우가 있다. 이와 같은 경우, 제3자는 전자해상보험 EDI에의 참가자가 아닌 경우가 많으며, 이러한 경우, 어떻게 전자화 된 보험증권 등을 인도할 것인가 하는 문제가 있다. 이러한 경우 보험회사가 전자보험증권을 재발행하여 송부할 수 있다고 생각되지만 이 경우에도 누가 어떠한 처리를 행할 필요가 있는 것인가를 명확히 해 둘 필요가 있다.

2 시스템 환경의 개선방안

1) 보험업무 활용

보험 업무 분야에서 보험계약자와 보험회사(보험자)간의 EDI는 1980년대 중반부터 업무처리의 효율화와 신속화를 위하여 채용되어 왔다. 이는 상호의 호스트 컴퓨터를 회선으로 접속하는 것으로 「보험계약자가 보험회사에 부보대상 화물의 운송명세데이터」를 그리고 「그 운송과 관련된 보험료명세데이터를 보험회사가 보험계약자에게」 상호 교환하는 방식이었다. 현재까지도 이 데이터교환방식은 널리 행해지고 있는데 이는 다음과 같은 특징을 가지고 있다.[147]

(1) 특징의 장점

① EDI방식은 대량서류의 상호교환이 불필요하므로 보험자와 계약자 상호간의 정보전달 시간이 매우 단축되게 된다.

② 서류로부터 자사시스템의 Input(입력)작업을 생략할 수 있다.

③ 상대방을 특정한 회선을 사용하여 정보를 교환하므로 보안성(security)이 매우 높다.

(2) 특징의 단점

① 매우 사소한 항목이나 운용의 변경에 대해서도 호스트시스템의 내용의 변경이 필요하다.

---

147) 谷曉雄, EDI, 電子商去來上の貨物海上保險, 日本海運集會所, 海運, 2001.8, pp.42~45.

② 보험회사뿐만 아니라 보험계약자도 시스템 변경에 따른 추가비용이 발생하기 때문에 계약상의 비용부담 원칙의 설정이 필요하다.
③ 이 방식은 접속기업의 시스템에 개별적으로 대응하기 때문에 범용성이 떨어진다.

따라서 EDI방식을 통한 보험 업무에서 기업으로서는 보안성 확보 및 효율성이 실현될 수 있는 대상의 계약자들이 주로 대기업에 한정되며, 시스템의 변경에 있어서는 상대방시스템의 변경까지도 필요하게 되는 경우도 많다는 등의 문제점이 있다.[148)]

2) 시스템 환경 개선방안

지난 수년 사이에 개인용 컴퓨터의 고기능화와 시장의 확대는 기업들로 하여금 종래 호스트 컴퓨터 기능을 이제는 퍼스널 컴퓨터(personal computer)로 대체하여 실현할 수 있도록 하였다. 또한 전화회선의 고속화와 데이터 암호화 기술의 진전을 통하여 전술한 호스트 접속에 의한 EDI방식의 단점을 해소한 다음 두 가지 형태의 EDI가 보험업무 분야에서 실현되고 있다.

(1) 인터넷 웹 EDI

인터넷 웹 사이트를 통하여 데이터를 상호 교환하는 방법이다. 즉, 보험회사, 보험계약자 또는 제3자가 관리하는 웹 사이트에 데이터를 다운로드(수신) 또는 업로드(송신)하는 것으로 데이터의 교류가 실현되는 것이다. 종래 EDI보험업무 방식이 자사시스템을 가진 계약자들만이 대량의 데이터 교환으로 효율성을 향유하고 있었던 것에 비해, 인터넷 웹을 이용한 데이터의 전송과 수신에서는 퍼스널 컴퓨터만 있으면 보험계약 1건이라도 보험회사에 선적내용을 통지할 수 있게 됨으로써 대부분의 보험계약자가 EDI에 의한 효율성을 향유할 수 있도록 되었다.

본 시스템 하에서 문제점으로 지적된 보안등의 여러 여건들이 보다 정비됨으로써 현재는 보험계약자의 퍼스널 컴퓨터로부터 보험료증명서나 부보증명서등을 프린터로 출력하는 것도 기술적으로 가능하게 되어 사용하고 있다.

---

148) 한상현, 「무역금융EDI의 동향과 해상적하보험계약에의 적용과제」, 한국정보기술전략혁신학회, 정보학연구, 제7권 제1호, 2004.3, pp.123~126.

(2) 해상보험증권 EDI

전자해상보험 업무에 관한 복수의 계약자 및 보험회사와「공통의 룰(rule)과 시스템(플랫폼)」을 사용하여 EDI를 행하는 방법이다.「1대1의 데이터교환(EDI)」뿐만 아니라「전자해상보험증권 상의 횡단 복수의 EDI」이기 때문에 전자해상보험 증권서류의 완전한 Paperless화도 실현시키는 것이다.

(3) 해상보험 계약업무의 효용성

전자해상보험의 EDI를 활용한 전자해상보험계약의 업무절차는 무역업체가 전자해상보험 청약서를 작성하여 보험회사에 EDI방식으로 전송하면 보험회사는 내부 업무처리 후 전자보험증권을 발행하여 전자문서를 무역업체로 전송하고 무역업체는 사전에 수령한 전자보험증권 양식에 부보사항을 출력하여 사용하며 보험 증권을 무역업체에서 출력할 수 없을 경우에는 종전처럼 전자보험증권을 인편 등의 방법으로 전달하는 구조이다.

3) 업무처리방식의 효용성

(1) 인터넷을 이용한 전자해상보험계약은 누구나 이용이 가능하다.

즉, 어렵게 인식되었던 해상보험계약상 각종 용어설명과 약관설명을 비롯하여 보험가입 및 청약시스템, 편리한 증권 및 INVOICE 출력시스템의 개선 등을 통하여 누구나 쉽게 해상보험 업무를 처리할 수 있다.

(2) 빠르고 편리하게 업무를 처리할 수 있다.

실시간 보험료 산출을 비롯한 전자해상보험가입, 전자증권 및 INVOICE의 출력까지 인터넷을 통해 가장 빠르게 전자해상보험 업무를 해결 할 수 있다.

또한 인터넷을 통해 24시간 언제 어디서나 해상보험 업무를 고객이 원하는 때에 시간과 장소에 구분 없이 편리하게 해결할 수 있다.[149)]

(3) 빠르고 정확한 전자해상보험 청약이 가능하며 전자보험증권을 무역업체가 직접 출력하여 사용할 수 있다는 점이다. 따라서 보험회사의 보험증권 전달 시간이 절약되어 무역업체는 조기에 매입(Nego)하여 자금을 신속히 회전할 수 있다.

---

149) http://www.lginsure.com/cargo/etc/hotnews/hotnews_1.shtml

제3절 전자무역 보험서류

제6차 개정 신용장통일규칙600(이하에서는 UCP600이라고 함)이 2006년 10월 25일 프랑스 파리에서 개최된 국제상업회의소(International Chamber of Com merce) 은행위원회(Banking Commission)에서 확정되어 2007년 7월 1일부터 시행되고 있다. 신용장통일규칙을 6차 개정하게 된 것은 1993년 5차 개정 후 10년 이상 자나면서 급속한 무역거래 환경의 변화에 따라 신용장관행에 급속한 변화를 요구하고 있는 상황에서 볼 때, 전자무역거래에 의한 직접거래가 형성되면서 신용장 사용이 급격히 줄어들고 있다는 위기의식이 더 많이 작용하였다.

신용장 수익자가 처음 서류를 제시하였을 때 하자가 발생하는 비율이 70%에 이르고 있으며 신용장관련 분쟁으로 소송이 제기되는 사례가 빈번히 발생하였기 때문이다. 이에 따라 안전한 대금결제수단으로서의 신용장에 대한 신뢰상실이 신용장 사용을 감소시키는 요인으로 크게 작용하고 있다는 생각에 신용장통일규칙의 개정을 필요로 하게 되었다. 그렇지만 UCP600과 관련하여 보험서류에 대한 선행연구가 활발하지 않은 이유는 다음과 같다.

첫째, 신용장통일규칙 보험서류 관련 규정이 비교적 단순하다.

둘째, 신용장거래에서 상대적으로 보험서류관련 분쟁이 적다.

그러나 분쟁이 전혀 없는 것은 아니라 상업송장 정도의 분쟁이 발생하고 있고 국제무역거래에서는 거래방식에 따라 CIF, CIP 조건으로 무역거래를 할 경우 신용장에서 매도인이 제공해야 할 필수적인 서류가 보험서류를 요구하고 있지만 가령 신용장상의 요구가 아닌 경우에도 수출입 당사자 중 누군가는 부보하고 관계은행은 신용장 취급에 따른 보험에 대해 담보권을 취득할 경우 수출입 당사자는 보험서류 조건에 대해서 충분한 지식을 가지고 있어야 한다.

특히 무역거래에서 보험서류는 운송서류 및 상업송장과 더불어 신용장에서 요구되는 3대 서류이므로 보험서류 관련규정에 대한 내용을 충분히 숙지하고 있어야 한다. 그러므로 신용장거래에서 은행은 제시된 보험서류가 신용장의 제 조건에 엄밀히 일치하는가를 검토하는 것은 필수적인 의무사항이다.

본 장에서는 UCP600 제28조 각항을 중심으로 보험서류관련 개정사항과 쟁점을 ICC 은행위원회의 공식의견과 실무전문가의 의견을 고려하여 분석함으로써 보험실무 및 신용장 업무에서 명확한 지침을 제공하여 보험서류 규정에 대한 이해를 높이고자 한다.

1 전자무역 보험서류의 규정내용

보험서류에 관한 규정은 UCP600 제28조에서 규정하고 있다. 그 주요내용은 다음과 같다.

1) 보험서류의 발행자

UCP600 제28조 a항은 「보험증권, 포괄예정보험에 의한 보험증명서 또는 보험서류는 보험회사, 보험업자[150], 또는 이들 대리인 또는 이들 대리업자에 의하여 발행되고 서명된 것으로 보여야 한다」고 명시되어 있다.

보험서류상에 보험자 또는 그 대리인의 자격이 없는 자가 발행하고 서명한 것으로 표시된 경우에는, 신용장 거래에 있어서는 이는 정당한 보험서류로 볼 수 없으며 은행은 이러한 보험서류의 수리를 거절하여야 한다.

보험서류가 발행되었다고 모두 효력을 갖은 것이 아니라 「대리인 또는 대리업자에 의한 모든 서명은 그 대리인 또는 대리업자 보험회사를 대리하여 서명하였는지 또는 대리업자를 대리하여 서명하였는지 또는 보험업자를 대리하여 서명하였는지를 표시하여야 한다」고 규정하고 있다.

여기서 보험인수업자(underwriter)는 일반적으로 보험회사와 보험인수업자가 법률적으로 보험자로 취급되며, 실무적으로는 양자를 구별할 필요가 없을 것이다.

우리나라에서는 보험 인수업자를 인정하지 않으므로 보험자라고 하면 보험회사를 의미한다고 볼 수 있다. 보험서류는 보험회사를 위한 대리인 또는 보험업자 대리하여 서명되어 있는 한, 보험서류 보험중개인(insurance broker)[151]에 의해 발행된 보험

150) 보험업자란 보험계약의 인수를 행하는 자라는 의미인데 UCP600 제28조 a항에서는 일부러 보험회사(insurance company)와 구분하여 병기되어 있으므로 영국의 로이즈의 구성멤버인 개인보험업자를 가리키는 것이라고 생각된다.

청약서류도 성립될 수 있다.

중개인은 지정된 보험회사 또는 지정된 보험업자를 위한 대리인으로서 서명이 가능하다.[152] 이와 같은 규정은 대리인에 대한 불명확한 신용장통일규칙의 규정을 보완하고 있으며 「신용장에서 특별히 수권되지 않는 한, 보험중개인이 발행한 보험인수증(cover note)은 수리 되지 아니 한다」고 규정하고 있는 것과 관련하여 설명하면 다음과 같다.

첫째, 보험중개인의 편지지를 이용한 보험서류이더라도 보험회사 그 대리인 또는 보험업자, 그 대리인에 의하여 서명되어 있는 경우는 성립된다.

둘째, 보험중개인이 지명된 보험회사 또는 보험업자의 대리인으로서 보험서류에 서명하는 것이 가능한 것을 분명히 하고 있다.

지정된 보험자의 표제가 없는 용지나 보험중개인의 표제가 인쇄된 용지를 사용하여 지정된 보험자의 대리인으로서 서명한 경우, 보험자의 명의와 대리인의 자격이 나타나 있어야 한다. 서명요건으로써 「발행 및 서명하여야한다(must appear to be issued and signed)」의 의미는 「발행되고(issued)」, 「발행 및 서명되고(issued and signed)」 또는 「서명된(signed)」 것 3가지를 의미하지만 이것은 보험회사 등에 의해 법률적으로 유효하게 발행된 것을 요건으로 하고 있다고 해석해야 할 것이다. 보험계약은 낙성계약이다.

즉, 보험가입자(계약자)가 청약하고, 보험자(회사)의 승낙함으로 이루어지는데, 적하보험에서 피보험자는 보험료 납입에 따른 적하물의 우연한 외적인 사고로 인한 손해에 대한 보험금 지급 형태의 계약이다.

따라서 적하보험에서 「피보험이익(insured interest)」이란 우연한 사고에 대한 금전적인 보상이 이루어진다.

즉, 피보험이익을 금전적으로 평가한 가액을 「보험가액(insured value)」, 보험자가 부담하는 손해보상책임의 최고한도액을 「보험금액(amount insured)」이라 하는데, 적

---

151) 이는 특정의 손해보험회사에 소속되지 않고 특정의 손해보험회사의 대리인도 아니며, 손해보험계약의 매개를 행하는 중개인이다. 즉, 보험중개인은 손해보험을 계약하려고하는 보험계약자 · 피보험자, 요컨대 보험중개인의 고객의 이익을 위하여 중립적인 입장에서 최적인 손해보험을 선택하여, 고객을 위하여 그 손해보험회사와 교섭하여 고객이 만족하는 손해보험의 제결을 위하여 노력하는 사이다.

152) ISBP para.185.

하보험에서는 보험가액과 보험금액을 동일하게 가입하는 것이 일반적이다.

또한 적하보험에서 보험계약자 및 피보험자가 같은 경우는 「자신의 위험을 대비하는 수단」이고, 다른 경우는 「상대의 위험을 대비하는 수단」으로 가입한 보험이라고 할 수 있다.

2) 보험서류의 발급일자

신용장통일규칙 제28조 e항 「보험서류에서 담보가 선적일보다 늦지 않은 일자로부터 유효하다고 보이지 아니하는 한, 보험서류의 일자는 선적일보다 늦어서는 아니된다」고 규정하고 있어 발행일이나 별도의 부기일자가 선적일이 된다. 선적이전 운송(pre-shipment carriage)부보 필요성 여부에 대한 우려가 없어졌다. 선적일까지 보험에 가입하면 신용장에서 명시된 운송구간에 이외의 추가구간에 대하여 부보하는 것은 하자가 아니다.

위 규정은 담보가 늦어도 신용장에 기재된 장소에서의 물품의 본선 적재일이나 발송일 또는 수탁일 로부터 유효하다는 것이 보험서류로부터 나타나 있지 아니하는 한, 보험 서류는 결코 신용장에 기재된 장소에서의 물품의 본선 적재일이나 발송일 또는 수탁일 보다 늦은 발행 일자를 내포하여서는 아니 된다와 거의 비슷하게 규정하고 있다.

이는 물품의 운송이 시작되었음에도 보험담보가 개시되지 아니한 보험 서류는 하자로 본다는 것이다. 다만 보험서류상에 보험담보가 늦어도 신용장에 기재된 장소에서의 물품의 본선적재일, 발송일 또는 수탁일로부터 유효하다는 소급보험의 단서가 있는 경우에는 늦은 발행일자의 보험서류도 수리 될 수 있다.

이러한 예외규정은 보험서류상에 보험담보조건이 소급하여 유효하다고 하는 취지가 명시 되어 있는 경우에는 당연히 적용되며 ICC 은행기술실무위원회는 이러한 명시가 없는 경우에도 런던 보험업자협회약관과 같은 「창고간 담보조항(warehouse to warehouse clause)」이 있는 보험증권에 대해서는 적용된다고 하는 의견을 표명하고 있다.

보험서류에 의한 담보기간은 별도의 특약이 없는 한 보통의 경우 60일 한도의 기간한도가 붙어 있지만 「보험 증권에 기재되어 있는 출발지 창고에서 출고될 때부터 목적지의 최종창고에 인도될 때까지」의 구간에 대하여 일괄 담보하는 원칙을 규정하고 있다. 따라서 선적일과 발행일의 차이가 있을 경우 보험서류가 수리되기 위해서는 다음 조건이 선행된다.

첫째, 선적일보다 빠른 일자로 예정보험에 가입되었음을 표시하고 있는 보험증명서에 기재된 경우이다.

둘째, 신용장상에 선적일보다 더 늦은 발행일자가 기재된 보험서류가 제시되더라도 상관없다는 특별조건이 있는 경우이다.

셋째, 운송조항이나 소급조항과는 별도로 담보가 늦어도 물품의 선적일로부터 유효하다고 표시한 보험서류가 제시된 경우 등과 같은 조건이 맞아야 한다.

3) 보험금액

(1) 표시통화

UCP600 제28조 f항 i호는「보험서류는 보험담보의 금액을 표시하여야 한다.「신용장과 동일한 통화"이어야 한다」는 규정은 강행규정으로 기축통화인 미국의 달러기초로 신용장을 개설할 경우에 요구되고 있는 보험서류를 미국 달러 이외의 통화, 즉 한국의 원화나 중국의 위안화로 표시해서는 안 되고 만약에 그와 같이 표시한다면 신용장 조건과 불일치한다.

보험서류상의 표시통화를 신용장 통화와 일치시키는 목적은 만일 신용장과 다른 통화로 부보된 경우, 보험사고 발생시 수령한 당해 통화기초의 보험금이 환율의 변동에 따라 신용장 개설은행 또는 개설의뢰인의 신용장에 기초하여 결제를 요하는 통화액에 미달될 것으로 예상되며 그와 같은 경우에는 신용장 개설은행 또는 개설의뢰인은 손해를 보게 되므로 이와 같은 위험을 회피하기 위한 조항이라고 할 수 있다.[153]

보험서류가 신용장과 동일한 통화로 되어야한다는 것은 환율변동에 의한 위험을 회피하기 위한 규정이고 또한 이종 통화에 의한 경우에는 부보금액의 계산이 불가능하기 때문이다. 따라서 신용장과 다른 통화에 의한 보험서류를 요구할 경우 그 부보금액을 지정하든가 또는 신용장 통화와 부보통화와의 환산율을 신용장에 표기하여 기재하여야한다.[154]

---

153) 朝岡良平編, "實務家のための逐條解說信用狀統一規則," 金融財政事情硏究會, 1985, p.339.
154) 박석재, "해상보험서류의 국제표준은행관행에 관한 연구", 한국해법학회, 제27권, 제1호, 2005, pp.166~167.

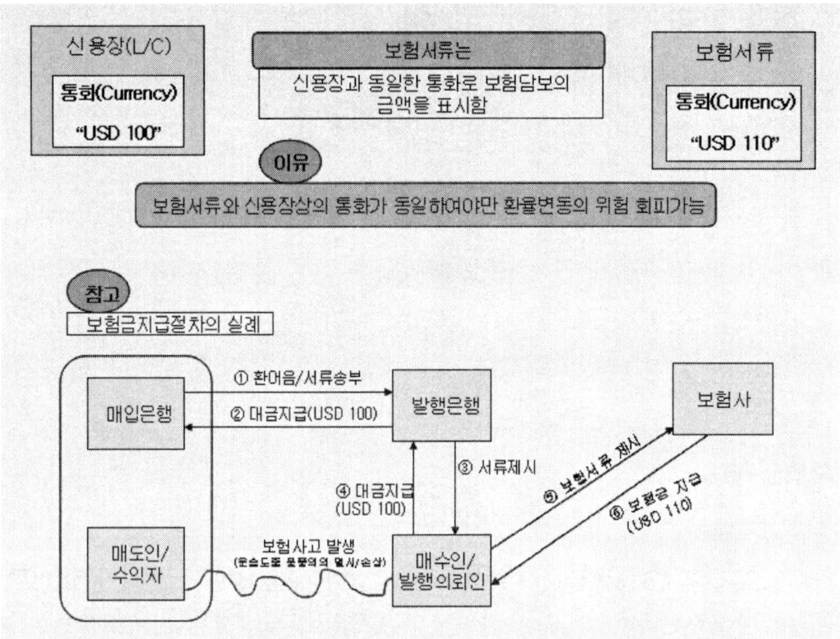

※ 자료 : 전순환, 「신용장통일규칙(UCP600)」, 한울출판사, 2007, p.266.

[그림 11-2] 보험서류의 부보통화

(2) 최저부보금액

UCP600 제28조 f항 ii호는「보험담보가 물품가액 또는 송장가액 등의 비율이어야 한다는 신용장의 요건은 최소금액이 요구된 것으로 본다.

요구된 보험담보에 관하여 신용장에 아무런 표기가 없는 경우에는 보험담보의 금액은 적어도 물품의 CIF 또는 CIP 가격의 110%이어야 한다.

CIF 또는 CIP 가격이 서류로부터 결정될 수 없는 경우에는 보험담보금액은 지급이행 또는 매입이 요청되는 금액 또는 송장에 표시된 물품총가액 중에서 보다 큰 금액을 기초로 하여 산정되어야 한다」고 규정하고 있다.

① CIF 또는 CIP 가액이 서류로 확정할 수 있는 경우

CIF 또는 CIP 가액에 10%를 가산한 금액을 최저부보금액으로 하고 있다. 이것은 Incoterms의 규정에 부합하도록 규정한 것이다.[155)]

즉, 최저부보금액을 규정한 것은 지속된 보험실무의 관습과 세계 각국의 관련규칙,

155) Incoterms 2000 CIF, CIP A3(b)

법률의 실상을 인정한 결과로 해석된다. 실무적으로 단지 10%라고 규정하고 있지만 화물의 도착지에서 실제의 가격을 상정하여 30% 내지 그 이상을 가산하여 부보하는 일도 종종 있다. 따라서 「110%보험」 등의 표현은 부보금액이 지정되지 않은 경우 보험부보의 최소금액으로 정확히 110%의 보험부보를 요구하지 아니하며, UCP 상에서 최대백분율을 제한하지 않는다.

신용장에서 「Insurance for 110% invoice value」 등의 표현으로 부보금액이 명시되어 있더라도 이는 최소금액을 뜻한다. 부보금액을 숫자표시로 한정한다면 「exactly P%」, 「exactly P amount」 등의 문서로 확실히 기재해야 한다.

② CIF 또는 CIP 가액이 서류로 확정할 수 없는 경우

보험담보금액은 지급이행 또는 매입이 요청되는 금액의 송장에 표시된 물품 총가액 중에서 보다 큰 금액을 기초로 하여 산정되어야 한다.

즉 CIF 또는 CIP 가액이 서류로 확정할 수 없는 경우에 상업송장의 금액이 일부 선불된 금액을 공제하고, 어음에 금리가 가산 되는 등의 이유에 따라 신용장에 근거하여 지급, 인수, 매입의 금액과 상업송정의 금액이 일치되지 않는 경우이다. 따라서 부보금액에 손해가 발생하지 않도록 배려한 것으로 생각되지만, 큰 쪽의 금액을 최저부보금액으로 하고 10%를 가산한 금액으로 규정하고 있다.

즉 신용장에서 보험자 면책조항을 금지하는 규정이 없는 경우에 보험증권상에 20%의 소손해면책 항목이 삽입되어 있더라도 이는 수리될 수 있다. 따라서 소손해면책률의 상한에 대한 제한이 없다.[156)]

은행은 무역업자들 상호간 분쟁의 주요한 원인으로 소손해면책, 소손해 공제면책뿐만 아니라 ICC (A), (B), (C)에 의한 보험 조건에 대하여 더 많은 것을 알아야 하지만 은행은 ISBP의 도입 후 이러한 극심한 경쟁 속으로 끌러 들어갈 것이다[157)]라고 한 은행을 맹렬히 비난하고 있다. 최근 은행간 경쟁이 심화되고 있는 현실을 볼 때 고객을 위해서는 은행들이 감수해야 할 업무라고 판단된다. 최종적인 송장금액이 총물품가액의 일정한 부분만을 표시한다는 것은 신용장 또는 보험서류로부터 명백한 경우에도 보험담보에 관한 계산은 총 물품가액의 전체에 기초하고 있어야 한다.[158)]

---

156) 한국무역상무학회 편, "ISBP(국제표준은행관습)", 한국무역상무학회, 2003, p.163.
157) T.O.Lee, "How would bankers handle new responsibilities imposed by ISBP?" LOMONTOR, Vol.5, Issure.2, 2003. 3/4, p.15.
158) ISBP para.193.

(3) 담보위험

UCP600 제28조 g항은 「신용장은 요구된 보험의 종류를 명기하여야하고 만일 부보되어야 하는 부가위험이 있다면 이것도 명기하여야 한다. 신용장이 '통상적 위험(usual risks)' 또는 '관습적 위험(customary risks)'과 부정확한 용어를 사용하는 경우에는 보험서류는 부보되지 아니한 어떠한 위험에 관계없이 수리되어야 한다」고 규정하고 있다. 보험계약을 체결시 반드시 피보험자는 보험약관의 내용을 잘 파악하여 부보위험의 범위를 확인하고, 추가사항에 대하여 피험자의 의사를 명확하게 표현하여야 한다.

피보험자의 특별히 추가 의사표시가 없을 경우 일반적으로 표준약관내용을 따른다고 보아야한다. 이와 같이 보험계약에서 피보험자가 계약상의 명문조항 또는 법적 규정에 의한 어떤 사실에 대한 청약서류에 정확성, 그 정확성의 유지, 또는 보험계약상 추가된 조항에 대한 의무이행의 약속 등을 보증하는 보험계약 조항들을 담보(warranty)라고 한다.[159)]

피보험자는 보험계약기간동안 엄격하게 보험계약(약관)내용을 준수해야하며 만약에 이를 위반할 경우 그 시점부터 보험자는 무조건 보상책임을 면하게 된다. 그래서 「usual risks」와 「customary risks」 같은 부정확한 용어는 사용하지 않고 청약 체결시 정확한 기본조건을 우선 결정하고 추가위험을 필요에 따라 열거하는 규정하고 있다.[160)] 또한 「기본보험조건」과 「부보해야 할 추가 위험」을 신용장에 명기하기로 약정하였는데 간혹 이러한 지시요건이 누락되는 경우도 있다. 따라서 불안전, 불명확한 지시 문언으로 보험서류의 담보조건이 불만족스럽다고 생각되는 경우에도 은행이 그대로 서류를 접수한다.

상기 규정을 이해하기 위해서는 「보험의 종별」이란 무엇인가와 또한 「부보해야 할 추가 위험」으로서는 어떤 위험이 있는지 파악할 필요가 있다.

(4) 보험의 종별

담보위험의 범위 및 손해에 대하여 보상의 범위를 정한 보험의 기본적인 계약조건이다. 1982년 협회화물약관(ICC)에서 (A), (B), (C)로 분류하고 있다.

---

159) 구종순, "해상보험의 고지 및 담보제도의 운용에 관한 연구", 해운물류연구, 제47호, 2005, p.86.

160) 김종칠, "신용장통일규칙상의 보험서류조항의 비교에 관한 연구", 국제무역연구, 제9권 제1호, 2003, p.55.

이 세 가지 기본역관은 제1조의 위험약관만이 다를 뿐이고 그 내용이 모두 동일한 19개조로 구성되어 있다. 즉, 제1조는 위험약관(Risks Clause)으로 각 조건별 멸실과 손상에 대하여 보상범위를 나열하고 있다.

제2조와 3조에서는 각각 면책위험을 제외한 공동해손과 쌍방과실충돌 손해에 대한 보상범위를 정하고 있다. 제4조에서 7조까지는 보험자 면책사항으로 일반면책 8가지와 선박의 불내항(unseaworthiness of ship)과 화물의 부적합(unfitness of cargo) 면책, 전쟁위험에 의한 면책과 동맹파업위험으로 인한 면책 등이 각각 포함되어 있다. 단, 면책위험 중에서 전쟁위험과 동맹파업위험은 협회전쟁약관과 협회동맹파업약관을 특약함으로써 보부가 가능하다.

(5) 추가위험

ICC에 의해 보험회사가 면책되는 위험 또는 ICC을 대상으로 하지 않은 위험이 원인이 되어 생긴 손해에 대해서도 보상을 받고자 할 경우에는 그 추가위험에 대해서 보험자와 특약을 부과하는 것이 필요하다 이러한 추가위험에 대한 특약부과는 다음과 같은 것이 있다.

① 부가위험

ICC(A) 이외의 화물약관으로 도난, 발화, 불착손(TPND : Theft, Pilferage and Non-delivery), 우담우순(RFWD : Rain and/or Fresh Water Damage), 유류 및 타화물과 접촉손(COOC : Contact with Oil and/or Other Cargo), 파손(Breakage), 누손/부족손(Leakage and/or Shortage), 한습손/열손(Sweat&Heating), 투화 및 갑판유실(JWOB : Jettison & Washing Over-board), 갈고리손(H/H : Hook & Hole), 곡손(Denting & Bending), 오손(Contamination), 자연발화(Spontaneous Combustion), 녹손(Rust), 곰팡이손(MM : Mould and Mildew), 서식 및 충식손(Rats and Vermin) 등과 같이 열거되고 있는 위험은 담보되지 않기 때문에 화물의 선적 또는 운송경로 등에 따라 부보해야 할 추가위험이 필요한 경우에는 이들의 위험을 추가 담보할 특약 부과가 필요하다.[161]

② 전쟁위험 및 동맹파업위험

전쟁위험에 대해서는 해상보험, 항공운송 등의 운송방식의 종류별로 수종의 협회전쟁위험약관(Institute War Clause)이 제정되어 있다. 동맹파업에 대한 위험에 대해

161) 전순환, 전게서, pp.275~277.

서도 협회약관이 제정되어 있다. 즉 ICC(A), (B), (C)의 어느 것과도 동일하게 Institute Strikes Clause(Cargo) 및 ICC(Air)로 병용되는 ISC(Air cargo) 외에 ICC(B) 및 (C)에 대해서만 필요로 하는 위험을 담보하기 위해 악의적인 손상약관(malicious damage clauses)(for use with Institute Cargo Clause (B) AND (C))가 있다.[162)]

4) 전위험 담보조건

UCP600 제28조 h항은「신용장이 '전위험'에 대한 보험을 요구하는 경우, '전위험'이라는 표제를 기재하고 있는지 여부에 관계없이 '전위험'의 표기 또는 조항을 포함하고 있는 보험서류가 제시된 경우에는 그 보험서류는 제외되어야 한다고 명기된 어떠한 위험에 관계없이 수리되어야 한다」고 규정하고 있다.

이 경우에 보험서류가 '전위험(All Risks)'의 표시의 유무를 불문하고, 설령 특정위험의 제외가 표시되어 있더라도 은행은 책임을 부담하지 않고 그러한 보험서류를 수리한다.[163)]

은행 측에서 문제가 되는 것은 이 보험종류가 담보하는 범위에 관한 해석이 국가나 보험자에 따라 다르기 때문에 은행 측으로서는 판단하기 곤란한 경우가 있다.[164)]

신용장이「Insurance against all risks」의 조건을 명시하고 있는 경우 또는 신협회적화약관인 ICC(A)라고 하더라도 통상의 누손, 화물의 고유하자 또는 성질, 항해의 지연으로 인한 손해 등에 관하여 면제되기 때문에 보험서류에 특정위험이 제외된다고 표시하고 있더라도 은행은「all risks」의 표제가 있건 없건 관계없이 어떤 종류의 위험이 제외되어 있다는 것이 명시되어 있다고 하더라도 어떠한 위험이 담보되어 있지 않은 것에 대하여 아무런 책임을 지지 않고「all risks」의 표시 또는 조항이 있는 보험서류를 수리한다. 이는「all risks」의 담보조건의 내용에 관한 은행의 실질적 심사를 피하고 오직 서류의 형식적 심사에 그 해결을 찾고 있다.

즉, 보험서류상에「all risks」라고 하는 표현이나 조항 또는 약관이 있다는 것을 확인할 수 있는 한, 은행은 제시된 보험서류를 그대로 수리하는 것으로 하고 이것을

---

162) R,H, Brown, Analysis of Marine Insurance Clause-Book one Institute Cargo Clause, witherby & Co, 1982, pp.3~4 : 加藤修, 貿易保険の實務, 1985, p.133.

163) 桐谷芳和, 信用狀統一規則解說, 經濟法令硏究會, 1993, p.81.

164) H.C. Gutteridge & Maunice Megrah, The Law of Banker Commercial Credits, Europa Publication Ltd, 6thed, p.131.

접수한 발행의뢰인측이 보아서 특수한 위험이 부보되어 있지 않다고 하는 항의에 대하여 은행은 아무런 책임도 부담하지 않는다고 규정하고 있다.[165]

5) 면책조항에 의한 보험서류

UCP600 제28조 I항은 「보험서류는 모든 면책조항(exclusion clause)의 참조를 포함할 수 있다」고 규정하고 있다. 즉, 면책조항은 제외문구가 표시되었다고 하여 보험서류가 수리 거절되는 것을 방지할 수 있다고 하여 실무적인 면에서 좋아하고 있다.[166]

UCP600이 적용된 후 일부 중동국가 등에서 국가의 개설은행이 개설한 신용장에서 이 조항을 적용하지 않고 있어서 전 세계적으로 문제를 야기 시키고 있다. 이러한 문제를 2007년 10월 프랑스 파리에서 개최된 ICC 은행위원회에서 의결에 따라 UCP600 제28조 i항을 적용하지 않고 있던 신용장을 배제하고, 개설은행은 어떤 제외된 문구를 승인 또는 거절할 것인지를 신용장에 기재하여야 한다고 결정하였다.[167]

ICC 은행위원회가 이런 결정을 내린 배경은 다음과 같다.

첫째, 현실적으로 제외된 문구가 전혀 없는 보험서류는 없다.

둘째, 제28조 i항을 적용 배제하는 조건이 있는 신용장은 신용장으로서 가치가 없으므로 수익자는 조건변경을 받기 위해서는 개설의뢰인과 직접 접촉하여야 하는 등의 많은 불편함을 초래한다. 따라서 수출업자로서는 UCP600 제28조 i항이 적용이

---

165) 김종칠, 전게서, p.57.

166) Jeremy Smith, A major opportunity missed, Documentary Credit Insight Vol.12 No.4, 2006, pp.13~14.

167) ICC Document 470/TA.638 rev.(2007.11) Conclusion
As in recognized in the query, today it is becoming quite rare to see an insurance document that dose not contain some form of exclusion clause with regard to risks - primarily risks relating to terrorism and the like.It was for this reason that the UCP 600 was drafted with the rule that appears in sub-article 28(i). To exclude this rule may, in vast number of transactions, create an unworkable letter of credit or necessitate thebeneficiary obtaining an amendment in order t allow specific exclusion clauses or there moval of the restriction completely. If an issuing bank has an issue with the rule, it would be better to include within the credit the exclusion clauses that either are or are not acceptable.

안 되는 조건이 있는 신용장을 통지 받으면 즉시 개설의뢰인과 직접 접촉하여 이 조건을 취소 받아야 한다. 또한 면책조항의 참조를 포함하고 있는 보험서류가 제시된 경우 그러한 면책조항이 특정보험조항에 직접적으로 연결되지 않았다면 그 보험서류는 수리된다.

6) 면책률에 의한 보험서류

UCP600 제28조 j항은 「보험서류는 담보가 소손해면책률 또는 초과(공제)면책률을 조건으로 한다는 것을 표시할 수 있다」고 규정하고 있다.

이 조항은 역사가 오래된 로이즈 해상보험증권의 본문약관 중의 면책률조항(Memorandum Clause)에 기제 되었다. 18C의 중엽 본문약관 중에는 화물별로 면책비율을 규정함과 동시에 공동해손 또는 본선이 좌초(stranding), 침몰(sinking), 대화재(burring)에 관련된 경우에는 면책조항의 적용을 제외할 것을 규정하고 있다.

또한 일부 화물에 대해서는 공동해손 또는 좌초, 침몰, 대화제가 발생한 경우를 제외하고 단독해손으로서 부분손을 부담보 하였다. 비록 항해가 무사하더라도 화물에 따라서는 그 성질상 약간의 비율로 손실, 손상이 발생하는 거래 손실(trade loss)이 있기 때문에 보험사고로서의 외래적. 우발적 위험에 의한 손해와 구별하여 보험자는 이들 손해를 부보하는 것이 예로부터 행해져 왔던 것이다.[168)]

보험서류에 소손해에 대하여는 보상받을 수 없는 소손해면책률(franchise), 초과공제면책률(excess deductible) 등의 약관조항(Memorandum Clause)은 표시될 수 있기 때문에 이러한 면책률 조항이 명기된 보험서류는 수리된다.

그러나 신용장이 소손해에 대하여도 보상받을 수 있는 면책비율 부적용(IOP : irrespective of percentage)의 담보를 요구하고 있는 경우에는 이러한 면책률 조항을 포함하고 있는 보험서류는 수리되지 않는다.[169)]

따라서 면책률(franchise)이란 non-deductible franchise라고도 하는데 손해의 비율이 면책률의 일정비율(예를 들면 3%)에 달한다면, 그 전액이 지불되기 때문에 손해가 상기 예의 경우 2%에서는 면책되지만 3%이면 전액 지불되는 조건이다. 공제 면

---

168) 加藤 修, "1983年改訂信用状統一規則と貨物保険證券の取扱にっいで", 第738號, 1985. pp.65~66.
169) 전순환, 전게서, p.280.

책률은 항상 공제하는 비율의 의미이며 비록 손해액이 초과공제면책률의 비율에 달해도 그 손해액은 공제된다. 상기 내용에서 3% 미만은 물론 3%정도라도 공제액에 상당하기 때문에 면책이 되며, 3%를 초과한 경우에는 처음 3%의 잔액, 예컨대 5%의 손해인 경 차액 2%의 손해만이 보상된다고 하는 조건이다.

거래 손실(trade loss)비율을 고려하여 거래 손실의 상당부분을 초과공제 면책률 혹은 소손해 면책률의 비율로 두는 것이 통상적이다. 또한 초과공제 면책률 와 소손해 면책률을 적용하는 화물단위도 고려하여 화물전체 및 일정단위마다 어느 것인가를 협정한다. 그러나 실무상은 화물전체로 일정 단위마다 양자를 적용하는 것으로서 실제 손해율 산정시 피보험자에 의해 유리한 단위의 방법을 우선 적용하는 방법이 널리 채용되고 있다.

더욱이 화물의 성질과 거래사정을 고려하여 피보험자 측에서 거래 손실의 부분도 포함하여 모든 부족 손해를 담보하고 싶다는 요청도 있지만 이러한 경우는 단지 「면책비율의 적용이 없이(irrespective of percentage)」로 하는 것만으로 그치지 않고 「원인 여하를 불문하고(howsoever caused)」의 문언을 추가해서 거래 손실의 부분도 포함하여 「no franchise no excess」로 인수하는 취지의 특약이 필요하다. 또한 신협회적화약관에는 소손해면책률(franchise)의 규정인 면책률조항이 없다. ICC(WA)조건이 ICC(B)조건으로 변경되면서 ICC(WA)조건에 원적으로 적용되었던 소손해면책률 이 필요 없게 되었다. 즉, ICC(A), (B) 및 (C)의 소손해면책률(franchise)의 규정이 존재하지 않기 때문이다.

제4절 전자무역 보험서류 조항

제6차 개정 2007년 신용장통일규칙의 보험관련 조항은 제28조로서 1개의 조항으로 명시되어 있다. 과거 제5차 1993년 신용장통일규칙과 비교할 때 개정된 2007년 신용장통일규칙은 다음 몇 가지로 그 특징을 대별할 수 있다.

[표 11-5] UCP500과 UCP600 보험서류관련 규정 비교

구 분	UCP500	UCP600
조문	• 제34조, 제35조, 제36조	• 제28조로 통합
서명권자	• 보험회사, 보험인수인 또는 그의 대리인	• 수탁인(proxy) 추가
대리인 서명시 주체표시 요구	• 없음	• 신설
일시적 보험증명서 발행자	• 보험 중개인	• 자격 제한 없음
부보가입 기준 일자	• 본선적재, 발송 또는 수탁일	• 선적일
사전서명	• 수리 가능	• 삭제
부보기간명시	• 없음	• 수탁지 또는 선적지로부터 하역지 또는 최종목적지까지
부보비율은 최소한 금액임	• 없음	• 신설
어떤 제외문구도 허용	• 없음	• 신설

1 원본 전통제시

UCP 500 제34조 b항과 UCP600 제28조 b항은「보험서류가 2통 이상의 원본으로 발행되었다고 표시하고 있는 경우에는, 모든 원본은 제시되어야 한다」규정되어 있다.[170)]

170) 신용장에서 보험증명서 원본 1통과 사본 1통을 요구한 경우 보험증명서에 원본이 2통 발행되었다고 표시되었다면 원본 2통이 제시되어야 한다는 ICC 은행위원회의 공식의견이 있다.

보험서류는 운송서류와 달리 선하증권이 아닌 증거증권에 불과하여 보험회사는 보험금 수익자가 보험서류가 없더라도 본인 확인 후 보험금을 지급할 수 있다.

즉, 보험서류가 없어도 보험금을 수령할 수 있다. 그럼에도 불구하고 UCP 500과 UCP600이 보험서류 전통을 요구하는 있는 것은 일부 후진국에서는 인터넷이 낙후되어 보험금 지급사실 확인에 시간이 걸려 보험금이 2중 지급될 위험이 있기 때문으로 보인다. 향후 전 세계적으로 인터넷이 보편화되면 이 조항은 삭제될 것으로 예상된다. 또한 실무상 유의점은 다음과 같다. 보험서류의 발행부수를 표시하는 난에 「in duplicate」로 표시되었다는 것이 반드시 원본이 두 통 발행되었다고 볼 수 없다. 이 경우 「duplicate」가 표시된 서류는 사본서류이다. 보험서류에 보험금을 청구할 때 「original」 or 「duplicate」가 제시되어야 한다(either the original or duplicate may be presented in the event of a claim)고 명시되지 않았다면 「duplicate」로 표시된 서류는 사본이므로 제시될 필요가 없다. 보험금을 청구할 때 「original」 또는 「duplicate」가 제시되어야 한다고 명시한 경우에만 「original」과 「duplicate」가 표시된 서류 둘 다 원본이므로 「original」과 「duplicate」로 표시된 서류 전부가 은행에 제시되어야 한다.

이와 같이 「duplicate」가 표시된 보험서류를 무조건 원본으로 잘못 생각하게된 것은 ISBP의 운송서류 관련 조항[171]에서는 「duplicate」 표시를 제2원본표시로 간주한다고 규정하고 있기 때문이다. 이 규정은 운송서류에만 적용되고 보험서류에는 적용되지 않는다는 점에 주의하여야 한다.

어떤 서류가 보험서류 원본이냐에 대하여 종종 분쟁이 발생하고 있다. 영국 법원[172]의 판례에서는 보험서류 표제 또는 스탬프로 「원본」이라는 표시가 없어도 신용

(ICC Banking Commission Collected Opinions 1995-2001, R 359. Ref.215, p.359.)

171) ISBP Paragraph 70, 93, 117
A UCP600 article 19 transport document must indicate the number of originals that have been issued. Transport documents marked "First Original", "Second Original", "Third Original", "Original", "Duplicate", "Triplicate", etc. or similar expressions are all originals. Multimodal transport documents need not be marked "original" to be acceptable under a credit. In addition to UCP600 article 17, the ICC Banking Commission Policy Statement, document 470/871(Rev), titled "The determination of an 'Original' document in the context of UCP 500 sub-Article 20(b)" is recommended for further guidance on originals and copies and remains valid under UCP600. The content of the Policy Statement. appears in the Appendix of this publication, for reference purposes.

172) Kredietbank와 Karaganda Ltd. 대 Midland Bank 사건(Nos. 609 &123 31 July 1997 UK)

장통일규칙의 원본 요건을 충족시키면 된다고 결정하였다. 이 사건에서 한 통에는 회사의 블루로고(blue logo)와 물무늬(water-mark)가 있고, 다른 한 통은 보통 복사용지에 복사본이었다. 둘 다 서명이 있었고 다른 한통에는 「duplicate」라고 표시되어 있었다. 두 개의 보험 증권에는 「증권은 original과 duplicate가 발행되었고, 둘 중 하나가 지급되면 나머지는 무효이다」라는 표시가 있었다.

법원은 다른 한 통에 「duplicate」라는 표시가 있으면 전자의 보험서류가 보험서류 표제 또는 스탬프로 원본 이라는 표시가 없어도 원본으로 볼 수 있다고 결정하였다.

무역업계에서는 원본으로서 2통 이상을 발행한 경우에 일괄하여 전통의 선적서류를 은행창구에 제출하는 것이 관행이다. 이 방식은 운송도중에 정본(original)이 분실될 경우에 부본(duplicate)을 사용할 의도로 제정되어 정부(正副) 각각 별도로 송부하는 것이 관행이었지만, 사고가 드물기 때문에 실무편의상 정부함께 송부하도록 변화되어 사용하고 있다. 보험증권 또는 보험증명서의 정본이 복수로 발행된 경우, 최초의 original에는 서류 머리 부분 중앙에 「ORIGINAL」이라고 표시되어 있다.

다음의 정본에는 「DUPLICATE」라고 표시한다.[173] 본 조항에 「모두 정본으로 제시해야 한다(all the originals must be presented...)」라고 표현하는 것은 정부 2통(in duplicate), 정부 3통(in triplicate)등의 경우를 나타내며 특히 「all the original」이라고 간결하게 표현한 것으로 풀이된다.

2 보험서류 종류 및 부보일자

UCP600 제28조 d항, e항에 의거하여 보험서류에 대하여 수익자가 어떤 서류를 제공하여야 하는지를 규정하고 있다. 실무상으로는 보험증권(Insurance Policy)[174], 보험증명서(Insurance Certificate)[175], 보험증권 또는 증명서(Insurance Policy or

173) 무역영어에는 “duplicate”라는 말이 1) 정본과 부본의 original 2통 발행한 경우와 2) 부본으로서 original을 정본과 구분하여 제시하는 경우를 구별하고 있다. please send us the invoice in duplicate, we are sending you a duplicate of lading(加藤 修, “1993年改訂荷爲贊信用狀統一規則の 保險書類條項”, 國際商務論の 諸問題, 同文館, 1998, p.45.)

174) 보험증권이란 보험계약의 성립 및 내용을 증명하기 위하여 계약내용을 기재하여 보험자가 서명하여 보험계약자에게 교부하는 증권을 말한다. 법정기재사항이 법률로 정해져 있다(상법 제666조). 신용장거래에서 사용되는 해상보험증권은 특히 다르게 정하고 있지 않다면 확정보험증권이다.

Certificate)의 명시방법 등이 있다.[176] 만약 신용장에 단순히 「보험서류(Insurance documents)」라고 지시하는 것은 그 구체성을 결여한 것으로 볼 수 있다.

그러므로 신용장에서 보험서류를 요구할 경우 늦어도 선적일 까지 해상보험에 가입하여야 한다. UCP600 개정과정 중에 일부 ICC 국내위원회와 일부 전문가[177]는 협회적하약관(Institute Cargo Clause)이 운송약관(Transit Clause)을 포함하고 있다면 보험서류 일자가 선적일자보다 늦어도 수리 가능한 것으로 UCP가 개정되어야 한다고 주장하였다. 부보일자가 선적일자보다 늦어도 되는 경우에 대하여 1970년대부터 ICC 은행위원회에서 많은 논의가 있었다. ICC 은행위원회 1976년 3월 8일의 결정(document 470/278)과 1979년 4월 27일의 결정(document 470/347)은 협회적하약관으로서의 창구간담보약관(warehouse to warehouse clause)이 있으면 부보일자가 선적일자보다 늦더라도 하자가 아니라고 결정하였다.

그러나 ICC 은행위원회는 1986년 10월 28일[178] 기존의 결정을 번복하여 창고간담보약관과 소급약관(lost or not lost clause)이 있더라도 부보일자는 늦어도 선적일까지 되어야 한다고 결정하였다.

이렇게 기존의 결정을 번복하게 된 것은 다음의 두 가지 이유 때문이다.

첫째, 서류가 신용장조건과 일치하느냐 여부를 심사할 때에는 서류상으로 심사하는 것이고 보험약관을 일일이 검토할 의무는 없다는 것이다.

둘째, 소급약관은 계약체결 전에 손해가 발생하였더라도 피보험자가 이것을 인지하지 못하고 계약이 체결된 경우에 보험회사가 손해를 배상해 주겠다는 것이므로 소

175) 보험증명서는 포괄예정보험에 따라 발행되는 보험서류이다. 포괄예정보험이란 일정 기간 내에 선적될 것이 예상되는 화물에 대하여 일정 조건에 따라 포괄적으로 커버되는 보험을 말한다. 포괄예정보험계약을 체결하게 되면 이것에 대한 특약서가 교부되거나 예정보험증권이 그 증거로서 교부된 후 미확정사항이 확정되어 통지, 보충되면 보험증명서 또는 확정보험증권이 교부된다. 보험증명서는 보험증권보다 서류로서의 공식성이 덜하다.

176) 少峯登・丹木浚, 1974年 信用狀統一規則(下), 財團法人外國爲贊貿易硏究會, 1975, pp.294~295.

177) Kim Christensen, Expert commentary, Documentary Credit Insight Vol.12 No.3, 2006, p.10.
Kim Christensen, The invisible article, LC Monitor Vol.8 Issue 2, 2006, p.30.
T.O.Lee, The effective date of a cargo insurance policy, LC Monitor Vol.7 Issue 5, 2005, p.60.

178) Meeting on 28 Oct. 1986 ICC Documents 470/486, 470/495-Bis and annex and corrigendum.

급의 범위를 제한하는 것이다.

선적일자가 보험서류에 항해/발송일자로 기재되었더라도 보험서류 발행일이 선적일보다 늦으면 하자가 된다는 ICC 은행위원회의 공식견해[179]로 표현하고 있다. 우리나라에서는 이와 같이 ICC 은행위원회의 공식견해가 변경되었음에도 불구하고 잘 알려지지 않아서 보험서류에 창고간담보약관과 소급약관이 있으면 부보일자가 선적일자보다 늦더라도 관계없다고 기술하고 있는 서적을 가끔 볼 수 있다.

3 보험중개인이 발행한 보험승인서

UCP600 제28조 c항은 「보험중개인이 발행한 보험승인서(cover note)는 수리되지 아니 한다」고 규정하고 있다. 즉, 보험중개인이 발행한 일시적 보험영수증[180]으로 피보험자가 보험자에게 직접 손해배상을 청구할 수 없고 보험중개인을 통해서만 손해보상을 청구할 수 있기 때문에 수리 거절되는 보험서류에 해당된다.[181]

따라서 신용장에서 보험서류를 요구할 때에는 보험서류 종류를 지정하고 있으므로 이 조항은 규정할 필요가 없다. 더구나 최근 보험중개인 의한 일시적 보험영수증이 보험서류로 제시되는 경우가 거의 없다는 것이다.[182]

일시적 보험영수증은 보험중개인이 주로 발행하는 것으로 알고 있다. 우리나라는 보험중개인에 의한 일시적 보험영수증은 발행되지 않고 있다.

---

179) Conclusion;
The inclusion of details of the journey for which the cover has been effected is a common feature of insurance documents. The inclusion of a "sailing date" does not provide adequate evidence that the insurance was effective as of that date, and therefore the documents should be rejected.(Gary Collyer, Ron Katz, op.cit, R.290, Ref.214, 2002, pp.358~359.)

180) 보험중개인이 피보험자의 의뢰에 따라 의뢰된 조건대로 보험에 가입하겠다는 뜻이 표시된 통지서를 가리킨다. 이것은 보험증권 또는 보험증명서와는 달리 피보험자가 보험회사와 직접 보험계약을 체결하였다는 것을 증명하는 서류가 아니다. 따라서 일시적 보험영수증은 소지인이 보험회사에 대한 직접청구권이 없어 보험금을 청구할 때 보험중개인에게 청구하고, 보험중개인이 다시 보험회사에 청구하여야 하므로 소지인에게 불리하다.

181) 전순환, 전게서, p.261.

182) Hennie T.J. van Diemen, Pluses and minuses in recent UCP drafts, Documentary Credit Insight, Vol.12 No.1, 2006, p.15.

제5절 보험서류상의 문제점 및 대안제시

1 보험업계의 관행과 모순

UCP 500 제34조 e항은「신용장에 별도의 규정이 없거나 또는 보험서류상에 담보가 늦어도 물품의 본선적재 또는 발송 그리고 수탁일로부터 유효하다고 표시되지 않는 한 은행은 그 운송서류상에 명시되어 있는 본선적재 또는 발송 또는 수탁일보다 늦은 일자로 되어 있는 보험서류는 이를 수리하지 아니 한다」라고 규정하고 있다.

그런데 동 조항은 보험업계의 관행과 불일치하다고 여겨진다. 즉, 보험서류상 청약일이 사실상 책임개시일로 설정되지 않는다는 점이다. 불행하게도 이러한 모순되는 내용이 UCP600 제28조 e항에서도 반복되고 있다.[183)]

동 규정에서는「만일 보험서류에서 부보가 최소한 선적일자 이전에 효력이 발생하고 있음을 나타내고 있지 않는 한, 보험서류의 일자는 선적일자보다 늦어서는 안 된다」라고 규정하고 있는데, 적하보험에 있어서 보험서류의 책임개시일은 그것의「청약일」과는 관계가 전혀 없으며, 오히려 사건의 발생에 대해서는 협회적하약관(ICC)(A), (B), (C)의 기간조항(Duration Clause) 부문에서의 운송조항(Transit Clause) 8.1에서 분명히 규정되는 바와 같이 운송의 개시시간(the time of commencement of transport)에 의존한다.

따라서 다른 서류들과 충분한 연관이 있다면, UCP600 제28조 e항은 보험서류의 발행일이 본선 선적일보다 더 늦게 되는 것을 허용하여야 할 것이다.[184)]

즉, UCP600은 은행의 이익을 고려한 은행위원회를 중심으로 초안 작성시 위원인 9인중 1명을 제외하고는 모두가 은행측 전문위원으로 구성된 결과 운송인, 보험업, 무역업계 보다는 은행업계 위주로 개정작업이 이루어져 실질적으로 수출입업자들의 의견 또한 배제된 상태에서 작성되었다.

---

183) K. Christensen, "UCP revision-the last six miles", DCINSIGHT, ICC, Vol.12, No.3, 2006. p.3.

184) T.O. Lee, "A call for consistency with transport conventions", DCINSIGHT, ICC, Vol.12, No.3, 2006. p.6.

현재 전 세계적으로 신용장 사용이 지속적으로 감소하고 있는 추세이다. 특히 글로벌기업들의 본사/지사의 거래증가, 기업의 신용도 증가, 전자무역 활성화 등, 기업환경이 급변하고 있는 측면도 있지만 또 한편으로는 수수료의 징수, 복잡한 서류절차 등으로 이용자를 고려하지 않은 은행위주의 신용장통일규칙 제정과 운용에 원인이 있다고 본다.

따라서 차후 UCP600을 추가하거나 개정 작업이 이루어질 때 은행업계를 주축으로 운송업계, 보험업계, 무역업계, 법조계 등 전 분야에 걸친 전문가들의 논의가 활발하게 이루어져야하고 특히 해상운송에 따른 보험서류와 관련하여 훌륭한 규칙이 만들어져야 할 것이다.

2 전구간 담보규정

피보험자가 제공해야 할 보험서류의 요건으로 부보기간에 따라

첫째, 해상운송 전 구간 항해를 책임담보하고,

둘째, 물품가격을 명시하는 전액표시가 있어야 하고,

셋째, 해당 거래에서 통상의 유효한 보험약관의 증거인 보험증권이라야 한다.

통상의 것인가의 여부심사는 매매계약에 관한 물품의 성질이라든지 기업의 성격을 고려해야 하며 거래에서 일반적으로 행해지고 있는 조건을 의미한다.[185] 따라서 서류의 요건들은 담보하는 구간, 전액 및 위험, 이 3가지가 명확하게 명시되어야 할 것이다. 그러나 UCP600에서는 부보금액, 부보위험에 대하여 제28조 f항, g항에서 규정하고 있으나 운송 전 구간에 대해서 특별히 규정하고 있지 않다는 점이 문제라 할 수 있다.

Landaure & Co. v. Craven & speeding Bros(1912)사건에서 Scruttonvks사는 「신용장이 별도로 허용하지 않은 한, 보험증권은 의도된 전 항해 구간을 커버해야 한다」[186]고 하였듯이 한 가지 분명한 사실은 신용장 거래에서는 각 서류 상호간에 모순이 있어서는 안 된다고 하는 사실이다.

따라서 운송서류상의 운송구간은 당연히 보험증권에도 나타나야 한다고 유추 해

185) H.C, Gutteridge & M. Megrah, op. cit, 7th ed, 1984, p.165.
186) ibid, p.165.

석하여 부보구간에 대한 무규정을 보완 활용할 것을 전제로 새로운 UCP에 이러한 조항이 추가되는 것이 바람직하다.

3 공동보험에서 보험서류의 수리요건

분할 담보한 경우에 보험서류에 백분율이나 기타의 방법으로 각각의 보험자의 담보가액을 명확하게 반영하거나 각 보험자가 당해 선적에 부보 되었을 수 있는 기타 모든 보험담보에 관한 전제조건 없이 단독으로 자신의 책임부분을 부담하기로 하지 아니하는 한, 동일한 선적의 동일한 위험을 담보하는 보험은 반드시 단일의 서류에 따라 담보되어 있어야 한다.[187]

즉, 공동보험에서 보험서류 수리요건과 관련된 내용으로 공동보험(co-insurance)이란 거액의 보험사고발생시 보험금지급의 위험을 분산하여 복수의 보험자가 동일 피보험이익에 관하여 각자의 분담비율을 정한 뒤 공동으로 전보책임을 지는 보험계약을 말한다.[188]

공동보험조항(co-insurance clause)에 의하여 각 보험자는 자기의 인수비율만큼 개별적인 권리를 취득과 동시에 의무를 부여하는 것으로 하여 연대책임을 지는 것은 아니라는 취지가 명확히 하고 있다.

공동보험의 실무에서는 공동보험회사 중에서 간사보험회사(leading insurer)를 선정하여 보험 계약의 체결, 보험증권의 발행, 보험료의 징수, 분배, 보험사고의 조사, 보험금의 지급 등의 업무를 수행하는 것이 보통이다. 동일위험을 부담하는 보험서류는,

첫째, 1인의 보험자에 의하여 보험이 인수된 것을 나타내는 보험서류가 아니면 안된다는 것이 원칙이지만,

둘째, 일정요건을 구비한 공동보험에 의한 것을 나타내는 보험서류이더라도 무방하다는 것을 분명히 하고 있다.

---

187) ISBP para. 187.

188) 공동보험의 발생 이유 중 하나는 보험계약자와 피보험자가 복수의 보험회사와의 양호한 거래관계를 유지하기 위한 일환으로서 복수의 거래선 보험회사에 보험거래실적을 거두게 하기 위하여 특별이 공동보험을 신청하는 일이 있다. 이것은 외국환은행의 거래선이 1개의 거액환을 복수의 거래선 외국환은행에 대하여 각 은행의 몫(share)을 정한 뒤 매입, 매각시키는 것과 그 동기에서 공통하는 바이다.

둘째의 경우에 공동보험에 의한 보험서류가 수리되는 요건은 ①각 보험자의 보험 인수비율, 인수보험가액이 기재되고, ②각 보험자가 자기의 책임지분을 개별적으로 부담하는 것이 기재되고, ③그 선적을 위하여 효력을 발생시켰을지도 모르는 다른 보험담보에 관련하는 선결조건 없이(without pre-conditions), 자기의 책임지분을 부담하는 것이 명확히 반영되어 있는 것이다.

은행측면은 「모든 서류 심사자는 현재 보험과 관련된 모든 가능한 조항에 익숙해져야만 할 것이라는 개념에 대해 우리는 강력하게 비난한다」라고 주장하고 있다.[189] 또 다른 은행측도 동 취지를 주장하고 있다. 그에 따르면 「서류 심사자는 작은 인쇄된 문자가 공동 보험업자간 책임의 분담에 관하여 무엇을 명시하고 있는가를 발견하기 위하여 보험서류의 자료내용을 검사하여야만 할 것이다.

그런데 이것은 종종 보통사람의 이해력수준을 넘어서는 전문적인 표현을 사용하는 법률가들에 의하여 작성된다. 선하증권에서와 마찬가지로 보험증권에서 일부 조건들은 그 문제를 분명히 밝히기 보다는 오히려 사람들을 혼란시킬 수 있는 방식으로 작성된다」라고 하며 ISBP를 비판하고 있다.[190]

그러나 이러한 주장은 전술한 바와 같이 지나치게 현실을 무시한 은행측의 입장을 반영한 주장이라고 본다. UCP600에는 공동보험에 관한 규정이 없으므로 이 규정은 실무에 도움이 되는 것이라고 생각 된다 . 새로운 UCP에 이러한 조항이 추가되어야 한다.[191]

4 보험서류에 기재된 유효기일 수리요건

보험서류가 유효기일을 삽입하는 경우에는 반드시 그 유효기일에 따른 어떤 보험금 청구서 제시를 위한 유효기일에 반대되는 것으로 물품의 본선 적재나 발송 또는 수탁이 이루지는 최종일자에 관련이 있다는 사실을 명확히 제시하고 있어야 한다.[192]

189) Rene Muller, “Three bankers judge the document on standard banking practices”, DCIN SIGHT, Vol.9, No.1, 2003, p.15.
190) T.O. Lee, op. cit, p.15.
191) 飯田勝人, 前揭書, p.172.
192) ISBP para. 190.

이 규정은 보험서류에 기재된 유효기일의 수리요건과 관련된 내용으로 보험기간은 화물보험의 경우에는 보험자의 책임이 개시할 때부터 종료하기까지의 기간을 보험기간이라고 한다.

따라서 해상, 육상 등 각종 운송수단에 의한 운송을 전제로 한 화물보험에 관해서는 보험기간은 불확정적이며, 보험기간은 화물이 보험증권에 기재된 발송지의 창고에서 출고된 때로부터 도착지에서 화물이 최종창고 보관 장소에 입고된 때까지로 하는 것이 원칙이며[193], 보험증권에 기재된 보험부보기간이 정확히 명시되는 일은 거의 없다.

화물보험의 보험금청구에 관한 약관으로서 보험증권 표면 좌하부에 각각 붉은색 글자로 "IMPORTANT"라는 기재되어있어 보험금 청구시 피보험자가 보험회사, 대리점에 지체 없이 손해를 통지하고 일정한 양식에 의거 청구서류를 제출해야한다.

그러나 적합한 청구서류가 제출되지 않는 경우에는 보험자는 보험금청구에 응하지 않아도 된다. 더욱이 도난, 발하에 의한 보험금 청구기간이 명확히 기재된 내용인 즉, "보험기간의 종료 후 10일 이내"에 청구하여야하는 것이 붉은색 글자로 기록되어 있다.[194]

만일 보험서류에 유효기일이 기재되어 있는 경우에는 그 유효기일은 보험서류에 기초하는 보험금청구의 최종기한을 의미하지 않으며 물품의 적재, 발송, 수령의 최종기한을 의미하는 것이라고 할 수 있다.[195] 따라서 UCP600에는 보험서류 유효기일에 관한 규정이 없으므로 ISBP의 규정에 의거한 내용을 따르고 있기 때문에 보험서류에 관한 유효기일의 명확한 기재가 새로운 UCP에서는 명기되는 것이 바람직할 것으로 생각한다.

---

193) 단, 외항선박의 하역종료로부터 60일이 경과한다면 비록 화물이 운송 도중에 있더라도 원칙적으로 보험기간은 만료한다.

194) 도난 및 발하에 의하여 발생한 손실의 보험금청구는 본 보험의 종료 후 10일 이내에 본 보험증권에 명시된 당사의 대리점에게 손해 검사의 신청을 하지 않는 한 지급되지 않는 것으로 한다.
(No claim for loss by theft &/or pilferage shall be paid hereunder unless notice of survey has been given to this Company's Agents specified in this Policy within 10 days of the expiry of this insurance.)

195) 飯田勝人, 前揭書, pp.172~173.

5 종합적인 판단

신용장거래는 서류에 의한 거래이므로 수익자가 제공하는 서류에 따라 대금지급 여부가 결정된다. 특히 CIF와 CIP 거래조건에서 수익자에게 제공해야하는 필수서류 중에 운송서류, 상업송장과 함께 보험서류가 포함되어 있다.

본 장에서는 수익자가 제공하여야 하는 보험서류에 대한 UCP600의 요건을 중심으로 검토하고, 1993년과 2007년 개정 신용장통일규칙상의 보험서류 및 담보조항을 중심으로 비교 고찰하고 적용상 야기될 수 있는 문제점과 해석상의 한계점을 제시하였다. 지금까지 화환신용장에서 중요한 구비서류중의 하나인 보험서류에 대한 신용장통일규칙상의 보험서류조항을 토대로 제28조 보험서류 및 담보의 취급 원칙과 ICC, IBSC 견해 중심으로 각각의 항목에 대한 해석론에 대하여 고찰해 하였다. 보험서류 발행은 보험회사, 보험 인수업자 또는 그 대리인이 발행 및 또는 서명된 것으로 표시되어야 효력을 지닌다.

따라서 보험서류 관련 쟁점사항과 시사점은 다음과 같다고 할 수 있다.

첫째, 어떤 보험서류가 보험서류 원본이냐 하는 것에 대하여 분쟁이 생기는 경우가 많다. 이는 운송서류에서는 「duplicate」가 제2원본을 의미하나 보험서류에서는 특수한 경우에만 이것이 원본에 해당된다.

둘째, 보험서류 발행은 원칙상으로 보험서류 발행일자가 운송서류에 제시되어 있는 물품의 선적일, 발송일 또는 수취일보다 늦은 경우는 그 서류가 거절 된다.

그러나 보험에 의한 담보가 선적일, 발송일 또는 수취일로부터 서류상에서 유효한 경우는 예외가 된다. 그런데 유효하게 증명하는 입증수단이 문제가 된다. 이러한 입증수단의 방법은 은행 측에서 서류점검에 필요한 상당한 주의의 범위 내에서 이루어져야 한다.

셋째, 보험 중계인의 일시적 보험영수증은 현실적으로 거의 사용되지 않고 있으므로 구태여 UCP600에서 규정할 필요성이 있느냐에 대하여 의문이 간다.

넷째, UCP600 시행 이후 보험서류 관련 규정 중 가장 많은 주목을 받았던 것은 보험서류에 제외문구를 허용한다는 것이다.

일부 개설은행에서 이 조항(UCP600 제28조 i항)을 적용 배제하여 문제가 되고 있다. 개설은행은 이 조항을 적용 배제할 것이 아니라 구체적으로 어떤 제외문구를 허용하지 않는다는 것을 신용장에 명시하여야 한다. 왜냐하면 제외문구를 포함하지 않고 있는 보험서류가 현실적으로 존재하지 않기 때문이다.

다섯째, 개정된 UCP600이 보험서류의 발행일에 관하여 보험업계의 관행과 모순들이 발견되었다는 점, 지나치게 은행업계 위주로 개정되었다는 점, 화물보험의 전구간 담보조건의 설정에 따른 규정설정이 모호하다는 점, 공동보험 서류의 수리규정에 대한 기준설정으로 화물의 부보에 따른 각각의 담보에 따른 책임설정이 불투명하고, 보험서류에 기재된 유효기일 수리요건에 대한 문제점 등을 들 수 있다.

제12장

전자무역 마케팅

제1절 마케팅

1 마케팅 개요

시장에 있어서 조직이 살아남기 위해서는 소비자가 요구하는 것을 분석하여 그것을 만족하기 위한 활동이 필요하게 된다. 조직에 의한 소비자 니즈를 충족시키기 위한 창조적 적응 활동을 일반적인 마케팅이라고 한다.

마케팅의 활동은 시장분석과 시장창조활동(전략)으로 크게 구분할 수 있다.

시장 분석은 마케팅 리서치라는 조사기법을 사용하는 것으로 고객이 무엇을 원하고 있는지를 명확히 하는 활동이며, 전략을 세울 때 그 기초적 데이터를 제공한다.

시장 창조 활동은 현재 수요를 만족하고 잠재 수요를 발굴하여 충족시키는 활동을 의미한다.

매컬티(McCarthy)의 4P가 유명하며, 이는 다음과 같은 활동을 포함하고 있다.

첫째, 제품계획이다.

대상인 소비자를 정하고 그 요구에 맞는 제품을 개발하여 시장화하는 활동이다.

둘째, 가격설정이다.

소비자에게 있어서 어느 정도의 가치가 있고 어느 정도 마진이라면 팔 수 있을지를 생각하고 가격을 정하는 활동이다.

셋째, 채널구축이다.

대상 소비자의 구입을 쉽게 하기 위하여 어떤 유통경로를 구축하여 새롭게 개척하는 게 좋을지를 결정하는 활동이다.

넷째, 프로모션 활동이다.

광고나 출판, 인적판매 및 판매프로모션 활동을 통하여 소비자의 수요를 불러일으키는 활동이다.

1) 니즈(Needs)와 원트(Want)

글로벌 시대에 인간 생활을 영위함에 있어서 불가결한 생리적인 필요를 니즈(Needs)라고 하며 이 필요가 만족된 후에 사치스러운 물건을 원하는 요구를 원트(Want)라고 한다. 심리학자인 에이브러햄 매슬로(A.Maslow)는 인간의 욕구가 다음과 같이 5단계로 구성되어 있다고 한다. 예를 들어 생리적 욕구가 만족된 후 안전 욕구가 발생하고, 그것이 만족된 후에는 애정 욕구가 발생하는 것과 같이 순차적으로 고도화되어 간다고 한다. 이 단층 구조에서 니즈의 위치는 생리적 욕구의 단계이다. 이것은 먹거나 자고 싶어 하는 것 등 인간이 생존하기 위하여 최소로 필요한 기초적인 욕구를 표현하고 있다.

따라서 원트는 자기표현의 욕구에 해당한다. 욕구가 고도화하면 다른 사람으로부터 존경을 받고 싶은 희망이 발생하고, 그것에 걸맞은 고급 차, 보석, 집 등의 제품에 대한 욕구가 심해진다. 이렇게 자기를 둘러싸고 있는 주위의 사회적 환경과의 대응관계로부터 발생하는 욕구가 원트이다. 그러한 의미에서 이것을 사회적 욕구라고 부르기도 한다.

2) 마케팅 컨셉트(Marketing Concept)

조직이 자기의 제품을 시장에서 보다 많이 판매하기 위해서는 조직의 목표를 명확히 하고 시장에서의 활동에 대한 방향 설정을 위한 기본적인 생각이 필요하다. 이러한 생각을 마케팅 컨셉트라고 하며, 이는 시대와 함께 다음과 같이 변화 하고 있다.

첫째, 생산 지향이다,

수요에 비하여 공급력이 미성숙한 단계에서 조직은 생산성 향상을 최우선으로 하고, 시장 수요에 맞는 생산력을 갖추기 위해서 노력한다.

둘째, 제품 지향이다.

고객이 원하는 좋은 제품을 만들면 반드시 판매될 것이라는 생각으로 고품질의 제품을 시장화 해 가려는 것을 말한다.

셋째, 마케팅 지향이다.

고객의 니즈나 원트를 조사하고 그것을 만족하고 소비자가 기뻐할 것 같은 제품을 시장에 제공하려는 것을 말한다.

넷째, 사회적 마케팅 활동이다.

대상 고객의 만족만이 아니라 사회 전체의 이익과 복지의 향상을 고려한 장기적인 관점에서 마케팅을 행하려는 것을 말한다.

3) 고객 지향

대상 고객의 니즈와 원트를 조사하고, 그것을 만족하는 제품을 제공하려는 자세가 고객 지향이다. 마케팅 컨셉트에서 서술한 생산 지향, 제품 지향, 판매 지향을 하는 조직은 활동의 출발점이 조직내부(공장)이고, 도착점이 시장이 된다. 우선 생산이 있어야 하고 기존 공장에서 생산할 수 있는 것을 사전에 생산해 버린다. 그리고 생산한 뒤에야 어디에 팔면 좋을지를 생각한다.

이러한 조직은 생산으로부터 판매까지가 일방통행적 이어서 판매처인 고객의 요망을 거의 생각하지 않게 된다.

이에 비하여 마케팅 지향을 하는 조직은 기본적으로 고객 지향을 기반으로 활동한다. 먼저 자기의 대상이 되는 고객을 명확히 하고, 누가 어떠한 니즈나 원트를 가지고 있는지를 조사하는 것에서 출발한다.

그리고 이것들을 만족하기 위해서는 어떠한 제품을 생산하면 좋을지를 생각하고, 그것을 고객에게 제공해 가는 것이다.

이러한 경우에는 출발점이 조직 내부가 아니라 고객의 니즈나 원트이기 때문에, 정보 및 제품의 흐름은 다음 그림과 같이 쌍방향이 된다.

최근 이러한 고객 지향을 철저히 하여 조직의 마케팅 지향성을 높이기 위하여 CS(Customer Satisfaction : 고객 만족)라는 컨셉트가 중시되고 있다.

4) 매너지리얼(Managerial) 마케팅

이 마케팅은 기업의 최고 경영자가 기업 내의 모든 부문을 고객니즈의 만족이라는 관점에서 조절하여 활동하려는 것이다. 제2차 세계대전 후 미국에서는 '고객이 원하는 물건을 만들어서 고객이 기뻐하며 구입할 수 있도록 하자.'라는 생각이 대두 되었다. 이것이 고객 지향의 이념이다. 그러자면 고객이 원하는 것을 명확히 하고 그것을 만들어야 한다. 고객의 니즈에 가장 상세한 것은 당연히 마케팅 담당자이다. 여기서 지금까지 제조 부문의 전담 업무였던 제품 생산에 마케팅 부분이 적극적으로 참여하게 되었다.

그러면 예산 배분을 결정하는 재무 부문과의 관계도 커지게 되고 한 부문의 매니저 레벨에서는 결정할 수 없게 된다. 이러한 상황 하에서 의사 결정이 가능한 것은 기업의 전 부문을 시야에 넣고 조절과 관리를 행하는 최고 매니저(경영자) 밖에 없다.

결국 매니지리얼 마케팅이라는 것은 고객 지향을 실천하고 기업의 존속 성장을 실현하기 위하여 전사적인 시점으로부터 기업의 방향성을 정하는 경영자의 의사 결정에 의한 시장 창조 활동이다.

5) 소비자 중심주의(Consumerism)

기업 사회의 고도화에 따라 결함 부품이 나오거나, 마케팅에 의한 조작이 일어나거나, 환경이 파괴되기도 한다. 이것들을 시정하기 위하여 생활자의 입장에서 대두된 이념이 소비자 중심주의이다.

소비자의 권리를 지키기 위한 소비자 운동은 19세기 중반 이탈리아에서 시작되었다. 그러나 이것은 단지 식료품과 같은 기초적인 소비 물자의 가격 인상에 대한 저소득층의 반발 운동이므로 지금의 소비자 중심주의와는 성격이 다르다. 지금의 소비자 중심주의는 1960년대 초에 발생했다. 이것은 제품의 복잡화에 의한 소비자의 품질 판단의 곤란성, 제품 차별화 · 계획적 진부화 · 대량 광고 등의 마케팅 기법에 의한 소비자의 조작, 공해나 자원의 난개발이라는 환경 문제 등을 배경으로 보다 잘 살고 싶어 하는 생활자로부터의 반발로써 생긴 것이다. 결국 소비자 운동은 '소비'라는 인간의 경제적 측면의 충실을 요구하는 운동인 것에 비해 소비자 중심주의는 환경 문제와 같이 직접 자신의 소비에 관계없는 '인간 생활 전반'의 충실을 장기적인 시점에서 요구하는 운동이다.

6) 사회적 마케팅(Social Marketing)

소비자 중심주의의 대두, 환경보전 운동의 고양 등을 단서로 기업과 사회와의 관계 및 다수 존재하는 비영리 조직에 대한 논의가 활발해지고 있다. 그리하여 탄생한 것이 사회적 마케팅이다. 사회적 마케팅에는 영리 기업이 사회적 책임을 다하면서 수행하는 마케팅과 비영리 조직이 실행하는 마케팅이 있다.

영리 기업이 실행하는 마케팅은 대규모화된 기업의 제품 개발이나 공장 진출에 의해 수질, 대기, 토양 등의 오염이 진행되거나 자원의 난개발에 의해서 자연 환경이 파괴되기도 한다.

기업의 대량 광고나 계획적 진부화 등에 의하여 소비자의 가치관이 기업 중심으로 왜곡되고 있다는 것도 지적된다. 그래서 이 마케팅은 기업이 이러한 사정에 대처하고 사회와의 조화라는 시점에서 사회적 책임을 다하고 장기적인 시점에서 실행을 하고 있다.

이것에 대해 후자의 의미로의 사회적 마케팅은 행위 주체를 영리 기업에 한정하지 않고, 비영리 조직까지 확대하려고 한다. 예를 들어 대학이나 병원, 교회, 관공서, 자선단체 등도 경쟁하거나 고객 감소에 괴로워하고 효율적인 조직 운영을 모색하고 있다.

7) 마케팅 윤리

조직의 규모가 확대되어 사회에 대한 영향력이 커져 감에 따라 조직의 이념이나 행동의 일거수일투족에 관심을 가지는 눈은 엄격해지고 있으며, 그러한 조직에 요구되는 도덕관이나 성실함을 마케팅 윤리라고 한다.

지금까지 마케팅 기법에 대한 다양한 비판이 있었다. 광고 활동은 기업이 일방적으로 전달하고 싶은 메시지를 주목도가 높은 표현 방법을 통해 전달하여 쓸데없는 사행심을 불러일으킨다고 문제시 되었다.

제품 차별화는 제품의 본질적인 기능은 대부분 변하지 않음에도 불구하고 디자인이나 컬러 등을 변경하는 것만으로 마치 신제품과 같이 가장한다고 지적되었다.

계획적 진부화는 신제품을 신속히 판매하기 위하여 구형 제품에게 보다 기능이 떨어지는 이미지를 심어 신제품을 구입하는 소비자가 증가한다면 결과적으로 폐기 제품이 증가하여 희소 자원의 낭비를 낳게 된다는 것이 지적되었다.

이러한 지적들로 인해 마케팅은 단순히 타깃 고객에게 제품만 판매하면 된다는 생각으로부터 점차 사회성을 요구받게 되었다.

제2절 마케팅 환경

1 디마케팅(De-marketing)

1) 디마케팅(De-marketing) 개요

수요가 공급하려고 하는 양을 초과하는 경우가 있으며, 그것을 과포화 수요라고 한다. 이것에 대처하기 위하여 조직이 가격을 올리거나 광고를 중지하거나 공급하려고 하는 수준까지 수요량을 감소시키는 것을 디마케팅이라고 한다.

필립 코틀러(Philip Kotler)에 의하면 디마케팅은 다음의 3가지로 구분할 수 있다.

첫째, 일반적 디마케팅이다.

매우 인기 있는 놀이 공간이 사람들의 안전을 위하여 입장자 수를 제한하는 것처럼 조직이 자기 제품의 전체적인 수요를 감소시키고 싶을 때에 실행되는 마케팅이다.

둘째, 선택적 디마케팅이다.

나이트클럽에서 남성의 입장료를 높게 설정한다든지 남성들만의 입장 시에 입장을 거부하는 것처럼 어느 특정 고객층의 수요를 감소시키는 마케팅이다.

셋째, 표면적 디마케팅이다.

일부러 생산량을 제한하거나 입수를 어렵게 하고 계속 억제시킨 후 수요의 증가를 막는 마케팅이다. 이것은 수요의 감소를 목적으로 하는 것이 아니라 고의로 제품의 희소성을 높여 제품의 가치를 높인 후 높은 이미지에서 제품을 판매하려는 마케팅 전술이다.

2) 리스크관리

오늘날은 조직 일반에 대한 체크가 엄격해지고 있으며 인터넷에 의한 악평판의 급속한 전파나 주주에 의한 기업 소송도 늘어나고 있다. 이러한 사태를 피하기 위한 방법이나 활동을 리스크 관리라고 한다. 리스크 관리의 성공적인 예로 유명한 것이 타이레놀 사건이다. 타이레놀은 미국의 제약 메이커인 존슨 앤 존슨 사가 만든 진통제로, 이것에 독극물이 섞여 7명이 사망하는 사건이 발생하였다. 이 치명적이라고 할 수 있는 사건에 대하여 존슨 앤 존슨 사는 조속한 제품 회수와 그 사건에 관한 적극적인 정보공개, TV미디어를 통한 타이레놀을 복용하지 말아 달라는 광고, 그리고 독극물이 섞이지 않도록 엄중한 포장의 개발 등으로 인하여 신뢰를 회복하였다.

최근에는 소비자 의식의 고도화, 인터넷에 의한 악평판의 전파, 이해관계자의 엄격한 체크나 소송, 행정에 의한 규제 강화, 경쟁 조직에 의한 고발 및 내부 고발 등에 의해 조직을 보는 눈이 매우 엄격해 지고 있다.

따라서 조직에서는 전문 부서의 설치, 영향 요인의 정밀 조사와 위기를 상정한 종업원 교육·대응 훈련, 위기 대응 매뉴얼의 작성, 사건이나 사고 발생 시의 원인 규명, 조속하고 정확한 대응처리, 정보 공개 등이 중요시되고 있다.

3) 마케팅 계획(marketing Plan)

조직은 계획성을 가지고 마케팅을 하는 것이 중요하다. 앞으로 나아가고 싶거나 또는 가야만 하는 방향을 명확히 하고 그 방향으로 나아가기 위한 전략, 행동계획, 예산 배분 등을 가리켜 마케팅 계획이라고 한다.

마케팅은 주로 다음과 같은 요소로 구성되어 있다.

첫째, 상황 분석이다.

조직을 둘러싼 다양한 환경 변화에 의한 기회와 위협, 그리고 그 상황 하에서 조직의 강점과 약점을 명확히 한다.

둘째, 목표 설정이다.

매출액, 마케팅 점유율, 경상 이익률 등 조직이 추구하는 목표를 구체적인 수치로 명확히 한다.

셋째, 마케팅 전략의 설정 표적이다.

시장의 설정과 그 표적 시장의 반응을 최대로 하는 최적의 마케팅 믹스 개발이 이루어진다.

넷째, 행동 계획의 입안이다.

구체적으로 상세한 활동에 대한 실천 장소나 실천 시기 등의 스케줄을 세운다.

다섯째, 예산 배분이다.

입안된 행동 계획을 실천으로 옮길 때 어느 정도의 비용이 필요한지 그것을 어떻게 배분할지를 생각한다.

여섯째, 제어 방법의 설정이다.

조직 활동을 감시하고 항상 그 정보를 피드백하여 적절히 수정하기 위한 제어 방법을 설정한다.

4) 마케팅 믹스(marketing Mix)

조직은 표적 시장의 상태에 맞추어 마케팅 수단을 적절히 선택한 후 그것들에 우선순위를 주어 최적의 마케팅 수단을 조합한다. 이렇게 만들어진 최적 조합이 마케팅 믹스이다. 마케팅 믹스를 구축할 때는 마케팅 수단의 선택이나 우선순위 매기기는 조직이 가진 경영 자원의 제한 한에서 표적 시장의 니즈나 원트를 가장 효율적이고 효과적으로 만족시킨다는 관점에서 이루어진다.

그 다음 조직은 적절한 마케팅 믹스를 행하는 것이 가능하다면 그 결과로 최소한의 비용으로 표적 시장으로부터 양호한 성과를 얻을 수 있다. 동시에 경쟁 조직과 비교한 자기의 타사 대비 경쟁 우위성을 발휘하는 것도 가능하다.

마케팅 믹스를 구성하는 마케팅 수단은 무수히 많지만 이것을 분류하는 방법으로 유명한 것이 매컬티의 4P이며 제품(Product), 가격(Price), 채널(Place), 프로모션(Promotion)이다.

5) 마케팅 예산의 제약

조직이 마케팅 활동을 실천하려고 할 때 돈은 필수적이다. 하지만 어떠한 기업이라도 그것에 투자되는 비용에는 한도가 있기 때문에 과거의 실적이나 장래의 수익 예상을 기반으로 정확한 지출액을 계산하는 것이 필요하게 된다.

광고나 인적 판매 등의 마케팅 활동을 행하는 것으로 매출액의 향상이 예상되지만 이러한 활동에는 당연히 비용이 필요하다. 통상 1년이라는 기간 동안 종합 경영 성과가 가장 높아지도록 활동 계획을 입안하지만 그 계획에는 지출액의 한계가 있기 마련이다. 그러므로 각각의 활동에 대한 경영 성과의 예상 공헌성을 기반으로 우선순위를 매기고 비용 배분을 명확히 해야 한다.

마케팅을 적극적으로 실천하는 기업이라고 해도 마케팅 활동만을 하고 있는 것은 아니다. 그러므로 마케팅 예산을 편성하는데 있어서는 우선 조직의 전체적 예산을 고려할 필요가 있으며 광고비, 인적 판매비, 판매 프로모션비 등에 관한 마케팅 목표에 대하여 비용 대비 효과의 관점으로부터 지출액을 결정하게 된다.

하지만 경영 성과의 안정기에는 전회 예산에 준거하거나 예상 매출액에 대한 일정의 비율 배분으로 결정하거나 경쟁 기업의 수준을 참고하는 등 다양한 방법으로 결정된다.

6) 마케팅 환경

기업의 마케팅 부문을 둘러싼 기업의 활동이나 성과에 직접적 또는 간접적으로 영향을 주는 것이 마케팅 환경이다. 마케팅 환경의 변화는 기업에 위협을 주거나 반대로 이익 기회를 제공해 주기 때문에 항상 그 동향에 주의를 기울일 필요가 있다. 이러한 변화의 요인은 다음과 같이 크게 4가지로 구분할 수 있다.

첫째, 내부 환경을 들 수 있다.

마케팅 부문 이외의 기업 내 부문에는 제조 부문, R&D 부문, 재무 부문, 인사 부문 등이 있다. 소비자가 원하는 것에 대한 제품화 가능성이나 각각의 예산 배분 등을 둘러싸고 이러한 부문으로부터 제약을 받는 일이 있다.

둘째, 경쟁 · 시장 환경을 들 수 있다

경쟁 관계에 있는 타기업이나 자사의 제품을 구입하는 소비자가 이에 해당한다. 게다가 위협이나 이익을 직접적으로 초래하는 영향 요인이라고 할 수 있다.

셋째, 관련 조직 환경을 들 수 있다.

기업과 거래상 관련을 가지고 있는 조직 중에는 하청 기업, 유통 기업, 금융 기업, 보험 회사 등이 포함되어 있다. 이들은 기업의 목적을 실현하기 위해서는 불가결한 존재이기 때문에 협조성이 중시된다.

넷째, 거시(매크로) 환경을 들 수 있다.

개개의 기업에는 제어할 수 없는 통제 불가능한 영향 요인이 있으며 그것은 경제적 환경, 사회 · 문화적 환경, 기술적 환경, 법적 · 정치적 환경, 자연 환경이다.

7) 마케팅 조직

조직은 비용 대비 최고 효과가 되도록 구축해야만 한다. 고객의 니즈에 맞추고 경영 자원에 비추어 가장 높은 성과의 실현을 목적으로 편성된 각 부문이나 인사 배치

구성을 마케팅 조직이라고 한다. 조직이 마케팅을 행함에 있어서 마케팅 리서치, 신제품 개발, 커뮤니케이션, 유통 채널의 제공 등 기본적인 활동이 필요하게 된다. 이러한 결합을 전략 단위라고 한다면 그것을 조직 내에서 어떻게 편성할지가 중요한 과제가 된다. 최대의 성과를 올리기 위해서는 업무 면이나 권한 면에 있어서 최적의 조합을 구축할 필요가 있다.

필립 코틀러는 다음과 같이 5가지 타입으로 분류하고 있다.

첫째, 지리별 조직이다.

조직이 광역에 걸쳐 사업을 전개할 경우 지역별로 판매 관리자를 배치하는 구조이다.

둘째, 기능별 조직이다.

마케팅 리서치, 제품 개발, 커뮤니케이션, 유통 채널 등의 기능에 병렬적으로 관리자를 두는 수평적인 구조의 조직이다.

셋째, 제조별 조직이다.

제조별로 전 마케팅 활동을 감시하는 프로덕트 매니저(Product Manager)를 배치하는 것이다. 이것이 대규모화 되어 상품별로 독립한 조직을 만든 것이 제품 사업부이다.

넷째, 시장별 조직이다.

의대용, 약국용, 병원용과 같이 대상 고객별로 관리자를 두는 조직이다.

다섯째, 제품 시장별 조직이다.

제조별 조직과 시장별 조직이 같은 조직 내에 병존하는 것이다.

8) 마켓 세그먼테이션

마켓 세그먼테이션이란 일정 기준에 의하여 시장을 세분시장으로 나누고 자기의 대상을 좁혀 가는 것이다. 이것에 의하여 효율적 · 효과적인 시장 어프로치를 할 수 있다. 시장은 다양한 취미, 가치관, 연령, 직업, 성격 등을 가진 다수의 소비자로 구성되어 있다. 기업은 시장 전체를 고객으로 획일적인 제품 개발을 하는 것보다는 자사 제품을 보다 강하게 원하는 고객층에 대하여 마케팅 노력을 집중하는 것이 더 합리적이다.

시장을 보다 세분화 하는 기준은 다음과 같다.

첫째, 인구 속성 기준이다.

성별, 직업, 종교 등 소비자 개인의 기본적 속성 차이를 기준으로 분류한 기준이다.

둘째, 심리 기준이다.

성격, 라이프 스타일 등 소비자의 사고나 가치관의 차이를 기준으로 분류한 기준이다.

셋째, 행동 기준이다.

광고의 가격에 대한 반응도의 차이, 기존 제품의 구매량이나 구매 빈도 등의 차이를 기준으로 분류한 기준이다.

보통 이러한 기준을 복수 조합하여 최적의 세그먼트를 추출한다. 그렇게 하면 보다 바람직한 시장 대응이 가능해진다. 하지만 세분화를 지나치게 하여 규모가 너무 작아지지는 않도록 주의할 필요가 있다.

9) 타겟 마케팅(Target Marketing)

타깃 마케팅이란 타킷 세그멘테이션으로 명확히 된 부분 시장 중에서 표적 시장을 선별하여 그곳을 대상으로 마케팅 활동을 전개하는 것이다. 타깃 마케팅은 시장에 대한 접근 방법에 따라 3가지 타입으로 구분할 수 있다.

첫째, 매스 마케팅 타입이다.

시장 내의 세그먼트 간 차이를 특별히 고려하지 않고 단일 제품, 단일 수단으로 시장 전체로부터 고객이나 매출을 취득하려고 하는 것이다.

둘째, 집중화 마케팅 타입이다.

기업이 자기의 경영 자원을 고려하여 가장 접근하기 쉬운 세그먼트를 정하고 그곳만 집중적으로 마케팅 활동을 전개하는 것이다. 이 타입의 마케팅이 가장 일반적이라고 할 수 있다.

셋째, 차별화 마케팅 타입이다.

각각의 세그먼트마다 별개의 제품, 별개의 마케팅 수단을 개발하여 세분화한 모든 시장에 대응하는 것이다. 하지만 많은 종류의 제품이나 여러 가지 마케팅 수단의 개발 · 관리에는 막대한 비용이 소요되기 때문에 일반적으로 대규모 기업이 아니면 이 마케팅을 실행할 수 없다.

10) 시장 포지셔닝(Market Positioning)

조직은 우선 대상이 되는 시장 세그먼트를 결정하고, 그 시장 세그먼트 내에서 이미 활동하고 있는 경쟁 상대의 전략을 검토한 후 자기의 시장 내에서의 전략적 위치를 결정하는데 이것을 시장 포지셔닝이라고 한다. 조직이 시장 포지셔닝을 하는 목적은 경쟁 상대와 비교하여 자기의 구별적 우위성을 발휘할 수 있는 장소를 확보하기 위해서이다.

11) 오피니언 리더(Opinion Reader)

사람은 집단에 속하여 자신의 의견, 태도 등을 자신이 속한 집단의 구성원들로부터 영향을 받는다. 집단 내에서 설득력과 신뢰성이 있어 그 집단의 의견이나 태도에 큰 영향을 주는 사람을 오피니언 리더라고 한다.

우리들은 준거집단이라는 의견, 가치관, 태도 및 행동 등에 영향을 주는 집단에 속해 있다. 준거집단은 제1차 준거집단과 제2차 준거집단으로 크게 구별된다. 전자는 대면적인 커뮤니케이션이 가능한 비교적 작은 집단으로 가족, 친구, 반상회 등이 해당한다.

후자는 커뮤니케이션 정도가 적은 상대적 큰 집단으로 업계 단체, 노동조합 등이 해당한다.

이러한 집단 중에서 정보 수집 활동이 활발하고 머리가 뛰어나며 항상 정확한 의견을 적극적으로 표현하는 사람이 오피니언 리더이며 그의 의견은 매우 신뢰성이 높고 뛰어난 것이기 때문에 제품 구매 시에 큰 영향을 준다.

광고 등과 같은 매스미디어를 이용한 커뮤니케이션도 일반 사람들에게 직접 정보 전달이 된다는 설이 있다. 결국 광고 정보는 오피니언 리더라는 뛰어난 감각을 가진 사람을 경유한 뒤 의견 투고란을 통하여 일반 사람에게 전달된다는 것이다. 조직은 이러한 사람을 파악해 둘 필요가 있다.

12) 라이프 스타일(Life Style)

소비자는 다양한 생활 패턴을 가지고 있으며 그 패턴의 차이는 구매 행동의 차이에 반영되는 경우가 많다. 라이프 스타일은 조직이 시장 세분화를 행할 때 근거로 하는 다양한 생활 패턴을 가리킨다.

시장은 소비자의 성별, 학력, 연령 등과 같은 인구 속성별 요인으로 세분화하는 것이 일반적이다.

그러나 소비자의 생활이 어떠한 구조로 되어 있는지 또한 소비자가 생활에 대하여 어떤 의식을 가지고 행동하고 있는지 하는 관점으로부터 소비자의 패턴을 구분하는 것도 마케팅 전략을 입안하는 데 있어서 중요하다.

라이프 스타일은 소비자의 생활 의식, 생활 행동, 생활 구조라는 3가지 차원으로부터 합성화하여 구성된 생활의 모양이다.

사실 라이프 스타일은 끝이 없을 정도로 수많은 타입으로 나눌 수 있지만 실제로 이러한 타입을 파악하기 위해서는 AIO(Activities, Interests, Opinion)라는 기준에 대해서 다수의 질문을 해야 하며, 그것을 다변량 분석의 하나인 인자 분석이라는 통계 수법에서 차원을 집약화하여 명확히 해야 한다.

제3절 시장의 파악

1 마케팅 정보 시스템

마케팅 정보 시스템은 조직이 필요로 하는 데이터를 수집, 가공, 분석, 저장하여 의사 결정을 위한 유익한 정보를 제공하는 시스템이다.

MIS는 다음과 같이 4개의 요소로 구성되어 있다.

첫째, 마케팅 리서치 시스템이다.

조직이 해결하고 싶은 고정의 문제에 대해서 독자적으로 조사를 기획 · 실천한 뒤 데이터를 수집, 가공, 분석하여 알기 쉬운 형태로 변형하여 문제 해결에 도움을 주는 시스템이다.

둘째, 내부 경영정보 시스템이다.

매출액, 수 · 발주액, 재고량, 각종 경비, 수입과 지출 등과 같이 조직 내부에서 축적된 장부상의 기초적인 데이터를 집계하여 보고하는 시스템이다.

셋째, 마케팅 인텔리전트 시스템이다.

소비자나 경쟁 상대의 동향을 순차적으로 감시하는 시스템이다. 매일 시장에 나가는 영업 사원, 업계지, 전문 잡지, 관청의 연차 보고서, 전시회, 조사 기관의 정기 보고 · 조사 보고 등이 데이터의 원천이 된다.

넷째, 정보처리 시스템이다.

컴퓨터를 중심으로 위와 같은 3개의 시스템으로부터 만들어진 데이터를 분석하거나 저장하여 필요에 따라 정보를 찾아볼 수 있는 시스템이다.

1) 마케팅 리서치(Marketing Research)

조직은 기존의 자료로서는 해결할 수 없는 고유의 문제를 가지고 있는 경우가 있다. 그러한 문제를 해결하기 위하여 독자적으로 조사를 기획 · 실천하고 유용한 정보를 얻는데, 이러한 활동을 마케팅 리서치라고 한다.

마케팅 리서치와 유사한 용어로 시장 조사, 마켓 리서치 등이 있으나 조사 대상 범위가 다르다. 마케팅 리서치는 예를 들어 조직 내부의 여업사원 활동의 문제점을 파악하는 경우 단계와 그 내용은 다음과 같다.

첫째, 문제의 명확화와 상태 분석

해결해야만 하는 문제를 둘러싼 상태를 분석하고 리서치 대상을 명확히 한다.

둘째, 리서치 디자인

어떠한 방법을 이용하여 어떠한 대상을 언제 리서치할 것인가를 정한다.

셋째, 조사표 작성

조사 목적, 조사 가설을 기반으로 명확히 하고 싶은 것을 구체적인 조사 항목으로 작성한다.

넷째, 샘플링

비용과 시간적인 측면에서 전수 조사가 불가능할 경우 모집단을 대표하는 샘플을 선택한다.

다섯째, 리서치 사전

약식 조사에서 조사의 적합성을 판단하고 정식조사에서 데이터 수집과 분석을 한다.

여섯째, 보고와 추적

결과를 보고서에 정리하고 추가로 그것이 경영에 반영되고 있는지를 추적 조사한다.

2) 1차 데이터와 2차 데이터

조직이 수집하는 데이터는 크게 두 가지로 나눌 수 있다. 특정 문제를 위하여 수집된 원시 데이터와 그 외의 목적이나 용도로 수집된 것으로, 전자를 1차 데이터라고 하며 후자를 2차 데이터라고 한다.

1차 데이터는 조직이 자기를 둘러싼 고유의 문제를 명확히 하기 위하여 마케팅 리서치를 하여 수집된 것이다. 데이터 수집은 조직 내의 조사 기관이 행하거나 전문 리서치 회사에 의뢰하여 행하지만 어느 쪽이든 수집된 데이터는 특정 문제 해결이라는 목적을 달성하기 위한 원시 데이터이다.

2차 데이터는 조직이 당면한 문제와는 관계없이 다른 사람이 과거에 수집한 것이 일반적이며 크게 내부 데이터와 외부 데이터로 나눌 수 있다. 내부 데이터는 조직 내부로부터 수집한 데이터로서 재무 데이터나 불만 · 반품 데이터 등이 있다. 외부 데이터는 조직 외부로부터 수집된 데이터로서 유용한 것으로는 보고서 · 통계서, 전문 잡지 등이 있다.

일반적으로 1차 데이터는 필요에 의해 특별히 수집된 것이므로 유용성이 높지만 비용이나 시간이 많이 소요된다. 그러므로 먼저 2차 데이터를 수집하고 검토한 후에 1차 데이터 수집의 필요 유무를 검토하는 것이 바람직하겠다.

3) 데이터 수집 방법

조직이 가진 문제는 그 내용이나 성격에 따라 어떻게 해서든지 1차 데이터를 필요로 하는 경우가 있고, 1차 데이터를 수집하는 것이 마케팅 리서치의 일이다. 구체적인 수집 방법에는 관찰법, 질문법, 실험법 등 3가지가 있다.

관찰법은 대상자의 행동이나 상태 변화를 실제로 보는 것으로서 데이터를 수집하는 방법이다. 예를 들어 마트에서 소비자인 대상자가 어떠한 보행 경로를 이용하는지를 조사하는 동선 조사나 진열장에 대한 눈의 움직임을 조사하는 아이카메라(Eye Camera)에 의한 조사 등이 이에 해당한다.

질문법은 사전에 준비한 질문을 하는 것으로 데이터를 수집하는 방법이다. 질문법은 질문방법 및 데이터 회수 방법의 차이에 따라 전화법, 유치법, 우편법, 면접법, 인터넷 조사가 있다.

실험법은 채널, 프로모션, 가격, 제품 등의 마케팅 수단을 조작 하는 것으로 대상자의 반응이 어떻게 변하는지를 조사하는 방법이다. 예를 들어 마트에서 동일 상품에 대해서 가격 인하 판매를 할 때와 하지 않을 때의 매출이 어느 정도 차이가 있는지를 명확히 하려는 조사에 적합하다.

4) 설문 답변 형식

조사에 의해 입수하고 싶은 정보가 결정되면 확실한 답변을 얻을 수 있는 방법을 생각해야 하며 이것이 설문 답변 형식이다. 설문 답변의 종류에는 5가지가 있다.

첫째, 이중 선택법

'있다, 없다', '예, 아니오'와 같이 2가지의 선태기졸부터 답변을 선택하는 방법이다. 단순하며 답변을 집계하는 것도 편하지만 세밀한 의견 차이를 파악할 수 없다는 단점이 있다.

둘째, 다항 선택법

많은 선택지가 준비되어 그중에서 답변자의 의견에 부합하는 것을 선택하는 방법이다. 답변을 한 개로 한정하는 단일 답변법과 복수 선택이 가능한 복수 답변법이 있다. 적적한 선택지를 준비할 수 있다면 어느 정도 세밀한 의견을 파악할 수 있으며 집계도 간편한 방법이다.

셋째, 자유 답변법

선택지를 만들지 않고 답변자의 자유로운 의견을 얻는 방법이다. 답변을 예상하기 어려운 질문의 경우에 이용되지만 후에 계산이 어렵게 된다.

넷째, 순의 질문법

'원하는 순서로 번호를 매겨 주세요.'와 같은 질문으로 선택지에 순서를 매기는 방법이다. 단순한 선택보다 깊이가 있는 평가를 묻는 것이 가능하다.

다섯째, 평정 척도법

측정 척도를 사용하여 답변자로부터 의식이나 평가 정보를 묻는 방법이다.

답변자로부터 세밀한 의견을 묻는 것과 동시에 그것을 통계적으로 처리하여 인과관계를 구할 수 있다.

5) 지역 마케팅

니즈는 지역에 따라 다른 경우가 있다. 조직이 넓은 범위를 대상 시장으로 하는 경우에는 지역의 특성에 맞춘 마케팅이 필요하게 되며 그러한 마케팅을 지역 마케팅이라고 한다.

조직이 전국 또는 세계를 대상 시장으로 하는 경우에는 기호, 연령 구성, 소득 수준, 문화, 습관, 자연, 언어 등과 가은 지역 고유의 특수성에 직면하는 경우가 있다.

이럴 경우 조직은 제품, 가격, 채널, 프로모션 등으로 구성된 마케팅 믹스를 어느 정도 획일적으로 적용할지 또는 지역의 특수성에 맞추어 변경할지를 생각해야만 한다.

지역 마케팅은 마켓 세그먼테이션의 지리 기준에 특히 중점을 두고 대상 시장을 집중화한 것이다. 이것은 획일적인 마케팅 성과가 낮은 것에 대한 반성으로부터 지역의 특성을 철저히 분석하여 그 한정된 시장의 니즈를 세밀하게 대응해 가려는 발상에 기반을 두고 생겨났다.

예를 들면 마트에서 채소류 거래가 전통적으로 많은 지역의 섬포에서는 나른 점포

보다 채소류 부문에 판매원을 많이 배치하는 것이다.

6) 글로벌 마케팅

국경이라는 경계를 의식하지 않고 전 세계적 규모로 자원이나 판매 기회를 고려하는 마케팅을 글로벌 마케팅이라고 한다. 결국 세계의 베스트 존(Best Zone)을 항상 추구하는 마케팅이다. 세계의 베스트 존을 추구하는 마케팅은 가격이나 품질, 납품 루트 등을 종합적으로 평가한 후 가장 유리한 나라로부터 구입하여 노동의 질과 비용, 생산 설비 등을 감안하여 가장 생산성이 높은 나라에서 제품을 만들고, 소득이나 소비 성향 등에서 가장 판매 성과가 높은 나라에서 제품을 시장화 하는 패턴을 행하는 마케팅을 가리킨다.

결국 자국이나 타국이라는 개념을 버리고 세계 전체를 하나의 글로벌 마켓으로 취급하는 마케팅을 글로벌 마케팅이라고 한다.

아이비엠(IBM), 코카콜라(Coca-Cola), 피앤지(P&G) 등이 이러한 마케팅을 실천하는 기업의 대표적인 사례이다. 유통업에서는 예전부터 종합상사가 글로벌 마케팅을 사용하고 이지만 최근에는 소매업에서도 본격적인 사업 전개를 하는 곳이 나오고 있다.

7) 니치 마케팅(Niche Marketing)

시장에는 대기업이 빠뜨린 '적지'나 '틈새'가 있다. 이것을 중소기업이 발견하고 소규모의 장점과 전문성을 발휘하여 효율적으로 수익을 올리는 계획적인 시장 활동을 니치 마케팅(Niche Marketing)이라고 한다.

니치는 지금까지 다른 기업이 손대지 않은 잠재성이 있는 시장이다. 따라서 이것을 발견할 수 있다면 판매 수량 및 판매액에서 높은 성과를 얻을 수 있고 경쟁 기업이 진입할 때까지는 독점 시장을 누릴 수 있다.

이러한 장점이 있기 때문에 현대의 기업은 자연히 니치 시장의 발견에 최선을 다한다. 니치 마케팅을 실천하기 위해서는 우선 니치 시장을 발견해야만하고, 니치 시장을 발견하기 위해서는 매우 상세한 시장 세분화가 필요하다. 그리고 시장의 신규성, 잠재적 규모, 장래성 등을 고려하여 대상이 되는 니치 시장을 명확히 해야 한다.

8) 인터넷 마케팅(Internet Marketing)

인터넷은 커뮤니케이션 툴로서나 미디어로서도 전화나 텔레비전 못지않은 필수적인 인프라가 되었다. 이러한 툴을 사용하여 새로운 시장을 창조하는 활동을 인터넷 마케팅이라고 한다. 인터넷 인프라화에 의해 마케팅은 다음과 같은 새로운 발전을 보이고 있다.

첫째, 제품 개발이다.

기업 홈페이지 상에서 신제품 아이디어를 모집하여 요망이 높은 아이디어가 실제 제품으로 만들어진다. 또한 인터넷 커뮤니티를 이용하여 상품 정보를 공유하고 활발한 의견 교환이 이루어질 경우에 그것이 신제품 개발이나 제품 개선의 아이디어로 연결된다.

둘째, 마케팅 리서치이다.

조직이 앙케이트를 인터넷 메일 기능으로 송신하고 온라인상에서 간단히 답변을 얻을 수 있게 되었다. 이것은 송 · 수신자 모두 기존의 우편, 회신과 비교하여 노동과 시간의 대폭적인 절약이 가능하고 확실한 답변 모니터를 가지고 있다면 신속하고 정확한 대량 데이터를 수집하는 것이 가능하다.

셋째, 가격이다.

누구라도 접속할 수 있는 인터넷 쇼핑몰 사이트의 설립에 의해 가격 경쟁은 한 순간에 전 세계 기반이 된다.

다섯째, 커뮤니케이션이다.

광고물로서의 홈페이지, 배너, 그 이외의 프로모션 수단으로 전자 쿠폰, 메일 매거진 등이 개발되었다.

제4절 제품의 관리

1 제품의 의의

소비자의 제품을 구입하는 경우 단순히 그 물리적인 구조물만을 원하는 것이 아니다. 제품을 기본 기능이 제공하는 효과나 이익뿐만 아니라 브랜드나 스타일 등이 만들어 내는 이미지도 원하고 있다. 제품을 구성하는 요소는 다음과 같다.

첫째, 기본 기능 요소이다.

소비자의 니즈를 충족하는 제품의 필요 최저한의 기능이다. 예를 들어 냉장고라면 음식을 시원하게 할 수 있는 기능이다.

둘째, 이미지 특성 요소이다.

제품의 물리적인 기능과는 별로 관계가 없지만 브랜드, 스타일 등과 같이 제품의 이미지를 형성함에 있어서 매우 큰 영향을 주는 것이다. 주로 마케팅이 발휘되는 부분이다.

셋째, 물적 특성 요소이다.

기본 기능을 받쳐주는 제품의 물리적 특성이다. 제품의 소재성분, 내구연수, 사이즈 등 객관적, 측량적으로 파악할 수 있는 제품의 성질이다.

넷째, 부가적 서비스 특성 요소이다.

수리, 불만 처리, 보증 등과 같은 애프터 서비스나 신속한 배송 등이 제품에 추가될 경우 신뢰성이 한층 높아지고 판매량 향상에도 큰 영향을 주는 특성이다.

1) 제품 분류

M.T 코펠랜드(Copeland)는 소비자의 제품 구매법, 구매 전의 제품 지식, 구매 빈도, 구매 점포의 애용 동기 등 소비자의 구매 행동 특성의 차이에 의해 소비재를 선매품, 편의품, 전문품으로 분류하였다. 제품은 다양한 시점에서 다양한 분류가 가능하지만 가장 일반적인 방법은 제품의 물리 · 화학적 특성의 차이를 기반으로 분류하

는 방법이다.

그러나 이 방법으로는 소비자가 어떤 의식을 가지고 행동하고 있는지, 그리고 그것을 바탕으로 어떤 제품을 만들거나 진열을 하면 좋을까 하는 마케팅상의 인플리케이션(함의)을 얻을 수 없다. M.T 코펠랜드는 소비자의 구매 행동 특성의 차이를 바탕으로 제품을 분류하고 구매 해동에 맞는 제품 특성과 진열하는 법에 대해서 나타냈다.

분류된 선매품, 편의품, 전문품의 내용을 구체적으로 살펴보면 선매품은 품질, 가격에 대해 비교를 한 제품 중에서 다양하게 진열을 하고 있는 점포가 이용되며 의료품이 대표적이다.

편의품은 단가가 싸고 빈번히 구매하고 주거지로부터 가까운 점포에서 구입하는 제품으로서 식료품이나 일용 잡화품이 전형이다. 전문품은 가격의 고저나 구입의 편리 등에 관계없이 소비자가 특별히 집착하는 제품으로, 미술품이나 고급 자동차가 전형적이다.

2) 신제품 개발 프로세스

조직의 존속, 발전을 위해서는 항상 매력이 있는 신제품 개발을 위한 노력이 필요하다. 신제품 개발에는 많은 아이디어를 내어 그것을 시장성, 제조 가능성, 경제성 등의 관점에서 집중하여 선별한다.

일반적으로 신제품 개발 프로세스는 다음과 같이 6가지의 단계로 구성된다.

첫째, 아이디어 수집과 개발

조직 내외로부터 아이디어를 수집하고 동시에 브레인스토밍 등에서 적극적으로 아이디어 개발을 하는 단계이다.

둘째, 스크리닝(Screening)

체크 리스트 등을 만들어 조직의 방향성, 시장성, 제조 가능성 등의 관점으로부터 아이디어를 좁혀 가는 단계이다.

셋째, 경제성 평가

남은 유망한 아이디어를 보다 구체적인 컨셉트로 바꾸어 그것이 어느 정도 경제성을 낳을지에 대한 가능성을 평가하고 선별하는 단계이다.

넷째, 개발

추상적인 컨셉트를 실제 제품의 프로토 타입으로 구현화하는 단계이다.

다섯째, 마케팅 테스트

광범위한 시장에 판매하여 실패할 경우 큰 손해를 입기 때문에 그 전에 한정된 시장에서 시험적인 판매를 해 보는 단계이다.

여섯째, 시장 도입

위의 모든 단계를 거친 것을 신제품으로서 타이밍을 조절하여 시장화하는 단계이다.

3) 제품 계획과 머천다이징(Merchandising)

조직의 제품 중에는 수정이나 폐기가 필요한 것, 신제품으로서 개발하고 싶은 것 등이 있다. 조직이 가진 제품의 최적 조합을 명확히 하는 것이 제품 설계이고, 유통업에서는 이러한 행위를 머천다이징(Merchandising)이라고 한다.

제품에는 인간의 수명과 유사한 라이프 사이클이 있다. 장기간 동안 제품으로서 매출과 이익이 점점 늘어가는 경우 조직은 그 상태에서 조금이라도 길게 지속할 수 있도록 노력한다.

하지만 매출이 최고점을 지나 이익도 감소하는 성숙기 제품에 대해서는 제품의 수정이나 개량 또는 새로운 판매처를 검토해야만 한다.

매출과 이익이 크게 감소하는 쇠퇴기 제품에 대해서는 필요 없는 투자가 늘지 않도록 조속히 폐기나 풀 모델 체인지(Full Model Change)를 생각한다.

또한 조직의 성장, 발전을 생각할 경우에는 기존 제품의 취급만이 아니라 신제품 개발도 항상 고려해야만 한다. 이것은 제품의 영역을 넓혀 보다 많은 고객을 흡수하여 조직의 쇠로 일로를 막기 위함이다.

조직이 기존 제품의 라이프 사이클 단계에 대해서 지속, 수정 · 개선, 폐기 등을 생각하고 뿐만 아니라 신제품 개발 등을 고려하는 동시에 조직이 가지고 있는 전 제품에 대한 최적의 조합 방법을 명확히 하는 것이 제품 설계이다.

또한 유통업자의 경우인 머천다이징은 자기가 구입하는 상품의 지속 · 변경 등으로부터 최적의 상품 구성을 명확히 하는 것이다.

4) 제품 차별화

조직은 제품의 본질적인 기능 면에서 우위성을 발휘할 수 없으면 기능을 부가하거나 스타일을 변경하거나 하여 자기 제품의 독자성을 두드러지게 하려고 하며 이러한 활동을 제품 차별화라고 한다.

시장의 과점화가 진행되면 가격은 하방 경직적이 되거나 가격 협조가 보이거나 하여 일반적으로 가격 경쟁은 일어나지 않게 된다.

또한 어느 업계에서 제품의 성숙화가 진행되면 제품의 본질적인 기능 면에서의 경쟁은 할 수 없게 되며, 이러한 상태에서 경쟁의 한 가지 방법으로 실행되는 것이 제품 차별화이다.

이것은 부가 기능, 옵션 기능, 장식, 광고 이미지, 브랜드 등과 같이 비교적 세세한 차이를 강조하여 자기 제품의 특이성을 호소하는 것이다. 이런 활동에 의해서 차별화된 제품이 소비자의 지지를 얻는다면 조직은 제품의 독자성과 우위성을 얻을 수 있고 가격 경쟁도 피할 수 있다.

이런 활동은 기능 면에서 본질적인 차이가 없음에도 불구하고 마치 차이가 있는 듯한 이미지를 소비자에게 전달하는 것인 만큼 소비자를 기만하거나 자원의 낭비라고 하는 경우가 있다. 그러나 현대 소비자의 니즈는 매우 다양화되어 제품 간의 작은 차이에 가치를 두는 사람도 다수 있으므로 일방적으로 비판할 수는 없다.

5) 계획적 진부화

제품은 결국 낡게 되고 쇠퇴기를 맞게 된다. 조직이 재구매 수요를 촉진하기 위하여 기존 제품에 고의적으로 그러한 이미지를 주어 계획적인 제품 폐기를 진행시키는 것을 계획적 진부화라고 한다.

신기술이 개발되거나, 소비자의 니즈나 원트가 변하거나, 조직에 의한 새로운 트렌드 창출이 행해지거나 하면, 기존 제품은 진부해져 버린다. 이 단계에서는 상품의 매출과 이익이 줄어들기 때문에 조직은 상품의 폐기와 재구매 수요의 촉진을 고려해야만 한다. 이것은 인위적인 것이 아니라 어떤 제품이라도 자연스럽게 일어나는 프로세스이다.

그러나 계획적 진부화는 제품의 내구연수를 단축화하거나 부차적인 기능을 추가한 제품을 억지로 시장화 하는 것으로, 계획적으로 기존 제품을 진부한 것으로서 폐기해 버리는 활동이다. 조직이 이러한 활동을 하는 이유는 눈앞의 변화를 주는 것으로 새로운 재구매 수요를 창출하고 결과적으로 기업의 수익 향상이나 시장의 활성화를 초래하기 위함이다. 또한, 배경에는 적당한 시기에 재구매하고 싶은 소비자가 존재하기 때문이다.

계획적 진부화에는 기본 기능을 업그레이드 하거나 부가 기능을 추가한 신제품을 출시하는 기능적 진부화와 디자인을 변경하거나 기존 제품이 유행에 뒤떨어졌다는 이미지를 주는 심리적 진부화가 있다.

제품 라이프 사이클은 인간에게 수명이 있듯이 제품에도 탄생에서부터 소멸까지의 일생이 있다. 그것을 제품의 라이프 사이클이라 한다. 라이프 사이클은 매출액의 수준이나 경쟁 상태의 차이를 기반으로 다음의 4단계로 나눌 수 있다.

첫째, 도입기

시장에 신제품이 출시되는 단계로서 제품의 지명도나 매출액이 낮은 상태이다. 기업은 제품의 브랜드명이나 기능을 알리기 위하여 주로 교육적인 광고 활동에 주력한다. 이 단계에서는 이러한 비용과 연구 개발 비용이 소요되기 때문에 통상 이익이 발생하지 않는다.

둘째, 성장기

제품의 지명도나 평가도가 높아지기 때문에 매출액이 급속히 상승하고, 조업률이 높아져 제조비용이 낮아지기 때문에 이익도 상승하는 단계이다. 하지만 경쟁 기업도 시장에 진입하기 때문에 자사 제품의 브랜드 지명 구매를 촉진시키기 위하여 설득적인 프로모션 활동이 전개된다.

셋째, 성숙기

수요가 포화 상태에 도달하여 매출액 자체는 높지만 성장률이 둔화되는 단계이다. 경쟁은 점점 격화되고 기본 기능에서의 차별화가 어려워지기 때문에 디자인, 스타일, 패키지, 광고 내용 등의 이미지 면에서의 차이가 강조된다. 그 때문에 비용은 증가하고 이익은 저하된다.

넷째, 쇠퇴기

제품의 니즈가 없어지고 매출액과 이익도 한순간에 하락선을 타는 단계이다. 광고 등과 같이 비용이 소요되는 활동은 자제하고 폐기 타이밍을 정하는 것이 중요하게 되며, 시대의 니즈에 맞추어 대체 제품이 등장한다.

6) 제품 포트폴리오(Portfolio)

대기업에서는 수많은 제품을 개발하고 그것들의 성과를 일일이 체크하여 갱신, 폐기 등의 의사 결정을 할 필요가 있다. 기업이 자사의 경영 자원을 감안하여 최적이라고 생각하는 제품군을 조합하는 것을 제품 포트폴리오라고 한다.

포트폴리오는 이탈리아어로서 종이를 넣어서 운반하는 것을 가리키며 다양한 주식을 보존해 두는 곳을 가리키기도 한다. 대기업도 동일하게 다양한 단계에 있는 제품군을 가지고 있다.

제품 포트폴리오는 브랜드 베이스로 전략적 사업 단위(Strategic Business Unit : SBU)의 상태를 식별하여 지금까지와 같은 존속, 추가 투자, 폐기 등을 결정한다. 이것을 명확히 한 것이 포트폴리오 분석이다.

포트폴리오 분석으로는 보스턴컨설팅 그룹의 방법이 유명하다. 보스턴컨설팅 그룹은 종축을 시장 성장률로 하고, 횡축을 상대적 시장 점유율로 하여 각 SBU를 다음과 같이 4가지로 분류하였다.

첫째, 별(Stars)

점유율과 성장률이 높으며, 추가 투자를 위한 다액의 자금이 필요하게 된다.

둘째, 자금 젖소(cash cows)

성숙 시장 등에서 독점적인 위치를 차지하는 SBU로서, 큰 자금 젖소가 된다.

셋째, 의문 부호(question marks)

고성장 시장이면서 자사의 점유율은 낮기 때문에 다액의 추가 투자를 해서 인기 제품으로 키울지 철퇴할지를 결정해야 하는 단계이다.

넷째, 개(dogs)

시장의 성장률과 자사의 점유율이 낮은 상태로서 철퇴를 고려하는 SBU이다.

7) 제품 라인과 제품 믹스

조직이 생산하는 복수의 제품을 일정의 기준에 의해 동질적 묶음으로 정리한 것이 제품 라인이며, 제품 라인의 추가나 삭제로 만들어진 제품 전체의 최적 조합을 제품 믹스라고 한다. 제품 라인이라고 하는 제품 묶음은 절대적인 것은 아니다. 각각의 조직이 취급하는 제품의 사정에 의해 다르지만 제품 간에 기능이 유사하거나 다르거나 하는 기능의 차이를 기준으로 하는 것이 일반적이다.

따라서 동종 기능을 가진 대략적인 제품 종류가 각각의 제품 라인이 된다. 가구를 예로 들자면 화장대, 장롱, 침대와 같은 각각의 묶음이 제품 라인이 된다.

기능 외에도 용도가 같거나 고객층이 비슷하거나 유통 채널이 같거나 가격이 같은 수준이거나 하는 경우에는 같은 제품 라인으로 포함시키는 경우가 있다.

한편 제품 믹스는 제품 라인의 조합에 의해 구성된다.

이것은 제품 전체를 최적 조합의 관점으로부터 기존 제품 라인의 수정이나 삭제, 신제품 라인의 도입 등이 있다. 제품 믹스의 양적 상태를 파악하기 위해서는 폭, 적합성, 깊이, 길이 등의 척도가 있다. '폭'은 제품 라인의 개수이며, '적합성'은 각 제품 라인 간의 성질 관련성 정도이다.

'깊이'는 각각의 제품 라인이 포함하고 있는 브랜드 수이며, '길이'는 조직이 취급하는 브랜드 수의 합계이다.

8) 브랜드 로열티(Brand Royalty)

조직은 소비자가 자기 브랜드를 지속해서 구입하는 것에 대해 고마워한다. 소비자가 특정 브랜드에 대해 마치 충성을 맹세하듯 반복적으로 구매하는 것을 브랜드 로열티(Brand Royalty)라고 한다. 소비자가 어느 특정 브랜드에 충성심을 가지고 지속적으로 구매하는 이유는 다음과 같은 것이 있다.

첫째, 메이커에 대한 충성이다.

지금까지의 구매 경험이나 평판에 의해 특정 메이커의 신뢰성이 높다.

둘째, 기능 · 성능에 대한 충성이다.

제품이 제공하는 기능이나 성능이 우수하고 제품 대금으로 지불한 비용 이상으로 효과가 높다

셋째, 제품 이미지에 대한 충성이다.

디자인, 스타일 등과 같이 제품의 외관으로부터 받는 인상이나 브랜드명의 유명세가 마음에 든다.

넷째, 소매점의 추천이다.

양심적이고 신뢰성이 있는 소매점으로부터 그 브랜드의 장점을 추천받는다.

소비자가 위와 같이 한 브랜드에 대한 강한 구매 충성심을 지니게 되는 것을 브랜드 로열티가 높은 상태라고 한다. 그러나 소비자가 같은 브랜드를 반복 구매한다고

해서 브랜드 로열티가 높다고는 할 수 없다. 예를 들어 진열된 브랜드 수가 적거나 아무렇지도 않은 습관이 되거나, 다른 브랜드보다 가격이 저렴하거나 하는 이유에서 구매하는 가능성도 있기 때문이다.

9) 내셔널 브랜드(National Brand)

시장에 나오는 제품에는 통상 어떠한 이름이 붙어 있다. 생산자가 주로 전국 시장(National Market)의 판매를 의도하고 붙이는 제품 이름, 마크 등의 총칭을 내셔널 브랜드(National Brand)라고 한다. 예전에는 제품에 특별히 이름이나 마크를 붙이지 않았었지만 중세 길드 사회에 와서 일종의 식별증으로 제품에 고유의 이름이나 마크를 붙이게 되었다. 이 시대에는 열악한 제품이 만연하여 양심적으로 품질이 좋은 제품을 만드는 장인들이 자신의 이익 및 소비자의 선택을 돕기 위하여 제품에 이름이나 마크를 붙이게 되었다고 한다.

현대에 이르러서는 브랜드가 없는 제품은 거의 없다. 쌀이나 야채까지도 브랜드가 붙어 있다. 생산자가 자기 제품에 붙이는 이름이나 심벌, 모양, 로고와 같은 마크를 총칭하여 내셔널 브랜드라고 하며, 이러한 총칭이 붙은 이유는 생산자가 대량 생산, 대량 판매 체제를 갖추고 전국을 시장으로 대량 광고에 의한 제품 판매 활동을 하기 때문이다. 내셔널 브랜드는 이러한 대규모 생산자가 설정한 것으로 지명도가 높고 제품 자체도 뛰어나며, 애프터서비스 등도 충실하게 되어 있는 것이 일반적이다. 따라서 유명 메이커의 내셔널 브랜드는 일종의 품질 보증서 기능을 한다.

10) 프라이빗 브랜드(Private Brand)

대규모 유통업자는 독자 브랜드를 설정하는 경우가 있으며, 이러한 브랜드를 브라이빗 브랜드(Private Brand)라고 한다. 그 중에서 일부러 브랜드명을 붙이지 않는 제품을 노브랜드라고 한다. 대규모 도매업자나 종합 슈퍼, 백화점, 디스카운트 스토어와 같은 소매업자는 메이커의 내셔널 브랜드 제품을 판매하는 것만은 아니다. 자사에서 제품을 독자적으로 기획 · 개발하거나, 메이커에 기획 · 개발을 위탁하여 만드는 경우가 있다. 이러한 유통업자가 개별적으로 만든 제품에 독자적인 이름이나 마크를 붙이는 것을 프라이빗 브랜드라고 하며, 그 중에서 대규모 소매업자가 자신의 점포에서 판매하기 위해 설정한 고유의 브랜드를 스토어 브랜드라고 한다. 이런 종류의 브랜드 타입은 일부러 브랜드명을 붙이지 않거나 '샴푸', '소금'이라는 일반 명사만 표시하기도 한다. 이러한 물건을 노브랜드(No Brand) 또는 제너릭 브랜드(Generic Brand)라고 한다.

11) 패키징(Packaging)

제품을 싸는 것을 포장(패키지)라고 한다. 이것은 제품의 파손, 오염, 그리고 손해를 방지하거나 수송을 쉽게 하거나 판매를 촉진하거나 한다. 소비자의 만족을 얻기 위한 조직의 포장 정책을 패키징이라고 한다.

포장에는 내부 포장, 외부 포장, 개별 포장으로 3종류가 있다.

첫째, 개별 포장이다.

각각의 제품을 싸는 것이다. 병이나 플라스틱으로 된 용기, 철이나 알루미늄으로 된 캔, 비닐, 종이 등과 같이 소매 진열 상태에서의 포장이 그에 해당한다.

둘째, 내부 포장이다.

개별 포장된 제품의 파손, 오염, 그리고 손해를 방지하기 위해 사용되는 포장이다. 예를 들어 화장품 용기를 넣는 상자가 그에 해당한다.

셋째, 외부 포장이다.

제품 내용물의 보호는 물론 그 운송이나 관리와 같은 물류 활동이 원활하게 진행되기 위하여 사용되는 포장이다. 소비 현장에서는 특별히 필요하지 않다.

원래 포장은 제품의 파손, 오염, 그리고 손해를 방지하는 보호의 목적과 운반을 용이하게 하는 운송 보조의 역할을 한다. 그러나 소비자가 구매 시 진열된 제품의 이미지를 중시하게 되면서 '무언의 영업사원'으로서 포장이 마케팅 기능을 하게 되었다. 화장품이 독특한 용기의 형태나 상자의 아름다운 색채, 모양 등이 이러한 전형이라고 할 수 있다.

현대의 기업은 제품의 보호나 운송보조는 물론 소비자에게 좋은 이미지를 전달하기 위한 프로모션 수단으로서 포장 정책을 입안 · 실행하고 있다.

11) 서비스 상품

이용자에게 있어서 매매 대상으로서 가치 있는 행위(서비스)를 서비스 상품이라고 한다. 예를 들어 버스와 같이 이용자에게 이동 서비스를 제공하는 것으로 금전을 얻는 무형재를 말한다. 유형재와 다른 서비스 특성으로는 일반적으로 그림과 같이 비유형성, 불가분성, 변동성, 소멸성이 있지만 서비스상품이 제공하는 기능에는 편리성, 정서성, 오락성, 용역성이 있다.

첫째, 편리성

서비스가 우리 소비 생활에서 실현해 주는 편리한 행위이다. 화물이나 사람의 이동 서비스, 일시적으로 필요한 제품의 렌털 서비스 등이 주로 이 기능을 제공한다.

둘째, 정서성

서비스가 우리들에게 전달하는 감정 면의 호감도를 말한다. 이것은 서비스가 감정을 가진 사람의 행위이기 때문에, 어떤 서비스라도 접객자의 대응 서비스와 물적인 설비 질에 의해서 기능 수준이 달라진다.

셋째, 오락성

서비스가 우리들에게 주는 정신적인 즐거움, 개방감을 말한다. 골프장이나 테니스장, 유원지, 호텔, 또는 취미로서 배우는 것들이 주로 이것을 제공한다.

넷째, 용역성

전문적이고 인간적인 대응에 의해서 수행되는 서비스라는 의미가 포함되어 있다. 의사, 교수, 변호사 등이 주로 이러한 기능을 제공한다.

제5절 가격의 설정

1 가격 설정 방법

상품 가격을 설정할 때는 주로 수요 상태를 기반으로 한 방법, 그 제품의 제조·판매 경로에서 소요된 비용의 합계에 일정의 이익을 더하는 방법, 경쟁 기업의 가격 동향을 기반으로 하는 방법 등이 있다.

제품 가격은 조직이 다양한 요인을 검토하고 결정한다. 그러나 주로 중점을 두고 검토하는 요인은 비용, 수요, 경쟁과 같이 3가지 측면이다.

첫 번째 방법은, 비용 지향의 가격 설정이라는 것이다.

생산, 유통 단계에서의 비용과 가격의 관계는 다음 그림과 같다. 생산자의 경우 원료비용, 노무비, 각종 경비로 구성되는 제조원가에 일정의 이익을 더한 것을 판매 가격으로 한다. 또한 유통업자의 경우는 구입원가에 마크업(Mark-up)이라는 마진을 가산하여 판매 가격으로 한다. 이러한 방법을 비용 플러스(Cost Plus)법이라고 한다.

두 번째 방법은, 어떤 제품에 대하여 고객이 어느 정도의 가격이라면 구입할 건지 또는 구입하고 싶다고 생각하는지의 상태를 명확히 하여 그 가격을 정한 후 비용의 배분을 생각하는 방법이다.

고객의 가격에 대한 적정감이나 구매 습관을 기반으로 한 가격 설정법이다.

세 번째 방법은, 경쟁 기업이 동종 제품에 붙인 가격 또는 붙일 것이라고 생각되는 가격을 참고하여 자사 제품의 가격을 설정하는 것이다.

업계 평균 가격 수준으로 하는 실세 가격 설정법과 대형 설비 발주에서 사용되는 입찰 가격 설정법이 있다.

1) 상층 흡인 가격

생산자가 신제품을 시장에 내놓을 경우 그 제품을 개발하기 위해 소요된 다액의 비용을 빠르게 회수하기 위하거나 또는 제품가격을 높이기 위하여 일부러 높은 가격을 붙이는 경우가 있다. 이것을 상층 흡인 가격 이라고 한다.

상층 흡인 가격의 '상층'의 의미는 높은 가격을 설정하여도 자신이 원하는 것이라면 기쁘게 돈을 지불하는 소득이 높은 사람을 말한다. 이 가격 설정을 하는 기업은 이러한 사람을 흡수 대상 고객으로 삼는다. 구체적으로는 가전업계나 정밀기계업계에서 이런 가격 설정을 볼 수 있다. 이 가격 설정에서 제품의 매출이 순조롭게 늘어나면 기업은 단기간에 투자를 회수할 수 있고, 비싼 제품 이미지를 지속할 수 있고, 최종적으로 높은 이익을 획득할 수 있게 된다.

그러나 상층흡인 가격의 설정에 있어서는 우선 그 제품이 높은 가격을 붙일 가치가 있고, 원래 잠재 니즈가 있는 제품이어야만 한다. 또한 기술적으로나 기획적으로도 경쟁 기업이 간단히 모방할 수 없는 것이어야 한다. 경쟁 기업이 등장하면 투자 회수가 곤란하게 되기 때문에 그 전에 충분한 수익을 확보해 두는 것이 중요하게 된다.

2) 시장 침투 가격

신제품을 시장에 도입할 때, 많은 사람들에게 판매하기 위하여 가격을 가능한 낮은 수준으로 설정하는 것을 시장 침투 가격이라고 한다. 이것은 시장에 신제품을 빠르게 침투시켜 시장 점유율을 획득하기 위한 가격 설정 방법이다.

대량의 수요가 예상되는 신제품의 경우, 처음부터 대량 생산체제를 갖추고 단품당 비용을 낮추어 제품 가격을 낮게 할 수 있다. 그러나 대량 생산체제를 갖추기 위해서는 막대한 설비 투자가 필요하기 때문에 투자 회수에는 비교적 오랜 기간이 소요된다. 이러한 가격 설정을 하는 것은 단기적으로는 손해를 보더라도 높은 시장 점유율을 획득할 수 있다면 장기적으로는 큰 이익을 얻을 수 있기 때문이다. 이 가격 설정을 할 경우에는 우선 다수의 고객에게 받아들여질 수 있는 대중적인 제품을 만드는 것이 중요하다. 그렇지 않으면 판매 수량, 매출액도 늘지 않고 투자 회수를 할 수 없는 것이 당연하기 때문이다. 또한 유사 기업이 금방 등장할 수 없도록 저가격 생산체제를 갖추는 것도 중요하다.

이 가격 설정의 한 가지 큰 목적은 시장 점유율을 가능한 높게 획득하고 자사 제품의 브랜드 로열티를 확립하는 데 있다. 생산 비용 면에서의 진입 장벽이 낮고 유사 기업이 다수 등장할 수 있는 상황에서는 이 목적을 달성할 수 없다.

3) 심리적 가격 설정

소비자는 여러 가지 제품의 가격 변화에 대하여 다양한 구매 심리나 구매 행동을 가지고 있다. 소비자의 가격에 대한 심리적 반응을 기반으로 가격을 결정하는 것을 심리적 가격 설정이라고 한다.

이 가격 설정은 단계 가격, 습관가격, 명성 가격, 끝수 가격 등이 포함된다.

첫째, 단계 가격

고급품, 중급품, 보급품과 같이 단계적인 프라이스 라인(Price Line)을 설정하는 것이다. 이것은 각각의 단계에 다수의 품목이 있어서 동일 단계 내의 가격 차이에 소비자가 별로 구애를 받지 않는 경우에 유효하다.

둘째, 습관 가격

껌이나 담배와 같이 구마 습관상 소비자의 의식 안에 거의 정착되어 있는 가격이 있다. 이 가격은 다소 내리더라도 수요는 늘지 않지만 반대로 다소 올리면 수요가 큰 폭으로 줄어든다.

셋째, 명성 가격

소비자가 제품의 가격 평가를 충분히 할 수 없는 미술품, 보석, 고급 브랜드품 등의 호화스러운 물건에서는 높은 가격을 붙이는 편이 오히려 품질의 평가(명성)가 높아지고 잘 팔리는 경우가 있다. 이러한 제품의 경우 가격 자체가 품질의 가치를 판단하는 지표가 된다.

넷째, 끝수 가격

20,000원이나 500,000원과 같이 끝자리가 깨끗이 떨어지는 가격 설정을 하는 것이 아니라 각각 19,900원, 498,000원과 같은 끝수를 붙이는 것으로, 그 가격 차이 이상으로 싸다는 이미지를 주는 가격이다.

4) 메이커 희망 소매가격

소매가격의 결정은 원칙적으로 소매업자에게 맡겨져 있지만, 메이커가 소비자에게 자사의 제품이 어느 정도 가치가 있는지를 결정하고, 소매 단계에서 그것을 명시하는 것이 메이커 희망 소매가격이다. 20세기 중반부터 메이커의 힘이 상대적으로 강해진 결과 유통 계열화라는 현상이 나타나는 것처럼 유통업자의 세부에 걸친 의사결정에도 메이커가 관여하는 기회가 늘어났다.

가격 면에서도 '매매 기준 가격' 이라는 제도가 있어, 소매 단계에서 판매하는 가격을 100이라고 하면 도매업자가 75, 메이커가 60으로서 메이커가 유통 단계의 모든 거래 가격을 결정하는 것이 있었으며, 현재도 여전히 존재하고 있다. 최종적인 소매 단계에서 메이커가 원하는 소비자에 대한 판매 가격이 메이커 희망 소매가격이다. 이것은 표준(소매)가격이라고도 한다.

이 가격은 소매업자에게는 강제력이 있는 것이 아니다. 만약 강제한다면(재판 지정 품목이 아닌 품목) 독점 금지법 위반이 된다. 다만 개개의 소매업자에게는 어느 정도 구속력을 가지거나 가격설정을 할 경우의 참고 가격으로서 사용되고 있다. 소비자에게도 이 가격이 명시되어 있으면 제품 가치의 평가가 쉬워진다.

5) 오픈 가격(Open Price)

오픈 가격은 메이커가 자사제품의 가격에 대해서 소매가격을 일절 표시하지 않는 것이다. 물론 업자 간 거래 가격은 있지만 최종 소비자 판매 가격은 소매업자 단독으로 자유롭게 결정하는 것이 가능하다. 가전제품, 시계, 카메라 등과 같은 제품은 메이커 희망 소매가격으로부터 30%, 40%할인과 같이 저렴하게 판매하는 것을 많이 볼 수 있다.

또한 이 중에는 로스 리더 세일(Loss Leader Selling : 어떤 상품을 염가 판매하여 고객을 유인한 후 타상품을 관매하는 것)을 대상으로 하는 제품도 있다.

이렇게 싸게 판매되면 메이커는 자사 제품의 브랜드 이미지가 떨어지게 되고, 저가 판매가 안 되는 일반 소매점은 점점 사업 기회를 잃어버리게 된다. 게다가 메이커 희망 소매가격과 실제 판매 가격 사이에 상당한 큰 차이가 있다면 부당한 이중 가격 표시로서 경품 표시법에 위반될 가능성이 있다.

이러한 사태를 피하기 위하여 메이커가 취하는 대항책이 오픈가격이다.

오픈 가격으로 하면 메이커 희망 소매가격이라는 할인 기준이 없어지기 때문에 '30% 할인' 등의 표시를 할 수 없게 된다. 저가 판매점에서는 비교의 대상이 없어지며 실제 판매 가격을 표시하는 것이 되기 때문에 소비자에게 디스카운트에 대한 고마움을 호소할 수 있게 된다.

최근 가전제품 업계에서는 폭탄 세일이 일반화되고 있는 것으로 많은 제품에 대한 오픈 가격화가 진행되고 있다.

6) 프라이스 리더(Price Leader)

과점 시장에서는 주도적 입장에 있는 기업이 어떤 제품의 가격을 변경하면 타 기업도 그것에 따라 가격을 변경하는 경우가 있다. 이러한 경우 가격 변경을 먼저 시도하는 기업을 프라이스 리더(Price Leader)라고 한다.

과점 시장에서는 한 기업이 가격을 올릴 경우 타 기업은 쫓아가지 못하고 판매량은 대폭 감소한다.

반대로 가격을 내릴 경우 타 기업이 뒤쫓아 곧장 가격을 내리기 때문에 판매량이 별로 증가하지 않는다.

이러한 상태에서는 일부러 가격을 움직이지 않는 편이 좋다는 판단이 기업 간에서 일반적이 되어 가격은 경직화된다. 다만 이러한 과점 시장에 있어서도 시장 점유율이 높고 경영자원(사람, 물건. 돈, 정보)이 풍부한 선도적 기업이 가격 변화를 행할 경우에는 타 기업으로부터 암묵의 이해를 얻는 것이 일반적이다.

그리고 타 기업은 뒤쫓아 가격 변경을 행하게 된다. 이러한 가격 변경은 가격을 내리는 경우는 거의 없고 가격을 올리는 것이 일반적이다.

7) 재판매 가격 유지

메이커가 자사 제품의 최종 소매가격을 내리지 않기 위하여 유통업자에게 판매 가격을 제시하고 구속하는 행위를 재판매 가격유지라고 한다. 재판매는 한번 판매된 것을 다른 사람에게 전매하는 유통업자의 판매 행위를 말한다.

메이커가 이러한 행위를 행하는 이유로는 다음과 같은 이유가 있다.

첫째, 소비자에게 가격 이외의 서비스를 충실히 한다.

대형 할인점에서의 염가 판매로 의한 자사제품의 브랜드 이미지가 저하되는 것을 막는다.

둘째, 염가판매를 하지 않는 일반 소매상을 보호한다.

그러나 이러한 행위가 완전히 실천되면 재판매업자 간에서의 가격 경쟁은 없어지고 어떤 소매점에서든지 같은 가격으로 상품이 판매되기 때문에 소비자는 가격 면에서의 이익을 전혀 얻을 수가 없다.

또한, 본래 제품 소유권을 가진 재판매업자의 자유로운 가격 결정권을 침해하거나 소매업의 근대화를 방해하게 된다. 다만 상품 중에는 소비자의 불이익을 초래하는 것으로서 합법적으로 재판매 가격 유지가 인정되는 상품도 있다.

8) 선별적 가격 설정

소매점에서는 동일 제품에 대해 다른 가격을 붙이는 경우가 있다. 생산자도 자기 제품에 대해서 수요의 상태나 그 외의 조건에 따라서 다른 가격을 붙이는 경우가 있으며, 이것을 선별적 가격설정이라고 한다. 생산자는 판매 장소, 판매 시기, 판매량, 판매 상대에 따라서 동일 제품에 대해서 구별된 가격을 둘이는 경우가 있으며, 각각에 대해서 살펴보기로 하자.

첫째, 판매량에 의한 선별적 가격

제품을 대량으로 구입하거나 또는 어느 정도 통합하여 구매하면, 낱개로 구입하는 것보다 저렴한 가격으로 판매하는 가격 설정이다.

둘째, 판매 장소에 의한 선별 가격

유럽의 고급 브랜드 제품을 미국에 수출하는 가격보다 한국에 수출하는 가격이 더 비싸다는 가격 설정이다.

셋째, 판매시기에 의한 구별 가격

유원지의 호텔이나 여행 서비스 요금과 같이 연휴나 휴가 시즌 중은 비싸게 하고 그 이외의 시기는 상대적으로 싸게 하는 가격 설정이다.

넷째, 판매 상대에 의한 구별 가격

레저 시설, 문화 시설에 있어서 대인 요금과 어린이 요금을 다르게 하는 가격 설정이다.

9) 할인(Discount)

구매자가 현금으로 지불하거나 대량을 일괄 구매할 경우 판매자는 금리 부담의 비용이나 배송 비용이 절감되는 경우가 있다.

할인에는 수량 할인, 기능 할인, 현금 할인 계절할인과 같이 4종류가 있다.

첫째, 수량 할인

대량으로 제품을 구입한 구매자에 대해서 행하는 할인이다. 이것은 소량 거래보다 운송비용, 수 · 발주 및 사무 처리 비용 등을 절약할 수 있기 때문에 실행할 수 있는 할인이다.

둘째, 기능 할인

유통 경로의 질서를 유지하기 위하여 유통 경로 내에서 완수한 기능에 대해 행해지는 할인이다. 도매업자나 소매업자 사이의 차이는 물론 도매업자 중에서도 주요 기능이 판매인지, 보관인지라는 것으로 다른 할인을 받는 경우가 있다.

셋째, 현금 할인

상품의 구입 대금을 현금으로 지불할 경우에 행해지는 할인이다. 예를 들어 후불이나 어음 지불을 결제 조건으로 하는 거래에서 결재일 이전에 현금을 지불할 경우에 행해진다. 이것은 금리 부담 비용이나 대손 손실이 경감되기 때문에 가능하다.

넷째, 계절 할인

시즌 의류와 같이 제품의 수요가 계절에 따라 크게 다른 경우나 계절이 지난 후 구입할 경우에 행하는 할인이다. 이것은 주로 재고 비용의 절약으로 실행이 가능한 일이다.

10) 리베이트(Rebate)

리베이트는 일정 기간에 발생한 매출금을 기준으로 거래업자에게 지불하는 환불금이다. 유통 경로 내에서는 다양한 흐름이 있으며 정보의 흐름, 제품의 흐름, 돈의 흐름 등이 있다.

리베이트 흐름은 유통 경로 내부의 협조와 협력을 얻어 제품 판매를 촉진하기 위하여 메이커가 행하는 것으로 일종의 '당근' 역할을 하는 것이다. 이 당근의 양은 협력 정도에 따라 다르며 구체적으로는 다음과 같은 종류가 있다.

(1) 로열티 리베이트

'충성도 리베이트' 라고도 한다. 메이커의 경영 방침이나 마케팅 정책을 준수한 정도에 따라서 지불한다.

(2) 확판 리베이트

특정 거래업자에 대해서 판매 촉진을 위해 지불한다.

(3) 누진 리베이트

거래업자가 다루는 자사 제품의 수량이나 금액에 따라서 누진적으로 지불하는 것이다.

(4) 전매도 리베이트

거래업자에 따라 자사 제품의 전매성을 기준으로 하는 것으로 전체 취급 금액 중에서 차지하는 자사제품의 취급 금액 정도에 따라서 지불한다.

미국에서는 판매 촉진비 부담금으로 수당은 있지만 리베이트 제도는 없기 때문에 이 제도를 불투명한 상관행으로서 종종 비판한다.

제6절 채널구축과 로지스텍스

1 채널 구축 기준

제품이 경유하는 길(도매업자, 소매업자)을 채널이라고 한다. 생산자가 채널을 구축할 때 고려해야 하는 중요한 기준은 다음과 같다.

① 제품 기술

제품이 기술적으로 복잡하거나 고장이 난 경우에는 소매업자만으로는 대응할 수 없다. 그러므로 생산자에 의한 전문적인 수리, 보장 등의 애프터서비스가 필요한 경우에는 채널을 짧게 해야만 한다.

② 제품 단가

단가가 낮은 제품에서는 광범위의 소비자에게 판매할 필요가 있으므로 단가가 높은 제품에 비하여 다단계 채널을 취하는 경향이 있다.

③ 지명도

생산자의 지명도가 높은 경우에는 넓은 범위의 소비자로부터 제품이 요망되기 때문에 그렇지 못한 생산자와 비교할 때 긴 채널이 될 수 있다.

④ 제품 내구성

제품의 내구성이 낮은 경우에는 내구성이 높은 경우보다 조속히 유통시킬 수 있도록 짧은 채널 생각해야만 한다.

⑤ 판매 능력

생산자에게 충분한 경영 자원이 있는 경우에는 스스로 유통 과정에 뛰어들어 자기 제품의 관리를 강화할 수 있다. 이러한 경우에는 결과적으로 채널이 짧아질 가능성이 있다.

1) 채널 정책의 유형

생산자의 제품 유통 방침을 채널 정책이라고 한다. 이것은 생산자가 유통 경로에 개입된 정도에 따라서 다음과 같이 4가지로 분류할 수 있다.

첫째, 선택적 채널 정책

어느 기준을 기반으로 자사 제품을 취급하는 유통업자를 선별하고 제약하려는 것이다. 선별 기준으로는 유통업자의 현재 및 장래의 대금결재 능력, 경영자의 능력, 판매량, 생산자에 대한 협력도 등이 있다.

둘째, 특약 채널 정책

생산자가 판매 회사를 신설하거나 유통업에 자본 참가를 하여 전속 대리점을 만드는 것이다.

또는 특정 지역의 유통업자에게 독점 판매권을 주어 전속 판매점을 만드는 것이다. 이 채널 정책에서는 생산자는 유통업자에 대한 강력한 통제를 할 수 있다.

셋째, 개발적 채널 정책

시장에 자사 제품을 최대한 광범위로 확대 할 수 있도록 가능한 많은 도매업자와 소매업자에게 제품의 거래를 권장하는 것이다. 따라서 도매업자가 수평적으로도 수직적으로도 복수 존재하는 긴 채널(유통 경로)이 되며 관리 정도는 낮아진다.

넷째, 직접 채널 정책

카탈로그나 매스미디어 광고를 이용한 통신판매, 생산자의 영업사원이 소비자를 방문하는 방문 판매 등에 의하여 생산자가 소비자에게 직접 제품을 판매하는 것이다.

2) 수직적 유통 시스템

제품 유통은 독립적인 업자에 의한 시장 거래보다도 종적 시스템을 만드는 것이 나은 경우가 있다. 시스템 전체의 합리성이라는 관점에서 만들어진 종적 시스템의 협조 관계에 의한 기업 조직을 수직적 유통시스템이라고 한다.

이것은 생산자, 도매업자, 소매업자와 같이 수직적인 기업 간 긴밀성이나 각각 업자의 자주성 정도 등에 따라 다음과 같이 분류할 수 있다.

첫째, 계약 시스템

체인점 계약과 같이 법률적이나 형식적으로도 확실한 계약서를 교환하는 것으로서 업자 간의 수직적인 협업 관계를 구축하는 것이다. 다만 기업 시스템과는 달리 '소유'되어 있지 않기 때문에 각 업자에 대한 어느 정도의 자주성이 인정된다.

둘째, 기업 시스템

이른바 '수직 통합'이다. 예를 들어 생산자가 유통업자를 '소유'하는 것으로 도매업자나 소매업자를 자기 산하로 넣어 버리려는 것이다.

각 업자간의 시장적인 거래는 완전히 없어지고 각각 한 기업의 생산 부문, 도매 부문, 소매 부문으로서 기능하게 된다.

셋째, 관리 시스템

'소유'나 '계약'이라는 형식적인 업자 간의 구속이 없고 원만한 협조 관계를 가진 시스템이다.

리더 그룹에 의해 시스템 전체의 방향이 정해지지만 업자 간의 시장 거래도 남아 각 업자의 자주성 범위도 가장 넓은 시스템이다.

3) 유통 계열화

경쟁이 과열화하고 있는 오늘날의 경쟁단위는 개개의 메이커 수준이 아니라 도매업자나 소매업자까지도 포함한 채널 시스템이라는 단위로 변해 가고 있다.

이러한 상황에서 메이커는 유통업자를 자기 수족과 같이 생각하고 마치 하나의 조직과 같이 긴밀한 상호 관계를 유지하면서 제어하게 되었다. 이것이 유통 계열화이다. 이러한 행위를 하기 위한 구체적인 방법으로는 다음과 같은 수단이 있다. 이것들은 유통업자에게 있어서 상당히 엄한 강제력을 가지거나 또는 엄하지 않은 유인으로서 작용 하는 등 다양하게 존재한다.

유통 계열화는 경제사회에 있어서 어떠한 장점과 단점을 가지고 있을까?

장점으로는 유통업자의 통합 · 정리에 의한 유통의 합리성, 업자 간 상호 관계 긴밀화에 의한 소비자정보 전달의 효율화, 애프터서비스 체제의 충실 등이 있다. 이것에 비해 단점으로는 가격 경쟁의 제한, 유통업자의 자주성 손실, 신규 참여의 방해 등을 들 수 있다.

4) 도매기능의 원리

마거릿 홀(Margaret Hall)은 도매업자의 거래 횟수를 줄이는 기능과 재고 비용을 절감하는 기능에 착안하여 생산자와 소매업자간의 직접 거래보다는 도매업자를 중개시킨 거래가 더 합리적이라는 것을 명확히 하였다.

이 근거는 다음과 같은 '거래 총 횟수 최소화의 원리'와 '불확실성 풀의 원리'에 기반하고 있다.

(1) 거래 총 횟수 최소화의 원리

생산자가 4명, 소매업자가 6명인 경우를 생각해 보자. 각각의 소매업자가 모든 생산자의 제품을 갖추고 싶을 경우 도매업자가 없다면 4*6=24회의 직접 거래가 필요하다.

그러나 중간에 도매업자가 있다면 4+6=10회의 거래로 해결된다. 이 '거래'라는 행위는 전화로 주문, 교섭, 대금 회수 등의 비용이 소비되는 업무이다.

(2) 불확실성 풀의 원리

어느 생산자 제품의 절판이 발생하지 않도록 10명의 소매업자가 각각 500개씩의 재고를 갖는다고 할 경우 합계로 20*1,000=20,000개의 재고량이 필요하다. 그러나 여기에 도매업자가 있다면 집중적으로 재고를 가지기 때문에 각각의 소매업자의 재고량은 200개 정도로 해결되며, 합계 재고량도 4,000개로 해결된다.

5) 채널 캡틴(Channel Captain)

경쟁 우위성을 확보하기 위하여 생산자와 유통업자가 협조 관계를 가진 수직적 유통 시스템을 형성하는 경우가 있다. 이 시스템을 바람직한 방향으로 이Rm는 리더기업을 채널 캡틴(Channel Captain)이라고 한다. 채널 캡틴은 채널 리더(Channel Reader) 또는 채널 커맨더(Channel Commander)라고도 한다.

수직적 유통 시스템이 형성되면 시스템으로서의 공통 목적을 설정한 후 그것을 실현하기 위한 최적의 분업, 협업 관계를 구축해야만 한다.

여기서 시스템 리더인 채널 캡틴에게는 미래의 비전을 책정하거나 시스템 구성원의 기능이 중복되지 않도록 역할분담을 생각하거나, 각각의 활동을 촉진하거나, 제어를 하거나 하는 중요한 임무가 맡겨진다. 채널 캡틴이 리더로서 갖추어야 할 파워로는 경제력, 인재력, 시장 정보 파악력 등이 있다. 경제력은 기업 업적, 자본, 자산 등의 규모이다. 인재력은 각 구성 기업이 포함하는 우수한 인재의 수이다. 시장 정보 파악력은 시장에 대한 정보의 파악 능력이다.

이것들을 모두 합한 전체 파워가 가장 높은 기업이 통상채널 캡틴이 된다.

종합적으로 보면 인재력과 경제력에서는 메이커가, 시장 정보 파악력에서는 소매업자가 상대적으로 높은 파워가 있으므로 채널 캡틴의 자격을 가진다.

6) 구매력(Buying Power)

백화점, 종합 슈퍼 등의 GMS(General Merchandise Store) 및 전문양판점 등의 거대 소매업은 한꺼번에 대량의 제품을 구매한다. 그렇기 때문에 제품 납입업자에게는 이런 소매업자가 매우 좋은 고객이 된다.

이것은 제품을 대량으로 판매한다는 단순한 경제적인 문제만이 아니라 백화점과 같이 전통의 '격식, 신용'이 있거나, 전국 체인의 종합 슈퍼와 같이 '전국적 지명도'가 높다는 부가가치도 있다.

결국 납입업자에게 있어서는 이렇게 신뢰할 수 있는 훌륭한 소매업자와 거래를 할 수 있다는 것에 가치가 있는 것이다. 이러한 사정을 배경으로 대형 소매업자 또는 메이커나 도매업자 등이 납입업자에게 불이익을 감수해야 하는 거래를 강요하거나, 거래에 직접적인 관계가 없는 행위를 강요하는 것 등이 구매력(Buying Power)이다. 이러한 행위는 '우월적 지위의 남용'으로 독점 금지법에 의해 규제되고 있다.

7) 체인 소매업

소매업은 규모의 이익을 얻기 위하여 수평적인 조직을 만드는 경우가 있다. 이것을 체인이라고 하며 경영 주체나 방식에 따라 레귤러 체인(Regular Chain), 볼런터리 체인(Voluntary Chain), 프랜차이즈 체인(Franchise Chain)으로 분류할 수 있다.

(1) 레귤러 체인

체인을 구성하는 각 지점이 모두 본부의 직영점이고 동일 기업에 속하기 때문에 코퍼레이트 체인(Corporate chain)이라고도 한다.

각각의 점포는 어디까지나 조직의 부분이기 때문에 본부의 제어를 따라야만 하며 행동의 자유는 거의 없다.

(2) 볼런터리 체인

도매업자가 주도하거나 소매업자의 자발적인 의사를 기반으로 만든 협업 조직이다. 이것은 단독 점포에서는 얻을 수 없는 공동 구매나 공동 판매의 장점을 누릴 수 있다. 이 체인 조직에서는 각각의 점포가 완전히 독립된 기업이고, 본부의 제어도 강하지 않으며, 행동의 자유가 매우 높은 조직 형태라고 할 수 있다.

(3) 프랜차이즈 체인

본부가 유명한 제품을 가지고 있거나 독창적인 서비스 시스템을 개발하였을 경우에 계약하여 구성되는 조직이다. 본부 측을 프랜차이저라고 하며 가맹점 측을 프랜차이지라고 한다. 이 조직은 당연히 본부로부터 제어를 받기 때문에 가맹점의 행동은 제약을 받지만 레귤러 체인 정도는 아니다.

8) 쇼핑센터(Shopping Center)

상업 모임은 많은 점포를 거느리고, 그곳에 필요한 제품이 모두 갖추어져 있다는 편리함이 있다. 업종 구성이나 점포 배치 등을 면밀히 계획하여 만든 상업 모임을 쇼핑센터(Shopping Center : SC)라고 한다. 1950년대 미국에서 모터리제이션(Motorization)의 보급과 주거지의 교외화를 배경으로 발전한 쇼핑센터는 백화점, GMS, 슈퍼마켓 등을 주요 점포로서 다수의 전문점, 음식점, 오락시설, 광대한 주차장이 형성되었다.

9) 디스카운트 스토어(Discount Store)

디스카운트 스토어(DS : Discount Store)란 싸게 구입하는 루트 개척, 점포비 · 인건비 · 광고비 등을 삭감한 저비용 경영, 적은 이익에 의한 대량 판매 등을 수단으로 상품을 싸게 제공하는 소매업태이다. 최근 디스카운트 스토어 중에서 성장이 두드러진 곳은 다음과 같다.

(1) 아울렛(Outlet)

메이커나 소매점이 과다생산, 반품, 점포 전시 등으로 인한 판매 잔여분을 폐기하지 않고 판매하기 위하여 만든 소매업태이다.

(2) 오프 프라이스(Off Price)

병행 수입 등으로 해외의 유명 브랜드를 싸게 구입하여 싸게 판매하는 소매업태이다. 제품의 신뢰성이 높고 소비자에게 호평을 받는 업태이다.

(3) 카테고리 킬러(Category Killer)

한가지 카테고리에 한정하여 철저히 그 카테고리 내의 상품 종류를 전시하고 저렴하게 상품을 제공하는 소매업태이다.

(4) 홀 세일 클럽(Wholesale Club)

회원제이며, 회원이 된 소비자에게 상품을 도매가격으로 제공하는 업태이다.

10) 가치 체인(Value Chain)

조직 내부에 상관없이 부가가치의 생성은 중요한 과제이다. 그 때문에 조직 내는 물론 조직 외에 있어서 상품 제공에 관한 전 비즈니스 프로세스(Business Process)를 가치의 연쇄로 파악하고 엄격하게 체크해 가려는 개념이 가치 체인(Value Chain)이다. 당초는 기업 내 부문 기반의 문제점 명확화와 개선 방향의 명확화가 이루어져 개별 기업 기반의 부가가치 형성(경쟁 우위성의 발휘)이 이루어졌다. 그러나 이 발상은 기업 내에 머물지 않고 고객에게 상품을 제공하는 전체 프로세스와 각 프로세스에서 어떠한 부가가치가 합리적으로 생성되고 있는지가 문제시되게 되었다. 그 후 기업은 부가가치 생성에 있어서 자사의 경쟁 우위성을 가장 잘 발휘할 수 있는 부분을 철저히 가다듬는 것은 물론, 경쟁 열위의 부분은 스스로 처리하게 하는 것이 아니라 부가가치 생성에 가장 능란한 사업자에게 아웃소싱(Out Sourcing)하는 것이 가장 효율적, 효과적이라는 것을 깨닫게 되었다. 오늘날 가치 체인은 고도 정보화의 진전으로 ECR, QR, SCM이라는 형태로 실천되어 정착되고 있다.

11) POS와 EOS

POS(Point Of Sales)는 '판매 시점 정보 관리 시스템'을 말한다. 이 시스템은 우선 소매점이 상품을 판매할 때 POS 등록기에 연결된 스캐너로 상품에 붙여진 바코드를 읽는다.

바코드는 상품명, 색상, 사이즈, 제조자 등의 정보가 기억되어 있으며, 이것을 읽으면 그 정보는 점포 내의 컴퓨터에 있는 스토어 컨트롤러(Store Controller)로 보내진다.

스토어 컨트롤러에 보내진 정보는 POS 등록기에 영수증 정보로 반송되는 동시에 본부의 호스트 컴퓨터에도 전송되어 단품 정보가 축적된다. 이것은 팔리지 않은 물건 파악 및 교체를 통한 합리적인 제품 진열과 단품기반의 정확한 재고 관리까지 가능하게 한다.

EOS(Electric Ordering System)은 '온라인 수 · 발주 시스템'이다. 이것은 소매 점포에서 절판이 발생하지 않도록 통신 회선을 사용하여 온라인으로 적절히 거래처에 상품을 주문하는 시스템이다.

이 방법은 핸디 터미널(Handy Terminal)로부터 모뎀 부착 전화기를 사용하여 거래처에 발주정보를 전송한다. 거래처는 그 정보를 기반으로 납품 전표를 작성하고 상품을 준비한 후 소매 점포에 배송을 하게 된다.

12) 다이렉트 마케팅(Direct Marketing)

제품 구입은 소매점만이 아니라 방문 판매나 통신 판매 등도 이용된다. 조직이 데이터베이스를 만들고 직접 고객에게 정보제공을 하는 것으로 주문을 받는 시장 창조활동을 다이렉트 마케팅(Direct Marketing)이라고 하다.

이것은 소매점을 통하지 않고 방문 판매, 통신 판매 등으로 고객에게 제품을 제공하는 시스템이다.

다이렉트 마케팅의 가장 중요한 특징은 획일적인 매스 마케팅(Mass Marketing)이 아니라 각각의 고객을 중시하는 퍼스널 마케팅(Personal Marketing)을 실천하는 데 있다. 그 때문에 고객 이름, 연령, 주소, 구매 기록 등의 개별 데이터를 수집하여 그것을 기반으로 한명 한명이 만족하는 제품을 제공하려는 것이다.

13) 로지스틱스(Logistics)

로지스틱스(Logistics)는 '병참'이라고 번역되어 전쟁 시에 전선부대에 무기, 음료, 야영기구, 병사 등을 운송하는 활동을 가리킨다. 이 개념이 비즈니스의 현장에 확장되어 기업의 물건 이전 전반에 관한 통합 관리를 로지스틱스 또는 비즈니스 로지스틱스(Business Logistics)라고 부르게 되었다. 기업의 물건 이전에는 물적 유통(물류) 활동이 있지만, 이것은 로지스틱스의 일부를 구성하는 것이다. 물적 유통은 단지 공장에서 만들어진 완성품을 출발점으로 소비자에게 전달하는 활동이다. 그리고 그 운송 과정에서 필요한 보관, 포장, 하역, 수주 정보 처리, 유통 가공 등의 활동이 동시에 수행된다.

로지스틱스는 출발점이 보다 빨라 원재료, 상품, 반제품 등의 조달 시에 필요한 운송, 보관 업무 등도 대상 영역에 포함된다. 게다가 완성품의 생산량, 생산 지점 등의 생산 계획, 창고와 같은 물류 거점의 최적 배치도 관리 업무의 대상이 된다. 결국 로지스틱스는 비용, 이익을 고려한 물건 이전의 총체적인 관리 활동이다.

제7절 커뮤니케이션의 실천

1 프로모션(Promotion) 방법

조직이 적극적으로 매출액을 올리기 위하여 행하는 촉진 활동을 프로모션이라고 한다. 이 활동을 구성하는 프로모션 방법에는 다음과 같이 인적 판매, 광고, 발표, 세일즈 프로모션 등이 있다.

① 광고

텔레비전, 라디오, 신문, 잡지 등의 매스미디어 외에 인터넷 광고, 전단지, 간판 등의 매체를 이용하여 메시지를 전달하는 활동이다. 매스미디어 광고는 넓은 범위의 다수 시청자에게 메시지를 전달하는 것이 가능하지만 설득력이 상대적으로 약하고, 비용이 소요된다는 단점이 있다.

② 발표

신문사나 방송국 등의 제3자 기관에게 채택되어 나가는 보도로서 신뢰성이 높으며, 호의적으로 채택된 경우에는 무상으로 큰 효과를 얻을 수 있다. 다만 실천 주체가 제3자 기관이기 때문에 기업이 생각하는 대로 메시지가 전달되지 않을 수도 있다는 단점이 있다.

③ 인적 판매

판매원에 의한 대면 판매이지만 통상은 고객을 방문하여 상대의 반응을 보면서 구매 설득을 하는 것으로 효과가 있다. 그러나 이것은 인간이 직접 행하는 활동이기 때문에 비용이나 시간이 소요되며, 다수의 고객을 커버하기에는 어려운 단점을 가지고 있다.

④ 세일즈 프로모션

방법이 다양하여 효과도 있지만 리베이트와 같이 비용이 소요되는 것도 있다.

1) 푸시 전략과 풀 전략(Push Strategy & Pull Strategy)

제품 판매에는 판매원을 활용하여 유통업자에게 제품 취급을 요청하는 푸시 전략

(Push Strategy)과 매스 광고로 소비자의 수요를 환기하고 소비자로부터 주문을 유인하는 풀 전략(Pull Strategy)이 있다. 메이커는 제품의 시장 침투도나 제품 특성의 차이에 따라 다른 전략을 실행한다. 푸시 전략은 이런 차이를 기반으로 프로모션 방법에 차별화된 웨이트를 주는 전략 유형이다.

푸시 전략은 일반적으로 브랜드 선호가 높지 않은 제품이나 기존 제품을 시장에 침투시키려고 할 경우, 메이커가 영업사원이나 가격 절하와 같은 판매 촉진수단을 활용하여 도매업자나 소매업자에게 직접적으로 자사제품의 취급을 촉진해 가는 활동이다.

풀 전략은 브랜드 선호가 높은 제품을 발표할 때, 주로 매스미디어를 이용한 광고를 통해 기업이 소비자에게 직접 메시지를 전달하고 수요를 환기시키는 것이다. 이것은 결과적으로 소비자가 소매점에 제품 구입 희망을 전달하고, 유통업자를 넘어 메이커에게 제품 공급을 유인하도록 만드는 활동이다.

2) 광고 기능

광고는 우리 소비 생활에 완전히 융화되어 있다. 그것은 광고가 많은 기능을 수행하기 때문이다. 광고는 텔레비전, 라디오, 신문, 잡지 등의 매스미디어와 간판, 간이 광고 등으로 대표되며, 인적 판매와 다른 비인적이며, 발표와는 다른 유료 커뮤니케이션 수단이다. 광고에는 주로 다음과 같은 4개의 기능이 있다.

첫째, 정보 전달성 기능이다.

신제품이 발매될 때 매스미디어를 사용하면 넓은 범위의 많은 사람들이 그 제품의 존재를 알 수 있게 된다. 광고에는 이른바 인지도나 보급성이 있다.

둘째, 수요 창조성 기능이다.

광고는 소비자가 전부터 원한다고 생각했지만 구체적인 제품 이미지가 없었던, 이른바 잠재 니즈를 찾아서 현재화해 주는 것이다.

셋째, 신뢰성 기능이다.

광고를 하는 것으로 제품의 인지도가 높아지면 그것이 일반 인식(상식)이 되어 그 제품의 품질 신뢰성을 높일 수 있다.

넷째, 문화성 기능이다.

뛰어난 작가에 의해 만들어진 광고 카피 자체가 트렌드나 모드를 만들어 내어 새로운 문화 창조에 공헌하는 경우가 있다.

3) 커뮤니케이션 프로세스(Communication Process)

제품판매에 있어서 커뮤니케이션의 역할은 매우 크다. 내보내는 측인 조직으로부터 받아들이는 측인 소비자까지 정보가 형태를 바꾸어 가면서 전달되는 과정을 커뮤니케이션 프로세스(Communication Process)라고 한다.

내보내는 측이란 제품이나 조직에 대한 정보를 발신하는 주체이며 기업이 이에 해당한다. 내보내는 측이 전달하고 싶은 관념적인 정보를 언어, 사진, 영상, 화상, 음악 등의 부호로 변환한 것이 메시지이며, 광고 카피가 그에 해당한다. 이 메시지를 보내는 전파매체, 인쇄매체 등의 전달 수단을 '미디어'라고 한다. 미디어를 통해 얻어진 메시지를 해독하고 원래의 정보로 되돌리는 것이 부호 해독 이다.

받아들이는 측이란 조직이 의도한 발신 정보를 수신 · 해석하는 사람이다.

다만 실제 정보 전달에서는 그 과정에서 다양한 잡음이 들어가기 때문에 조직은 의도한 정보를 전달하기 위하여 메시지를 정확하게 작성하고 적절한 미디어를 선택할 필요가 있다. 마지막으로 커뮤니케이션 활동이 의도한 대로 성과를 올리고 있는지를 파악하기 위해서는 소비자의 반응을 피드백(Feedback)하는 과정을 준비해 둘 필요가 있다.

4) AIDMA 모델

성과를 올리는 커뮤니케이션 활동을 하기 위해서는 소비자의 심리를 알 필요가 있다. AIDMA란 Attention(주의), Interest(관심), Desire(욕구), Memory(기억), Action(행동)이라는 소비자가 구매에 이르기까지의 심리 변화 프로세스를 설명하는 것이다. 소비자는 기업의 커뮤니케이션 활동에 의하여 제품 구매까지 이러한 심리적 프로세스를 겪는다.

5) 미디어 믹스(Media Mix)

매스미디어에는 전파 미디어(텔레비전, 라디오)와 인쇄 미디어(신문, 잡지)가 있다. 미디어 믹스(Media Mix)는 광고 효과가 가장 높아지도록 미디어의 최적 조합을 만드는 것이다. 우선 매스미디어의 특징은 다음과 같다.

텔레비전은 사람의 시청각에 호소함과 동시에 극히 넓은 범위를 커버할 수 있는 호소력이 매우 높은 미디어이며, 속보성은 있지만 일회성으로 정보의 보존성은 없다.

라디오는 청각에게만 호소하는 것이지만 다른 일을 하면서 듣는 것이 가능한 미디어이다. 속보성이 높고 광고비도 비교적 저렴하지만 역시 보존성이 없다.

잡지는 스포츠나 취미 등의 전문성이 명확하기 때문에 대상고객에게 비교적 부드러운 정보 전달이 가능한 미디어이다. 또한 보존성도 있으며 신선한 컬러 사진으로 높은 호소력을 발휘할 수 있다.

신문은 보급도가 높고, 인쇄 매체이기 때문에 보존이 가능한 미디어이다. 전파 미디어와 비교하여 속보성이 떨어지지만 상세한 설명이나 설득을 할 수 있다.

미디어 믹스란 이와 같은 매스미디어의 질적 · 양적 특성과 그것에 소요되는 비용을 분석 · 검토하여 한정된 예산 범위 안에서 제품 인지도를 높이기 위한 목표를 수행하기 위하여 구축한 최적의 미디어 조합을 가리킨다.

6) 상품 광고와 기업 광고

광고는 크게 상품 광고와 기업 광고로 분류할 수 있다. 상품 광고는 상품의 브랜드명, 기능, 스타일, 가격 등을 호소하는 것으로 매우 일반적으로 볼 수 있는 광고이다. 이것은 라이프사이클 단계의 차이를 기반으로 다음과 같이 세 종류로 나눌 수 있다.

(1) 개척적 광고

제품 라이프사이클의 도입기에 상품의 기본적인 수요를 개척하기 위하여 개별 브랜드보다는 상품 그 자체에 대해서 설명적 또는 설득적인 표현으로 호소하는 광고이다.

(2) 경쟁적 광고

성장기나 성숙기 전반에 개별 브랜드에 대한 지명 구입을 촉진시키기 위하여 행해지는 광고이다.

(3) 지속적 광고

성숙기 후반이나 쇠퇴기에 개별 브랜드의 수요 수준과 브랜드명을 지속적으로 기억하도록 하기 위하여 행해지는 광고이다. 또 하나인 기업 광고는 기업 자체를 알리기 위한 광고이다. 보다 구체적으로는 기업명, 사업 내용, 업적 등을 일반적으로 호소하고 기업의 명성이나 평판을 높이며, 기업에 대한 호의적 태도를 형성하려는 것이다. 현재는 기업이 자사와 관계가 있는 고객, 주주, 종업원, 사회 등의 이해관계자와의 양호한 관계를 만들고 지속하기 위하여 행해지는 PR 광고와 동일한 것으로 보고 있다.

7) POP 광고

POP 광고는 Point of Purchase Advertising의 머리글자로 구성된 것으로 구매 시점 광고로 번역할 수 있다. 이와 같이 소비자의 구매는 사전에 브랜드명까지 결정되어 있다기보다는 대략적인 제품 카테고리를 정해 두고 개별 브랜드는 소매 점포 안에서 결정하는 경우가 많다. 그러한 소비자의 행동 패턴을 고려하면 소매점포 안의 구매 시점 광고는 매우 큰 효과가 기대된다.

POP 광고의 구체적인 수단으로는 점포 내벽에 붙은 포스터, 패널, 신제품이나 특가품을 알리는 선반 광고물, 원통형 천을 장대에 매단 것, 깃발, 캐릭터 인형, 모형 등 다양한 형태를 볼 수 있다.

이들은 점포를 방문하는 소비자에게 제품의 존재를 알리고 구매 욕구를 불러일으키는 역할을 하다. 일반적으로 메이커가 하는 매스미디어 광고는 소비자의 구매 욕구를 높이는 데는 도움이 되지만 소비자가 가장 가까운 소매점에 구매하러 갈 경우에 그것이 없거나 만약 있더라도 눈에 띄지 않는 곳에 있거나, 다른 메이커의 유사 제품이 함께 판매되거나 하는 일이 자주 있다.

이러한 상황에서 매스미디어 광고만으로는 대응을 할 수 없기 때문에 구매 시점에서의 광고가 매우 중요하다.

8) PR과 발표(Publish)

PR(Public Relations)은 대상 고객이라는 좁은 범위만이 아니라 조직을 둘러싼 지역 사회, 공중, 정부, 미디어 기업, 거래처, 주주 및 조직 내의 종업원 등으로부터 신뢰를 받고 장기적인 관점에서 양호한 관계를 구축, 지속하기 위하여 행하는 다양한 종류의 커뮤니케이션 활동이다.

구체적인 활동으로는 독자적인 잡지나 팸플릿 작성과 배포, 이벤트 주최나 협찬, 장학금 기금재단 설립, 미술관 설립, 프로 스포츠 팀 소유 공장 견학, 승낙 CI

(Corporate Identity : 법인정체)를 위한 기업 광고의 실천, 미디어 기업에 정보 제공 등이 있다.

발표는 이러한 PR 활동의 일부를 구성하고 신문사나 방송국 등의 매스 커뮤니케이션 기업에 신제품이나 이벤트 등의 정보를 제공하거나 발표회를 하거나 하여 보도로서 채택되도록 하는 것이다.

이것은 자기 부담으로 하는 광고와는 달리 뉴스로서 채택되기 때문에 일반적으로 시청자로부터의 신뢰성이나 객관성이 높으며, 미디어 사용료도 소요되지 않는다.

그러나 미디어의 관리자는 어디까지나 제3자이기 때문에 반드시 조직의 의도대로 다루어질지는 알 수 없다는 불확실성이 있다.

9) 판매 계획

기업이 판매 활동을 전개하기 위해서는 판매 예측, 판매 목표, 판매 예산, 판매 할당, 판매 통제 등의 내용을 명확히 해야만 한다. 이러한 판매를 위하여 필요한 사항에 대한 방침을 판매 계획이라고 한다.

판매 계획을 구성하는 요소는 다음과 같다.

(1) 판매 예측 요소

각종 예측 방법을 사용하여 미래의 판매량을 추정하려는 것이다. 예측 방법에는 과거 매출액이나 시장동향으로부터 추측하는 것, 기업 내외 사람의 의견을 집약하는 것 등이 있다.

(2) 판매 목표

판매 예측 결과와 기업의 경영 자원(사람, 물건, 돈, 정보)을 기반으로 무리 없이 분발할 수 있도록 목표 매출액을 설정하는 것이다.

(3) 판매 예산

목표 매출액을 달성하기 위하여 필요한 금액이다. 통상 일정 기간의 목표 매출액으로부터 견적된 매출액 예산과 판매비, 광고비 등 필요한 비용으로부터 산출된 판매비 예산으로부터 구성된다.

(4) 판매 할당

목표 매출액을 달성하기 위하여 지역별, 판매원별, 제품별, 시기별 등으로 판매 수량이나 판매 금액의 기준량을 정하는 것이다.

(5) 판매 통제

당초 예산과 실적을 비교하는 것으로 목표 매출액의 달성률을 체크하고 그것이 낮은 부분에 대해서는 주의를 하거나 개선을 위한 어드바이스를 하는 것이다.

10) 세일즈 프로모션(Sales Promotion)

제품 판매를 촉진하는 수단에는 인적 판매, 광고, 발표 등이 있지만 그것에 더불어 비교적 단기적인 판매 촉진 효과를 노리는 것으로 세일즈 프로모션(Sales Promotion)이 있다. 세일즈 프로모션은 단순히 최종 소비자만이 아니라 판매업자나 사내를 대상으로도 실행된다. 각각의 주요한 내용은 다음과 같다.

(1) 최종 소비자용 세일즈 프로모션

소비자의 니즈를 자극하고 비교적 단기간에 판매량을 높이기 위하여 행해지는 것이다. 구체적으로는 경품이나 덤, 추첨이나 퀴즈에 의한 상품이나 상금 등의 수요 자극 수단, 실연 판매, 전시회 등의 소비자 교육 수단, 포인트 카드, 쿠폰, 소비자 조직화 등의 수요 지속 수단이 있다.

(2) 판매업자용 세일즈 프로모션

판매업자를 고객으로 생각하고 수요를 높이기 위하며 행하는 것과 공통 목표를 가진 동료로서 지원하기 위해 행하는 것이 있다.

전자에는 기간 내 판매량이 많은 업자에게 상품이나 보상금을 주는 판매 콘테스트, 리베이트나 할당 등이 있다. 후자에는 경영지도, 자금 원조, 진열용구의 무료 제공 등이 있다.

(3) 사내용 세일즈 프로모션

조직 내부의 판매의식을 높이는 것은 물론 판매 기술을 고도화하기 위하여 행한다. 전자의 목적을 수행하기 위해서는 사내에서의 판매 콘테스트 등을 행하고, 후자의 목적을 수행하기 위해서는 판매원 교육, 판매 회의, 판매 매뉴얼 작성 등이 행해진다.

11) 인적 판매

인적 판매(방문판매)는 직접 고객과 대면하여 구매를 재촉하는 활동이다. 이것에는 소매점에서의 대면 판매와 개개의 가정이나 기업을 방문하여 구매를 재촉하는 방문 판매가 있다.

여기에서는 영업사원 활동인 방문 판매에 대해서 설명한다. 방문 판매를 하는 영업사원의 업무는 하는 일의 내용에 따라 다음과 같이 4가지로 분류할 수 있다.

(1) 판매 창조 업무

영업사원 활동의 전형으로서 새로운 지역이나 고객을 방문하여 새로운 니즈를 발굴하거나 신규 고객을 창조해 가려는 활동이다. 일반적으로 보험이나 부동산의 방문 판매가 이 활동에 해당한다.

새로운 주문을 적극적으로 획득(Order Get)하는 것이 중심적인 업무이기 때문에 이러한 방문 판매의 영업사원을 주문 획득자(Order Getter)라고 부르기도 한다.

(2) 판매 수행 업무

정기적으로 주문을 받고 있는 고객을 방문하여 반복 수요를 받는 활동이다. 요구르트의 순회 판매원이 그 전형이다.

(3) 선도적 업무

판매가 중심적인 활동이 아니라 소매 점포의 상품 구비, 진열 방법, 재고 관리 등과 같은 대응법에 대하여 방문처와 상담을 하거나 소매점을 지원하는 활동을 한다.

(4) 기술 · 전문적 업무

판매가 중심적이 활동이 아니라 어느 정도 확정된 고객에게 엔지니어와 같은 고도의 기술적 전문가가 방문하여 컨설팅적인 활동을 하고, 고객의 전문적인 문제를 해결하는 활동이다.

12) 루트 세일즈(Root Sales)

루트 세일즈는 영업사원이 미리 설정한 코스(루트)를 일정 순서로 회전하면서 상품 판매와 주문획득, 배송 등을 행하는 활동이다. 영업사원의 업무는 판매 창조 업무, 판매 수행 업무, 선도적 업무, 기술적 · 전문적 업무와 같이 4가지가 있다. 그중에서 판매 수행 업무가 루트 세일즈(Root Sales)의 활동이다. 이것은 어느 정도 정기적으로 주문을 받고 있는 고객처를 순환하여 재주문을 받는 활동이다. 이 업무는 판매창조 업무와 같이 신규 고객을 적극적으로 획득하려는 것이 아니고 반복수요를 수동적으로 획득하는 것이 아니기 때문에 이러한 영업사원을 주문 획득자(Order Taker)라고 한다.

또한 이러한 영업사원은 때로는 순환처에서 제품 진열이나 재고 등에 대해서 컨설턴트적인 서비스를 실시하는 경우가 있기 때문에 선도적 업무도 부분적으로 행하고 있다고 할 수 있다.

부록

무역용어 정리

A

Abandonment(위부) 추정전손이 발생한 경우 피보험자가 보험금을 타기위하여 보험자에게 보험목적물에 대한 일체의 모든 권리를 포기하고 양도하는 행위. 남아있는 물건의 소유권 및 제3자에 대한 구상권을 보험자에게 양도하는 것을 의미.

Acceptance(승낙) 피청약자가 청약자에게 청약의 내용에 대하여 무조건 수락하고 계약을 성립시키겠다는 의사표시.

Accepting Bank(인수은행) 기한부신용장(usance L/C)에 의거하여 발행된 기한부 어음을 인수하는 은행.

Acceptance L/C(인수신용장) 신용장에 의해 발행된 어음이 기한부인, 기한부신용장(usance L/C)을 의미. 수출상은 기한부어음을 운송서류 매입은행으로부터 어음할인을 받아 수출대금을 회수.

Accountee(대금결제인) Accountee라는 말은 대금을 최종적으로 결제 하는 자, 즉 환어음을 최종적으로 결제하는 사람으로 수입상을 뜻한다. Applicant와 수화인(consignee) 과 같이 사용.

Acknowledging(주문승낙) 수입업자가 주문(order) 하고 수출업자가 승낙하는 것(sales note-sales contract)

Actual Total Loss(현실전손) 보험목적물의 전부가 멸실되거나 손상을 입었을 경우의 손실.

Ad Valorem Duties(종가세) 수출입물품의 가격이 관세의 과세표준이 되는 관세이며, 우리나라의 세율결정방법은 종가세가 거의 대부분을 차지.

Additional Clause(부보위험담보조건)

- TPND : Theft, Pilferage, Non- Delivery(도난, 발화, 불착손위험담보)
- RFWD : Rain and/or Fresh Water(우 · 담수위험담보)
- COOC : (Contact with Oil and /or Other cargo(유류나 기타 화물접촉위험담보)
- JWOB : Jettison &washing Over-Board(투하 갑판위 파도위험조건)
- Denting & Bending(구손, 곡손 위험담보)
- S & H : Sweat & Heating(간습손, 열손위험담보)
- Leakage/Shortage(누손, 중량부족위험담보) 등

ADR(Alternative Dispute Resolution ; 소송외 분쟁해결제도) 분쟁당사자들이 자신들의 분쟁을 자체적으로 해결함으로써 쌍방 모두 승리하는 win-win outcome에 그 목표를 두는 분쟁해결제도.

Advising Bank(통지은행) 발행은행의 요청으로 신용장을 통지하는 은행.

Airway Bills(항공화물운송장) 항공회사가 화주로부터 물건을 정히 인수받았다는 영수증으로 Master AWB(항공사 발행 화물상환증)와 House AWB(혼재화물운송장)가

있다.

All Risks<A/R>(전위험담보조건)→ICC(A) 런던보험자협회 구약관에 의하여 보험자의 면책위험을 제외하고는 해상에서 발생하는 모든 위험에 대하여 보험자가 담보해 주는 보상조건.

Applicant(발행신청인) 신용장에 발행신청인으로 명시된 당사자(party)

Applicant for the Credit(신용장발행신청인 ; 개설의뢰인) 당사자의 매매계약에 근거하여 자신의 거래은행에 신용장을 발행해줄 것을 요청한 당사자로서 수입상이 이에 해당한다.

Apron(안벽) 선석에 접한 부분에 일정한 폭으로 나란히 있는 하역작업을 위한 공간.

Arbitration Clause(중재조항) 계약 성립 후 발생할지도 모르는 분쟁을 소송에 의하여 해결하기보다는 Arbitration(중재)에 의하여 해결하고자 계약서의 한 조항으로 삽입하는 중재계약방식.

Automatic Approval Item<A/A Item>(자동승인품목) 수출입공고에 열거되어 있지 않는 품목으로 수출입이 자유로운 품목.

B

B2B(기업간 거래) VAN이나 네트워크 상에서 주로 EDI를 사용하여 기업간의 거래를 하는 것이며, 기업의 활동 중 구매, 판매, 금융, 물류, 무역 등의 기업간의 업무처리를 인터넷을 통해 기술을 지원하며 구매자와 판매자가 모두 기업인 경우를 의미.

B2C(기업 대 소비자 간 거래) B2C는 웹기술의 보급과 함께 급성장하는 분야이며 인터넷 상에서 공급자와 실소비자 간에 행해지는 전자소매를 일컫는 말이다.

Back to Back Credit(구상무역신용장 또는 동시개설신용장) 구상무역, 특히 물물교환 무역방식에서 이용되는 신용장으로 수출상과 수입상이 동시에 신용장을 발행하는 신용장. 구상무역에 이용되는 신용장은 Escrow Credit(기탁신용장)와 Tomas Credit가 있다.

Banker's Usance 기한부신용장에서 수출상이 발행한 기한부어음금액을 은행이 할인 매입하고, 기한부어음 만기일까지 수입상이 대금결제를 유예하는 것을 말한다. 이때 이자는 은행에 귀속된다.

Bareboat Charter(나용선계약) 선박만을 빌려 운송하는 용선운송형태로 용선자가 선박 이외에 선장, 선원, 장비 및 소모품에 대한 모든 책임을 진다. 재용선(subcharter)이 가능한 용선운송형태.

Banking Day(은행영업일) UCP 600에 따라 업무가 이행되어지는 장소에서 은행이 정상적으로 영업을 하는 일자.

Beneficiary(**수익자**) 신용장이 발행되어 수혜받은 자.

Berth(**선석**) 선박이 접안하여 화물 하역작업을 할 수 있게 만들어진 접안장소로서 보통 선박 한 척을 직접 정박시키는 설비가 있다.

Berth Term(**정기선조건** : Liner Term) 화물을 선박에 적재할 때나 양륙할 때나 모두 선주가 부담하는 조건이다. 이것은 정기선에 의해 개품운송의 경우에는 이 조건을 원칙으로 한다.

Bill of Exchange or Draft(**환어음**) 채권자(수출상)가 채무자(수입상 또는 신용장 발행신청인)를 지급인으로 하여 환어음소지자에게 무조건 지급을 위탁하는 위탁증권을 의미.

Blank Endorsed(**백지배서**) 유통성 있는 선화증권과 보험증권 이면에 양도할 목적으로 무기명 배서하는 것. 피배서인이 누구라고 기재하지 않고 배서인이 서명만 한다.

Bill of Lading(**선화증권**) 선박회사가 물건을 정히 인수받았다는 영수증임과 동시에 도착지에서 선화증권과 교환으로 화물을 내주겠다는 화물상환증이다.

Bona Fide Holder(**정당한 혹은 선의의 소지자**) 실제 유통되고 있는 증권 자체에 하자가 있는 것을 모르는 표면상 완전하고 정상적인 증권으로 간주하고 취득한 소지인을 말한다. 수취인(payee) 이 이에 해당한다.

Bonded Area(**보세구역**) 수입품을 관세의 부과가 미루어진 상태로 놓아둘 수 있는 지역으로서, 세관장이 지정하거나 특허한다.

Bonded Shed(**보세장치장**) 통관절차를 밟기까지 임시로 물품을 보관하여 두는 보세구역으로서 Bonded Storage라고도 한다.

Bonded Transportation(**보세운송**) 보세운송에 놓여있는 외국화물을 국내에서 운송하는 제도.

Bulk Cargo(**살화물**) 포장을 하지 않은 상태로 운송하는 화물로서 주로 원자재가 이에 해당되며, 부정기선 화물의 대부분이 이에 속한다. 이의 반대개념은 일반화물(general cargo)이다.

Buyer's Market(**매입주시장**) 상품의 공급과잉으로 인해 물품의 매매가 비교적 Buyer의 의도대로 할 수 있는 시황을 말한다. 이와 상대되는 말은 판매주시장(seller's market)이다.

Buying Office(**물류무역대리업**) 외국수입업자의 위임을 받아 국내에서 수출물품 구매행위를 업으로 하는 자(한국외국기업협회에서 신고)

C

Cable Credit(전신신용장) 신용장의 발행통지를 전신으로 하는 신용장(Full Cable Credit와 Shot Cable Credit)

Carnet Temporary Admission(ATA 까르넷제도) ATA협약 가입국 간에 일시적으로 물품을 수입 · 수출 또는 보세운송하는데 있어 필요로 하는 복잡한 통관서류(예 : 면장, 송장, 승인서 등)나 담보금 대신으로 이행하는 증서로서 이를 이용하여 통관절차를 간소화하고 서로 편리하게 하는 제도.

Cargo Insurance(적화보험) 선박에 적재된 화물을 대상으로 보험에 부보한 보험.

CAD(Cash Against Documents ; 서류인도결제방식) 선화증권(Bill of Landing)등의 운송서류 및 기타 부속서류를 수입상에게 직접 또는 수입상의 대리점이나 거래은행에 제시하여 서류와 상환으로 현금이 지급되는 방식.

COD(Cash on Delivery ; 상품인도결제방식) 수입물품이 목적지에 도착하면 수입상이 직접 상품과 상환으로 현금이 지급되는 방식.

C/O(Certificate of Origin ; 원산지 증명서) 물품이 제조된 나라를 증명하는 서류로서 우리나라의 경우에는 상공회의소에서 발급하는 원산지증명서와 시 · 도지사가 발급하는 UNCTAD의 일반특혜관세 원산지증명서가 있다.

CFS(Container Freight Station) 컨테이너 한 개를 채울 수 없는 LCL화물을 건네주거나 받아 보관하고, 컨테이너에 넣거나(적입, stuffing) 끄집어내는(unstuffing, devanning)작업을 하는 장소.

Charter(용선) 선원이 승선한 선박을 빌리는 것을 말한다. 용선은 부정기적으로 운항하므로 부정기선(tramper)이라고도 부른다.

Charter Party B/L(용선계약선화증권) 화주가 대량화물을 운송하기 위해 특정 항로 또는 일정기간동안 부정기선을 용선하는 경우, 화주와 선박회사 사이에 체결된 용선계약(charter party) 에 의하여 발행되는 선화증권을 말한다. 이는 신용장상에 별도의 명시가 없는 한 은행에서 수리가 거절된다.

Check Price 우리나라의 경우는 수출가격이 너무 낮은 것을 막기 위한 Floor Price와 수입가격이 너무 높은 것을 막기 위한 Ceiling Price를 총칭하여 Check Price 라고 한다.

CIF(Cost, Insurance and Freignt ; 운임 · 보험료 포함 인도조건) CFR조건에 적화보험료만을 추가한 것 이외에는 본질적으로 CFR조건과 같다. 따라서 매도인이 목적항까지 보험부보 의무와 보험료 부담을 진다.

CIF & C(CIF and Commission ; 운임 · 보험료 및 수수료 포함 인도조건) CIF 가격조건은 CIF계약을 기본으로 하여 수수료(commission), 외환비용(exchange), 이자(interest) 등을 포함하여 가격을 제시하는 변형 등이 있는데, 이들 중 수수료가 포함된 가격조건을 말한다.

CIP(Carriage and Insurance Paid to ; **운송비 · 보험료 지급인도 조건**) 매도인이 목적지까지 운송비와 보험료를 지급해야 하며 적화보험에 부보할 의무가 있다.

Circular Letter(**거래권유장**) 거래개시를 희망하고 미지의 거래처로 보내서 자사를 소개하거나 거래관계를 맺자고 권유하는 서한이다.

CISG(United Nations Convention Contracts for the International Sales or Goods 1980 ; **국제물품매매에 관한 UN협약**) 유엔의 국제무역법위원회에 의하여 성안되고, 1980년 3월 비엔나에서 개최된 유엔 외교회의에서 만장일치 통과되어 1988년 1월 1일 부로 발효된 국제물품 매매법의 통일을 위한 국제협약을 말한다. 일명 Vienna협약.

Claim(**클레임**)

- 무역거래에서 클레임이란, 당사자 간의 매매계약에서 일방이 그 계약을 위반함으로써 계약의 다른 당사자가 그것으로 인하여 입는 손해의 배상을 청구하는 것을 말한다.
  이 경우 피해자를 「Claimant」라고 하며 가해자를 「Claimee」라고 한다.
- 보험용어로는 보험금을 말한다.

Clean B/L(**무결함선화증권**) Clean B/L의 FoulB/L 반대용어, 선화증권 상에 포장이나 물품 또는 수량 등에 대하여 특정의 단서, 부기조항, 유보사항 등과 같은 하자사항이 기재되지 않은 선화증권.

Clean Credit(**무담보신용장**) 신용장에 의하여 발행되는 환어음에 운송서류가 첨부되지 아니하고 대금지급을 확약하는 신용장. 일반적으로 보증신용장이 여기에 해당한다.

Clean Nego 매입은행이 수출상이 발행한 화환어음을 신용장조건과 일치하여 어음대금을 결제하는 것을 말한다.

Client/Scrvc(**클라이언트/서버**) 클라이언트/서버는 두 개의 컴퓨터 프로그램 사이에 이루어지는 역할 관계를 나타내는 것으로 클라이언트는 다른 프로그램에게 서비스를 요청하는 프로그램이며, 서버는 그 용청에 대해 응답을 해주는 프로그램이다.

Collecting Bank(**추심은행**) D/P, D/A 거래에서 수출지의 추심의뢰은행(remitting bank)으로부터 선적서류와 환어음을 최초로 받은 수입지의 은행.

Combined Transport(**복합운송**) 특정 화물을 육상·해상·항공운송 중에서 두 가지 이상의 상이한 운송수단을 이용하여 출발지에서 최종목적지까지 일관적으로 운반되는 운송형태.

CTD(Combined Transport Documents ; **복합운송증권**) 화물의 인수지로부터 목적지까지 해상·육상·항공 중 저어도 둘 이상의 다른 운송수단을 이용하여 행해지는 유송인수에 대하여 복합운송인(Combined Transport Operator ; CTO)이 전구간의 운송에 대하여 책임을 지고 발행되는 서류.

Commercial Credit(**상업신용장**) 무역거래에 따라 대금결제를 목적으로 발행되는 신용장을 포괄하여 상업신용장이라 하며, 운송서류와 교환으로 대금을 지급하는 화환신용장(documentary credit)이 대부분이다.

Commercial Invoice(**상업송장**) 수출상이 수입상 앞으로 보내는 선적화물명세서, 물품가격계산서 및 물품대금청구서.

Compensation Trade(**구상무역**) 연계무역(counter trade)방식 중 하나로, 수출업 물품대금의 전부 또는 일부를 그에 상응하는 수입 또는 수출로 상계하는 무역.

Compensatory Duty(**상계관세**) 탄력관세의 일종으로 자국에서 수출품에 대하여 보조금이나 장려금을 지원하여 주거나, 특별하게 정부로부터 보너스식으로 혜택을 부여받은 상품을 수입할 경우, 수입국에서 자국의 당해 국내 산업을 보호할 목적으로 부과하는 관세.

Conciliation(**조정**) 무역거래에서 발생하는 클레임의 해결 방법 중의 하나로서 당사자 간의 원만한 합의가 이루어지지 않을 경우 공정하고 전문적인 지식이 있는 제 3자를 조정인으로 하여 이를 개입시켜 분쟁을 해결하는 방식.

Conditional Offer(**조건부청약**) 청약자의 오퍼 내용에 조건이 달려 있는 오퍼. 즉, 이는 피청약자가 수락할 경우에도 청약자의 단서(예 : offer subject to our final confirmation 등)에 의해서 계약이 성립되기 때문에 엄격한 의미에서 청약의 유인에 해당된다고 볼 수 있다.

Confirmation(**확인**) 신용장조건과 일치하는 제시에 대하여 인수 · 지급 또는 매입하기 위한 확인은행의 취소불능확약을 말한다.

Confirmed Credit(**확인신용장**) 신용장 발행은행 이외의 제 3자의 은행이 수익자가 발행하는 어음의 지급 · 인수 또는 매입을 확인한 신용장.

Congestion Surcharge(**체선할증료**) 해상 할증운임 중의 하나로, 특정 항구가 항만시설, 대량유입화물, 정세불안 등의 이유로 정박기간이 장시간 소요될 경우, 이러한 체선상태를 대비하여 당해 항구로 선적되는 화물에 임시로 징수하는 할증료.

Consideration(**약인**) 영 · 미법 상 계약의 중요한 요인으로서, 계약에 따른 약속에 대하여 교환되는 현재의 대가로서 제공되는 행위를 말한다. 즉, 금전 · 재산권의 양도, 행위의 금지 또는 행위 및 행위의 금지에 관한 법률관계의 변동 등을 말한다. 이는 해당 계약문서 상에 「In consideration of…」로 시작된다.

Consignee(**수화인**) 「… made out to order of…」와 같이 신용장 문면 상에 지시식 선화증권의 발행을 요구하는 문구에서 order of 다음에 수화인의 이름이 명기되는데, 그가 곧 운송화물을 받아보는 사람 또는 신용장 발행은행이 되며 선화증권 상의 실질적인 소유권자.

Consignment Sale ; Sale on Consignment(**위탁판매**) 위탁자(수출상 또는 제조업체)가

위탁판매계약에 근거하여, 수탁자에게 상품의 판매를 위탁하는 것.

Consolidation(**혼재**) 화물을 수송하는 과정에서 수송의 한 단위를 채우지 못하는 소량 화물을 모아 혼합적재함으로써 하나의 수송단위를 만드는 것을 의미.

Consolidator(**혼재업자**)

- 화물혼재업자 : 혼재화물에 대해서 LCL화물의 경우보다 저렴한 운임을 적용하고 그것을 메리트로 하여 집하와 운송취급업무를 영위하는 업자.
- 국제항공화물 혼재업자 : 항공화물의 운임률은 화물의 중량이 많을수록 저율이 되기 때문에 혼재업자는 개개의 송화인에 대해서는 항공회사가 공시하는 운임보다 싼 운임으로 운송을 청부하고, 항공회사에는 종합한 화물의 총중량에 따라 운임을 지급하고서 그 차액을 자기의 수익으로 삼는다.
  혼재업자는 스스로 송화인(수화인은 목적지의 혼재업자)으로서 항공회사와 운송계약을 체결하고 또 한편으로는 개개의 송화인에 대해서 자기 명의로 운송을 청부맡아 항공화물 운송장을 발행한다.

CTL(Constructive Total Loss ; **추정전손**) 해상손해 중 물적 손해에 해당되는 용어로서, 보험 목적물이 현실적으로는 전손되지는 않았으나 그 손해 정도가 심하여 원래 그 목적물이 가진 용도에 사용할 수 없게 되었을 때와 갖는 시가보다 클 때를 추정전손이라 한다. 한편, 추정전손으로 처리하기 위해서는 위부행위가 따라야 한다.

Consular Invoice(**영사송장**) 통상 작성되는 상업송장 상에 수출국에 주재하는 수입국의 영사가 수출가격을 확인함으로써 관세포탈이나 외화도피를 방지할 목적으로 송장 상에 확인을 해주거나 사증(Visa)을 받은 송장을 말한다.

Container(**컨테이너**) 물적 유통 부문에서의 포장 운송 · 하역 · 보관 등 육로 · 해로 · 공로상의 모든 과정에서 경제성 · 신속성 및 안전성을 최대한 충족시키고 화물의 수송도중 이적없이 일관수송을 실현시키는 운송용기.

CLP(Container Load Plan ; **컨테이너 적입도**) 컨테이너에 적입된 화물의 명세서. 화물이 화주, 점수인 또는 CFS operator에 의해 container에 적입되어, 이들에 의해 CLP가 작성되면 CY operator에 전해진다. 이는 유일하게 매 컨테이너마다 화물의 명세를 밝힌 중요한 서류이다.

CY(Container Yard ; **컨테이너 야적장**) 선박회사나 그 대리점이 화주에 의해 화물이 적입된 컨테이너를 선적하기 위하여 화주로부터 인수하거나 양륙된 컨테이너를 화물이 적입된 채로 화주에게 인도해 주기 위한 컨테이너 장치 및 수도장소.

Contract of Affreightment(**운송계약**) 무역거래에 있어서 운송계약이란, 수출 · 입상인 화주가 선주로부터 선복(ship's space)을 빌리고 그 대가로 운임(freight)을 지급하기로 합의한 계약.

Contract Rate System(**계약운임제**) 운임동맹이 화주들의 비동맹 이용 억제를 목적으로 만든 제도로서 일명 이중운임세라고 한다. 동맹선에 모든 화물을 싣기로 서명한 소위 contract shipper/contractor에게는 일정액 또는 일정률로 할인된 계약

운임을, 그리고 동맹과 계약치 않은 비계약 화주에게는 할인되지 않은 운임을 적용하는 제도.

Conventional Tariff(**협정관세**) 외국과의 통상조약 또는 관세조약에 의하여 부과하는 관세를 말한다. 협정관세는 두 나라사이에 맺어지는 쌍무협정이 있고 EC지역의 공동관세와 같이 다수국 간에 맺어지는 협정도 있다.

COOC(Contact with Oil and/or Other Cargo ; **기름 및 타화물 접촉위험**) 협회적화약관(institute cargo clause)에 부보시, 부가적인 위험담보조건 중의 하나로서, 연료 또는 기름 등이나 타화물에 접촉되어 입게 되는 유손(oil damage)이나 파손 또는 오손되는 위험을 담보하는 추가약관.

Corres Charge(**환거래수수료**) 발생은행이 신용장의 발행 등 해외에 있는 거래은행으로부터 각종 서비스를 제공받을 경우 그 대가로 지급하는 수수료를 말한다. 여기에는 통지수수료, 확인수수료, 상환수수료, 지급수수료 등이 있다.

Correspondent Agreement(**환거래계약**) 외국환은행이 외국에 있는 타은행과 환거래의 서비스를 상호 교환하기로 한 약정을 말하며, 그러한 약정을 체결한 은행을 correspondent bank라 한다.

Counter Offer(**반대오퍼 ; 반대청약**) 청약자의 청약에 대하여 피청약자가 오퍼의 조건중에서 일부를 변경하는 등 새로운 조건을 요구해 오는 청약.

Counter Purchase(**대응구매**) 연계무역의 한 형태로서, 두 개의 별도의 계약에 이해서 수출액의 일정비율에 상응하는 물품을 대응수입하는 방식의 거래이다. 대응구매도 구상무역과 마찬가지로 환거래가 발생하며, 대응수입의무가 제3국으로 전가될 수 있다.

Counter Sample(**역견품**) 당사자 사이에 최초로 제시되는 견품을 원견품이라 하며, 원견품에 대하여 수정을 요구하게 되면, 이를 역견품이라 한다. 역견품은 원견품에 대한 새로운 견품이 되며 상대방이 이를 수락하면, 승인견품이 된다.

Counter Trade(**연계무역**) 특정물품의 수출과 수입이 연계된 무역거래를 포괄적으로 총칭하여 연계무역이라 한다. 여기에는 물물교환, 구상무역, 대응구매, 산업협력 등 네 가지 형태로 구분된다.

Courier Receipt(**쿠리어 수령증**) 서류 및 소형 또는 경량물품을 항공기를 이용해 문전에서 문전까지(door to door) 수취배달하여 주는 송배달업자의 수령증을 말한다. 이는 송배달업자가 수취에서 인도까지 총괄하여 책임을 진다.

Cover Note(**보험 승낙서**) 보험계약자가 보험자(보험회사)를 통하지 않고 보험중개업자를 상대로 보험에 부보하였을 경우 중개업자가 증명하는 일종의 보험 부보각서.

CPT(Carriage Paid to ; **운송비지급 인도조건**) 이 조건은 매도인이 목적지까지 운송비를 지급해야 한다. 물품에 대한 위험부담은 수출국에서 운송의 관리하에 물품이 인도된 때 매도인으로부터 매수인에게 이전된다.

CQD(Customary Quick Dispatch ; **관습적 조속하역**) 정박기간(laydays)을 산정하는 조건이다. CQD는 당해 항구의 관습적 하역방법 및 하역능력에 따라 가능한 한 빨리 하역을 하는 것을 약정하는 조건으로 일정한 기한을 정하지 않는다.

Credit(**신용장**) 신용장조건과 일치하는 제시에 대하여 인수 · 지급하는 발행은행의 취소불능 확약을 말한다.

CAF(Currency Adjustment Factor) 통화의 가치변동에 따른 선사의 환차손을 보전하기 위해 화주에게 부담되는 할증료.

Current Account(**장부결제**) 거래관계가 많은 거래선들 간에 매거래시마다 대금결제를 하려면 복잡하고 비용이 많이 들게 되므로, 물품대금을 결제하지 않고 이것을 장부상에 상쇄함으로써 일정기간에 한 번씩 그 차액만을 결제하는 방식을 말하며, 청산계정(open account)이라고도 불린다.

Customs Invoice(**세관송장**) 수입지의 세관이 수입화물에 대한 과세가격의 기준결정, 외국수출상의 덤핑유무판정, 수입통계 등을 위하여 사용되는 송장.

CWO(Cash With Order : **주문불**) 수입상이 수출상에게 물품을 주문하면서 미리 대금으로 현금을 지급하는 선지급 결제방식.

Cypher Credit(**전신약어신용장**) Cypher는 전신약어를 말한다. 신용장을 전신으로 발행할 경우 full cable 로 발행하면 시간과비용이 많이 소요되므로 환거래은행과 미리 교환한 전보암호를 통해 타전함으로써 통지은행은 이를 보통문으로 풀어서 수출상에게 통지하게 된다.

Cyber space(**가상공간**) 컴퓨터를 중심으로 해서 통신망으로 연결되어 형성된 공간을 의미하며, 특히 인터넷이나 Pc통신 등과 같이 네트워크 통신망을 통해 정보를 공유하고 교환하는 컴퓨터 세계를 나타내는 용어로 사용된다.

D

D/A(Documents against Acceptance : **인수인도조건**) 수출상이 수입상과의 매매계약에 따라 물품을 자신의 책임 하에 선적하고, D/A 계약서에서 요구하는 운송서류에 기한부환어음(usance bill)을 첨부하여 자신의 거래은행인 추심의뢰은행(remitting bank)에 추심을 의뢰하여 수입상의 거래은행인 추심은행(collecting bank)에 추심을 요청함으로써, 환어음의 지급인인 수입상으로 하여금 기한부어음의 인수를 맡아 만기에 대금결제를 약속받고 선적서류를 인도하는 조건의 결제방식.

DAF(Delivered at Frontier : **국경인도조건**) 매도인이 수출통관이 완료된 계약물품을 지정된 국경의 지점에서 매수인이 임의 처분할 수 있도록 매수인에게 인도 완료한 때에 매도인의 물품인도의무가 완료.

DDP(Delivered Duty Paid : **관세지급인도조건**) DDP조건은 매도인이 수입통관절차까지 모두 마치고 수입국 내의 지정장소에서 계약물품을 매수인으로 하여금 임의 처분할 수 있도록 해 줄 때에 매도인의 인도책임이 종결되는 반입인도이다.

DDU(Delivered Duty Unpaid : **관세미지급인도조건**) DDU조건은 매도인이 지정된 수입국 내의 목적지점에 계약물품을 반입하여 매수인의 임의 처분하에 두어 인도를 완료한 때에 그 위험부담이 매도인으로부터 매수인에게 이전되나, 통관 및 관세에 대한 부담은 매수인이 지는 조건.

Dead Freight[**공적(부적)운임**] 부정기선tramper) 운임 중의 하나로, 화물이 실제 적재량이 선적하기로 계약했던 화물량보다 미달할 경우 그 부족분에 대하여 용선인 또는 화주가 책임지고 지급하는 운임.

Debit Note(**차변표**) 차변표란 수출과 관련된 유료 · 견품비 등 비정산대금이나 누락금액의 청구시에 이용되는 서식을 말한다. 이는 상대방에 대한 채권이 발생하였을 경우에, 이 전표를 이용하여 그 금액만큼 상대방의 차변계정에 기재한다 하여 차변표라 부른다.

Deferred Payment(**연지급 ; 후지급**) 물품의 선적 또는 선적서류를 인도 후 일정기간이 경과한 다음에 대금의 지급이 이루어지는 신용판매방식을 말한다. 일반적으로 기한부신용장(usance L/C)이나 D/A거래가 대표적인 경우이며 1년 이상의 중장기 연지급 방식으로 이루어지기도 한다.

Deferred Payment Credit(**연지급신용장**) 신용장조건과 일치한 서류를 신용장에서 지정한 연지급 확약은행에 제시하면 신용장의 규정에 따라 결정되는 만기일에 지급한다고 약정 된 신용장.

Del Credere Agent(Factor)(**대리인**) factor란, 일반 대리인과는 달리 매도인의 물품판매를 위탁받아 판매알선과 더불어 매수인의 지급보증업무까지 수행하는 대리인.

D/O(Delivery Order : **화물인도지시서**) 선사가 수화인으로부터 선화증권(B/L)이나 수입화물선취보증장(L/G)을 받고 본선 또는 터미널(CY 또는 CFS)에 화물인도를 지시하는 서류.

D/D(Demand Draft : **송금환**) 외국환의 일종으로 송금수표에 의한 일람급 송금환을 말한다.

Demurrage(**체선료**) 용선계약서상에 화주는 계약물품의 전량을 완전히 선적 또는 양륙하기 위하여 본선을 항구에 정박시킬 수 있는 정박기간을 정하고 있는데, 화주가 약정기일 내에 하역을 끝내지 못해 초과된 정박기간에 대하여 선주에게 지급하는 penalty.

DEQ(Delivered Ex Quay : **부두인도조건**) 부두인도조건이라 함은 매도인이 물품을 수입통관하지 아니하고, 목적항의 부두 상에서 매수인의 임의처분 하에 인도하는 거래조건을 말한다. 이 조건은 “Ex Wharf”, “Expier” 등으로 칭하기도 한다.

DES(Delivered Ex Ship : **착선인도조건**) 이 조건은 계약물품이 지정 목적항에서 수입통관을 하지 않은 채 본선 상에서 매수인에게 인수 가능하게 인도할 때까지의 모든 위험과 비용을 매도인이 부담.

Digital Signature(**전자서명**) 전자서명은 문서나 메시지를 보낸 사람의 신원이 진짜임을 증명하기 위해 사용되는 서명으로, 전달된 메시지나 문서의 원래 내용이 변조되지 않았다는 것을 보증하기 위해 사용될 수 있다.

Dirty B/L ; Foul B/L(**고장부선화증권**) 선적 당시 화물의 포장상태나 수량 등에 어떤 결함이나 또는 이상이 있는 경우, 이러한 결함 내용이 본선수취증(mate's receipt)의 비고란에 기재되어 그 내용이 선화증권 여백의 비고(remarks)란에 그대로 기재되어 발행되는 선화증권.

Dispatch Money(**조출료**) 용선계약서 상에 정해진 정박기간 이전에 화주가 하역을 종료시킬 경우에는 체선료(demurrage)와는 반대로 선주가 화주(용선인)에게 단축기간에 대해 지급하는 일종의 상여금을 말한다. 통상 조출료는 체선료의 1/2이다.

DNS(Domain Name System) DNS는 인터넷 도메인 이름들의 위치를 알아내기 위한 IP주소로 바꾸어 주는 시스템.

Documentary Credit(**화환신용장**) 신용장 발행은행이 수익자가 발행한 환어음(draft)에 신용장 조건과 일치하는 제반 운송서류 등을 첨부할 것을 조건으로 하여 지급 · 인수 · 매입할 것을 확약하는 신용장.

Domain 일반적으로 도메인이라고 하면 통제구역이나 지식의 범위를 나타내는 용어이나, 인터넷상에서는 어떤 이름에 의해 인식되는 지식의 범위를 의미 하는 네트워크 주소 집합체.

Down Payment(**다운페이먼트**) 선박이나 플랜트 등의 거래인 경우 거래금액이 큼으로 지급이 분할로 이루어지는 일이 많다. 이 분할지급의 최초에 지급되는 금액.

D/P(Document against Payment : **지급인도조건**) 수출상이 수입상과의 매매계약에 따라 물품을 선적하고 구비된 서류에 일람출급 환어음(sight draft)을 첨부하여 자기거래은행(추심의뢰은행 : remitting bank)을 통하여 수입상거래은행인 수입국의 은행 앞으로 그 어음대금을 추심의뢰하면, 추심의뢰를 받은 수입국측 은행(추심은행 : collecting bank)은 수입상에게 어음을 제시하여 그 어음대금의 일람지급을 받고 서류를 인도하는 거래방식.

D/R(Dock Receipt : **부두수취증**) Container Yard(CY)에 반입된 화물에 대해서 CY에 상주하는 선사직원 또는 위임받은 CY operator가 화물의 수령증으로 발행하는 것을 말하며, 선사는 D/R을 근거로 선화증권을 발행하여 준다.(Mate's Receipt : M/R)

Draft ; Bill of Exchange(**환어음**) 어음발행인(drawer)이 지급인(drawee)인 제3자로 하여금 일정금액을 수취인(payee) 또는 그 지시인(orderer) 또는 소지 인(bearer)에게 지급일에 일정한 장소에서 무조건 지급할 것을 위탁하는 요식 유가증권이자 유통증권(negotiable instrument).

DSS(Decision Support System : 의사결정지원시스템) DSS란 사용자들이 기업의 의사결정을 보다 쉽게 할 수 있도록 하기 위해 사업 자료를 분석해주는 컴퓨터 응용프로그램.

Dual Rate System(이중운임제) 동맹선(Conference line)에만 선적하겠다는 협정을 당해 동맹선사와 체결한 화주에게는 비계약운임보다 저렴한 계약운임(contract rate)을 적용하여 화주를 구속하는 제도이다.(Contract Rate System)

E

e-business(electronic business : 전자상거래) e-business는 인터넷 상에서 사업을 경영하는 것으로, 여기에는 구매와 판매뿐 아니라, 고객지원과 사업 파트너들과의 공동작업 까지를 포함하는 개념.

EDI(Electronic Data Interchange : 전자문서교환방식) 이는 기존의 상거래 문서를 없애는 대신 표준형식을 정하고 이를 이용하여 각 기업간의 상거래를 컴퓨터 대 컴퓨터 방식으로 하는 제도.

e-mail(electronic mail : 전자우편) 통신에 의해 메시지를 주고받는 것.

Embargo(출항금지 또는 수출금지) 상대국이 전쟁을 비롯한 국제질서를 문란하게 했다고 생각될 때 취하는 조치이다. 경제적인 봉쇄를 통해 상대국에 타격을 주어 쌍무적인 문제를 해결하자는 의도로서 자국 영토에 있는 항구로부터의 출항을 금지하는 정부의 명령.

Endorsement(배서) 배서란 일반적으로 어음, 수표, 선화증권, 창고증권 등 지시증권에 있어서 증권상의 권리를 양도하는 것을 목적으로 행해지는 행위를 말하다. 보통 증권의 이면에 기재되므로 배서라 한다.

Escrow Credit(기탁신용장) 수출과 수입을 균형 시키고자 하는 구상무역거래에 사용되는 신용장을 말한다. 수출국 A가 수입국 B에게 수출하였을 때 결제대금은 특정 은행에 기탁하였다가 대응수입 시 이 계정에서 대금결제를 하도록 한 특수 조건이 명시된 신용장.

ETA(Estimated Time of Arrival : 입항예정일, 도착예정일) 선박이 목적지에 도착하는 예정일.

ETD(Estimated Time of Departure : 출항예정일) 선박이 목적지로 출항하는 예정일.

eUCP600 국제상업회의소 은행위원회가 2007년 7월 1일부터 적용하기로 한 전자적 제시를 위한 회환신용장 통일규칙 및 관례의 추록으로서 종이서류에 상응하는 서류를 전자적으로 제시하는 거래를 규율한다.

Euro-money(유러머니) 각국 간의 금리차, 환율의 변동에 의한 환차익을 목적으로 유럽변동에 의한 환차이익을 목적으로 유럽의 금융시장을 중심으로 세계의 금융

시장을 움직이는 단기자금.

Exchange Rate(**환율**) 일국과 타국의 통화가치 비율, 즉 양국통화의 교환비율을 말하며, 일국통화의 대외가치를 나타낸다.

Exclusive Buying Agent(**독점매입대리점**) 위탁매입이 계속적으로 이어질 때 일정의 지역 내에서는 수탁자인 당해 매입대리점 이외에는 매입대리점을 설치하지 않는다는 계약을 체결하고 계속적인 거래관계를 유지하게 되는데, 이와 같은 계약관계에 있는 매입대리점.

Excusive Contract(**독점계약**) 수출상은 약정된 물품을 수입국의 특정 수입상 이외에는 판매하지 않으며, 수입상 역시 동일 물품을 수출국의 다른 상사들과는 거래하지 않겠다는 조건으로 이루어지는 계약.

Exclusive Distributor(**독점특약점**) Exclusive Selling Agent(독점판매대리점)와 같이 일정지역 내의 판매에 대해서 독점권을 가지고 있을 뿐 아니라 외국의 수출상과는 본인 대 본인(principal to principal)의 거래로서 단순히 대리인(agent)관계가 아닌 수입하는 당해 상품에 대해 본인이 비용과 위험을 부담하게 된다.

Exclusive Selling Agent(**독점판매대리점**) 외국판매대리점(foreign selling agent)을 통하여 수취하는 경우에 당해 상품에 대해 일정지역 내에서는 본인이 판매하지 않겠다는 계약관계에 있는 대리점.

Exclusive(Sole) Agency(**독점 대리권**) 대리점의 영업활동을 적극적으로 하게 하는 목적에서 대리점을 일정지역에 대해서 한 회사로 한정하고 그 회사로 하여금 해당지역 내의 영업활동을 독점적으로 위임하는 경우, 그 독점적 대리권.

Ex-Dock(**부두인도조건**) 「개정 미국무역정의」에 규정된 조건으로 Incoterms 2000의 DEQ와 동일하다.

Ex Godown(**매도인창고인도**) 계약물품을 매도인의 창고에서 인도하는 현장인도가격(Ex Works)의 하나이다. 한편 매수인소재지의 창고인도조건일 경우에는 Free Warehouse 또는 Free Godown으로 표시.

Expected Profit(**희망이익**) Anticipated Profit라고도 표시하며 이는 수입상이 상풍을 수입하여 국내에서 판매함으로써 얻을 수 있는 이익을 말한다. 수입상이 상품을 수입시 송장금액만 보험에 부보하면 희망이익을 잃어버리므로 통상 송장금액의 10%를 희망이익으로 하여 보험에 부보.

Expiry Date(E/D, **유효기일**) 신용장에는 선적일자(Shipping Date : S/D) 및 유효기일이 명시되는데 유효기일이란 수출상이 명시된 날까지 수출지의 거래은행에 운송서류를 매입해야하는 일자로서 유효기일의 마지막 날이 공휴일일 경우 그 다음날까지 거래은행에 매입의뢰를 하면 된다.

Expiry Date of L/C(**신용장의 유효기간**) 신용장 상의 확실한 보증을 기초로 수익자가 어음의 인수 · 시급 · 배입 등을 해야 하는 기한을 말한다. 수익자가 있는 국가에서 이 기간이 도래하는 곳(negotiation의 경우), 어음의 인수지(acceptance credit의 경우)에서 도래하는 경우도 있다.

Export Bounty(**수출장려금**) 특정 상품을 수출할 때 국제시장에서 경쟁력을 확보하기 위해 정부나 단체가 교부하는 조성금.

Export by Licensing Arrangement(**라이선싱수출**) 외국기업과의 기술제휴에 의하여 해외 현지에 있는 사업에 자사의 특허권, 상표, 노하우 등의 사용을 조건부로 허가해 주는 수출협정.

Export Clearance(**수출통관**) 상품을 외국에 수출할 경우 정해진 절차에 따라 신고하고 선적확인을 얻을 때까지의 일련의 세관수속.

Export Duties(**수출세**) 수출품에 대해 부과하는 관세이며 세계 대부분 국가들은 수출을 장려하는 관점에서 수출세를 부과하지 않고 반대로 수입세를 부과하고 있다. 수출세의 목적은 정부가 특정 상품의 수출을 억제하기 위해서 부과한다.

Export-Import Link System (수출입 링크제) 수출입의 균형, 장려 또는 억제를 위하여 수출과 수입을 연결시켜 수출입을 허용하는 제도.

Export License<E/L, **수출승인**) 수출을 효율적으로 관리하기 위하여 수출승인품목에 대해서는 해당승인기관을 통하여 수출에 따른 승인을 받도록 하고 있다. 수입시에도 수입승인품목에 대하여는 수입승인(Import License : I/L)을 당해 승인기관에서 얻어야 한다.

Export Market Research(**수출시장조사**) 상품수출을 하려면 먼저 목적하는 수출시장을 조사해야 한다. 조사내용으로는 수출시장의 수요동향, 기호, 경쟁업자, 가격수준, 이용하는 판매업자, 광고매개체 기타 다양하다.

Export Subsidv(**수출보조금**) 수출상품의 가격 인하를 통하여 수출을 확대시키기 위한 수출장려책의 대표적 수단으로 국가 또는 공공단체가 수출산업과 수출거래에 대한 금융적 지원.

Ex Store(**매장인도**) 매도인이 자신의 매장에서 상품을 매수인에게 인도하는 현장인도가격(EX Works)의 하나이다.

Ex Warehouse(**창고인도조건**) 매도인이 소유하는 자사 창고 또는 매도인이 지정하는 영업창고를 물품인도의 장소로 해서 그 창고의 물품장치장에서 또는 물품이 놓여진 상태에서 건네주는 현장인도거래조건.

Ex Works(**공장인도조건**) 공장인도조건은 매도인의 국내(공장 · 창고 등)에서 계약물품을 인수 가능한 상태로 둘 때 매도인의 인도의무를 이행하는 것으로 간주하는 조건.

F

Factoring(팩토링) 팩토링이란 수출상이 수입상에게 물품이나 서비스를 제공함에 따라 발생하는 외상매출금과 관련 팩토링회사(factor)가 수출상을 대신하여 수입상에 관한 신용조사, 신용위험의 인수, 금융의 제공, 대금의 회수 등의 업무를 대행하는 금융서비스.

FAQ{Fair Average Quality : 평균중등품질조건) 곡물이나 과실류 등 매매에 사용되는 품질조건으로, 인도물품의 품질이 당해 계절의 출하품의 평균중등품질조건으로 하는 것을 의미.(→ GMQ)

FIATA(Federation Internationaled Asso-ciations de Transitaires Assimiles : 국제운송주선업자협회) 1926년 3월 31일 스위스 취리히에 설립된 세계 forwarder agent 연맹을 말하며, 우리나라도 1977년 9월에 가입했다. 정회원은 각국의 포워더 단체에 한하며 준회원은 개개의 운송주선업체, 통관사, 선사, 수송관계매체로 구성되어 있다.

FEU(forty footer equivalent unit) 40피트 컨테이너(40 feet container)한 개를 말하며, 가장 많이 사용하고 있는 것 중의 하나이다. 40피트 컨테이너의 규격은 내부의 길이 × 폭× 높이가 각각 40' × 8' × 8' 또는 40' × 8' × 8' 6" 등이 일반적으로 사용된다. 보통 1 FEU 또는 40' × 1로 표시한다.

FIATA FBL(Int' l Federation of Freight Forwarders Association FBL : 국제운송주선인협회 연맹 발행 선화증권) 국제운송주선인협회에서 선화증권의 형식을 만들어 주선업자 명의로 선화증권을 발행하는 것으로 UCP 500에서는 수리를 거절하도록 되어 있다.

Fidelity Rebate System(성실운임 환불제) 화주가 일정기간 동안 동맹선 이용을 하였을 경우, 그 기간 동안 화주로부터 받은 운임일부를 환불해 줌으로써 화주를 구속시키는 제도

FIOST(Free In, Free Out, Trimmed) 선내 하역비부담조건으로 선적 · 양륙, 본선내의 적부 · 선창 내의 화물정리비까지 모두 화주가 부담하는 조건.

Firm Offer(확정청약) 청약자가 승낙기간을 지정하고, 그 기간 내에 승낙, 회답할 것을 조건으로 하는 오퍼를 말한다. 피청약자가 기간 내에 청약자의 오퍼를 승낙하면 이를 이행해야 한다.

Fixture Note(선복 확약서 또는 성약각서) 선박회사 제시한 선복신청서의 유효기간 내에 화주가 수락하면 용선계약이 성립 되는데 이때 증빙서류이다. 성약각서를 통해 용선계약서(charter party)가 작성된다.

FOB Vessel 이는 매도인과 매수인에 대한 물품인도의비용과 위험의 분기점이 매수인이 시성한 본선의 현측난간을 통과한 때(such time as they have passed the ship's rail)에 매도인으로부터 매수인에게 이전 된다는Incoterms 2000의 FOB

조건과 근본적으로 상충되는 「개정 미국무역정의」의 FOB조건 중 5번째에 규정되어 있는 조건.

Forwarder(**운송주선 업자**) 운송의뢰자(화주)를 위하여 물품의 운송에 참여하여 화물을 집화 · 분배하는 무선박복합운송인(Non-vessel carrier)을 말한다.

Forwarder's Certificate of Receipt(FCR, **운송 주선인 화물 수령증**) 해상화물주선업자가 발행하는 화물인수증으로서, 수출상과 수입상이 편의상 신용장상에 FCR을 인정할 때 양 당사자 사이에서만 유통 가능한 운송서류로서 그 효력이 발생된다.

Forwarding Agent(**운송 대리인**) 화주나 선박회사 및 운송인을 대신하여 화물의 인수, 위탁업무를 대행하는 자를 말하며, 운송주선업자(forwarder) 와 같은 개념.

Force Majeure(**불가항력**) 매도인이나 매수인이 통제할 수 없는 천재지변이나 국가정책의 변화, 전쟁 등으로 인하여 계약내용을 이행하지 못하는 사항으로서 매도인은 매수인과 매매계약시 불가항력조항(force majeure clause)을 삽입해야한다.

Forward Exchange Contract(**선물환 계약**) 외국환거래에 있어서 장래의 특정일에 또는 계약일 2, 3일 이후 일정기간 이내에 이행되는 외화표시 환거래에 적용되는 외환시세를 미리 약속하는 것.

Foul B/L(**사고부 선화증권**) Dirty B/L이라고도 하며, 이는 선적시의 화물이 포장이나 수량 등 외관상 결함이 있을 경우 선화증권 비고란에 사고 문언표시가 기재되는데 이러한 선화증권을 말한다. 무사고선화증권(clean B/L)을 발급받고자 할 때에는 파손화물보상장(Letter of Indemnity : L/I)을 선사에 제시하면 된다.

Franchise(**면책비율**)

- 적화보험 부보시 WA 3% 조건일 경우보험금액 3% 미만의 손해는 보험자가 면책된다. 이러한 비율을 면책비율이라 한다. 한편, 유럽거래선의 경우 독점권을 요구시 프랜차이즈란 말을 쓰기도 한다.
- 운송도중 일정량의 화물감량에 대해 매도인의 책임이 면책된다는 조항이다.

FAS(Free Alongside Ship : **선측 인도조건**) 선측인도조건은 물품을 해상운송 또는 내수로 운송에 의하여 운송할 경우에만 쓰이는 조건으로, 특히 원목이나 원면 등과 같이 운송비가 많이 드는 대량의 살화물 거래에 주로 이용된다.

FCA(Free Carrier : **운송인 인도조건**) 매도인이 지정된 장소 또는 지점에서 매수인이 지정한 운송인의 책임하에 수출통관된 물품을 인도했을 때 매도인의 의무가 이행되는 가격조건.

Free Delivered : Franco(**반입 인도조건**) 수출상은 약정된 상품을 수입상이 지정한 장소까지 모든 위험과 비용을 부담하고 공급해야 하는 가격조건이다. INCOTERMS 2000의 DDP조건과 유사하다.

FI(Free In : **적화비 선주무책임조건**) 해상운송계약에 있어서 선적시의 선내 하역임을 화주가 부담하고 양화시의 선내 하역임을 선주가 부담하는 조건을 말하며, 주로 재래선박을 이용하는 Bulk Cargo에 이용되는 조건.

FIO(Free In and Out : **적·양화비용선주무책임조건**) 화물의 본선 적재와 화물양륙 등의 비용은선주의 비용부담에서 제외되고 화주가 부담하는 조건.

FOB(Free on Board : **본선인도조건**) 무역조건의 하나로, 매도인은 선적항에서 물품이 본선의 현측 난간(Ship's rail)을 통과함으로써 매도인의 물품인도 의무가 완료.

FO(Free Out ; **적화비선주책임조건**) 해상운송계약에 있어서 선적시의 선내 하역임을 선주가 부담하고 양화시의 선내 하역임을 화주가 부담하는 조건.

Freight(**운임**) 운송서비스의 대가를 말한다. 따라서 운송서비스가 완료될 때에 운임을 지급하는 것이 원칙이다. 미국(육상 + 해상운임), 영국(해상 : freight, 육상 : carriage)

Freight Amount(**운임액**) 운임은 운임률(freight rate)과 운임액(freight amount)으로 표시된다. 운임은 선불일 경우 선화증권 작성 당일의 환율로 환산되며, 후급일 경우 본선 입항일의 환율로 환산된다.

Freight Collect(**운임후불**) FAS, FOB, FCR 등의 수출계약일 경우 수입상이 운임을 부담하므로 화물이 수입지에 도착한 후 수입상(수화인) 또는 그 대리인이 지급한다.

Freight Conference(**해운동맹**) 정기선항로의 선박회사들이 일정한 항로에 있어서 운임 등 불필요한 경쟁을 방지하기 위해 결성하는 일종의 카르텔이다. 가장기본적인 협정이 운임이므로 운임동맹이라고 부른다.

해운동맹은 그 가입이 자유로운 개방형동맹(open conference)과 폐쇄형동맹(closed conference)이 있다.

Freight Prepaid(**운임선불**) CFR, CIF, CPT 그리고 CIP 등의 수출계약일 경우 수출상이 운임을 부담하므로 통상 운임을 선적지에서 선급된다.

Freight Rebate(**운임감액**) 선사와 하주가 약정을 맺어 화주가 일정기간 동안 동맹선사에 선적을 할 경우, 그 기간이 지나면 운임의 일정률을 환불해 주는 제도.

FHEX(Fridays and Holidays Excepted : **금요일과 공휴일은 정박기간에서 제외**) 용선계약시 정박시간을 산출할 때 금요일과 공휴일은 계산에서 제외된다는 조건으로, 주로 중동 및 이슬람 국가들 중 금요일을 휴일로 정한 곳에서 적용되고 있다.

Frustration(**후발적 이행불능**) 계약체결 후 후발적 원인으로 계약내용을 이행할 수 없는 사유로 계약이 좌절 또는 해지된 경우를 말한다.

FCL(Full Container Load : **만적화물**) 한 개의 컨테이너에 만재될 수 있는 양의 화물을 말한다. 실무상 일본의 경우 LCL 화물도 FCL화물로 처리해 달라는 경우가 많다.

Full set(**전통**) 선화증권은 주로 3통(original, duplicate, triplicate)구성되며, 이 3장 모두가 원본으로 간주.

Future Market(**선물시장**) 외국환시장에서 선물거래가 이루어지는 시장으로서 외화로 표시된 계약에 있어 환율의 변동(특히 환차손)을 회피하기 위해 선물환거래가 이루어진다.

G

G/C(Gantry Crane : **겐트리 크레인**) 일반적으로 컨테이너 전용부두에 설치되어, 컨테이너 선박으로부터 컨테이너를 싣거나 내리는 작업을 하는 대형 크레인.

GA(General Average : **공동해손**) 공동해손은 해상에서 선박이 조난당하였을 때에, 선장이 공동의 위험을 면하기 위하여 선박 또는 적화의 일부를 희생시킴으로써 생기는 손해 및 비용을 말한다. 그리고 손해와 비용은 이때에 구조를 입은 이해관계자, 즉 선주 및 화주와 공동해손 채권자가 공동으로 부담하게 된다.

General L/C or Open Credit(**보통신용장**) 수출상이 발행한 환어음의 매입은행이 지정되어 있지 않은 신용장, 자유매입신용장(freely negotiable credit) 이라고 한다.

Generalized System of Preferences C/O<GSP C/O> 특혜관세 원산지증명서

GIS(geographical information : **지리정보시스템**) 컴퓨터에 지도를 입력하여 지도에 토지현황, 수자원, 시설물, 환경, 사회통제 등 국가가 소유한 모든 자원 및 공간정보를 체계적으로 입력시켜 시설물 관리와 국토개발계획 등에 효과적으로 사용하기 위하여 만들어진 시스템.

GMQ(Good Merchantable Quality : **판매적격품질조건**) 목재나 냉동어류 등과 같이 견품이용이 곤란하고 그 내부의 품질을 외관상으로 알 수 없는 거래에 이용되는 품질조건으로, 매도인이 인도한 물품은 판매 적격성을 지닌 것임을 보증하는 조건.(→FAQ)

Governing Law(**준거법**) 무역계약체결시 그 계약의 성립과 이행 그리고 해석에 관하여 어느 나라 법을 적용할 것인가를 명시하게 되는데 이를 준거법이라 한다.

GPS(Global Positioning System : **인공위성 위치추적시스템**) GPS는 GPS위성을 이용해 지구상의 모든 이동체의 위치를 거리 및 거리변동 속도계산에 의해 측정하는 시스템.

Gross Weight(**총중량**) 포장을 포함한 중량을 총중량이라 하며, 포장을 제외한 중량을 순중량(net weight).

H

HACCP HACCP란 "위해요소 중점 관리기준(Hazard Analysis Critical Control Point)"의 약어로서 식품위생법의 정의에 따르자면 "식품의 원료, 제조, 가공

및 유통의 전과정에서 위해물질이 해당 식품에 혼합되거나 오염되는 것을 사전에 막기 위해 각 과정을 중점적으로 관리하는 기준"이다 HACCP는 HA와 CCP의 두 부분으로 나뉜다.

Hague Rules(**헤이그규칙**) 1921년 Hague에서 전 해운국의 선주, 화주, 은행 및 보험회사 대표자가 참석한 회의에서 채택된 규칙을 말한다. 이 규칙을 기초로 1924년 8월 25일 Brussels에서 열린 제5차 해상법에 관한 국제 외교회의에서 소위 선화증권에 관한 통일조약이 채택되어 오늘에 이르고 있다.
Hague Rules(1924) 해상운송에 관한 통일 조약

Hague - Visby Rules(1968) 1968년 2월에 헤이그규칙의 개정내용이 Brussels에서 서명되어 Hague Rules의 개정의정서(Protocol to Amend International Convention for the Unification of Certain Rules of Law Relating to Bills of Lading)를 말한다.

Hamburg Rules(1978 : **함부르크규칙**) 1924년에 제정된 선화증권에 관한 통일조약이 개도국측의 요구로 1978년 3월에 독일Hamburg에서 container 조항 등에 대한 대폭적인 개정이 이루어 졌는데 이것을 UN 해상운송법 또는 Hamburg Rules 이라한다.

HS(Harmonized Commodity Description and Coding System : **신국제통일상품분류**) HS란 국가별 · 산업별로 통일된 상품분류체계를 사용하도록 관세협력이사회가 주관이 되어 제정한 것으로, 21 sections, 97chapters, 1,241 headings로 분류되어 무역통계의 수집 · 비교 · 분석과 국제간 자료 수집을 용이하게 하고 있다.

Hatch(**창구**) 선박으로부터 선창으로 들어가는 출입구, 화물이 드나드는 장소.

Hold(**선창**) 선박 내부에 화물을 넣어두는 장소.

Hold Cargo(**선창내 적재화물**) 선창 내에 적재하는 일반 화물을 말하며, 이에 반해 갑판에 적재하는 화물은 갑판적재화물(deck cargo) 이라고 한다.

Honour(**인수/지급**) 신용장에서 일람지급으로 이용이 가능한 경우 일람지급, 연지급 이용이 가능한 경우 연지급을 확약하거나 만기일에 지급, 인수가 가능한 경우 수익자가 발행한 환어음을 인수하고 만기일에 지급.

Hook & Hole(**갈고리에 의한 손해**) 하역작업 중 갈고리를 사용함으로써 생기는 손해로서 주로 직물이나 잡화 등을 마대 등으로 포장한 경우에는 이러한 위험을 추가로 담보할 필요가 있다.

House Bill of Lading<House B/L> 화물운송 주선업자가 실화주에게 발행하는 선화증권을 말한다(Master B/L).

I

IATA(International Air Transport Association : **국제항공운송협회**) 항공운송의 제조건을 규정하고 그 통일을 도모하기 위해 1945년 4월 세계의 주요 항공사에 의해 설립된 순수 민간단체로 그 본부는 몬트리올에 두고 있다. 주요 업무는 항공권의 약관, 운임 협정, 기술분야의 협력, 통신 약호의통일, 수출입 절차의 간소화 및 대리점 자격의 인정 등을 행하고 있다.

ICD(Inland Container Depot : **내륙 컨테이너 통관기지**) 항만이나 공항 아닌 내륙시설로를 고정설비를 갖추고, 보내어진 컨테이너 화물을 일시적 저장과 취급, 공로운송 및 통관을 하기 위한 장소.

IMF(International Monetary Fund : **국제통화기금**) 1944년 7월 미국 뉴햄프셔주 브레튼우즈(Bretton woods) 회의에서 채택된 국제통화기금 설립 협정안에 의거 1945년 12월 27일 설립된 비정치적인 정부간 통화금융기구로서 설립 이후 현재까지 국제통화제도의 운영에 있어서 중추적인 역할을 담당하고 있는 국제기구.

Immediate shipment(**즉시선적**) 빠른 선적을 요구시 Immediate Shipment 또는 Prompt Shipment 등의 용어를 사용하고 있는데, 개정된 제5차 신용장통일규칙에서는 이러한 용어를 사용치 말도록 권하고 있다.

Import Bill(**수입어음**) 수출상은 상품을 선적한 다음 수출대금을 회수하기 위하여 신용장상에 명시된 지급은행 앞으로 어음을 발행하게 되는데, 이 어음을 수출상의 입장에서는 Export Bill이라 하고 수입상의 입장에서는 Import Bill이라 한다.

Import Clearance(**수입통관**) 상품 수입시 세관에 수입신고를 하고 현품검사를 받은 다음 관세를 납부하면 수입신고필증을 받는다. 이러한 절차를 수입통관이라 한다.

Import Licence(I/L, **수입승인**) 수입을 효율적으로 관리하기 위하여 수입승인품목에 대하여는 해당 수입승인기관을 통하여 수입에 따른 승인을 받도록 하고 있다. 승인대상물품은 수출입공고, 수출입별도공고상의 제한품목.

Import Usance(**수입유잔스**) 수입금융의 한 방법으로서, 기한부어음인 경우 수입상은 거래은행으로부터 일정기간 지급유예금융을 받을 수 있도록 한 제도.

Incoterms(International Rules for the Interpretation of Trade Terms)2000 무역조건해석에 관한 국제규칙, 무역조건에 대한 매수인과 매도인의 의무(위험이전, 비용이전 등)를 규정한 국제규칙으로 현재는 2000년에 개정된 제6차 개정을 사용.

Indent(**위탁매입**) 수입상이 직접 상품을 매입하지 않고 일정 한 수수료를 지급하고 외국에 있는 특정인에게 매입을 위탁하는 것.

Infringement Clause(**권리침해조항**) 공업소유권 등에 관한 Infringement(권리침해)에 대해서는 면책문언을 넣어 둔다. 특히 미국이나 선진국 등에 수출할 경우 필히 계약서에 삽입해야 한다.

Inland Charge(내륙운송비) FOB조건일 경우에는 선적항까지의 운송비용을 견적에 반드시 포함시켜야 하지만, 공장도 가격인 경우에는 상관없다.

Inland storage Extension(ISE, 내륙장치 위험 담보조건) 원목이나 석탄 등과 같은 상품에 대하여 보세지역에 장기간 보관시 화재 등의 위험을 방지하기 위해 담보하는 조건으로 30일, 60일 및 90일 등으로 기일에 따라 요율이 다르다.

Inland Transit Extension(ITE, 내륙운송확장 담보조건) 첨단기자재 등 내륙운송시 위험을 방지하기위해 담보되는 조건으로 우리나라의 경우 수입화물은 ITE약관으로 부보하여도 수화인의소유가 아닌 보세창고나 보세장치장 입고 후10일이 보험자 책임의 최고한도이다(10일 운송약관).

Inquiry(조회) 상품매매에 관련된 제반 사항에 대하여 조회하는 서신이며, 대부분의 무역거래가 조회에서 시작된다.

I/C(Inspection Certificate : 검사증명서) 수출상품의 품질, 포장, 소재 등을 공인된 검정기관이나 수입상이 지정한 자를 통하여 발급토록 하는 증명서.

Instalment Payment(분할지급) 상품대금을 일정 기간 동안 몇 번에 나누어지급하는 결제방법으로, 주로 선박 또는 플랜트 등과 같이 수입대금이 거액일 경우 수입상의 자금 경감을 위한 방편으로 이용 됨.

Instalment Shipment(할부선적) 수출상이 정해진 할부선적 기간 내에 약정된 수량의 선적의무를 이행하지 못하면 수입상 및 발행은행이 당해 선적분을 포함하여 그이후분까지 모두 취소되는 선적조건을 말한다(Partial Shipment).

ICC(Institute Cargo Clause : 협회적화물약관) 런던보험업자협회에서 제정한 화물해상보험 특별약관으로서, 구약관에는 FPA, WA 및A/R이 있으며 신약관은 ICC(A), ICC(B) 및ICC(A) 등으로 구분되어 있음.

Insurable Interest(피보험이익) 적화품이 해상위험에 기인하여 멸실되면 화주 또는 수화인은 그것에 기인한 손해를 입는데, 이들 특정인은 그 보험계약에 의거하여 보험자에 의해서 보호 받는 이익.

Insurable Value(보험가액) 보험사고가 발생한 경우에 피보험이익의 평가액.

Insurance Policy(보험증권) 보험계약의 성립과 그 내용을 증명하기 위하여 보험회사가 작성하여 기명날인 후 보험계약자에게 교부되는 서류.

Insurance Premium(보험료) 보험계약자가 보험자에게 지급하는 일정한 금액.

Insurance Terms(보험조건) 운송도중에 발생할지도 모르는 화물의 멸실, 손상 등에 대비하여 보험에 부보하도록 하는 조건으로서 통상 해상보험을 의미한다.

Insured(피보험자) Assured라고도 하며 피보험 이익을 갖는다. 즉, 손해배상을 받을 권리가 있는 자.

Insurer(보험자) Assurer 또는 Under Writer라고도 하며 이는 보험계약의 낭사사로서 보험사고가 발생한 경우 보험금을 지급할 의무를 지는 자로, 보험계약을 인수하는 주체, 즉 보험 회사.

Intermediary Trade(중개무역) 제3국의 무역업자가 거래의 주체가 되어, 물품을 외국에서 외국으로 이동하는 무역형태.

Intermediation(알선) 무역거래에서 당사자간에 분쟁이 발생했을 때에는 화해하여 자주적으로 해결하는 일이 가장 이상적이다. 그러나 상호 화해가 이루어지지 않을 경우 제3자가 당사자 간에 개재하여 상호 화해하도록 노력하는데 우리나라의 경우 대한상사중재원에서 알선업무를 맡고 있다.

ICC(International Chamber of Commerce : 국제상업회의소) 세계의 경제인들에 의해서 결성된 국제기구로서, 각국 상공회의소의 연락 · 제휴 · 무역의 원활화 등을 목적으로 하고 있으며, 그 본부는 파리에 두고 있다. ICC가 행한 중요한 활동으로는 Incoterms 및 신용장통일규칙(UCP) 제정 등을 들 수 있다.

Irrevocable L/C(취소불능신용장), Revocable L/C(취소가능신용장) 신용장이 발행되면 발행신청인, 발행은행, 수익자 모두의 동의 없이는 조건 변경이나 취소할 수 없는 신용장을 취소불능신용장이라 하며, 어느 당사자 일방이 임의적으로 신용장을 취소하거나 조건을 변경할 수 있는 신용장을 취소가능신용장이라 한다.

Invoice(송장) 수출업자가 무역계약을 정당하게 이행할 것을 해외의 수입업자 앞으로 증명하는 화물의 명세서를 말한다.

Invoice Amount(송장금액) 송장에는 수출품의 명세 · 수량 · 단가 · 금액 등이 상세하게 기재되는데 송장상의 총액을 가리킨다. 이 총액이 매도인이 매수인에게 상품을 선적하고 청구하는 청구액이며 또한 화환어음의 금액 · 보험가액 · 관세액 등을 결정하는 기초가 된다.

ISBP(International Standard Banking Practice ; 국제은행표준관행) 국제상업회의소 은행위원회가 2002년 10월 30일 새로 제정한 신용장거래에서 서류를 작성하고 심사하는데 기준에 관한 규정.

ISO 14000 ISO에서 제정된 기업의 환경경영체제에 관한 국제규격(ISO 14000)이 1996년 10월부터 발효됨에 따라 우리나라도 동년 12월부터 환경경영체제 인증제도가 시행되고 있으며, 인증기업의 확산을 통해 지구환경보호에 기여하고 선진국의 무역장벽에 대비하는 한편 산업계의 환경친화적 경영을 유도하기 위하여 제정되었다.

Issuing Bank(발행은행) 발생신청인의 요청에 따라 또는 자기 자신을 대신하여 신용장을 발행하는 은행.

J

JIS(Japanese Industrial Standard : **일본공업규격**) JIS는 영국의 BSS 및 미국의 ASTM 규격과 같이 세계적으로 공인된 규격으로서, 일본공업용품의 규격, 광공업 제품의 종류, 형상, 재질, 생산방법 등에 일정한 표준을 주기위해 제정된 국가규격.

JWOB(Jettison and Washing Overboard : **투하, 갑판유실위험담보조건**) 갑판상에 적재된 화물의 투하 및 풍랑에 의한 화물의 유실위험에 대해 담보되는 조건.

Joint Venture(**합작투자**) 외국기업과 자본이나 기술 등을 투자해서 회사를 설립하는 것.

Jurisdiction Clause(**재판관할조항**) 무역계약체결시 분쟁해결장소를 어느 특정국가의 중재기관이나 관할 법원으로 정하고자할 때 삽입되는 조항.

K

Keep Sample(**비치견품**) 무역거래 시 견품에 의해 품질을 결정할 경우, 매도인이 매수인에게 보내는 견품을 Sample(원견품)이라 하고 보관되는 견품을 Keep Sample 또는 Duplicate Sample이 라고 한다. 통상 비치 견품은 본사와 공장에 각각 보관하는 것이 바람직하다.

Kelly's Dictionary(**켈리사 상공인명부**) 런던에 있는 켈리사가 편찬한 세계적 인 상공인 명록으로서, 각국의 주요상공인의 업태가 수록되어 있다. 새로운 거래선을 찾기 위해서는 이와 같은 상공인명부들을 활용하면 된다.

Knock Down Export(**녹다운수출**) 조립능력이 있는 거래선에게 부품이나 반제품으로 수출하면, 수입지에서 수입상이 제품을 조립하여 완성시키는 방식.

Knot 시간당1해리(1,852m)를 항해하는 속력단위.

Korean Foreign Exchange<KFX> 정부가 보유하고 있는 외환.

L

Label(**표찰**) 제품에 상품명, 상표, 제조원, 품질, 용도 등이 표시된 것.

Landed Cargo(**양륙화물**) 무역거래 시 선화증권에 명시된 양륙지에서 규정된 절차를 마친 후 양륙이 되는 화물.

Landed Quality Terms(**양륙지품질조건**) 대부분의 선적 제품에 대한 품질조건은 선적지 품질을 최종적으로 하나 석탄이나 곡물등과 같은 제품은 도착지에서 품질검사의 결과를 약정품질로 말한다.

Landed Weight(Quantity) Terms : **(양륙중량(수량)조건)** 화물을 양륙할 때의 중량을 대금 계산의 기준으로 하는 것을 말한다. 곡물류나 철광석과 같은 살화물의 경우 수송도중 감량, 누손이 발생하기 쉬운 상품은 이 조건이 적용된다.

Laydays ; Laytimes(**정박기간**) 선주와 화주 간 용선계약시 화물의 선적과 하역을 위하여 허용된 일수에 관한 용어를 말한다. 정박기간은 며칠 또는 몇 시간으로도 표시하기도하며, 또 하루 몇 톤이라고도 표시한다.

Laytime Saved 조출료를 계산하는 방법으로 허용된 정박기간에서 사용한 정박기간을 공제하고 남은 시간이 있을 경우 용선자는 선주로부터 조출료를 받게 된다.

LCL(Less than Container Load) 한 개의 컨테이너와 화차 내에 여러 회사의 화물이 혼재되는 것을 말한다.

Leakage(**누손**) 해상 및 운송보험에서 면책으로 규정되어 있는 누출에 포함된 것으로서, 일반적으로 액체화물, 반액체화물이 용기에서 누출되어 있는 손해.

Lengthy Charge(**장척물할증**) 정기선 운임에서 길이가 일정기준을 넘을 경우에 대해 할증하는 것으로서, 선사는 화물의 선적 및 양화시 발생되는 제반비용으로 할증료를 받는다.

LCL(Less than Container Load Cargo) <LCL Cargo> 컨테이너 1개의 양에 부족한 소화물을 말하며, 이에 반대되는 화물을 FCL화물이라 한다.

L/C(Letter of Credit : **신용장**) 수입상의 요청으로 수입상의 거래은행이 수출상에게 일정한 조건하에서 대금을 대신 지급하여 주겠다는 조건부지급확약서.

Letter of Instruction(**어음매입지시서**) 수입지의 은행이 수출지에 있는 자기의 본지점 앞으로 수출상이 이러한 조건으로 이 금액 이내의 환어음을 발행하였을 경우 그 시점에서 그 환어음을 매입하여 주기 바란다고 지시하는 것으로 기능면에서 어음매입수권서와 같지만 동일은행의 본지점 간에만 사용되는 것에 차이가 있다.

L/G(Letter of Gurantee : **수입화물선취보증장**)

- 수입화물선취보증서 : 수입물품은 이미 도착하였으나 운송서류가 도착하지 않았을 경우 운송서류 내도 이전에 수입상과 발행은행이 연대 보증한 보증서를 선박회사에 선화증권의 원본 대신 제출하고 수입화물을 인도받는 보증서.
- 은행지급보증서 : 수입상이 대금결제를 하지 않았을 경우 은행이 대신 지급하겠다 는 일종의 대금지급보증서로서 수출상은 수출채권확보를 위해, 수입상에게 대금의 일부 또는 전액에 대한 L/G를 발행하도록 한다.

L/I(Letter of Indemnity : **파손화물보상장**) 고장부선화증권을 발급받은 수출상이 무고장 선화증권을 발급받기 위하여 선박회사에 제출하는 책임각서.

Lien(**유치권**) 해상운송의 경우 'Maritime Lien'이라고 하며 운송계약에 의해 화주가 운임 및 기타 부대비용을 지급하지 않을 경우 선주가 그 적재화물을 유치할 수 있는 권리를 가진다.

Lightening ; Shifting with Lighters 수심이 얕아 본선의 화물을 적재한 대로 정박 장소

에 도착할 수 없는 경우 화물의 일부를 부선에 옮겨 실어 선체를 가볍게 하는 것을 말한다. 용선계약 시에는 이러한 비용은 누가 부담하는가를 명시해야 한다.

Liner(**정기선**) 개품운송의 화물을 정기적으로 취항시키는 운송 방식.

Liner Terms(**정기선조건**) 이는 Berth Term이라며, 일단 화주가 선박회사에게 운임을 지급하면 선박회사가 적재화물을 목적지까지 해상운송을 하는 운임률의 한 조건.

Litigation(**소송**) 당사자 간 무역분쟁이 발생할 경우 중재에 의해 해결한다는 약정이 없는 경우 국가공권력에 의존하는 방법인 소송에 의해 해결할 수밖에 없다.

Lloyd's Surveyor(**로이즈감정인**) 런던의 로이즈협회 소속의 감정인. 주로 선박에 관련된 감정 업무를 하며, 경우에 따라서는 일반 상품거래에 대한 검사 및 감정을 하는 세계적으로 공인된 감정전문가이다.

Local L/C(**내국신용장**) 신용장을 수취한 수출상이 완제품 구매나 해당제품 제조에 필요한 원 · 부자재 공급을 받기 위해 원신용장을 견질담보로 자기 거래은행을 발행은행으로 하여 국내의 제조업체를 수혜자로 발행하는 신용장.

Lost or Not Lost Clause(**소급약관**) '멸실한 것과 멸실하지 않은 것에 불구하고'를 의미하는 용어로서 선화증권 약관으로서는 화물의 멸실 유무에 불구하고 이미 지급한 운임은 반환하지 않는다는 특약조항을 표시.

Lump-sum Charter(**선복용선**) 한 선박의 선복(ship's space) 전부를 한번선적(one Shipment)으로 간주하여 운임액을 정하는 용선계약을 말한다. 선 · 복용선계약에서는 운임을 적재 수량과 관계없이 한 항해당 운임총액 얼마라고 포괄적으로 약정.

M

Mail Credit(**우편신용장**) 우편신용장은 발행은행이 자행의 신용장양식에 의거 직접 발행한 신용장을 우편을 이용하여 통지은행을 통해 수출상(beneficiary)에게 전달하는 것.

M/T(Mail Transfer : **우편환**) 송금을 할 때, 우편을 이용하는 지급지시서(payment order)를 말한다.

M/F(Manifest : **적화목록**) 선적을 완료한 후 선화증권의 사본을 기초로 하여 선박회사 혹은 대리점이 작성하는 적화의 명세서이며, 하역 상 양륙지의 지점 또는 대리점에서 필요한 서류이다. 이 서류는 수입화물에 대하여 세관에 제출되어야 한다.

Marine B/L(Ocean B/L)(**해양선화증권**) 부산에서 동경 또는 인천에서 뉴욕 등과같이 외국의 해상운송에 대하여 발행하는 선화증권.

MIA(Marine Insurance Act, 1906 : 영국 해상보험법) 영국의 해상보험법은 오랫동안 판례법으로 되어 있던 것을 정리, 정정, 취사선택을 하여 체계화하여 1906년 법전화한 성문법을 말한다. 해상보험법의 원리원칙을 거의 망라하여 완성도가 높은 것으로 평가되고 있다.

Market Claim : 매수인에게 거의 손해를 입히지 않는 정도이거나 또는 그 손상이 경미하여 평소 같으면 클레임이 되지 않을 정도의 적은 과실을 감가의 구실로 하는 클레임을 말한다.

Marshalling Yard : Apron에서 이웃하여 막 하역했거나 곧 적재할 컨테이너를 정렬 및 보관하는 장소.

Master Air Waybill(항공사발행 화물운송장) 여러 화주들로부터 포장의 화물을 기탁받은 혼재업자(consolidator)가 자신이 화주(shipper)가 되어 화물들을 운송규격 단위로 재포장하여, 항공회사와 운송약관에 따라 계약을 체결하고 항공회사로부터 운송증거서류로써 발급받는 것.

Master Credit(원신용장) 내국신용장(Local L/C)의 발급근거가 되는 신용장을 말한다. 즉, 내국신용장의 발행을 위해 견질담보로 제공된 해외에서 수취한 수출신용장을 말하며, 「Original Credit」 또는 「Prime Credit」 등으로 불린다.

Mate's Receipt(M/R, 본선수령증) 본선의 일등항해사가 재래선박에 적재된 화물과 선적지시서를 대조하여 화물 수령에 관한 증거로서 발급하는 서류. 본선수령증과 선화증권을 교부해준다.

Measurement Cargo(용적화물) 선박회사가 운임계산의 기준을 설정할 때 적용시키는 화물 중에서 용적을 기준으로 하는 화물을 말한다. 선사는 일반적으로 용적화물과 중량화물(weight cargo)로 나누어 자기네가 유리한 쪽으로 운임을 결정.(Revenue Ton)

Memorandum of Agreement ; Agreement on the General Terms and Conditions of Business(일반거래조건협정서) 무역거래는 국가 간에 이루어지기 때문에 서로 다른 상관행에 대한 분쟁을 예방하여야한다. 이를 위하여 세부계약에 앞서 양자간 무역거래의 일반적 기준이 될 제반조건을 협정하고 이를 문서화하는 것.

Merchanting Trade(중개무역) 수출국(A)과 수입국(G)의 중간에서 제3국(C)의 상인이 개입하여 이루어지는 거래.

Minimum Freight(최저운임) 정기선의 경우 1톤 미만의 화물에 대해서는 최저 1톤에 해당하는 운임을 부과.

M/V(Motor Vessel : 기선) 바람에 의해 운항하는 범선이 아닌 기계장치로 운항하는 선박.

N

Negotiation(**매입**) 지정은행이 수익자에게 대금을 미리 지급 또는 지급하기로(대가를 지급) 약정한 환어음 및 또는 서류를 구매(Purchase) 하는 것.

Negotiating Bank(**매입은행**) 신용장의 조건과 일치하는 서류가 첨부된 환어음이 제시될 때 환어음을 매입 해주는 은행.

Negative List System 수출입 품목을 제한 내지 금지되는 품목만 나열하는 수출입공고에 의한 관리방식.

Net Weight(**순중량**) 포장의 무게를 제외한 물품 자체의 무게만을 말한다.

Nominated Bank(**지정은행**) 신용장에서 인수/지급 또는 매입이 수권된 은행 또는 자유매입산용장의 경우 모든 은행.

Non Tariff Barrier<NTB>(**비관세 장벽**) 간접무역 규제인 관세 이외의 무역 규제 수단(수량제한, 외환관리 등).

Notify Party(**착화통지처**) 선적화물이 수입지에 도착한 후 운송인이화물이 도착하였다고 통지를 하는 사람.

O

Ocean or Marine B/L(**해양선화증권**)과 Local B/L(**국내선화증권**) 해양선화증권은 인천과 런던 또는 뉴욕과 같이 한 나라의 영해를 벗어나는 해외운송에 대하여 발행되는 선화증권을 말하며, 현재 우리나라의 무역거래에서 사용되는 선화증권은 거의가 모두 이 선화증권이며, 한편 내국 선화증권은 인천과 부산 또는 군산 사이와 같이 국내해상운송에서 발행되는 선화증권.

Off-dock CY(ODCY) 컨테이너 전용 터미널과 떨어져 있는 사설CY, LCL화물인 경우 대부분 ODCY를 먼저 거친 다음 On-dock CY로 보내진다.

Offer Agent(**갑류무역 대리업**) 외국의 수출업자를 대리하여 국내에서 물품매도확약서 발행을 업으로 하는 자.

Offer subject to Prior Sale(**선착순 판매조건오퍼**) 이것은 주로 재고품판매오퍼 시 거래선들에게 오퍼를 발행하는 것으로, 해당물품이 판매되지 않고 재고가 있어야만 계약이 성립된다는 것을 조건으로 한다. 이는 Offer subject to being Unsold(재고잔류조건오퍼)로도 표시할 수 있다.

Official Invoice(**공용송장**)

- Custom Invoice(세관송장) 수입지 세관이 수입하물에 대한 관세가격의 기준을 결정, 덤핑 유무의 확인, 쿼터관리, 수입통제의 목적으로 일부 국가에서

이를 요구한다.

- Consulor Invoice(영사송장) 수입지의 국내 영사관에서 발급하는 것으로 수입시 외화도피(over value) 및 관세포탈(under Value)등을 방지하기 위해 요구한다.

On-dock CY 부산항의 경우 컨테이너 전용 터미널인 5, 6부두의 BCTOC(Busan Container Operating Company)내에 있는 부두.

Open Account or Account Current or Running Account(**장부결제, 상호계산, 청산계정**) 수출입 거래가 빈번한 경우 대금결제를 장부상 상쇄 · 정리한 다음 일정기간(6개월 또는 1년마다)말에 그 차액만을 청산하는 결제방법(대형 상사의 본 · 지사 사이에 거래).

P

P/A(Particular Average : **단독해손**) 해상손해가 부분손해(Partial loss)로 발생했을 경우, 그 피보험이익(insurable interest)의 일부가 멸실 또는 손상된 손해 중에서 공동해손(general average)을 제외한 손해(general average).

Packing Credit(**전대신용장**) 수출상이 수출을 이행하기 위해 계약물품의 생산 · 가공 · 집화 · 선적 등에 필요한 자금을 수입상(신용장 발행의뢰인)을 통해 미리 전대받는 신용장을 말한다. 이는 그러한 조건이 신용장 상에 적색으로 명기된다고 하여 「Red Clause credit」라고 하며, 자금을 선급 받는다하여 「Advance Payment credit」라고도 불린다.

Packing List(**포장명세서**) 선적화물의 포장 및 포장단위별 명세와 단위별 순중량 · 총중량 · 용적 · 화인 및 포장의 일련번호 등을 기재한 상업송장의 보조서류.

Pallet(**팔레트**) 화물을 일정 수량단위로 모아 하역 · 보관 · 수송하기 위해 사용되는 하역받침으로, fork lift를 이용하여 하역하기 때문에 받침에는 fork가 들어갈 수 있는 공간이 있다. pallet도 종류가 여러 가지인데, 평팔레트, box pallet 그리고 post pallet 등이 있다.

Panel Arbitrator(**등록중재인**) 중재인 명부에 등록되어 있는 중재인.

Parcel Post Receipt(**우편소포수령증**) 우편수령증(post receipt)이라고도 하며, 유상의 견품이나 소화물을 소포우편으로 외국에 발송하는 경우 우체국에서 발행하는 화물수령증.

Patent(**특허권**) 새로운 공업적 가치의 발명을 해낸 사람이발명품이나 혹은 그 원리에 따라 생산한 물품을 법정기간 동안 독점하여 제작, 사용, 판매할 수 있는 권리.

Partial Loss(**분손**) 전손(total loss)에 반대되는 용어로서, 보험에 부보된 선박 또는 화물 등의 일부가 멸실되거나 또는 이들의 전부 혹은 일부가 훼손되거나 또는 일부가 상실되어 발생하는 손해를 말한다. 여기에는 단독해손(particular average)과 공동해손(general average)이 있다.

Partial Shipment(**분할선적**) 수입상측의 요구에 의하여 계약물품을 몇 차례로 분할하여 선적하는 것. 신용장거래에서는 이에 대한 언급이 없을 경우 허용되는 것으로 간주한다(Instalment Shipment).

Partial Transfer(**분할양도**) 원신용장(master L/C)의 최초의 수익자 first beneficiary가 받은 신용장 금액을 제2수익자(second beneficiary)인 여러 사람에게 분할로 양도하여 주는 것을 말한다.(Total Transfer)

Payee(**수취인**) 환어음(draft) 금액을 지급받을 자로, 일반적으로 환어음을 매입(negotiation)한 은행이나 수출상을 지칭.

Paying Bank(**지급은행**) 신용장에 의거 수익자가 발행한 환어음에 대해서 직접 대금을 지급하여 주는 은행으로서 그 어음금액을 지급하도록 권한을 받은 은행.

Payment in Advance(**선지급**) 계약물품이 선적 또는 인도되기 전에 미리대금을 지급하는 조건으로, CWO, Packing Credit 및 주문과 함께 송금수표(demand draft)나 우편환(mail transfer) 또는 전신환(telegraphic transfer)등에 의해 송금되는 사전 송금방식(remittance basis) 등이 있다.

Performance Bond(**계약이행보증**) 플랜트수출이나 해외건설공사에 수반하여 발행되는 본드로서 계약체결시 약정된 계약을 이행하지 않을 경우에 지급토록 되어 있는 은행이나 보험사가 발행한 보증서를 말한다. 일반적으로 본드금액은 계약금액의 10% 전후이다(Bid Bond).

Peril of the Seas(**해상고유의 위험**) 구보험증권의 위험약관 중 가장 먼저 표시되는 위험이다. 풍파에 의한 파손, 난파, 침몰, 좌초, 충돌 등이 대표적인 해상고유의 위험들이다.

Personal Check(P/C, **개인수표**) 무역대금결제를 송금수표(demand draft)로 할 경우에 그 발행인이 일반회사나 개인자격으로 발행한 수표.

Physical Distribution ; Logistics(**물적 유통**) 생산자로부터 소비자까지의 물건의 흐름을 가리킨다. 물적 유통은 수송 기초시설, 통신기초시설 등 국가 기간산업활동과 관련된 부분과 기업이 자체적으로 관리할 수 있는 수송 · 보관 · 하역 · 포장 · 유통가공 · 정보기능을 총체적으로 나타내는 말.

Physical Loss(**물적 손해**) 해상보험 용어로서, 실체적 손해라고도 한다. 이는 보험의 목적물인 선박이나 화물에 위험이 작용하여 멸실 또는 손상이 발생한 손해. 전손(total loss), 분손(partial loss).

Pier to Pier 컨테이너 선사에 의해 제공되는 서비스나 운임을 말하는 것으로, 수출국 항구 터미널에서 선사의 책임 하에 화물이 선적되거나 화물도착지의 터미널까지 화물이 배송되는 경우에 해당된다.

Piggy-back System 컨테이너 운송방식을 말하는 용어. 컨테이너를 적재한 트레일러(trailer)를 철도 의무개화차에 실어 수송하는 방식. 이것은 일종의 TOFC(trailer on flat car)의 수송방식이며, 컨테이너를 배에 싣고 운송하면 「fish-back」, 항공기에 싣고 운송하면 「Birdy-back」.

Pilferage(발화) 해상보험에서 사용되는 용어로서, 선적 또는 양륙과정에서 화물 전체가 아니고 그 내용물의 일부분을 빼내어 훔치는 등의 절도 행위.(TPND)

Pilot(도선사) 선박들의 입출항을 안내하기 위해 도선 구내에서 선박에 승선하여 수로를 인도하는 사람을 말하며, 여기 드는 비용을 도선료(Pilotage)라고 한다.

Pirates(해적) 해상보험에서 해적의 뜻은 약탈자가 약탈 · 방화 · 파괴 · 폭행을 함으로써 초래시킨 손해를 말하며, 그러한 행위를 담보하는 보험약관을 해적행위약관(piracy clause)이라고 한다.

Plant Export(플랜트수출) 플랜트를 구성하는 요소인 기계기구, 자재제작 및 판매와 병행하여 기술지식, 공업소유권, Know-how, 기술자용역을 포함하는 유형 · 무형의 물품수출이나 소요인원의 조달, 외국에서의 플랜트 공사의 도급업무 등을 포함하는 수출.

PL(Product Liability : 제조물책임) 제품의 품질이나 기능 및 효용에 관한 책임은 물론이고 당해 제품의 사용 중이나 사용 후의 환경에 미치는 영향에까지 책임을 지는 기업의 이념이나 자세.

PLI(Product Liability Insurance : 제조물책임보험) 제조된 물품의 하자로 인하여 그 물품의 사용자 또는 제3자가 인적 손상이나 재산 상의손해를 입은 경우 제조자가 부담하는 배상책임을 제조물책임(Product liability)이라고 하며, 이러한 위험이 있는 물품에 대하여 보험회사에 담보시키는 보험.

Point of Discharge(양륙지) 화물의 양륙지를 지정하여 양륙되는 장소를 말한다. 해운화물의 경우 양륙항을 말하는데, 양륙지와 목적지(destination)가 동일지가 아닐 경우도 있다. 양륙지는 본선화물을 양륙할 항구이며 목적지는 화물의 최종도착지.

Policy Holder(보험계약자) 보험자와 보험계약을 체결하는 자를 말한다. 보험계약자는 보험자, 즉 보험회사와 보험계약을 체결하고 보험료를 납입하는 자로 보험자에 대하여 고지의무, 위험의 변경 증가의 통지의무를 지게 된다.

Port B/L(항만선화증권) 수취선화증권(received B/L)의 일종으로, 화물이 운송인의 보관하에 있으며 또한 선화증권에 지정된 선박이 본선 상에 적재되어 있지 않을 때 발행되는 선화증권.

Port Dues ; Harbour Dues(항만사용료) 항만을 사용한 대가로 항만당국이 선주나 선박운항업자에게 부과하는 요금.

Port Mark(포트마크) 화물의 행선지를 포장에 표시하는 일종의화인(shipping marks)을 구성하는 내용 중 일부를 말한다. 통상 메인마크 바로 밑에 도착항 이름으로 표시.

Positive List System 수출입공고에 수출 또는 수입이 허용되는 품목만을 표시하고 여기에 표시되지 않은 기타의 품목은 원칙적으로 수출/입이 제한 또는 금지되도록 하는 품목 표시방법<→Negative List system).

Preferential Tariff(**특혜관세**) 특정 국가에 대해 특히 관세율을 낮추거나 관세 그 자체를 폐지해서 타국가보다도 교역상 유리한 대우를 부여하는 관세제도를 말한다. 이것은 가트(GATT)의 일반적 최혜국대우의 원칙에 어긋나지만 세계무역의 현실에 비춰 봐서 예외적으로 인정하고 있다.

PSI(Pre-shipment Inspection : **선적전 검사**) Incoterms 2000에서 규정하고 있는 용어로서, 매수인 자신이 수출국 등에서 행한 검사나, 매수인의 요청에 의한 특정 기관이 미리 행한 검사를 말하며, 이러한 검사비용을 선적 전 검사비용(costs of Pre-shipment inspection) 이라 하여 매수인이 부담하는 것을 원칙으로 한다.

Presentation(**제시**) 신용장 상의 서류를 인도하는 행위 또는 발행은행 또는 지정은행에게 인도된 서류를 인도하는 행위.

Presenter(**제시자**) 제시를 행하는 수익자

Prima Facie(**추정적 증거**) 특정 사실의 증명에 있어서 일단 충분하다라고 하는 증거이며 상대방의 반증에 의해 뒤집히지 않는 한 진실이라고 추정되는 증거.

Principal(**본인**) 물품계약을 체결할 당시 매매당사자를 확정짓는 용어로 사용되는데, 당사자가 자기의 계정(account)과 위험(risk)을 갖고 거래하는 당사자를 지칭한다. 반대 용어는 대리인(agent).

Progressive Payment or Installment Payment(**누진불 또는 분할지급**) 매수인이 주문과동시에 대금의 1/3, 선적이 끝난 후에 1/3, 잔액은 화물이 도착한 후에 지급하는 방식의 결제조건.

Protection & Indemnity Club(P&I Club, **선주책임 상호보험조합**) 일반적인 선체보험으로 대비할 수 없는 손해나 배상문제에 대해 선박소유나 운항에 관련 제3자 배상책임을 나누어 맡는 선주 상호간의 보험, 즉 선박보험의 보완적 부속보험으로서 선주의 배상책임 일체를 담보하는 장치.

Protective Tariff(**보호관세**) 국내 유치산업(infant industry)의 보호육성과 기존산업의 유지를 주목적으로 부과하는 관세.

Protest(**거절증서 또는 해난증명**)

- 추심결제방식에 의한 거래의 경우 어음의 발행인(drawer)이 발행한 어음에 대해 지급인이 인수를 거절하거나 지급을 거절할 경우 어음의 소구권 행사를 위하여 이러한 사실을 증명하는 공증인에 의하여 작성되어지는 공증증서를 말한다.
- 해난증명은 해상보험에서 사용되는 용어로, 조난신의 선장으로부터 소난 후 첫 입항지의 감독관청 앞으로 해난의 사정을 보고하는데, 통상 이러한 손해

는 불가항력적이며 선장의 책임이 아니라는 것을 주장 또는 항의한다는 의미에서 Protest라 한다.(Captain's Protest)

P/O(Purchase Order : **매입서**) Order Sheet와 같은 뜻으로 사용되는 용어로서 일종의 개별계약서이다. 매매계약이 성립된 후에 계약내용을 확인하기 위하여 수입상이 작성하여 수출상에게 송부.

Q

Quality Certificate(**품질증명서**) 수출상으로 하여금 약정된 품질의 제품을 선적하도록 하기 위해 수입상은 공인된 검정기관의 품질증명서를 요구하기도 하며, 경우에 따라서는 제조업체가 발행하는 품질증명서를 요구하기도 한다.

Quality Claim(**품질클레임**) 약속된 제품의 품질불량, 품질상위, 파손 및 불완전포장 등으로 인해 발생되는 클레임.

Quality Terms(**품질조건**) 품질조건에는 상품명, 규격, 색상, 모델 등이 포함되며 품질을 결정하는 방법으로는 견품매매, 상품매매, 설명매매, 표준품 매매 및 규격매매 등으로 구분.

Quantity Discount(**수량할인**) 일정량 이상 구입할 때 매도인이 매수인에게 주어지는 가격 인하.

Quantity Terms(**수량조건**) 수량을 표시하는 조건은 제품에 따라 개수, 포장단위, 용적, 중량 및 길이 등으로 표시.

Quay(**부두**) 선박이 화물이나 승객의 승선이나 하선을 적절히 하기 위해 옆으로 댈 수 있도록 육지와 평행하게 만들어진 평행담벽 형태의 부두.

Quota(**할당제**) 수출입되는 상품의 일정금액 또는 제한하는 제도를 말한다. 수출입을 제한하는데 이용되는 비관세장벽(NTB)제도 중에서 가장 효율적인 수단으로 이용(Voluntary Export Restraint).

Qurantine Certificate(**검역증명서**) 위생증명서의 일종으로, 특히 식물이나 동물 또는 동물의 부산물 등을 수출하는 경우, 전염병 등 세균의 침입을 예방하기 위하여 수출국에서 소독 등 방역 · 검역을 실시하고 발급하여주는 서류.

R

Railway Consignment Note(**철도화물수탁서**) 육상운송에 탁송한 화물의 청구권을 표시한 비유가증권.

Received B/L(**수취선화증권**) 화물을 선적할 선박이 항내에 정박 중이거나 아직 입항되지는 아니하였으나, 선박이 지정된 경우에는 선박회사가 화물을 수령하고 선적 전에 발행하는 선화증권을 말한다. 여기에는 Port B/L(항만선화증권)인 지정된 선박은 입항되어 있으나, 화물이 선박에 적재되어있지 않은 경우와 Custody B/L(보관선화증권)이 있다.

Red B/L(**적색선화증권**) 선화증권과 보험증권을 결합시킨 것으로 전체가 적색으로 인쇄된 증권이다. 이 증권에 기재된 화물이 운송 중 사고가 발생하면 당해화물에 대하여 선사가 보상해 주는 선화증권.

Red Clause L/C or Packing L/C(**전대신용장**) 수출상이 물품을 선적하기 전에 상품을 제조하거나, 조달하는 데 필요한 자금을 은행이 미리 공여해주도록 하는 신용장.

Reefer Container(**냉동컨테이너**) 냉동화물 및 과실 등 부패되기 쉬운 화물을 수용하기 위해 컨테이너 내에 방열장치 및 냉동기를 설치해 −28℃에서 +260℃까지의 온도를 임의로 조절할 수 있도록 고안된 컨테이너를 말한다.

Re-Export(**재수출**) 자국에 수입된 화물을 재수출하는 것을 말한다. 가공된 화물 또는 수출입화물의 용기라든가, 수선된 화물에 있어 수입허가일로부터 일정기간 이내에 수출되는 경우에는 관세가 감면된다.

Restricted Item(**제한승인품목**) 수출입공고에 열거되어 있어 정부, 기관, 협회로부터 허가, 추천을 받아야만 수출입을 할 수 있는 품목.

Revenue Ton or Freight Ton(**운임톤**) 정기선(liner)의 운임료(freight tariff)상의 운임률에는 용적톤(measurement ton)과 중량톤(weight ton)을 기준으로 운임을 징수하게 되는데 이중 정기선에서 유리한 더 높은 운임 에 해당되는 Ton을 말한다.

Reimbursing Bank(**상환은행**) 결제은행(settling bank)이라고도 한다(Settling Bank).

Reimbursement Credit(**상환신용장**) 신용장거래에서 선적서류 매입은행이 발행은행의 무예치환 거래은행(non-depositary correspondent bank)인 경우에는 발행은행이 결제계정을 가지고 있는 예치환 거래은행 앞으로 대금상환을 청구하게 되는데, 이처럼 매입은행이 별도로 상환청구를 하는 신용장.

Re-Import(**재수입**) 해외에 수출된 화물을 다시 자국에 수입하는 것이다. 재수입된 화물이 보세공장의 제품이고 그의 수입이 관세법에 정한 재수입면세의 요건에 해당할 때는 관세가 경감된다.

Reinsurance(**재보험**) 보험자가 인수하는 보험계약 상의 책임을 일부 또는 전부 다른 보험자에 이전할 목적으로 체결하는 보험을 재보험 이라고 한다.

Remittance(**송금환**) 외국환에 의한 결제방법 중의 하나로, 무역거래에서 이용되는 송금환방식은 물품 선적 전에 외화 · 수표 등 대외지급수단에 의하여 미리 대금을 영수하고 일정기일 내에 상응하는 물품을 선적하는 결제방식.

Remitting Bank(**추심의뢰은행**) 추심어음거래(D/P, D/A)의 경우추심의뢰인, 즉, 수출상의 추심요구에 따라 금융서류(환어음)와 상업서류(운송서류)를 수입지의 은행으로 송부하여 추심을 의뢰하는 수출지의 수출상거래은행(일반적으로)을 말한다(Collecting Bank).

Renegotiation(재매입) 매입제한신용장을 수출신용장으로 받은 수출상은 일단은 매입은행의 선택권을 유보하기 때문에 1차적으로는 수출상의 거래은행에 1차 매입이 이루어지고 그 다음에 신용장에서 매입은행으로 지정된 은행에 재매입(renegotiation)을 하는 것.

Restricted Credit(매입제한신용장) 신용장 발행은행이 당해 신용장을 근거로 발행되어지는 환어음의 매입을 특정은행으로 제한시키는 경우의 신용장을 말한다. 이를 특정신용장(special credit)이라고도 한다.

Retaliatory Tariff(보복관세) 타국이 자국의 수출품에 대하여 또는 자국의 선박 또는 항공기에 대하여 불리한 대우를 하는 경우 그 차별이 관세에 의한 것이든, 다른 방법에 의한 것이든, 또는 직 · 간접이든 자국의 산업에 불이익의 영행을 미치는 경우에 그 불리한 대우를 관세의 부과로써 제거하기 위하여 부과되는 관세.

Revenue Tariff(재정관세) 국가의 재정수입을 주목적으로 부과하는 관세를 말한다. 재정관세는 일반적으로 국내생산이 거의 불가능하여 수입에 의존할 수밖에 없거나, 수입을 권장하거나 더 이상 보호할 가치가 없을 때 부과한다.

R/T(Revenue Ton : 운임톤) 선박의 화물 적재능력은 중량과 용적의 양면에서 제한되므로 중량화물(weight cargo)은 중량기준으로 운임이 부과되고, 경량화물(light cargo)은 용적 기준으로 운임 이 부과된다. 이 경우운임 산정기준에서 중량화물과 용적화물의 구별이 모호하거나 경합될 때에 용적과 중량에서 계산된 운임 중 더 많은 쪽에서 선사가 부과하는 것. 「Freight Ton」

Revised American Foreign Trade Definition, 1941 개정 미국무역정의 1919년 제정된 India House Rule을 1941년 개정하여 현행 미국무역정의로 채택하고, 이를 원산지인도조건(ex point of origin), 선측인도조건(FAS), FOB, C&F, CIF 그리고 부두인도조건(ex dock)등의 6종으로 구분하고 있다. 특히 FOB 조건은 미국적인 운송 특성으로 해석기준을 6가지로 세분하고 있다.

- FOB(named inland carrier at named point of departure)
  ⇒ 지정국 내 적출지에서 지정국내 운송인에의 인도.
- FOB(named inland Carrier at named point of departure)
  Freight Prepaid to(named point of exportation)
  ⇒ 지정국 내 적출지에서 지정국내 운송에의 인도 단, 지정수출지까지의 운임지급.
- FOB(named inland carrier at named point of departure) Freight Allowed to(named point)
  ⇒ 지정국 내 적출지에서 지정국내 운송인에의 인도. 단, 지정지점까지의 운임공제.
- FOB(named inland carrier at named of point of exportation)

⇒ 지정국 내 수출지에서 지정국 내 운송인에의 인도.

- FOB Vessel(named port of shipment)
  ⇒ 지정 선적항에서 본선적재인도.
- FOB(named inland point of in the country of importation)
  ⇒ 수입국 지정 내륙지점까지의 반입 인도.

Revocable Credit(**취소가능신용장**) 신용장 발행은행이 신용장을 발행한 후 수익자에게 사전에 통고함이 없이 언제라도 그 조건을 변경하거나 취소할 수 있는 신용장으로서 신용장 문면상에 '취소가능"(revocable)이란 표시가 있는 신용장.

Revolving Credit(**회전신용장**) 동일한 거래처와 동종의 물품을 장기간에 거쳐 거래할 경우 매 건별로 신용장을 발행하는 번거로움을 피하기 위해 처음 1회 신용장을 발행한 후 일정기간이 지나면 동일한 내용의 효력으로 신용장금액이 자동적으로 갱신될 수 있도록 발행되는 신용장.

RFWD(Rain and/or Fresh Water Damage : **우수 및 담수에 의한 손해**) 바닷물 이외의 민물에 젖어 발생한 손해로서, 해상보험의 부가조건을 말한다. 하역 작업 중 비나 눈이 와서 젖거나 선박 내에서 음료수가 선창에 침투하여 화물에 손해가 발생하는 경우를 의미한다.

Right of Subrogation(**대위권**) 추정전손이 발생한 경우 보험자가 피보험자에게 보험금을 지급하면서 보험목적물에 대한일체의 모든 권한을 양도받는 행위.

RT(Rye Term) RT란 원래 Rye(호밀)거래에 사용되었다고 해서 RT조건이라 하는데, 곡물류거래에 있어서 물품이 도착시 손상되어 있는 경우에 그 손해에 대해 매도인이 책임지게 되는 양륙품질조건(landed quality term).(TQ, SD Term)

Running Laydays(**연속정박 24시간**) 용선계약(charter party)시 정박기간을 산정할 때 정박이 하역기간의 개시로부터 하역이 끝날 때까지 소요된 모든 경과일수를 휴일이나 기후, 불가항력 등에 관계없이 정박기간(laydays/ laytimes)으로 산입하는 방법.

S

Sailing Schedule ; Shipping Schedule(**배선 예정표**) 정기선 운항선사가 선박의 현재 및 미래 운항계획을 공표한 것으로 여기에는 선박의 이름과 각 기항 항구에서의 화물선적일, 입항일, 출항일 등이 기록되어 있다.

Safe Berth(**안전정박지**) 항구 내에서 안전하게 선적하고 하역작업을 할 수 있는 장소.

SGA(Sale of Goods Act : **영국물품매매법**) 무역관습의 대표적인 성문법을 말한다. 이는 1893년에 제정된 동산매매 및 그에 부수되는 사항에 관한 성문법인데 계약법의 일부분을 규정하는 것이므로 불완전한 내용에 관하여는 계약에 관한 관습법과 판례에 의해 보충되고 있다.

Sales by Sample or Pattern(**견품매매**) 실제 매매될 상품의 품질(quality)을 매매당사자가 제시한 견품에 의하여 인도할 것을 약정하는 품질결정방법을 말한다. 무역계약 체결시에 일반적인 개품들은 대부분이 견품에 의해서 품질을 결정.

Sales by Specification or Description(**규격 또는 설명매매**) 품질을 결정하는 방법 중의 하나로 거래대상물품의 소재·구조·성능 등에 대하여 상세한 설명서(Specifications)나 설계도면(drawing /plan)등을 근거로 품질을 결정하는 방식.

Sales by Standard(**표준품매매**) 주로 1차산품처럼 획일적으로 품질을 정할 수 없는 경우에 이용되는 방식이다. 예로서 농수산물과 같이 당해 연도 수확이 예상되는 물품과 목재 등과 같이 정확한 견품의 제공이 곤란한 물품에 이용된다.(FAQ, GMQ, USQ).

Sales by Trade Mark or Brand(**상표 또는 품명에 의한 매매**) 상표에 의해 품질을 결정하는 매매로서 국제적으로 인정된 물품에 대해서는 품질을 그 회사의 상표나 품명(brand) 에 의하는 거래에 이용.

Sales by Type or Grade(**규격매매**) 품질결정시 물품의 규격이 국제적으로 통일되어 있거나 수출국의 공적인 규격으로 특정되어 있는 경우에 이용되는 매매방식이다. 예를 들면, 국제표준화기구의 ISO, 영국의 BSS, 일본의 JIS, 그리고 미국의 ASTM 등과 같은 규격.

Sales of Future Goods(**선물매매**) 장래의 일정기일에 약정품의 품질, 수량, 가격의 현품인도를 약속하는 기한부매매.

Salvage Charge(**구조비**) 해상보험의 비용손해로서 제3자가 해상에서 해난구조계약을 체결함이 없이 선박이나 화물을 해상위험에서 임의로 구출해 주는 행위 또는 서비스에 대한 해상법(maritime law)상의 보수.

Sanitary Certificate(**위생증명서**) 식료품, 약품, 동물의 가축류(도살한상태의육류) 등을 수출하는 경우에 수입국 보건기준에 합치된 것을 수입할 수 있도록 관리하기 위하여 수입상의 요구에 의해 수출국에서 위생검사 당국이 발행하여 제공하는 서류를 말한다. 특히 식품류 등을 미국으로 수출하는 경우에는 FDA(Food and Drug Administration)의 기준에 합치되는 보건 · 안전기준에 관한서류를 제공하여야 수출이 가능하다.「Health Certificate 또는 Veterinary certificate」.

Sea Damaged Terms(SD Terms) 곡물류의 품질결정시기를 정하는 방법으로 기본적으로는 선적조건에 따르되, 해상운송중에 발생한 바닷물과의 접촉 또는 응고(condensation)등에 기인하는 품질손해에 대하여 매도인이 추가로 부담하는 조건(TQ or RT Terms).

SWB(Sea Way bill : **해상화물운송장**) 해상운송 수단의 발달로 운송기간이 단축됨에 따라 발행과 제도가 번거로운 해상선화증권 대신에 이용되는 비유통성 화물운송장.

Second Beneficiary(**신용장양수인**) 양도가능신용장(transferable credit)이 발행된 경우, 원수익자(original beneficiary) 로부터 원신용장(master credit)을 양도받은 양수인.

Seller's Market(**판매자 시장**) 판매자 위주의 시장, 즉 판매자 의사에 의해 지배 되는 시장.

Seller's Usance 기한부신용장(usance credit)에서 수입상에 대하여 일정기간의 여신(환어음상의 결제 유예기간)을 수출상(seller)이 허용하게 되면 이것을 「Seller's Usance」 또는 「Shipper's Usance」라고 한다.(Banker's Usance).

Selling Offer(**판매오퍼**) 무역거래에서 매도인이 매수인에게 가격, 수량, 결제 등의 거래조건을 제시하여 계약을 체결하려고 하는 의사표시를 말한다. 국제무역거래에서 오퍼라고 하면 대부분이 이 판매오퍼를 지칭하는 것.

Service Trade(**서비스무역**) 상품무역에 대한 용어로, 서비스의 국제거래시, 광의로는 무형무역을 가리키나 통상 협의로 사용된대 구체적으로 해상운임, 해상보험료, 여행경비, 대리점수수료, consultant, 의료, 회계처리 등의 수취 및 지급은 여기에 속한다.

Settling Bank(**상환은행 또는 결제은행**) 신용장 상의 통화가 수출국이나 수입국의 통화가 아닌 제3국의 통화일 경우나 또는 발행은행과 예치환거래계약(depositary correspond arrangement)이 체결되지 않았을 경우에는 제3국에 있는 발행은행의 예치환거래은행이 그 신용장의 결제은행이 되는 경우가 있다. 이럴 때에는 서류를 매입한 매입은행은 운송서류를 발행은행으로 송부하고 환어음은 상환은행(결제은행)으로 송부하여 대금결제를 받게 된다.(Reimbursement Bank).

SGS(Societe Generale De Surveillance) 수입상이 수출상의 부정을 방지할 목적으로 또는 제품단가를 줄이거나 높여서 관세를 포탈하거나 외화도피를 방지하기 위해 선적 전에 물품을 검사한 후 선적하도록 요구하는 세계적으로 공인된 검사증명서 발급기관.

SHEX(Sunday and Holidays Excepted) 하역이 가능한 좋은 일기 상태의 날일 경우에만 정박기간(Laydays)에 산입하는 약정방법(WWD)에서 일요일과 공휴일의 작업은 정박기간에서 제외하는 방법.

Shipment(**선적**) 신용장통일규칙에 의하면, 선적이란 의미는 「본선적재(loading on board)」, 「발송(dispatch)」, 「운송을 위한 인수(accepted for carriage)」, 「우편수령일(date of post receipt)」, 「접수일(date of pick-up)」, 그리고 복합운송의 경우에는 「수탁(taking in charge)」의 의미를 포함.

Shipped B/L(**선적선화증권**) 운송화물을 본선에 적재한 후에 발행한 선화증권으로서 그 증권 전면에 약관상에shipped in apparent good order and condition …"이라는 문언이 명기되어 있다.

Shipping Invoice(**선적송장**) 선적송장이란, 실제로 선적된 화물의 내용과 가격을 명시한 송장을 말한다. 위탁계약이 성립되어 그 약정품을 발송할 때 작성되는 선적품 선적시의 명세서이므로 선적송장이라 불린다.

Shipping Marks ; Cargo Marks(**화인**) 화인이란, 선적화물 각각의 포장물 외장에 특정의 기호, 문자, 포장번호, 목적항, 원산지 등의 표시를 함으로써 상호 간에 화물에 대한 식별을 용이하게 하는 것을 말한다.

S/O(Shipping order : **선적지시서**) 화주의 선적신청에 따라서 선사가 현품을 확인한 다음 본선의 선장 앞으로 기재된 화물을 선적하도록 지시한 문서.

S/R(Shipping Request : **선복요청서**) 화주가 선사에 제출하는 물품 운송신청서로서 이를 근거로 선화증권과 적화목록(manifest) 등이 작성되며, 2통 이상을 작성하여 한 통은 선사의 확인서명을 받아 선복요청의 증거서류로 보관하게 된다.

Short Form B/L(**약식선화증권**) 선화증권(long form B/L) 앞면에 법적 기재사항만을 기재하여 놓고 이면 약관은 생략한 채 발행한 선화증권.

Sight Credit(**일람출급신용장**) 신용장에서 수익자가 일람출급환어음(sight draft)을 발행하거나 선적서류를 직접 발행은행, 확인은행 또는 지정은행(매입은행)에 제시하면 이를 일람(at sight)한 즉시 지급한다고 약정 된 신용장.

Simple Credit(**단순신용장**) 지급신용장처럼 지급/인수 또는 매입은행에게 발행은행의 환예금계정(depositary account)이 발행되어 있어 서류매입시 그 환계정에서 직접 인출하여 수익자에게 지급할 수 있도록 약정된 신용장을 말한다.(Straight L/C).

Special Credit(**특정신용장**) 특정신용장은 매입제한신용장이라고도 한다.(Restricted Credit).

Specific Duties(**종량세**) 물품의 수량, 즉 개수 · 용적 · 중량 · 길이 등을 과세표준으로 하는 조세를 말한다. 우리나라에서는 대부분이 종가세(advalorem duties)를 적용하고 있으며, 영화필름과 주정 등 일부 품목만이 종량세를 적용하고 있다.

Spot Exchange Rate(**현물환율**) 현물환거래(매매계약시 부터 그 영업일 이내)에 적용되는 환율을 말한다. 현물환거래(spot exchange transaction) 란 환의 결제일자(spot value date)를 매매계약 후 외국환은행의 그 영업일로 정하는 외환거래.

Stale B/L(**기간경과선화증권**) 신용장상에 서류제시기간이 정해져 있는 경우에는 그 기간 내에, 제시기한이 없는 경우에는 운송일자 후 21일 이내에 서류가 제시되어야 하는데 이들 기간이 지나 운송서류와 금융서류가 지정된 은행이나 매입은행에 제시된 선화증권.

Stand-by Credit(**보증신용장**) 국제보증업무 등에 사용되는 신용장. 보증신용장은 고객이 현지은행으로부터 금융서비스를 받거나 화환신용장을 발행받고자 할 때, 자신이 거래은행에 요청하여 그 거래은행이 현지은행(수익자) 앞으로 고객의 채무보증을 확약한다는 뜻으로 발행하는 신용장.

Statement of General Average(**공동해손 정산서**) 공동해손(general average)의 정산이 끝났을 때 작성 · 제출되는 계산보고서를 말한다. 이의 작성에는 일반적으로 전문적인 지식이 필요하므로 선주의 위촉을 받은 해손정산인이 작성하는 것이 보통이다.(YAR : York-Rules).

Stevedorage(**선내작업비**) 화물을 적재하는 데 발생하는 제반비용으로 선주의 입장에서 선내 작업비용.

Stock Sale(**재고매매**) 재고품을 매매의 대상으로 하여 자기 창고 또는 영업창고 내에 보관, 재고로 되어 있는 상태로 인도되고 일정한 가격이 설정되는 매매.

Straight B/L(**기명식선화증권**) 선화증권 수화인(consignee)란에 화물의수취인, 즉 수입상의 주소와 상호가 기재된 것을 말한다.(Order B/L)

Straight Credit(**지급신용장**) 신용장약정문면에 환어음의 배서인(nego bank)이나 선의의 소지인(reimbursing bank)에 대한 지급약정이 없고, 단지 수익자(drawer)가 발행은행이나 그 지정은행에 직접 환어음을 제시하면 지급하겠다는 약정만 있는 신용장.

Super301 Article(**슈퍼301조**) 미국의 1988년 포괄 통상법으로 무역자유화 우선순위(trade liberalization priority)를 지정하는 것을 골자로 하는 법안으로 매년 미국무역대표부(USTR) 로 하여금 각국의 무역관행을 의무적으로 검토하게 하고 그 결과에 따라 무역 보복을 하게 하였는데 이를 슈퍼 301조라 한다.

Surcharge Additional Freight(**할증운임, 추가요금 또는 할증료**) 해운동맹의 어떤 항로에서는 기본운임을 개정하기 위해 일정의 예고기간을 설정하지 않으면 안 되는데, 운임인상에 시급을 요하는 사태가 발생할 때, 응급조치로 송화인에게 부과하는 할증료.

Surrender B/L 물품이 B/L보다 먼저 도착한 경우, 바이어 요청으로 수출상이 선박회사에 의뢰하여 B/L사본에 'surrender'라는 도장을 찍어 팩스 등으로 바이어에게 송부해주는 선화증권.
이 surrender B/L을 제시하면 B/L원본 없이도 물건을 찾을 수 있다.

Swap Transaction(**스왑거래**) 환위험을 방지하고 환 position을 조정하기위하여 서로 반대되는 현물환(spot exchange)과 선물환(forward exchange)이 동시에 매매되거나, 선물환 매도와 선물환 매입이 동시에 일어나는 외화거래.

Sweat Damage(**가습손**) 선창내와 선박의 외부와의 기온 차이로 천장 및 내벽에 응결하는 수분에 의해서 화물이 젖거나 화물자체의 표면에 땀처럼 수분이 배어 생기는 손해.

SWIFT(Society for 「Worldwide Interbank Financial Telecommunications : **국제은행간 금융정보전송연합**) 국제은행간 서류의 교환절차 및 교환양식의 비표준화로 야기되는 문제점을 제거하기위하여 1973년 벨기에 법에 의해 설립된 은행간 비 영리조합으로 국제은행 업무의 자동화, 계정조회의 용이화, 통신의 효율화, 표준메시지 개발 등의 업무를 수행하고 있으며, 세계대부부의 은행이 가입하ㄱ 있다. 우리나라도 1992년 3월부터 SWIFT system을 설치 운영하고 있으며

SWIFT에 의한 신용장 발행도 이루어지고 있다.

T

Tale Quale <TQ> 「Such as it is」 또는 「Just as they come」의 뜻으로 곡물류거래에 있어서 선적품질조건을 말한다. 선적시 양호한 상태로 선적되었을 경우에는 그 이후의 선적품에 대한 모든 책임은 매수인이 부담한다.(RT · SD)

Tally Sheet(**검수표**) 화물을 선적하거나 양륙할 때 화물의 수량 및 화물의 외형상의 사고 유무를 검사하는 것을 Tally라고 하며 검사인을 Tally Man, 검사결과의 기록을Tally sheet라 한다.

Tariff Barriers(**관세장벽**) 국내 산업을 보호하기 위해 관세 조작에 의해 타국상품의 유입을 제한하는 것.

Tariffs(**관세율, 운임표**)

- 관세영역을 출입하는 물품에 대하여 법률이나 조역에 의거하여 부과되는 조세.
- 정기선이나 동맹선에서 사용되는 화물의임요율을 표로 작성한 것.

Tariff Quota(**관세할당제**) 정부가 지정한 특정 제품의 수입에 대하여일정한 할당 수량까지는 무관세 또는 저율의 관세를 부과하나 이를 초과 시에는 고율의 관세를 적용하는 이중세율제도.

T/T(Telegraphic Transfer : **전신환송금**) 외국환은행이 고객의 의뢰에 따라 해외의 본 · 지점 또는 거래선 은행으로 하여금 일정금액을 특정 수취인에게 지급하도록 전신으로 지시 하는 송금방식.

T/T Buying Rate(Telegraphic Buying Rate : **전신환매입률**) 전신을 이용하여 내도된 전신환을 은행이 매입할 때 적용되는 환율을 의미한다.

T/T Selling Rate(Telegraphic Selling Rate : **전신환매도율**) 전신을 이용하여 송금하는 경우에 적용되는 환율. 전신환 경우에는 수취인이 대금을 수취하는데, 1일 정도 기간이 필요하므로 이자문제가 개재하지 않는 순수한 의미의 환율.

Tender(**국제입찰**) 영국이나 영연방국들이 국제입찰을 실시할 때 International Bidding 대신에 Tender란 말을 쓰고 있다. 또한 해운 용어로는 비중이 높은 화물의 과적으로 선박의 무게중심이 높아져서 복원력이 떨어진 상태의 선박을 말한다.

TEU(twenty footer equivalent unit) 20 피트 컨테이너(2O feet container) 한 개를 말하며, 가장 많이 사용하고 있는 것 중의 하나이다. 보통 1 TEU 또는 20'×1로 표시한다.

TPND(Theft, Pilferage and Non delivery : **도난, 발화, 불착손위험담보조건**) 도난은 물건이 포장채로 없어지는 것이고, 발화는 포장된 내용물의 일부를 빼내는 것을 말한다. 불착손은 포장단위의 화물이 전부 목적지에 도착하지 않는 경우를 말한다. 한편, ICC(A)나 All Risks하에서는 이러한 위험은 담보된다.

Through B/L(**통선화증권**) 최초의 운송인이 전구간을 책임지고 발행하는 것을 통선화증권이라고 한다.

Time Charter(**정기용선**) 선박의 전부 또는 일부를 일정기간 동안 용선하는 것.

Tomas Credit(**토마스신용장**) 수익자가 발행신청인 등 상대방을 수익자로 하는 수입신용장의 개설을 약속하는 보증서 또는 보증신용장을 발행하는 것을 조건으로 하는 신용장으로 구상무역에 이용된다.

Total Loss(**전손**) 해상보험에 부보된 화물이 위험에 의해서전부가 멸실되어 그 시장가격을 상실한 경우.

Trade Terms(**무역조건**) 정형화된 물품매매 거래조건은 무역 당사자간 책임관계를 규정한 것으로 현재 Incoterms 2000으로 전면 개정되어 13가지 용어로 무역조건을 정의하고 있다.

Tramper(**부정기선**) 화물을 따라 수시로 항로를 변경하면서 운항되는 선박을 말한다. 부정기선은 정기선과는 달리 특정 화주의 화물만을 수송.

Transferable L/C(**양도가능신용장**) 신용장을 수취한 수익자가 자신의 권리 중 일부 또는 전부를 제3자에게 양도할 수 있도록 허용된 신용장을 말한다. 이는 원신용장 상에 「Transferable」이란 문구가 있어야 하며 양도는 1회에 한하나 분할선적이 허용되어 있으면 몇 사람에게 양도가 가능.

TSR(Transportation Siberian Railroad ; **시베리아 횡단철도운송**) 극동에서 유럽·중동행 화물을 집화하여 일본을 거치거나 Eurasia Trans 사와 한국, 일본, 유럽의 NVOCC(Non-Vessel Operating Common Carrier) 들과 제휴하여 철도로 시베리아를 횡단, 중동근접지역이나 동구제국의 국경 지역까지 수송하는 국제복합수송.

Transit Trade(**통과무역**) 수출국 화물이 수입국으로 직송되지 않고 제3국을 경유해서 수송될 때 제3국의 입장에서 이것을 통과무역 이라 한다.

Transhipment(**환적**) 일단 선적된 화물이 다른 선박 또는 다른 운송수단에 적재될 때를 말한다.

Transport Document(**운송서류**) 수출상이 수입상에게 보낼 물품을 운송인에게 인도하고 받는 서류. UCP 600에서는 운송서류 개념을 물품의 선적, 발송, 인수를 명시하는 인도 증거서류로서 포괄적으로 부르고 있다.

Trip Charter(**항해용선**) 일정한 항로에 한하여 계약하는 용선계약으로서, 원칙적으로 1회의 항해를 단위로 한다. 「Voyage charter」라고도 한다.

Trimming(**트리밍**) 곡물이나 석탄 등 살화물을 선적할 경우 선창의 각 칸마다 고루 실을 수 있도록 일정한 방법으로 고루는 것.

TRS(trunked radio system : **주파수 공용통신**) 중계국에서 할당된 여러 개의 채널을 공동으로 사용하는 무전기시스템으로서 이동차량이나 선박 등 운송수단에 탑재하여 이동 간에 정보를 리얼타임으로 송수신할 수 있는 시스템.

T/R(Trust Receipt : **대도**) 일람불 신용장조건이나 D/P조건으로 수입시, 결제자금이 없을 경우 수입상은 수입화물을 일정한 신탁적 목적에 한해 처분할 것을 명기한 수입담보물보관증을 수입대금 결제은행에 차입하고, 선적서류를 교부받아 화물을 통관 후 판매하여 어음대전을 결제하게 되는 것을 대도라 한다.

T/T(Telegraphic Transfer : **전신환**) 수출대금 전액을 외화로 수취하는 결제방식으로 고객의 의뢰에 의해 외국환은행이 해외의 본 · 지점 또는 거래은행으로 하여금 일정한 금액을 특정 수취인에게 지급하도록 전신으로 지시하는 송금방식.

U

UCC(Uniform Commercial Code : **미국통일상법전**) 1952년 미국에서 제정한 성문법. 무역관습 및 조건 등에 관한매매규정. 이는 영국의 물품매매법(SGA) 및 미국통일매매법(USA)과 함께 오늘날의 무역관습에 대표적인 상관습법들이다.

UCP(**화환신용장통일규칙 및 관행**) Uniform Customs and Practice for Documentary credit의 약어로, 화환신용장통일규칙이라고 한다. UCP는 인코텀즈(INCOTERMS 2000)와 같이 임의규정이므로, 개개의 신용장거래에 적용시키기 위해서는 통일규칙에 준거하는 취지의 문언을 당해신용장에 명시하여야 한다.

UNCITRAL(United Nations Commission International Trade : **유엔국제무역법위원회**) 1966년 제21차 유엔총회에서 국제무역법의점진적인 조화와 통일을 추진하기 위하여 이 위원회의 설립이 결의되었다. 유엔 국제무역법위원회에서는 국제물품매매에 관한 통일법의 제정을 우선과제로 선정하고 국제결제 및 국제상사중재에 관한 통일법을 검토하는 일이 본 위원회의 과제였다.

Unconfirmed Credit(**미확인신용장**) 확인은행의 확인이 필요 없는 일반적인 신용장(Confirmed Credit).

URC(Uniform Rules for the Collection : **추심에 관한통일규칙**) 국제상업회의소(ICC)가 1955년 제정, 1957, 1978년에 개정을 거쳐 1995년 세계 각국에서 시행토록 한 추심에 관한 통일규칙은 신용장 거래시 준거규칙에서 삼고 있는 신용장 통일규칙(UCP)과 같이 추심어음결제거래(D/P, D/A)에서 어음이나 서류의 추심사무를 통일화시킴으로써 무역대금결제를 원활히 하고자 마련한 국제규칙.

Unitary Packing(**단일포장**) Carton 이나 Wooden Case 등 한 개의 포장 용기 속에 들어갈 각각의 물품을 보호하기 위하여, 여기에 적절한 용도로 용기 또는 재료를 이용하여 포장하는 개개포장.

United Nations Convention on the Carriage of Goods by Sea(1978) 국제해상물품운송에 관한 통일 조약으로서 현재 발효하고 있는 것은 1924년 헤이그규칙과 1965년의 헤이그 비스비규칙이 있으며 이외에도 개발도상국들의 주도 아래 국제연합에서 작성되고 채택된 것이 '1978년 해상물품운송에 관한 국제연합' 이다. 이는 1975년 함부르크규칙 또는 헤이그규칙이라고도 한다.

Unknown B/L(**부지약관선화증권**) 선화증권상의 Remark 란에 "Shipper's Load and Count"라고 부지약관(Unknown clause)을 표시하게 되는데 이러한 선화증권도 은행이 수리한다.

Usance Credit(**기한부신용장**) 신용장에서 수익자가 선적서류와 함께 기한부환어음(usance bill)을 지급인에게 제시하면, 이 환어음을 인수(accept)하고 일정기간이 경과한 후(만기일 : at maturity)에 지급한다고 약정 된 신용장. 기한부신용장에서는 어음의 지급기일에 따라

- 일람 후 정기출급환어음(at 60days after sight)
- 일부 후 정기출급(at 60days after date of draft)
- 확정일 후 정기출급(at 60days after date of B/L)

등으로 환어음을 발행할 수 있도록 하고 있다.

V

Vanning ; Stuffing 화물을 컨테이너 안에 적입하는 것을 말하며 packing이라고도 한다. 이와 반대로 컨테이너로부터 화물을 꺼내는 것을 devanning, un-packing, unstuffing 등으로 부른다.

VAT(Value Added Tax : **부가가치세**) 재화 또는 용역의 생산 및 유통의 각 단계에서 부가된 가치를 과제대상으로 하여 부과하는 조세이며 최종 소비자가 부담하는 간접세이기 때문에 특별한 경우를 제외하고는 사업자는 부담하지 않는다.

VER(Voluntary Export Restrict : **수출자율규제**) VER이란 수출 Quota의 일종으로, 상대국으로부터 미리 예상되는 수입할당 적용을 피하기 위하여 수출국과 수입국업계의 자율규제를 통해서 수출량을 제한하는 제도.

Voyage Charter(**항해용선계약**) Trip Charter라고도 한다.(Lump-sum Charter, Dally Charter)

W

WA(With Average ; **단독해손 또는 분손담보조건**) ICC(institute cargo clause : 협회적화약관)의 구약관 중 기본약관의 하나로 신약관인ICC(B)에 해당된다. 이는 특정해난 이외의 해난에 기인하는 손해 및 비용(전손, 단독해손, 공동해손, 구조비 등의 해난)에서 발생하는 일체의 손해를 보험자가 전보하는 조건.

WAIOP(With Average Irrespective of Percentage : 면책률 비적용조건) 해상보험 조건이 WA 3%라고 보험자가 담보하였을 경우에는 만약 손해가 5%라면 3%를 공제하는 것이 아니라, 5% 전액을 보상하게 된다. 그러나 WAIOP조건으로 부보할 경우에는 보험자의 면책비율이 전혀 적용되지 아니하고 적은 분손이라도 보험자가 보상해야 하는 조건.

W/S RCC(War/Strike, Riots and Commotions : 협회전쟁 및 협회 동맹파업 · 소요 · 폭동 · 담보조건)이 조건은 특약으로 A/R이나 ICC (A)에 있어서도 담보되지 않으므로 특약조건을 부가적으로 부보하여야 한다.

Warranty(담보/보증) 피보험자가 지켜야 할 약속으로서 피보험자가 담보를 위반할 때에는 보험계약을 무효화할 권리를 보험자가 갖는다. 매매용어로는 하자보증을 말한다. 즉, 매도인이 매도한 상품의 품질, 특성, 성능 등에 대한 보증 책임을 의미한다.

Weather Working Days(WWD)(청천하역일) 용선의 하역에 쓰이는 용어인데 정박기간의 조건 중 가장 널리 사용되는 것으로 WWD는 일기가 좋은(good weather) 하역기능의 작업일(working days)을 의미한다.

Wharf(부두) 선박이 안전하게 계류하여 화물 하역이 충분히 이루어질 수 있도록 해항에 만들어진 계선 안벽을 의미한다.

With Recourse Credit(상환청구가능신용장) 신용장에 의거하여 발행된 신용장이 부도(unpaid)났을 경우, 자신에게 어음을 양도한 사람에게 어음대금상환을 청구할 수 있는 신용장이다. 환어음 발행인이 상환의무를 부담하지 않는 신용장을 상환청구불능신용장이라고 한다. 우리나라의 경우에는 상환청구 가능 또는 불능에 관계없이 상환청구권을 인정하고 있다.

WTO(World Trade Organization : 세계무역기구) 세계무역기구는 1986년 9월부터 1994년 4월까지 진행된 우루과이 라운드(Uruguay Round)에서 신설하기로 합의하여 1995년 1월부터 정식 출범한 국제무역기구이다. 세계무역기구는 그동안 국제무역환경을 개선하고 무역자유화를 추진해오던 GATT체제의 한계를 극복하고 보다 효율적으로 국제무역문제에 대처하기 위하여 설립되었다.

Y

YAR(York-Antwerp Rules of General Average : 요크 앤트워프 공동해손규칙) 공동해손 및 배상금에 대한 이자, 입체비용에 대한 수수료, 공탁금의 취급방법 등에 관한 각국 간의 법률상 상이에 기인된 분쟁을 방지하기 위하여 1864년 각국 관계자가 네덜란드의 York와 Antwerp의 양쪽 시에서 회합을 열어 제정한 규칙.

찾아보기

ㅂ

ㅅ

F

G

H

I

K

L

M

저자약력

정 분 도

- 경영학박사(전자무역 전공)
- 지역사회발전연구원 전임연구원
- 경영경제연구소 전임연구원
- 한국통상정보학회 상임이사, 평생회원
- 한국무역상무학회 상임이사, 평생회원
- 한국생산성학회 이사
- 국제지역학회 이사
- 국제e-비즈니스학회 평생회원
- 한국무역학회 평생회원
- 한국산업경제학회 평생회원
- 한국해양정보통신학회 정회원
- 한국상품학회 정회원
- 한국물류학회 정회원
- 한국동북아학회 정회원
- 한국수출보험학회 정회원
- 한국SCM학회 정회원
- 한국항만경제학회 정회원
- 아시아·유럽미래학회 정회원
- 한국무역연구원 정회원

현재) 조선대학교 무역학과 교수

전자무역론

초　판 1쇄 인쇄 —— 2010년 2월 25일
초　판 1쇄 발행 —— 2010년 3월 2일
지은이 —— 정 분 도
펴낸이 —— 전 두 표
펴낸데 —— 도서출판 **두남**
서울시 강동구 성내 1동 455-12 두남빌딩
신고 : 제25100-1988-9호
(구 제2-624호, 1988. 7. 21)
TEL : (02) 478-2065~7, 478-2311
FAX : (02) 478-2068
E-mail : dunam1@unitel.co.kr
http://www.dunam.co.kr

정가 20,000원

ISBN 978-89-6414-065-9 93320